国家社科基金
GUOJIA SHEKE JIJIN HOUQI ZIZHU XIANGMU
后期资助项目

语言文学的现代建构

语言运动与中国现代文学再探索

Modern Construction of Language and Literature

Further Exploration of the Language Movement and Chinese Modern Literature

刘进才 著

北京大学出版社
PEKING UNIVERSITY PRESS

图书在版编目 (CIP) 数据

语言文学的现代建构：语言运动与中国现代文学再探索 / 刘进才著 .—北京：北京大学出版社，2015.8

ISBN 978-7-301-26256-6

Ⅰ.①语… Ⅱ.①刘… Ⅲ.①汉语—语言学—研究 ②中国文学—现代文学—文学研究 Ⅳ.① H1 ② I206.6

中国版本图书馆 CIP 数据核字 (2015) 第 199097 号

书　　名	语言文学的现代建构——语言运动与中国现代文学再探索
著作责任者	刘进才　著
责任编辑	杜若明
标准书号	ISBN 978-7-301-26256-6
出版发行	北京大学出版社
地　　址	北京市海淀区成府路 205 号　100871
网　　址	http://www.pup.cn　　新浪微博：@ 北京大学出版社
电子信箱	zpup@pup.cn
电　　话	邮购部 62752015　发行部 62750672　编辑部 62753334
印 刷 者	北京大学印刷厂
经 销 者	新华书店
	730 毫米 ×1020 毫米　16 开本　21 印张　355 千字
	2015 年 8 月第 1 版　2015 年 8 月第 1 次印刷
定　　价	48.00 元

国家社科基金后期资助项目
出版说明

后期资助项目是国家社科基金项目主要类别之一，旨在鼓励广大人文社会科学工作者潜心治学，扎实研究，多出优秀成果，进一步发挥国家社科基金在繁荣发展哲学社会科学中的示范引导作用。后期资助项目主要资助已基本完成且尚未出版的人文社会科学基础研究的优秀学术成果，以资助学术专著为主，也资助少量学术价值较高的资料汇编和学术含量较高的工具书。为扩大后期资助项目的学术影响，促进成果转化，全国哲学社会科学规划办公室按照“统一设计、统一标识、统一版式、形成系列”的总体要求，组织出版国家社科基金后期资助项目成果。

全国哲学社会科学规划办公室
2014 年 7 月

目　录

知难而进　自我超越(代序)

——读刘进才《语言文学的现代建构》…… 1

绪　论 …… 1

一、“国语运动”“现代文学”“国语教学”的关联性 …… 1

二、有关论题的研究现状 …… 4

三、本论题研究内容及研究路径 …… 9

上编　国语运动与国语标准的建立

第一章　语音的政治

——国语运动与国语标准音的确立 …… 15

一、从切音字运动到《国音字典》编纂 …… 15

二、京音与国音之争 …… 21

三、从《国音字典》到《国音常用字汇》 …… 31

四、标准语音的制定与国音字母的推行 …… 35

第二章　“运动”的“逻辑”

——国语运动的展开与深入 …… 40

一、口号的力量:“国语统一,言文一致”的感召力 …… 40

二、《国语周刊》与国语阵地的开辟 …… 47

三、制造“国语风”:全国国语运动大会的筹备与举行 …… 54

第三章　国语辞典编纂与国语标准的探寻 …… 63

一、“国语界的蛰伏”与国语辞典的编纂计划 …… 63

二、国语辞典的出版与标准语汇的写定 …… 71

第四章 国语语法探讨与现代语法的革新 …… 77
一、新文学呼唤新的语法规范 …… 77
二、国语语法编著与现代语法的诞生 …… 86
三、国语语法的教学问题 …… 96

中编 国语教学与文学的国语

第五章 从无声的文字到有声的国语
——国文教学与口语训练 …… 103
一、"国语课程纲要"强调"口语训练" …… 103
二、课堂实践重视口语教学 …… 111
三、国语教材采用"对话"素材 …… 117

第六章 国语演讲竞赛与国语运动的普及 …… 126
一、新文学家的演讲活动 …… 126
二、课程纲要与演说练习 …… 130
三、国文教材与演讲文体 …… 133
四、国语演讲会与国语演讲比赛 …… 136
五、中小学生的国语演讲文稿 …… 142

第七章 诵读教学与文学的国语 …… 149
一、古典诗文的诵读传统 …… 149
二、白话文,应该如何诵读? …… 153
三、新诗诵读与白话语言的纯粹 …… 163

第八章 作文教学与国语的文学 …… 171
一、国语教学变革与白话文的合法化 …… 171
二、新文学进入教材与白话文范初步确立 …… 175
三、国文教材编纂与选文之争 …… 183
四、作文教学与中小学生的作文文体 …… 193

下编 国语运动与现代文学的语言论争

第九章 普遍性,还是地方性?
——"方言""国语"的紧张与互补 …… 211

一、晚清士人的国语和方言观 …… 211
二、歌谣征集与方言的“发现” …… 216
三、《吴歌甲集》引发的方言文学讨论 …… 223
四、方言的文学与候补的国语 …… 232

第十章 何谓“大众”,如何大众“语”?
——大众语讨论中的文学语言问题 …… 239
一、从平民到大众:“大众”话语的嬗变 …… 239
二、白话文的危机与大众化的倡导 …… 243
三、从大众化到大众语 …… 249
四、大众语与国语问题 …… 258

第十一章 文章,应怎样“通俗”?
——语文通俗化运动中的文体和语言问题 …… 263
一、《语文》月刊的“通俗化运动”征文 …… 263
二、《民众周报》的通俗化实践 …… 277
三、老舍、老向的“抗战通俗文艺”制作 …… 283

第十二章 民间的,就是民族的?
——民族形式论争中的文体形式及语言问题 …… 292
一、旧瓶,何以装新酒? …… 292
二、“民族形式”问题的提出 …… 297
三、民间语言的“再发现” …… 301
四、“五四”的语言遗产 …… 308

参考文献 …… 315

后 记 …… 320

知难而进　自我超越(代序)

——读刘进才《语言文学的现代建构》

刘增杰

一

刘进才2007年出版的《语言运动与中国现代文学》①(以下简称《语言运动》)是一部系统地把语言运动、现代文学与国文教学纳入一个互动共生的文化整体加以考察的学术著作。著作在出版前后,受到了专家的支持与好评。刘进才的合作导师杨义在该书刚刚脱稿后说,这部著作打破了之前现代文学语言研究中"将语言运动与中国现代文化、现代文学、语文教学三者分割的研究局面,提供了一种崭新的现代语言与文学生产的整体观"。解志熙在《序》中也说,刘进才选择语言运动与中国现代文学这样一个课题作为自己博士后的研究课题,不是自以为在这方面有什么过人的积累和优势,倒恰恰因为它对自己是一个全新的挑战,足以促使自己早日走出博士论文的"成功",尽快地超越既有的学术"自我"。解氏感慨地说:"像进才这样不但不自满反而主动向自己挑战的人,委实不多。"我与进才相交已经二十多年,对解志熙所做的评价也深有同感。

"主动向自己挑战",也许是刘进才在学术研究中逐渐形成的一个重要理念。2002年6月博士论文通过后,他立即开始关注现代文学的语言问题。六年之后,《语言运动》出版后,他又开始对《语言运动》作进一步深入研究。用他自己的话来说,就是:"做学问'扬长避短'固然很重要,但更应该'扬长补短'! 所谓'短'都是可以通过努力加以克服的,但一味地'避'总不是办法。我虽然做不到梁启超先生所谓的'以今日之我非昨日之我',但'虽不能至,心向往之'"。又过了六年,他的新作《语言文学的现代建构》的打印稿又放到了我的书桌上。作者在《语言运动·后记》中有过这样的自我省察:"我在具体文本分析方面似乎还有点基础,但史料方面的研究显然薄弱。"《语言文学的现代建构》通过对自己开掘的大量史料的贴切阐释,填补了目前国语运动研

① 《语言运动与中国现代文学》,中华书局2007年版。

究的不足，也弥补了自己史料“薄弱”的缺憾。

我忆起了与进才交往中的一些琐事。作者是个有心人。一些年来，他对现代文学史料的收集、整理与研究，有着近乎痴迷的嗜好。《语言文学的现代构建》绪论谈到自己使用的历史文献时，他在如实地介绍使用大成老旧期刊数据库、民国期刊全文数据库的情况后，只轻描淡写地作了这样的交待：自己使用的史料还有“之前曾经复制拍摄的民国旧籍及报刊”。这半句话，既有着作者含而不露的谦恭，也容纳了他长期奔波、殚精竭虑地寻觅史料的难忘记忆。据我所知，不论在广州或北京读书期间，还是外出参加学术会议的短暂日子里，他总是牺牲休息时间，饶有兴致地跑图书馆，逛旧书店。他是北京国家图书馆的常客。北京大学图书馆、清华大学图书馆、中国社会科学院图书馆、中国科学院图书馆都留下了他的足迹。一次从外地开会回来，他曾经向我叙说过在会议之外意外打捞到一批史料的收获。我还知道，在中国社会科学院文学所学习结束返校的时候，他带回学校的，几乎竟全是装满大箱小箱沉甸甸的旧籍、报刊的复印件。日积月累的史料功夫，使他的著作在史料的占有方面具有了得天独厚的优势。《语言文学的现代构建》一书所涉他读过的《国语周刊》《国语旬刊》《国语月刊》《国语通讯》《国语报》等相关刊物、报纸副刊有五十余种，相关论著多达一百二十余种。因为拥有较为完备的史料，作者的这部书写起来顺手，底气很足。

二

我不善于进行比较研究，不在这里具体讨论两部著作的短长。总的印象是，《语言运动》和《语言文学的现代建构》的结构设置虽然都是三编，也是进行“国语运动”“现代文学”“国语教学”的关联性研究，两部著作的部分内容也有所交叉。表面看来，似乎《语言文学的现代建构》只是《语言运动》的增补。但仔细阅读书稿后发现：两部著作的内容与角度并不相同。《语言运动》着重研究的是现代语言思潮，以理论言说见长。《语言文学的现代建构》则是在《语言运动》的大格局下，对国语运动的具体评说，正如该书的副标题所言，是对语言运动与中国现代文学的再探索。《语言运动》与《语言文学的现代建构》，各自有着独特的个性与学术生命。当然，两部著作也带有共生互补的学术特征。人们也不妨把它们看作系统构思的姊妹篇，把《语言文学的现代建构》解读为《语言运动》富有意味儿的扩展与深化。

《语言文学的现代建构》写得扎扎实实。该书上编，作者以自己发掘的大量第一手的史料为基础，生动、具体地展示了国语运动发生、发展的曲折历程。作者围绕国语标准音的确立问题，详尽地考察了切音运动、《国音字典》的编纂与重修、《国音常用词汇》的出版以及定京音为标准音问题。对于“京音”与“国音”之争，作者的研究视野开阔。指出：“对‘京音’的质疑，实质上是对普遍均质的语言共同体如何可能的质询”。此外，有关国语运动阵地《国语周刊》的创立、全国语言运动大会的举行，现代语法著作的出版等，作者都以崭新的内容，疾徐有致的笔调，作了系统的梳理，给读者描绘出了一幅国语运动发展绚丽多姿的景象，在国语运动研究中具有相当高的学术价值。

《语言文学的现代建构》中编，从国文教学的视角，集中地考察了课堂口语教学、国语演讲竞赛、诵读教学、作文教学等在实践中取得的进展。在作者看来，国语运动既需要国语家在书斋斗室内精心细致地做大量研究性工作，也需要落实到中小学的教学实践活动中。同时，国语教学一方面连接着国语运动，一方面连着现代文学。国语教学是国语运动与现代文学之间的桥梁。作者的这一认识，既融入了他个人青年时期从事语文教学的切身体验，也是对“五四”时期有识之士创见的总结。鲁迅的小说集《呐喊》出版不久，当时有人就从推广白话的视野，从中小学国语教学的角度，在文言与白话的比较中，指出了《呐喊》在语言研究中的价值：“修辞方面，我觉得在近今语体文中，又特出一格，语体文长处是详细，但简明则不如文言，现在往往长到三四十字以上，太倾向欧化，使人读了，总发生不如文言简明了当之感。这确是语体文还未成熟的小小缺憾！该集中(指《呐喊》)，首先使我们注意的，是句调的单纯与明显，不加一句方言，再没有一个废字，而且流利通快，又似含有自然的声韵。有这几方面的特长，怎能不会感动人，怎能不使人得到无限深刻的印象?”作者还认为，《呐喊》“至少也可以用作一部作文法与修辞学读，比较什么国文作法，实在高出十倍。因此：我觉得《呐喊》确是今日文艺界一部成功的绝好的作品。有左右文艺思潮倾向的魔力”。① 二十年代这位作者提出来的优秀的现代文学作品应该进入课堂的见解值得重视。国文教学研究应该以足够的耐心向这个方向开掘。

《语言文学的现代建构》下编对现代文学语言论争问题进行了系统研究。对于曾经发生过的语言论争中是是非非的评论，有着要言不烦的述说，新见迭出，让人耳目一新。作者把研究的焦点，投射到了方言与国语、大众化和大众语论争、语文通俗化运动及民族形式讨论等论题上。无论从现代文学研究视角，还是从现代语言学研究角度，这个问题都值得进行系统的认真研讨。长期以来，虽然不时地能够看到研究者对其中某一个具体问题的研究成果，

① 丫生：《读〈呐喊〉》，1923 年 10 月 16 日《时事新报》副刊《学灯》。

但却缺乏整体的关照。进才从国语运动的全局对此开展研究,应该认为,这是跨出的很有意义的一步。

进才的《语言文学的现代建构》研究告诉人们:学术研究从来不缺乏机会,缺乏的是认识机会的能力,缺乏的是把握机会的胆识。当前,国语运动的积极价值仍待进一步开掘,需要用国语运动与现实的接轨来激活研究对象。刘进才正是运用自己的优长(包括史料的准备,对问题长期的思考,乃至青年时代从事语文教学的经验等),直面国语运动复杂的经验世界,有意识地进行了多方位、多侧面、多层次的梳理,不温不火的学理辨析,终于发现了气脉相通的国语运动的运行轨迹,呈现出了各种主张之间相斥相融、交错互动的原始景观,使自己的思考成为一种言之成理的言说系统。规律从来不是现象的直白宣示。国语运动的存在形态同样不会以井然有序的面目呈现于世人。作者在看似杂乱无序的现象中,发现了国语运动似断似连,似隐似显的精神过程。进才在这方面的努力值得赞许。

三

如前所述,学术追求永无止境。我在进才的《语言文学的现代建构》后记中读到了作者这样的告白:“过去的已经过去,未来尚且遥远。我知道,我的学术研究之路还很漫长,要研究的问题还很多”,“我依然准备着……”。这几句颇带哲理意味的人生感喟,让我们益发感受到:箭在弦上。作者渴望新的自我超越的勃勃雄心跃然纸上。

其实,关于国语运动、语言运动乃至中国现代文学的语言问题等相关领域的研究之路都“还很漫长”,需要像进才这样的一批研究者继续献身。应该进一步加强研究的基础性建设:如出版各种不同类型的中国现代国语运动史;还应该以集体之力,经过广泛搜集、整理,出版较为完备的中国现代国语运动史料汇编;出版现代国语运动研究家的专题性研究著作,包括蔡元培、胡适、叶圣陶、黎锦熙等人的评传或其他专题研究著作,等等。这样,一个立体的国语运动的全貌就将呈现在读者面前,从而为研究国语运动的后来者留下当下研究者的证词。

在国语运动史料汇编中,国语运动过程中曾经出现过的理论和实践中的具体问题需要耐心地进行辨析与清理。这一类的问题较多。比如,国语问题的讨论有时被纳入了政治学的运转轨道,讨论往往无果而终。有时,论辩者的特定政治身份,或已经形成的学术权威地位,也使讨论长期以来无法进一步展开。国语运动初期出现的主张白话,反对文言和坚持文言,反对白话者的誓不两立问题,留下了许多极端化、绝对化的言说。如果把这些文化现象作为精神遗产进行深度反省,就会发现,这可能不仅仅只是语言问题,它很有可能会触及到我们民族性格中的消极因子。甚至,对百年来反复出现的某些极端化思潮的顽疾,有可能找到深层的历史因素,从而启示我们进行沉重的精神洗礼。

胡适、鲁迅当年的主张我们都耳熟能详。如胡适在《国语的进化》长文中说,现在反对白话的人,到了不得已的时候,承认"应用文可用白话,'美文'还应该用文言"。针对这一主张,胡适的结论是:"即此一端,便是古文报丧的讣闻,便是文言死刑判决书的主文"(《新青年》第7卷第3号,1920年2月1日)。1928年,胡适出版的《白话文学史》上卷,第一编第一章的题目,竟是"古文是何时死的"这样非学术的武断。该书《引子》的评论同样也表现出了惊人的专横:"古文传统史乃是模仿的文学史,乃是死文学的历史,我们讲的白话文学史乃是创造的文学史,乃是活的文学史"。文言与白话都是几千年来中华文明创造的优秀成果标志之一,一句"死"、"活",哪能轻易宣判它们的死活!

鲁迅当时的主张也竟和胡适近似。1919年,鲁迅在《现在的屠杀者》中说,那些反对白话的人,他们杀了'现在',也便杀了'将来'。——将来是子孙的时代。"1926年,在《二十四孝图》一文开头,鲁迅宣布:"我总要上下四方寻求,得到一种最黑,最黑,最黑的咒文,先来诅咒一切反对白话,妨害白话者。"还说"妨害白话者的流毒却甚于洪水猛兽,非常广大,也非常长久,能使全中国化为一个麻胡,凡有孩子都死在他肚子里。"鲁迅还申明:"只要对白话来加以谋害者,都应该灭亡!"凌厉的笔锋直刺论敌的要害,情绪之激烈偏执溢于言表。

胡适、鲁迅都是我们崇爱的新文学的开拓者。他们提倡白话文、反对文言文的坚定态度很有代表性,传递出了在五四时期中国知识者经历的前所未有的生命律动,表达了他们在外侮不断,军阀内争不休,黑暗没有尽头时刻改变中国现实的决心。可以说,用白话取代文言的语言变革,正是他们在文化上找到的一个突破口。但是,当历史沉静下来之后,他们所坚守的白话与文言你死我活的对立思维方式,他们极端化的情感渲泄,就显得格外的刺眼和虚弱,他们的言说无法穿透时间的力量。现代国语运动的实践证明,白话和文言并非完全处于对立状态,白话在发展进程中对文言有着多方面的吸收与继承。现代汉语的书面语言,正是不断地在吸收古语、方言以及外来语的过程中得到了丰富。这一问题应该是今后开展语言变革研究的中心课题之一。

再如,进才在本书《后记》中提出的一些问题,同样需要进一步探讨。他说："学界普遍关注外国文学的翻译对中国现代文学语言的影响，但是这些具体的影响怎样通过文学文本反映出来，翻译文学又怎样具体影响了哪些现代作家的文学语言？倘若通过具体文本个案或典型作家个案加以仔细研究，中国现代文学的语言问题就会落到实处。"这一较具学术难度的课题，期望进才或其他有兴趣的研究者在不久的将来，能够奉献出具有独创性的答案。

《语言文学的现代建构》应是一部动态性的研究著作。进才对《语言文学的现代建构》的叙说自有其优长，但我们仍然鼓励对该问题研究的开放性与差异性。即使史料大致相同，采用不同的理论进行建构，也可能会产生不同的认识甚至对立的结论。研究民族语言，应有强烈的历史感，具有巨大的谅解的胸襟，这是研究真正走向成熟的标志。

2014 年 4 月 30 日于河南大学
21 号家属院寓所

绪　论

一、"国语运动""现代文学""国语教学"的关联性

国语运动主要是指晚清以降到1949年共和国成立之前进行的以"国语统一"和"言文一致"为目的的汉民族共同语运动。"国语统一"要求无论是现代书面白话语言还是用来交际的口头语言都应该以北京话为全国通用的语言,"言文一致"强调书面语言不用传统的文言,而用现代的口语,无论是文学语言还是其他应用文乃至述学文体都要求书面的"文"与口头的"言"尽量一致。国语运动是中国汉语书面语言从文言向白话转变的语言现代化运动,这是一场承接清末切音字运动,由民间推动、政府发起同时又面向民众的语言统一运动,国语运动对于现代汉民族共同语的建立与推广,对于文体改革和文字拼音化研究等方面都做出了积极的贡献。

晚清以来,灾难深重的中国首先面临的基本问题是如何挽救国家民族日益沉沦的命运,反对强权,救亡图存,开启民智,既是近现代文化的基本主题,也是近现代文化不断发展的内在动力。19世纪末逐渐开始的国语运动既是以普及教育、动员民众、挽救危亡、富强国家为目的,又蕴涵着完善民族文化符号系统、促进民族文化革新与发展的现代性旨归。国语运动包括汉字改革和国语统一两个相互依存、相互推进的方面。汉字改革的主要目的是逐步走向汉字拼音化,其间经历了废除汉字运动和汉字简化运动,国语统一的目标在于以北方方言为基础、以北京音为基本音,建立汉民族共同语。

国语运动在晚清已经开始,由于受到日本明治维新的影响,清末一批有志于改良中国语言文字的趋新人士创制了拼切繁难汉字的各种拼音字谱,如蔡锡勇的《传音快字》、沈学的《盛世元音》、王炳耀的《拼音字谱》、力捷三的《闽腔快字》、劳乃宣的《简字全谱》、王照的《官话合声字母》等。1902年,时任京师大学堂总教习的桐城派古文名家吴汝纶去日本考察学政,看到日本推行国语(东京话)的成绩,深受感动,回国后写信给管学大臣张百熙,主张在学校教学王照的《官话合声字母》,推行以"京话"(北京话)为标准的国语。1903年,王照在北京创办"官话字母义塾",并印行《拼音官话报》,宣传和教授其官话字母。其后,袁世凯属下的直隶学务处通令全省启蒙学堂传习"官话字

母”，把它列入师范和小学课程，各地乘势而动，争相推广，迅速传遍多个省份。差不多与王照同时，劳乃宣对王照的“官话字母”发扬光大，先后编定“宁音谱”“吴音谱”“闽广音谱”，1907 年合成《简字全谱》在南京出版，并先后在各地创办“简字学堂”加以推广，使许多不识字的妇女村民通过短期学习，初步具备了看报和写信的能力。1909 年，清政府资政院开会，议员江谦提出把“官话”正名为“国语”，设立“国语编查委员会”，负责编订研究事宜。1911 年学部召开“中央教育会议”，通过《统一国语办法案》，决议在京城成立国语调查总会，各省设分会，进行语词、语法、音韵的调查，审定“国语”标准，编辑国语课本、国语辞典和方言对照表等。1912 年中华民国成立后，召开“临时教育会议”，决定先从统一汉字的读音做起，召开“读音统一会”。1913 年“读音统一会”开会，议定了汉字的国定读音（即“国音”）和拼切国音的字母“注音字母”（也叫“国音字母”）。1915 年，在京会员王璞创立“注音字母传习所”，附设“注音书报社”，刊行注音读物和《官话注音字母报》，1916 年 8 月，北京教育界人士公推蔡元培为首，组织成立了“中华民国国语研究会”，以“研究本国语言，选定标准，以供教育界之采用”为宗旨。1918 年北洋政府教育部召开“全国高等师范校长会议”，决定在全国高等师范附设“国语讲习科”，专教注音字母及国语，并于 11 月公布了“注音字母”。与此同时，《新青年》等刊物打出“文学革命”的旗帜，掀起了用白话文写作的文学革命思潮。文学革命的突飞猛进也给教育界以极大的鼓舞，鼓吹国语统一、倡导言文一致成为教育界一股强大的时代潮流，国文教学改革问题相应地提到议事日程。1918 年，蔡元培自信地宣布：“国文的问题，最重要的，就是白话与文言的竞争。我想将来白话派一定占优胜的……文言是用古人的话来传达今人的意思，是间接的。间接的传达，写的人与读的人，都要费一番翻译的工夫，这是何苦来?”[①]不久，当时的教育界行政要员张一麐专门撰文探讨国语教育和教科书的问题，他设想“若是将来做成一种教科书，推广到全国，那么我国一千个人中的九百九十三个不识字的半聋半瞎半哑半呆等同胞，仿佛添了一种利器，叫他把天生的五官本能完全发达，那不是一种最大的慈善事业么?”[②]这一观点把国语运动与国文教育联系起来，国语统一和言文一致的成功实乃取决于白话教科书的大力推广。

1919 年 4 月 17 日，作为教育部附设机关的国语统一筹备会召开成立大会，会中关于国语统一的各项议案中，周作人、胡适、朱希祖、钱玄同、马裕藻、

① 《国文之将来》(1919 年 11 月 17 日)，《北京大学日刊》第 490 号，1919 年 11 月 19 日。

② 张一麐：《我之国语教育观》，《教育杂志》第 11 卷第 7 期，1919 年。

刘复的《国语统一进行方法的议案》值得关注，议案主张：

> 统一国语，既然要从小学校入手，就应当把小学校所用的各种课本看作传布国语的大本营；其中国文一项尤为重要。如今打算把"国文读本"改作"国语读本"：国民学校全用国语，不杂文言；高等小学酌加文言，仍以国语为主体。"国语"一科以外，别种科目的课本，也该一致改用国语编辑。①

于是，在这种情势之下，教育部1920年1月正式通令全国："自本年秋季起，凡国民学校一二年级，先改国文为语体文，以期收言文一致之效。"周作人、胡适、钱玄同、刘复等作为新文学运动的健将，都是文学革命中人士，他们试图通过国文教学改革以巩固并传播文学革命中的白话成果，而教育部则从国语统一的视角看重国文教学中的言文一致，朝野之间在国文教学上达成了共识，也正是在这一点上，文学革命和国语运动达到了令人瞩目的合流。

二者的合流不但进一步凸显了国语运动与现代文学的密切关联，同时也使中国的语文教育发生了天翻地覆的革命性变动。由原来教授"国文"到五四后的改授"国语"，在教育体制内部确立了新文学的合法性地位，使国语运动从"书斋里的学问"化作了面向大众的教学实践。新文学最初进入小学教材首先是出于国语教学实践的需要，语文教学连结了一向表面看来似乎"各自为政""互不来往"的国语运动和新文学运动。为造就现代新型的国民——所谓新型，除现代性的思想理念外，还包括习得为获得现代理念所必需的现代语言习性，语文教育自然就首当其冲。事实上，许多语文教育家也往往身兼两职，或者是国语运动的积极推行者和研究家，或者是新文学作家，前者如黎锦熙、魏建功、吕叔湘等，后者如胡适、叶圣陶、朱自清、夏丏尊等。他们通过编纂中小学语文教材，既贯穿了国语运动的理念同时也巩固了新文学的成果。中小学语文教学(共和国以前称之为国文教学或国语教学)是国语运动家和新文学作家共享合谋的合法性"实验基地"，也是趋新与守旧各种社会力量相互博弈、争夺交汇的"文化场域"。通过对中小学语文教学和教材编纂问题的探讨，不仅可以领略到国语运动的理念如何通过课程纲要和课程标准落实到国语教学实践活动中，也可以进一步了解现代文学进入语文教材的合法性和经典化过程。语文教学对于学生国语口语训练和作文写作能力的培养，既有效促进了国语运动提出的"国语统一"的目标，也加快了"国语的文学"的

① 见《北京大学月刊》第1卷第4期，1919年。

形成。

就建立汉民族现代标准语而言，国语运动和现代文学其最终目的仍然是一致的，只不过各自的实现路径不同而已。文字改革者和国语运动家通过编撰国语词典审定国音、收录新词、写定词汇，大大丰富并改变了原有的语汇，通过制订新的文法、语法体系规范了现代汉语的语法表达，最终实现统一的现代汉语书面语言；新文学作家则是通过胡适倡导的“文学的国语，国语的文学”路径，借助新文学创作实践以建立现代汉民族共同语。前者侧重语言标准的制定，后者更关注现代作家的创作实践。

二、有关论题的研究现状

关于国语运动与现代文学相互关联的研究和思考，之前的研究者已经做了卓有成效的努力和开创性工作。胡适最早把文学与国语两个问题关联起来进行思考，他的文学革命的“十字宗旨”是其集中的表达。二十年代初，胡适在题为《国语运动与文学》的演讲中再一次申述：“我们能够使文学充分地发达”，“可以加增国语运动底势力，帮助国语底统一。”[①]此后，胡适在《四十年来的文学革命》[②]中进一步把文学、教育乃至语言工具改革作整体的思考，他认为伟大的文学作品如故事、小说等成为学习标准白话日用语言的教师，白话不但作为教育的有效工具，同时也是创造与产生现代中国文学的一个有效工具。三十年代，黎锦熙在其《国语运动史纲》中专列一章“注音字母与新文学联合运动时期”，探讨了“国语统一”运动和“文学革命”两大潮流完全合作的历史过程。黎锦熙认为文学革命和国语运动在各自标榜的“言文一致”的口号中取得了共鸣和联合。除此之外，在各自运动的人的关系上，北京大学校长蔡元培既是国语统一筹备会的会长，其麾下北京大学的六位教授陈独秀、胡适、钱玄同、刘复、沈尹默、李大钊轮流编辑倡导文学革命的刊物《新青年》，这其间自然会发生声气应求的作用：于是两大潮流合而为一，轰腾澎湃之势愈不可遏[③]。

共和国成立以后，由于国语运动逐渐被推广普通话运动所取代，“普通话”代替了“国语”，此后关于国语运动与文学的关联性研究逐渐减少。直到新世纪以来，王风的《文学革命与国语运动之关系》(《中国现代文学研究丛

① 胡适：《国语运动与文学》，《晨报副刊》1922 年 1 月 9 日。

② 胡适：《四十年来的文学革命》，台北《征信新闻》，1961 年 1 月 11 日，见《胡适全集》第 12 卷，安徽教育出版社 2003 年版，第 484 页。

③ 黎锦熙：《国语运动史纲》，商务印书馆，1934 年，第 71 页。

刊》2001年第3期)一文最先注意到了这个久已搁置的学术话题,重新对文学革命与国语运动的关系进行了翔实的考辨,以《新青年》杂志为中心探讨了五四新文学的发生与国语运动的内在关联。此后,这一话题逐渐进入学人的研究视野,对此问题的探讨也日渐丰富起来。袁红涛的《"白话"与"国语":从国语运动认识文学革命》(《四川大学学报》(哲学社会科学版)2005年第1期)认为胡适对白话文学的倡导与现代"国语"观念密切相关,在近代革新运动中除了普及语言的努力之外,追求语言统一的意识也逐步自觉,但与价值观念根本抵触。胡适立足于时代,对白话文学的大力倡导带来了传统雅俗对立的语言价值观念的转变,使国语运动的价值困局得以消解。"国语"的普遍性要求支持了白话作为唯一的文学语言的地位。吴晓峰的博士论文《国语运动与文学革命》2008年由中央编译出版社出版,论著较为完备、系统地探讨了国语运动和文学革命之间的互动关系,论著通过对国语运动和文学革命的历史演进考察了国语运动和文学革命联合的历史必然,通过胡适的"十字纲领"和钱玄同的语文改革理论两个个案的剖析进一步阐明了国语运动和文学革命的互动关系,进而探讨国语运动对新文学文体、新文学主体、新文学研究诸方面的影响;也相应考察了新文学革命对国语运动在整合语言要素、建构语言体系、更新语言意识的多方面影响。张向东的《语言变革与现代文学的发生》(人民文学出版社2010年)是从语言变革的角度梳理清末的语言变革和文学革命的历史关联,把语言和文学的关系纳入到语言学史、文化史和思想史的宏观视野中,该研究扩大了该论题的研究领域,在研究方法和研究思路上均有所创见。刘琴的《现代汉语与现代文学的关联性研究》(中国社会科学出版社2010年出版)主要采用历史论证和个案分析相结合的方法,讨论现代汉语与现代文学间的复杂关联,阐述二者共生互动的过程演变历史轨迹,分析其具体类型与特征,并对文学语言实践作出检视。该书在个案解读和理论拓展中,力图将"知识"清理与经验阐析融通在一起,展示出百余年来汉语新语言形态和新文学的构建在中国现代化系统工程中的影响和作用。近年来有学人对于胡适"文学的国语,国语的文学"观念进行了大胆的质疑。程巍《胡适版的"欧洲各国国语史":作为旁证的伪证》(《北京第二外国语学院学报》2009年第6期)对学术界在文学革命与国语运动问题上通行的看法提出质疑,认为文学革命与国语运动是北洋政府借推行北方官话与南方政治势力争夺文化领导权的语文革命,认为胡适的文学革命理论是在误读西方历史基础上的向壁虚构,文章指出胡适关于文学革命历史的叙述夸大了包括自己在内的五四新文学家及语言学者对现代语言变革的贡献。泓峻的《文学革命与国语运动的真相及胡适诸君的贡献》(《文史哲》2012年第3期)一文则是一篇辩驳性和论争性极其强烈的文章，该文针锋相对地指出程巍论文的观点是受西方学者解读西方近代语言变革历史时所使用的“语文政治学”研究视角启发而产生的结论，认为此结论严重偏离了中国实际。文章指出实际上对文学革命与国语运动，北洋政府的态度往往是保守的，有时候甚至是反动的。泓峻认为国语运动是一场以教育与文化普及为核心目标的现代启蒙运动，无论当时的学者还是政府，并没有多少南北政治方面的考虑，胡适文学革命理论触及了中国文化现代转型时最核心的问题，胡适等白话文学运动的“旗手”对国语运动的贡献也得到了国语运动阵营的认可。徐钺的文章《文学革命时期的“国语”与“白话”——以胡适与黎锦熙为中心》(《文学评论》2012 年第 4 期)，通过对以胡适为代表的“文学革命”的参与者及以黎锦熙为代表的“国语运动”的参与者的历时言论和事后追述进行考察，说明：在五四时期的“文学革命”中，是由“白话”和“白话文学”作为核心的，在历时进程中，它逐渐借助了“国语”和“国语运动”的话语资源，以实现自己根本的社会功能上的诉求。“国语运动”则以实现民族共通语的标准确立为目标，其要求确定一种标准语音和设立汉字注音规范，这与推行白话文其实并无必然联系。徐钺认为 1916 年至 1920 年“文学革命”与“国语运动”呈现的“双潮合一”之势，是其资源互相借助的结果。在现代文学研究领域隋欣卉的《台湾光复初期的国语运动与国语文学(1945—1948)》(福建师范大学中国现当代文学专业 2011 年博士论文)主要探讨了台湾光复之后，在一大批语文学术专家主导之下，国语运动展开的复杂局面，被日本殖民者统治近半个世纪的台湾同胞光复伊始的当务之急是先从语言上去“皇民化”实现“国化”。论文指出台湾的国语运动不是一项简单的技术上地语言学习，更是一场复兴中华文化的社会运动，国语文学在其中占有重要地位。论文认为无论是官方还是民间都特别重视国语与民族国家想象之间的密切关系，光复后当局积极采取多种形式促进海峡两岸的文化交流，台湾光复初期国语运动与国语文学的开展，完成了“国语的文学，文学的国语”这一宗旨在台湾的实现。

上述关于国语运动与中国现代文学的关联性研究，大都集中在“五四”时期或文学革命发生期二者的合流与相互促进，并未把国语运动与现代文学的发生、发展的整个进程纳入思考的范围。近年来，国语运动的研究在近现代史领域日益兴盛起来。就硕士博士选题而论，有刘沛生的《近代国语运动研究》(山东师范大学中国近现代史专业 2007 年硕士论文)、李静的《民国时期广大国语运动研究》(暨南大学中国近现代史专业 2012 年硕士论文)、王丽媛的《钱玄同对国语运动的倡导与实践》(辽宁师范大学中国近现代史专业 2012 硕士论文)等。上述论文无论是侧重近代的国语运动，还是侧重地域的研究,以及侧重研究某一国语运动家的国语运动个案,均极大地丰富和深化了学界对于国语运动的认识。

针对国语本身而言,一些从事研究中国现代语言文字规划的学人,对国语问题曾经有较多的探讨。如姚亚平的《中国语言规划研究》(商务印书馆2006年出版)探讨了中国语言规划的历史变迁,其中涉及近代以降的国语运动以及中国现代语言何以从官话到国语再到普通话完成这一历史进程的。于锦恩的《民国注音字母政策史论》(中华书局2007年出版)更为详尽地探讨了国语运动家对于国音字母的制定及颁布过程,以及注音字母与国语统一的密切关系。关于民国时期北京音如何成为标准音的问题是近年来思想文化界和语言学界研究的一个热点问题,张卫东的《北京音何时成为汉语官话标准音》(《深圳大学学报》1998年第4期)、叶宝奎《民初国音的回顾与反思》(《厦门大学学报》2007年第5期)、崔明海《语言观念的变迁:北京语音如何成为近代国语标准音》(《北京社会科学》2008年第2期)以及黄晓蕾的《论民国时期国音音系的建立》(《西北民族大学学报》2010年第2期)、王东杰《从文字变起:中西学战中的清季切音字运动》(《中山大学学报》2009年第1期)是这方面的代表性文章。值得一提的是《云南师范大学学报》2011年第6期刊发了一组讨论百年国语运动的文章,分别是王理嘉的《国语运动与汉语规范化运动》、向光忠的《国语运动百年与汉字简化进程》以及陈燕的《国语运动与汉字检字法改革》,这组文章从不同角度总结了国语运动的历史功绩。此外,袁先欣的《语音、国语与民族主义:从五四时期的国语统一论争谈起》(《文学评论》2009年第4期)一文也值得一提,该文从考察1920年代的京音国音之争入手,讨论了现代民族主义理论中从语音中心主义到语言民族主义的逻辑过程,分析了中国国语运动中蕴含的中国民族主义的特殊性。这些探讨,无论是语言学内部的专业探讨,还是从思想文化历史的角度进行的理论探索,均极大地拓展了国语运动的研究视野,也深化了国语运动的研究领域。

关于民国语文教学的研究,一直是语文学科教学研究的重心。近些年,由于民国研究热的出现,尤其是民国老语文课本的再版更引发了民国语文的研究热潮。仅以“民国”和“语文”这两个题名关键词在中国学术期刊网检索硕士博士论文文库,就有十篇论文,分别是:范远波的《民国小学语文教材研究》(华东师范大学中国教育史专业2007博士论文)、姜丽萍的《清末民国(1906—1949)小学语文教案研究》(华东师范大学教育史专业2008硕士论文)、张哲英《清末民国时期语文教育观念考察》(华东师范大学教育史专业2009博士论文)、刘光成的《百年中学作文命题研究》(湖南师范大学课程与教学论2010博士论文)、白茹的《〈教育杂志〉与民国时期的小学语文教育研究》(内蒙古师范大学教育学原理专业2010硕士论文)、胡雪缘的《民国初期写作主线型语文教材研究》(上海师范大学课程与教学论,2012硕士论文)、刘丽莎的《民国小学作文研究》(河北师范大学教育学原理2012硕士论文)等。以上这些论文,要么对于民国时期的作文教学如命题问题、语文教材的编纂问题进行了专题研究;要么以一个教育刊物为中心进行集中的探讨;要么对语文教材和语文教学观念进行了深入系统的宏观研究。这些研究,给我们打开了认识民国中小学语文教育的广阔思路和知识视野,但这些研究主要立足于教育学内部,从教学技术和教学理念的角度进行的专业内部的观照和研究,未能把民国语文教学纳入国语运动、现代文学诸方互动的相互参照中进行历史的考辨和探究。除此之外,随着这些年学科教学(语文教育硕士)专业的设置和专业的扩招,加之人们对于当下中国语文教育的省思和研究,探讨民国语文教育家的论文逐渐增多,如博士硕士论文而言,探讨黎锦熙语文教育思想的论文有5篇,但相同题名的就有3篇;研究叶圣陶教育思想和语文教育观念的论文多达19篇;同样,研究朱自清语文教育思想的有11篇论文,但相同题名的就有4篇。倘若加上刊发在其他学术期刊的研究论文,民国语文教育研究的成果可谓内容庞大。这些研究论文,一方面出于专业设置的学术要求,一方面也是出于对中国当下中小学语文教育的反思和探究,试图通过对民国语文教育大家的传统资源的开掘以指导当下的语文教学。因而,这些论文主要是出于语文教育教学实践的现实考量,学术问题意识相对单一和狭窄。

把民国的语文教学与现代文学相互结合的研究成果值得一提。郑国民的《从文言文教学到白话文教学——我国近代语文教育的变革历程》(北京师范大学出版社2000年出版)一书较早从语言变革的角度探讨了中国现代语文教育从文言文到白话文的演变轨迹,史料翔实,论述系统。但这一研究未把语文教学置于国语运动的脉络中进行考察。钱理群的《五四新文化运动与中小学国文教育改革》(《中国现代文学研究丛刊》2003年第3期)一文最早关注现代文学与语文教育的深刻联系,但这一探讨只是着眼于五四时期。赵静的《儿童文学与小学语文教育——20世纪初期的历史透视》(《教育科学》2003年第2期)一文通过对20世纪早期中国儿童文学史与中小学语文课程发展史的透视,探讨了儿童文学与中小学语文教育之间的互动关系。该文指出学校教育的需要是中国现代儿童文学产生的主要推动力之一,课程实践客观上促进了早期儿童文学创作的发展,同样,儿童文学的理论与实践为儿童文学成为语文教育的课程资源提供了可能。张向东的《白话教科书的编写与现代文学的发生》(《甘肃社会科学》2008年第1期)一文认为自清末以来,中国的一些有识之士为了普及教育、启蒙大众，发起了一个编写白话教科书的运动，这一基于普及教育的改革从根本上动摇了文言的地位，不但为白话文学的兴起开辟了道路，也在制度上保证了新文学的合法性。姚丹的《20世纪二三十年代中小学新文学教育——以教材为考察对象》(《广播电视大学学报》(哲学社会科学版)2008年第2期)一文，视野更为阔达，论文指出二三十年代，进入小学课本的新文学作品绝大多数是经过作家的改写实践，作家借此实现了小学国语课本的"儿童文学化"，不但从根本上确立了新文学的合法性，同时也培植了学生新的"文学感觉"与"文学观念"。张为忠的专著《现代中国文学话语变迁与中学语文教育》(人民教育出版社2008年版)从晚清的教育话语、五四的启蒙话语、30年代的大众语话语、40年代的革命话语、50—70年代的政治话语、80—90年代的人文话语、世纪之交的全球话语等七个阶段透视了近一个世纪文学思潮变迁与中学语文教育的关系，他的话语分析主要是文化思想潮流对于语文教育观念的影响，很少涉及语言问题。于龙的论著《现代语文课程考论——以"性质之争"和"文白之争"为例》(上海书店出版社2011年出版)通过对语文课程两类主流话语——性质话语和文白话语——的知识考古，阐明了话语实践与课程理解的思想脉络，进而探讨语文课程理解的话语方式、思维方式及其成因，论著问题意识鲜明，呈现出了较强的理论思辨色彩。

通过以上有关国语运动、现代文学、民国国语教学等三个相关问题的研究现状梳理，可以感受到在各自的独特研究领域已经取得了相当丰硕的研究成果和相当精当的研究结论，但是，日前把三者进行的综合互动的关联性研究成果还不多见。本研究课题《语言文学的现代建构》试图在前人研究成果的基础上，把文学运动、国语运动、语文教学三方相互打通，探查他们在各自领域对于建立中国现代语言所做的一系列努力。

三、本论题研究内容及研究路径

本书名为《语言文学的现代建构》，重点考察现代语言和文学如何确立和建构的历史性进程。我在《语言运动与中国现代文学》(中华书局，2007年出版)中已经做了一些探讨，该书可以说是对语言运动与中国现代文学的再探讨。语言和文学的现代建构与现代教育密不可分。事实上，在实际翻阅民国期刊和有关原始资料的过程中，国语教育的史料大量呈现出来。国语运动通过制定标准语音、写定词汇、编纂辞典、规范语法不但为国语教育提供了可以参照的教学标准，同时也为现代作家的创作实践提供了应当遵守的语法规范。国语教学通过课堂的口语训练和国语演讲造就了能够说"口语的国语"的新型国民,逐步向"国语统一"的目标迈进。语文教学通过作文训练,不但传播了国语文学的观念,而且培养了学生欣赏新文学的能力,提升了白话文写作水平,并逐步实现了国语运动和现代文学同声相应的"言文一致"理念。国语运动既需要国语家在书斋斗室内精心细致地做大量研究性工作,也需要为了普及国语而走向街头的狂飙突进式的倡导与呐喊,但这些工作都必须最终落实到中小学的教育教学实践中。因而,国语运动必然走向国语教学的课堂,二者之间的关联不言而喻。国语教学与现代文学的直接关系是通过国文教材的编纂连接的,现代文学作家的作品进入中小学国语教材,确立了现代文学和白话文教学的合法性,促进了现代文学的经典化过程。国语教学一方面连着国语运动,一方面连着现代文学,可谓是国语运动与现代文学之间的桥梁。正是出于这样的考量,国语运动与现代文学的研究论域就不能不涉及国语教学。本论题分上、中、下三编,分别从"国语运动与国语标准的建立""国语教学与文学的国语""国语运动与现代文学的语言论争"展开论题。

上编主要考察国语运动家对于中国现代语言转型所开展的具体工作。主要探讨国语运动家在语音标准、辞典编撰、语法革新诸方面对于中国现代语言变革的革命性贡献。通过考察国语运动家关于国语标准音的确立所做的一系列工作,不仅在于还原以北京音为国语标准音建立的艰辛过程,而且还在于试图通过这种历史的梳理和还原进一步呈现现代标准音确立过程中各种思想、文化力量的博弈和争夺,探讨国语标准音的建立作为一个"现代语言事件"的文化场域,其间蕴含了怎样的"声音的政治"? 当然,通过这种历史史料的爬梳为了彰显国语运动家在国语标准和国语统一运动中的实绩,以此回应上个世纪20年代初胡适在谈及国语标准时颇为自负的提法——"国语的标准决不是教育部定得出来的,也决不是少数研究国语的团体定得出来的。"①事实上,国语标准音的确立恰恰就是研究国语的团体定得出来,由教育部颁布实施的——尽管这个过程历经坎坷,艰难漫长。

中编主要考察国语教学如何训练学生的"口语的国语"以及"文学的国语"。通过课堂的口语教学及课外的国语演讲活动培养了新一代能说国语的新型国民,国语运动家和国语教育家均重视口语的训练,无论是课程标准的要求,还是国语教材的编纂,还是国语授课的教案都呈现出对学生国语口语交际能力的强调。在课堂之外,由学校和社会组织的国语演讲比赛则进一步提升了学生的国语口语水平,有力地促进了国语运动的普及。学生的国语演

① 胡适:《〈国语讲习所同学录〉序》,《新教育》第3卷第1期,1921年2月。

讲扩大了国语的传播和影响,国语的成熟也不断推动演讲的普遍、深入和提高。学生的演讲文稿可谓是率先实现了胡适所预设的“文学的国语,国语的文学”的语言目标。

下编主要探讨国语运动与现代文学语言论争之间的关系。鉴于以前的研究者把讨论的问题大都集中在文学革命“文白之争”时期,因而,我的研究主要把论及的焦点投射到方言与国语、大众化和大众语论争、语文通俗化运动以及民族形式论争等论题。无论是国语运动还是现代文学都是要试图建立一种汉民族统一的现代语言,语言问题也贯穿了现代文学发展的始终。我认为中国现代文学发展史上的语言论争并非单是文学内部的文体及语言形式问题,我把这些问题置于国语运动及中国语言现代化的背景中加以观照。就方言与国语而言,新文学作家由于看重文学的审美功能,不免重视方言在神理气韵方面的修辞功能,而国语运动家为了丰富国语,必须借助方言调查的途径以扩充国语词汇。即便从指定标准音的单一视角考量,也须借助方音的调查。无论是新文学作家,还是国语学家都必须面对方言问题,但方言的地方性与国语的普遍性毕竟有难以弥合的紧张。在三十年代初的大众化讨论中,以瞿秋白为代表的对于五四白话语言的批判和对国语标准的质疑,进而引发了后来的大众语论争,大众语讨论既是新文学界反对文言复活的保卫战,也是新文学界回身反顾白话语言的自我反省和批判,同时也是国语界如何对建立未来中国统一语的不同道路的探索。此后的语文通俗化问题的讨论既是在国语运动“龟走”时期语言文化界试图进行文化普及的一次有效的理论探讨和有益的语言实践运动,也是现代文学和文化界为抗战宣传的需求重新回到自身文学传统的文体尝试。接踵而来的民族形式问题的讨论是中国现代文学发展到一定历史时期对于自身的反省与清理,在讨论中对于中国的民间文学、传统文学(文人传统的旧文学)、外国文学乃至五四以后的新文学秉持一种海纳百川的包容态度,就语言层面而论则体现出了语言观念的新综合倾向——吸纳古语、采纳方言、借鉴外来语言。

本论题涉及国语运动、国语教学、现代文学等方面问题,时间的跨度从晚清到上个世纪四十年代末,其间关涉语言学如语音、词典编纂、语法、修辞等专门性问题,涉及口语训练、语文教材编纂、作文教学等课程教学及语文教育的专业知识,也关联到思想史、语言文化思潮史等方面。本论题力图打破学科边界,试图作整体的宏观研究,在研究理路上采用“大处着眼,小处开掘;以点带面,以面带体”的研究思路,所谓“大处着眼”就是要有宏观的视野,不故步自封,不是就事论事的封闭式研究,而是把所研究的问题置于广阔的历史文化语境中加以考察,以呈示问题展演的文化场域;所谓“小处开掘”就是要求所论问题要具体，尽量做“窄而深”的研究，研究中可能很难完全实现自身的研究设想，但“虽不能至”“心向往之”；所谓“以点带面，以面带体”就是通过各个具体而微的细小问题的探讨，共同展现每一章、每一编所要讨论和解决的核心问题，通过上、中、下三编的各自问题的梳理和分析立体展现国语运动、国语教学、现代文学三者互动共生、相互勾连的复杂景观。最后，通过三者合作共生进一步展现和回答中国现代汉民族共同语言如何艰难创制的问题，探讨这一问题也即是探讨国语运动最初提出的“国语统一”“言文一致”的目标是如何实现的问题，国语家的艰辛努力、现代作家的文学创作、国语教学的语言实践三方合力推动了“文学的国语，国语的文学”的形成。共和国之后逐步推广的普通话运动也将在享受这一成果的同时，沿着国语运动与现代文学所开辟的路径向前迈进。

在研究方法上，尽量做到“赤手空拳”地进入历史，也即是尽量减少一些理论的预设，可以“大胆地假设”问题，但必须“小心地求证”，所有假设的问题必须回到历史史料中加以检验和证实。本论题大量发掘第一手历史文献，原始报刊主要来自“大成老旧期刊数据库”和“民国期刊全文数据库”以及之前曾经复制拍摄的民国旧籍及报刊。在展开问题的过程中尽量做到“述而不作”，能够让史料说话的在论文中避免过多发挥和阐释，力图在史料的展示中抽丝剥茧地提炼出问题，但这种方法也可能会带来堆砌史料的弊端。古人小说创作时在情节结构经营上常用“草蛇灰线”的方法，即如同草中之蛇，灰里之线，似断似续，形断实续，使文章起伏照应的一种方法。我在论文写作时，尤其在论及国语运动、现代文学、语文教学三者互动的个别细节上，也有意学习这种方法。但所论问题具体如何，是否实现了论题的构想，就恳请诸君的批评了。

上　编

国语运动与国语标准的建立

第一章　语音的政治
——国语运动与国语标准音的确立

本章通过考察国语运动家关于国语标准音的确立所做的一系列工作，不仅在于还原国语标准音建立的艰辛过程，而且在于试图通过这种历史的梳理和还原进一步呈现现代标准音建立过程中各种思想、文化力量的博弈和争夺，进一步探讨国语标准音的建立作为一个“现代语言事件”的文化场域，其间蕴含了怎样的“声音的政治”？当然，通过这种历史史料的爬梳来彰显国语运动家在国语标准和国语统一运动中的实绩，以此想回应上个世纪 20 年代初胡适在谈及国语标准时颇为自负的提法——“国语的标准决不是教育部定得出来的，也决不是少数研究国语的团体定得出来的”①。事实上，本章就是要说明国语标准音的确立恰恰就是研究国语的团体制定出来，由教育部颁布实施的——尽管这个过程历经坎坷，艰难漫长。

一、从切音字运动到《国音字典》编纂

晚清以降的切音字运动开启了中国语文现代化的端绪，它最早提出了统一语言的问题，它的兴起直接开启了此后民国时期的国语运动，为现代汉语的标准音问题奠定了初步基础。没有晚清的切音字运动，也就不会有后来的国语运动。

国语运动主要从两个层面展开，一是言文一致；一是国语统一。言文一致主要解决的是书面语言如何与口头语言一致，处理“怎么说，就怎么写”的问题。而国语统一重点要解决的是国民的口头语言如何顺利交流问题，而口头语、交流语言的统一最为关键的就是读音的统一。中国尽管幅员辽阔，但不同地区的人们完全可以借助书面文字进行沟通交流，一旦通过面对面的口语交流就出现了方音纷杂、难以沟通的问题。因而，国语统一运动最难解决的不是言文一致问题，而是国语统一问题，而国语统一首先要解决国音统一，也就是要解决国音的标准问题，只有各个地域的人们按照规定的标准音进行

---

① 胡适：《〈国语讲习所同学录〉序》，《新教育》第 3 卷第 1 期，1921 年 2 月。

交流，才可能达到交流顺畅的目的。晚清以降的国语运动家对于标准音的热心倡导和孜孜以求伴随着激烈的争论和令人感佩的努力。

切音字运动在创制了一目了然、男女贤愚皆可通晓的切音新字的同时，也主张要统一语言，认为有了统一的语言，可以使“中国虽大，犹如一家，非如向者之各守疆界、各操土音之对面勿言也”①。至于用什么话统一全国语言，当时有多种动议，卢戆章主张把南京官话作为“各省之正音”，提出“以南京话为通行之正字，为各省之正音，则十九省语言既从一律，文话皆相通；而中国之大，犹如一家，非如向之各守疆界，各操土音之对面无言也”。但以王照的“宜取京话”影响最大。他说：“宜取京话。因北至黑龙江，西逾太行宛洛，南距扬子江，东傅于海，纵横数千里，百余兆人皆解京话外，此诸省之语则各不相通。是以京话推广最便，故曰‘官话’。‘官’者公也，公用之话，自宜择其占幅员人数多者。”②劳乃宣则综合二人的观点，认同以北京话为标准，但主张先学方言拼音，然后统一国语，他在1905年《江宁简字半日学堂师范班开学演说文》中提出：“中国之用旧字数千年，用方言亦数千年；今欲数千年之方言一旦变为官音，闻者咸苦其难，望而却步……故莫若即其本音而迁就之，俾人人知简字之易学，知简字之诚可代语言，然后人人皆有变迁语言之思想，有变迁语言之思想，然后率而导之于国语之途……南方语言既可以简字拼之，由是而览北方之书报，不觉恍然大悟曰，此一字吾读某音，今北方则读某音，此一音吾所有，今北音则无之。仅须一转移之功，而北音全解，北音全解而国语全通矣。所谓相反而适相成也。”③今有增无减将北音全谱包括于中，“相通而不相悖”，“则不必强南以就北”，“自能引南以归北矣”。以上关于国语统一的语音标准有“南音”（卢戆章）、“北音”（王照）以至劳乃宣的“引南以归北”即“以土音为简易之阶，以官音为统一之的”的诸多讨论，都是民间人士为挽救民族危亡、普及教育事业、探讨汉字改革、实现国语统一的先行之举，尽管当时的晚清政府没有真正地开始普及实施他们的语言统一设想④，但1911年

① 卢戆章：《〈一目了然初阶〉自序》，《一目了然初阶》，文字改革出版社1956年版，第6页。

② 王照：《官话合声字母・新增例言》，《官话合声字母》文字改革出版社1957年版，第9页。

③ 《清末文字改革文集》，文字改革出版社1958年版，第55—56页。

④ 1911年，《学部中央教育会议议决统一国语办法案》正式通过，见《清末文字改革文集》第143—144页。该法案提出以下五项办法：1.调查　设立国语调查总会，对国语的语词、语法、音韵进行调查 2.选择及编纂　根据雅正通行之语词语法音韵，制定标准，编纂国语课本和语典方言对照表 3.审订音声话之标准　各方发音至歧，宜以京音为主。京语四声中之入声，未能明确，亟应订正。以不废入声为主。话须正当雅驯，合乎名学，宜以以官话为主 4.定音标 5.传习　各级设立传习所，教授学堂教职员一律使用官话，学堂各科逐渐改用官话教授。而这些方案还没有真正实施，清政府就被推翻了。

通过的《学部中央教育会议议决统一国语办法案》,该法案提出以下五项办法如调查、以京音为审音标准、设立传习所等国语统一运动的措施为此后不久开始的国语运动敲响了开场的锣鼓,奠定了初步的基础,因为这些切音字运动的倡导者如劳乃宣、王照等也正是后来读音统一会的主要参与者,此后国语运动所展开的步骤都没有溢出该法案的行动框架,只不过民国时期大张旗鼓、如火如荼的国语运动在新文学运动和国语教育的普遍互动中更为有声有色而已,可以说是切音字运动在新的历史时期的深化和延续。

1912 年 7 月 2 日,南京临时政府教育部在北京召开教育会议,会议由当时教育部总长蔡元培主持,经过近一个月的会议,通过《采用注音字母》案,确立了汉字注音的基本方针,也成为注音字母的制定根据。同年 12 月,教育部设立了由吴敬恒任筹备处主任的读音统一会筹备处。读音统一会于次年 2 月 15 日在北京召开会议,会议的主题是审订国音、采定字母、议决国音推行办法。会议为期九十七天,于 1913 年 5 月 22 日结束。在长达百天的审音会议中,关于国音标准音的制定与采用问题,会议期间两次更换主席,第一位会长吴敬恒因采定字母争执不下几乎引起拳脚而辞职,第二位是副会长王照,接任后不久请了病假告退,第三位是王照的学生王璞,其间的争执和讨论之激烈可以想见。

在这种悬而未决的激烈争论中,只好采用每省一票、多数票决定的形式审定了 6500 多个汉字的标准国音,形成了一本《国音字汇草编》,这个草编审定的国音为区别后来修订的新国音而称之为"老国音"。

但此后大家对于这次审定的国音充满了异议,此次审音虽然做了大量的工作,但仍有很多问题悬而未决,比如声调,"读音统一会"会上归纳了阴阳上去入五个声调,但是并没有规定具体的调值或所依据的标准,以至于审订后各字的声调仍没能得到统一。另外,具体的投票规则也颇受争议"每省一票、多数票决定"的方式尽管力求公平,但实际引起了很大非议。首先,由于出席会议的代表以江浙人士居多,造成了很多人对结果的质疑。此外,会议投票以省为分组单位进行,而省是行政划分的单位,与语言使用的分布并不一致,以此单位划分,既不是人口的平均,也不是语言分布情况的平均,并不科学。总体上,本次会议尽管是政府组织下第一次大规模、有权威性的审音活动,也获得了很大的成果,但会议的审音方法也存在一些问题,以投票的方式逐字审订各字,得出的"国语"并不是建立在一套音系基础上的语言,因此被后人认为是"人工语言""不自然的语言"。①

---

① 参见荣蓉:《现代汉语审音工作的回顾及思考》(南开大学 2010 年硕士论文)。

国音标准制定伊始，就鲜明地呈现了不同观念之间的交错与碰撞，之所以形成这样不满的声音，是因为当时主持读音统一会的会长吴稚晖所一贯秉持的读音应以蓝青官话为标准的语言统一主张：

> 所谓官音，官者，言通用也，言雅正也。……故以通用而言，即以今人南腔北调，多数人通解之音为最当。其声和平，语近典则，即可以为雅正之据。吾闻能作官话者，莫如苏州某君，彼生长北京，其言发声则纯用吴腔，而出音则字字真足，既方，既雅，人固莫不以南京官话诮之，其实此即改良新语，所最适当之音调也。若近日专以燕云之胡腔，认作官话，遂使北京鞑子，学得几句擎鸟笼之京油子腔口，各往别国为官话教师，扬其狗叫之怪声，出我中国人之丑，吾为之心痛！①

以上的这段话不难理解，从中可以看到吴稚晖对于标准语音的价值取向所在，他对于南腔北调的官话口语赞赏有加，对于以北京音为标准音极力嘲讽。我们不要简单视为偏激的言辞，仔细研读吴稚晖的这段话，其中蕴含了吴稚晖复杂多样的文化情怀。这段话写于 1908 年，此时，晚清帝国的大厦摇摇欲坠，作为出生在江苏武进、早年信仰无政府主义、曾投身反清运动的激进趋新人士，他反对以北京音做国音标准也就很容易理解了。正是这种多年以来积淀的对于清朝统治的义愤，才使吴稚晖用充满敌意和奚落的言辞诸如"胡腔""北京鞑子""京油子腔口""狗叫之怪声"来称呼北京及北京腔调，这中间不单单是地域之间的文化语言隔膜，也呈现出种族情绪的愤激，这种愤激以民族主义的情绪展现出来——他担心京腔的演说者倘若"各往别国为官话教师"将"出我中国人之丑"。到了 1909 年，吴稚晖已经有了较为明确的确定官音的思路：

> 附注字典，其道甚简。如稍郑重其事，在北京或上海亦复不难。特设一三个月之短会，延十八省所谓能谈中国"之，乎，者，也"之名士，每省数人，每天到会半日，书记将字典揭开唱曰："一"，候大家议定官音，当注何音；又唱曰："丁"，又候大家议定当注何音。每日注三四百字，有如"庭"音既定，则"廷、亭、停"可不复多议，故三月必可讫事。②

---

① 吴稚晖：《吴稚晖学术论著》，合作出版社 1925 年版，第 293—294 页。

② 同上书，第 293 页。

吴稚晖既然抱定了官话国语标准音，以及作为这种审定国音的思路，难怪后来当蔡元培任教育总长，邀请吴稚晖负责国音注音字母的制定、主持统一会的工作后，吴稚晖反对将某一特定区域的语音作为国音统一的标准。在后来的京音国音的争论声中，吴稚晖详细指出了他反对将北京音确定为标准音的理由，首先是北京音的地域难以确定，比如到底是北京的西城区还是东城区具体以哪个区域的语音做标准？其次以哪类北京人的语音标准也难以确定。再者标准音的教授方式不好确定，是口耳相传，还是从课本上对照北京音去学，要是口耳教授，在北京暂时找不出那么多教授的人员能满足全国范围的国语教育？[①]

不论如何，读音统一会总算把统一的国音暂时确定下来。不管过后引起多么大的争议，乃至需要重新修订，但人们呼唤统一的国音标准的观念却是一致的。

读音统一会为更好地推行国音，大会通过了《国音推行方法》七条：

> 1. 请教育部通咨各省行政长官，饬教育司从速设立"国音字母传习所"，各县派人学习；毕业回县，再由县立传习所招人学习以期推广。
> 2. 请教育部将公定字母从速核定公布。
> 3. 请教育部速备"国音留声机"，以便传播于各省以免错误。
> 4. 请教育部将初等小学"国文"一科改作"国语"，或另添"国语"一门。
> 5. 中等师范国文教员及小学教员，必以"国音"教授。
> 6. 《国音汇编》颁布后，小学课本应一律于汉字旁添注国音。
> 7. 《国音汇编》颁布后，凡公布通知等件，一律于汉字旁添注国音[②]。

推行的办法中已经开始请求教育部将初等小学"国文"一科改作"国语"的教育思路，包括对小学课本编纂的改革也已初步酝酿，这些都透露出国语运动对于国文教学变革的推动作用。

果然，民国四年(1915)北京注音字母传习所成立，并编定传音的旗语和电报号码。此后教育界开始自觉地呼唤国语教育，民国六年，教育界人士第三次全国教育会联合会在浙江省城开会，议决请教育部定国语标准，并推行注音字母，以期语言统一。民国七年教育部令北京、武昌、奉天、南京、广东、成都六个国立的师范学校附设国语讲习科，传习注音字母和国音，以养成各

---

① 吴稚晖：《国音问题和国语的文学问题》，《吴稚晖学术论著》，1925年版，第66—67页。

② 黎锦熙：《国语运动史纲》，商务印书馆1934年版，第70页。

省的国语教员，同年十一月，教育部以正式公文公布注音字母令全国人民传习推行，现在把部令照录如下：

> 查统一国语问题，前清学部中央会义，业经议决。民国以来，本部监于统一国语必先从统一读音入手，爰于元年特开读音统一会，讨论此事。经该会会员议定国音字母三十有九，以代反切之用，呈请本部设法推行在案。四年，设立注音字母传习所，以资试办。迄今三载，流传浸广。
>
> 本年全国高等师范校长会议议决于各高等师范学校附设国语讲习科，以专教注音字母及国语。养成国语教员为宗旨，该议案已呈由本部采录令行各高等师范学校遵照办理。但此项字母，未经本部颁行，诚恐传习既广，或稍歧异，有乖统一之旨。为此，特将注音字母三十九正式公布，以便各省区传习推行。如实有须加修正之处，将来再行开会讨论，以期益臻完善。此令。①

我们上文已经说明，1913 年读音统一会确立的“国音”，是以各地代表一人一票，投票选定的一种“混合音”，南方方言中独有的入声、尖团音等均包含在这套“国音”内，国音实际上是一种由各地方言杂糅而成的混合音系统，因此，在后来的普及和推行过程中呈现出许多弊病。

于是，到了民国八年教育部设立国语统一筹备会为常设的机关，该会第一步的任务就是对国音字典的审查和订正。自从民国二年读音统一会开会后，由会长吴敬恒、会员王璞、陈懋治等将会中所审定的七千二百个汉字的国音，用注音字母一一拼成，逐字注上，又加上没有审定的同音字六千五百余，总共一万三千七百余字，编成一部《国音字典》。到了民国八年，这书一面由商家出版；一面再由国语统一筹备会征求全国会员的意见，并组织审音委员会将这书审查订正。1920 年 8 月，第八次全国教育会联会在上海开会，议决请教育部定北京音为国音，并颁行《国音字典》。同年十二月，教育部以正式公文颁布《国音字典》——公文中有几段重要的话，附录在下面：

> ……查前读音统一会审定字音，本以普通音为根据。普通音即旧日所谓官音。
>
> 此种官音，即数百年来全国共同遵用之读书正音，亦即官话所用之音，实具有该案所称通行全国之资格；取作标准，允为合宜。北京音中所

① 乐嗣炳编著：《国语学大纲》，大众书局 1935 年版，第 204 页。

含官音比较最多，故北京音在国音中适占极重要之地位，国音字典所注之音，什九以上与北京音不期而暗合者，即以此故。惟北京亦有若干土音，不特与普通音不合，且与北京人读书之正音不合。本会此次修订国音字典，凡遇原来注音有生僻不习者已各照普通者改注。北京音之合于普通音者，当然尽量采取。

至北京一隅之土音，无论行于何地，均为不便者，则断难曲从。全国教育会联合会所欲定为国音之北京音，当即指北京之官音而言，决非强全国人人共奉北京之土音为国音也。至于声调问题，公布注音字母之部令中，仅列阴平、阳平、上、去、入五声，并未指定应以何地之五声为标准声。……盖语音统一，要在使人人咸能发此公共之国音。但求其能通词达意，彼此共喻而已。至于绝对无殊，则非惟在时势上有所不能，抑亦在实用上为非必要也。现在国民学校，业已施行国语教育，因之外间对于标准字音，需求孔亟。此国音字典，本为标准字音而作……自经此次公布之后，国语读音，悉当依此修正之国音字典为准绳，以昭画一。至语音本随交通而递有变迁，法命当顺时宜而渐图改进。此后当广征各方面之意见，与发音学、声韵学、言语学等专家之所讨究，俟事势上有修订之必要时，再行开会议决。此次编订字典，厘正读音，系统一语言之初步：规模粗具，功效易期。①

自此，从1913年读音统一会最早初步以招致异议的投票表决的方式决定国语标准音的《国音汇草编》，在人们的责难声中历经多年修订完善成为1920年教育部正式颁布的以北平音为标准的《国音字典》，当然，这部字典尽量弥合北京音与官音之间的差别和缝隙。尽管这样，该字典的颁布反而招致了更多的非议和质疑。

二、京音与国音之争

我们上文已经谈到，对于国语运动而言，语言统一并不存在用一种汉语书面语系统取代另一种汉语书面语系统的问题，因为中国早已存在一套"书同文"的汉字书写系统，尽管各地方言歧异，但汉字书写系统则大致相同，只是读音相异而已，统一语言的关键问题在于读音统一。早在1912年民国成

---

① 见《政府公报》第1748期，1920年12月29日。此是教育部训令第578号，由当时教育总长范源廉签署。

立之初，中央教育部召集全国教育家于北京召开临时教育会议，会议涉及国语统一的办法。据当时的《临时教育会议日记》记载："其中有一大问题，是国语统一办法。现在有人提议初等小学宜教国语，不宜教国文；既要教国语，非先统一国语不可。然而中国语言，各处不同，若限定以一地方之语言为标准，则必招各地方之反对，故必有至公平之办法；国语既一，乃可定音标。"①从这些谨慎的叙述中不难体察语音统一所必须面对的诸多难题。尽管汉民族的共同语问题在晚清的"切音字"运动中就已经提出，但一般用"官话"称之。"官话"一词虽说是建立于北方方言基础上的一种较为普通的用语，以其明显带有"官场用语"的色彩且缺乏明确具体的语音标准遭到时人的质疑。因而，1910年，江谦明确主张将"官话"正名为"国语"：

凡百创作，正名为先，官话之称，名义无当，话属之官，则农工商兵，非所宜习，非所以示普及之意，正统一之名，将来奏请颁布此项课本时，是否须改为国语课本以定名称。②

虽然"国语"代替了"官话"，但对于如何确立语音标准却主张各异、论争激烈，关于如何使某一地区语音（如北平）成为规范化的标准音问题是争论的焦点所在。晚清王照的《官话合声字母》以及劳乃宣"合声简字"的"京音谱"都是以北京音为标准，其教习或推行的领域也颇广。1911年，"各省教育总会联合会"上决议的《统一国语方法案》中，也议定"以京音为标准音""以京话为标准语""以顺、直流行之简字为音标"。③ 然而，无论实际推行的京音方案还是理论主张的京音标准，在当时并未获得官方的正式颁布。况且，晚清不仅有拼写各自方言的多种方音方案，且标准语的主张也众说纷纭。卢戆章既创制了拼写闽南话的"中国切音新字夏腔"，也创制了拼写北京官话的"官话切音字母"。可他论述统一语言"当以一腔为主脑"的问题时，却主张以"南京话"为正音的标准：

19省之中，除广福台而外，其余16省，大概属官话。而官话之最通行者莫如南腔。若以南京话为通行之正字，为各省之正音，则19省语言文字既从一律，文话皆相通。中国虽大，犹如一家，非如向者之各守疆

① 朱有瓛：《中国近代学制史料》第3辑（上），华东师范大学出版社1990年出版，第9页。
② 《资政院议员江谦质问学部分年筹办国语教育说帖》，引自黎锦熙编：《国语学讲义》（下篇），商务印书馆，1919年版。
③ 黎锦熙：《国语运动史纲》，商务印书馆，1934年版。

界，各操土音之对面无言也。[1]

此后，还有主张以“湖北音”为标准音的，胡以鲁认为：

> 比较求适宜而有势力者其惟湖北方言乎？湖北之音，古夏声也……十方言之中，自闽粤吴越等沿海外，大抵皆略与湖北近，以其比较上纯粹而中和也。交通上又为吾国之中心，其发达正方兴而未艾。故以之导用于国中，似较京语为利便。[2]

1913年读音统一会经过三个月的研讨和争议，最后由到会会员表决，审定了6500余字的标准读音，这所谓的“标准音”不过是南北籍会员偏执于各自方音的反映，是各种语音标准调和的结果，实际上为“折中南北，牵合古今”的产物。

尽管教育部以行政的方式颁布命令，敦促以北平音为标准出版《国音字典》，但质疑问难的声音接踵而至。

首先对《国音字典》进行发难的是张士一，他认为现在国音国语，原来还没有明定的标准，这个“国音字典”实在是不能称“国音字典”的，可以称“会音字典”。因为里头的音，不过是读音统一会所定的。他从语音性质、语言的教授法等方面展开论述，认为活的语言要用活人口中的话而定，主张用北京受过中等教育的本地人的话做国语的标准，可以免去其粗俗不堪的语汇，力主用京音做国音的标准。[3] 刘半农并不赞同张士一的观点，他认为就京音而言，北京也有种种不同，到底该用哪种京音呢？刘半农主张在超乎各种方言之上去建立一种通用语言，他坚决反对用京语作为标准语，在他看来，京语也是很不确定的东西。“在京话范围以内，自‘内庭’以至天桥，言语有种种等级的不同。我们该取那一种呢？”[4]即便是采用所谓北京的“中等社会”使用的语言，但在交流对话中，真正纯粹的京语很难达到，倘若真正的京语不能保证再加入一些蓝青官话，语言交流未免非常滑稽。倘若保证纯粹交流的京语，“要办到大家说真正京语，就有两个最简单的问题：一是怎样的教，一是怎样的学。就教的方面说，以非北京人而教京语，当然不行；若要请北京人教，恐

---

① 卢戆章：《〈中国第一快音新字〉原序》，《清末文字改革文集》，文字改革出版社1958年出版，第3页。

② 胡以鲁：《国语学草创》，商务印书馆1923年版，第97—98页。

③ 朱麟公编辑《国语问题讨论集》，《民国丛书》第四编，中国书局，1921年版，第13—14页。

④ 刘半农：《国语问题中一个大争点》，《晨报副刊》1922年3月27日。

怕就把北京的中等社会搬空了，也不见得能够分布得来”。教员有限，标准语言需要尽快普及，刘半农认为京语不能作为标准语。他批评那些竭力主张京语，竭力为京语辩护的人士，京语也说得极为“寒碜”。刘半农认为硬学京语，只是多用了许多无谓的工夫，既不经济，又不讨好。既然京语不能作为标准语，那么，什么语言才能有资格作为标准语呢？刘半农指出：

> 请大家不要看轻了中国国语已有的好根基，这根基便是我们现在笔下所写的白话文，也便是一般主张说京语者为京语辩护时笔下所写的白话文。我并不说目下的白话文，已经全国一致；但离开一致，也就并不甚远。例如我是江阴人，江苏语与广东语，可算相差得远了。但我所写的白话文（非江苏方言的），与广东人所写的白话文（非广东方言的），差异处就已到了最小度——这就是说，把两篇文章放在一起，已难于辨出他的地域性来了。这个好现象，并不是偶然构成的，也并不是近数年来提倡了白话文学用急火煮成的。从远处说，他是数千年来文言统一的副产物。从近处说，他至少也是宋元以来一切语体文字的向心力的结晶。我们不能说这种向心力，已很明显，很固定的凝结成功了一个心，但心的轮廓，已大体完成了。①

刘半农事实上是用白话文作为国语的标准，这一点与胡适极为相似。国语的语汇标准已经在写就的白话文中，音的标准如何确立？刘半农认为未来的国语是“国音乡调”：

> 语言中之所谓调，不外乎两件事：一是语调，一是字调。语调虽然也带着些地域性，但因人类的心理作用是共同的，所以语言尽管相异，语调总是大致相同。例如一句疑问语，其结尾当然提高，决不会落低；一句含着重要语义的句子，其重要处当然加重，决不会减轻，所以这种的调，是人类所共有的，无“京”与“不京”之可言。至于字调，却是绝对的地域物，一个人学第二语言，无论学得如何精，断断脱不了他乡音的字调。因此言语学者断定某一种语言消亡时，其最后消亡的，便是这字调。这种的字调，我们中国语中并没有；不过四声的声，和字与字相接成辞时轻重或高下之差，却是他的相等的替代物。若是要把他京语化，在事实上一定做不到，而况全体是国语，中间参了京调，即使做到，于事实上有什么好处？

---

① 刘半农：《国语问题中一个大争点》，《晨报副刊》1922年3月27日。

> 所以我的意见，以为只须能把国音说得正确了，调却可以不管。因为句调是无须管得，字调是不能管得。因其不能管得，所以与其提倡国音京调，正不妨听任他“国音乡调”。这国音乡调虽然是个滑稽的名词，但于“达意”之旨，一定没有妨害。而且我敢预料，除非是不要国语，如要国语，将来的结果终于是国音乡调。①

在此，刘半农在批驳张士一“京音论”的行文中涉及标准音的声调问题。因为《国音字典》的注音是有音无调的，该字典只是将声母和韵母用来拼字音，却没有标上任何声调，而且，在教授国语时不知道该如何读，这就给人们一个国音无调的口实。

黎锦熙主张国音京调。钱玄同曾批评黎锦熙：“主张‘国音京调’的人，就是我的朋友黎劭西君。他这种主张，意在调和国语派和京语派。劭西对于国语上别的主张，我都绝对的赞成的，独此一点，我是和半农的见解相同，不赞成劭西之说。”②针对钱玄同的批评，黎锦熙也专门致信《国语月刊》，认真梳理了国语京调主张的合理性。国语派和京语派尽管在具体的细节上有龃龉和冲突之处，事实上，两派的目的其实是完全一致的，都是要国人于方言之外都能够说一种大家都听得懂的语言。国语派如刘半农就坚决主张国语乡调，因为国音乡调虽然听起来“寒碜”一点，但大家句句能够听得懂。京语派之所以反对乡调、反对国音，是因为他们坚持认为蓝青官话并不能让大家彼此听得懂。双方的争论焦点在于是否能够听得懂。认真考究起来，懂与不懂也都是一个相对的问题。从社会语言学的眼光观之，不同的人群和社会阶层其语言交流的方式也存在着分野。知识分子和一些文化人士之间无论讲学、演说、演剧尽管所谓“南腔北调”并不妨碍彼此的交流，而对于普通民众（主要指不能读书识字的人群）则很难听得懂。所以，懂与不懂不但是技术层面的音、调问题，也有文化层面上高低问题。因而，黎锦熙认为：“统一国语，目的只有一个，就是要大家各于方言之外，能说一种大家能懂的话。可是方法——达这目的的手段，就不是简单地只有一个：因地，因时，因人，因社会的各方面而各有不同。这种造端很大，头绪纷繁的事业，在方法上，我很希望大家不要拿‘一元论’的头脑来支配他，国音乡调，国音京音，京音京调乃至乡音乡调，都不失为统一国语的手段之一种。”③作为一个语言学家，黎锦熙深刻体味到语言统一这一宏大的艰难的工程，所以采用循序渐进的多元的处理方法和运行

---

① 刘半农：《国语问题中一个大争点》，《晨报副刊》1922 年 3 月 27 日。

② 钱玄同：《附记》，《国语月刊》第 1 卷第 4 期，1922 年 5 月 20 日。

③ 黎锦熙：《附记》，《国语月刊》第 1 卷第 4 期，1922 年 5 月 20 日。

步骤也许是达到统一的最佳路径。黎锦熙多元的国语统一方法是面对不同的区域和人群采取不同的主张和要求:“知识阶级——国音乡调。儿童教育——国音京调,劳动阶级——京音京调=乡音乡调。”

注音字母公布后,钱玄同专门撰文对吴稚晖的观念进行了批判,钱玄同认为读音统一会制定的“三九个注音字母,因为全以北音为主之故,所以删浊音,删入声……平心而论:现在国中南北东西语言绝异之人相见,彼此而操之‘普通话’,其句调声音,略类所谓‘官音’,——‘官音’与‘京音’大同小异,——似乎以北音为主,亦非全无理由;但是既为国定的注音字母,当然不能专拿一个地方的音来做标准”,“注音字母之作,实欲定一种全国公有之国音;而其开会之结果,乃过偏于北音,此为玄同所未能满意者”①。钱玄同的不满自然有其道理,比如“入声”和“浊音”全国多数地区均有此发音,但国音字母中仅仅因京音中没有此发音就完全舍去。吴稚晖致信给钱玄同解释了制定字母时偏于北音的缘由,“八千字之音,虽由三十九字母而审定;实则三十九字母,为此八千字音所产生……八千字之音,何等之音耶?所谓‘官音’是也……然八千字中百分之九十九,又所谓‘京音’者也。盖出于口而言者以为滑熟,入于耳而听者以为适当”②。事实上,读音统一会开始制定的标准音,虽然以官音为标准,但这些官音也大都是京音中都具备的,注音字母仿佛以地方方音京音为标准,此后的许多争论也由此而来。再加上这三九个注音字母,原来都是中国固有的字,取笔画极简单的借来做注音的符号,表“母”的二四个,单读原字的子音,表“韵”和“介音”的一五个,单读原字的母音。在五四以后废除汉字的声浪中,钱玄同质疑国音字母也有其倡导万国新语的考量。新文学运动初年,倡导万国新语(Esperanto)呼声极为强烈。钱玄同主张:“吾侪定国音制国语者,取此各种各样之‘蓝青官话’而定于一,斯即非南,非北,非蓝青,而为国音国语矣。——Esperanto,即杂取欧洲各国之语而定为一种人造的公用语言。窃谓中国之古文,犹欧洲之希腊拉丁语也;今之各省方言,犹英、法、德、意、西、俄诸国之国语也;综合各省方言而制成一种民国的新国语,犹 Zamenhof 之杂取欧洲各国国语而制定 Esperanto 也。Zamenhof 不能即用俄语或法语等为‘国际语’,可知吾侪不能即用北京话为国语。”③

钱玄同对于世界语是非常赞赏的,他曾坦言:“我对于世界语的感情,自己觉得非常地好。我对于它有很大的希望:我希望它早日取得实际上的国际语言文字的地位;我希望它在中国大大地发展起来,与国语占有同等的势力;

---

① 钱玄同:《论注音字母》,《新青年》第 4 卷第 3 号,1918 年 3 月 15 日。

② 《吴稚晖致钱玄同信》,《新青年》第 4 卷第 3 号,1918 年 3 月 15 日。

③ 《钱玄同致吴稚晖信》,《新青年》第 4 卷第 3 号,1918 年 3 月 15 日。

我尤其希望它来做国语的导师，并且任国语的新文字来采用它的词句。”①钱玄同希望国语的改革以世界语作为标准，他明确指出：“国语的组织有改良之必要，这已经为现在思想清楚的人们所公认的了。改良时应该用哪种语言做标准呢？我以为最好是用世界语。”②

当时持相同观点的还有胡愈之。他认为世界语可以促成中国语文的改善：“现在不是有所谓语体文欧化的要求么？……但是所谓‘欧化’，应该采用哪一种欧文呢？‘英化’呢，‘德化’呢，‘法化’呢？我们倒不如直截了当的说是世界语化。因为国语的最大的缺点，是在于文法的不完备，组织的不合理，单字的不够用，而世界语却是最合于逻辑的文字，他的文法最完密，单字的变化也最丰富，所以世界语实在是我国国语的唯一补充物了……我更主张把世界语的文法组织也尽量地羼和到国语文里去，这就成为语体文的世界语化了。”③

的确，注音字母毕竟还采用中国汉字的一些偏旁部首，一些激进的汉字革命论者如钱玄同及胡愈之等并不满足于这样的注音方式，主张完全采用世界语代替汉语，于是废除汉字改用拼音罗马字的主张在五四以后乘势而起。他们期望采用世界语彻底废除中国的汉字，他们认为读音统一会制定的国音注音字母还是为汉字注音用的，还是维护汉字的权威地位的，所以后来主张用国语罗马字注中国汉字。到 1928 年 9 月 26 日大学院公布国语罗马字拼音法式，国音字母第一第二两式乃相继完成，汉字的标音方法从之前的“反切”变为拼音，这是中国汉语音韵学史上一大革新。

当然，钱玄同对于京音作为国音的标准也有一个从反对到认同的过程，但是，到 1926 年，钱玄同与黎锦熙、汪怡等人在对 1919 年吴稚晖编写的《国音字典》进行增修时，钱氏则提出：“凡字音，概以京的普通读音为标准。”同年，在与黎锦熙讨论音韵问题而写的《〈樵歌〉的跋》中，又提出“国语国音……应以中国北京现在的知识阶级的普通的读音为主体”，同时“主张古、今、中、外，雅、俗、京、方，都在撷取之列”。这说明，到 1926 年，经过几年的汉字拼音实践，钱玄同不仅接受了北音，给以积极倡导，这种实事求是、不护己见的精神值得钦佩。④

有些参与讨论的人士如陆基、陆费逵等，在读音问题上与张士一的观念有别。张士一重视口语语音的统一，认为读音统一并不太重要，“语言须口授

① 钱玄同：《〈世界语名著选〉序》，《晨报副刊》，1924 年 5 月 12 日。

② 钱玄同：《〈世界语名著选〉序》，《晨报副刊》，1924 年 5 月 12 日。

③ 胡愈之：《世界语在普通教育上的价值及我国学校加入课程的准备》，《教育杂志》第 14 卷号外，1922 年 4 月 5 日。

④ 参见李可亭著：《钱玄同传》，河南大学出版社，2002 年 9 月第 1 版，第 173 页

的,不可照书本读的,要读音统一有什么用?"陆基认为"要叫国语真正统一,那么读音的统一,实在是根本问题"。他希望通过改国文为国语、语体文的普及之后,语音自然就统一了,认为:"把北京方言做标准语,未免有人造的强制执行的痕迹。"①陆费逵则主张"我理想的国语是国音京调和普通合论理的语法。但是这种理想一时未必能成事实。现在第一步,只求读音能大致依着国音,语法力求其普通合论理,也就可以做国语统一的基础了"②。

参阅讨论的声音纷杂多元,但有一点似乎一致:没有哪位反对国语国音的统一,只是在建立标准国音的途径问题,是以一种方音为主建立一种标准的在全国推行的国音,还是在无数种方音之上,造出一种超乎某一地方方音的国音?很显然,建立标准国音的思路不同,其争议也由此而来。这里孱杂有地方与中心的紧张与互动,一旦把某一地域的种语音作为标准,必然成为其他各个地域学习的典范,这种各自为政的地方心理和地缘政治也在国音京音之争中呈现出来:

> 何以谓之国音?我国语言文字现今公共之音也。我国语言文字之音,古本统一;因时代变迁,地理睽隔之关系,不免渐生差异。近人分为十区,盖就其土音方音而细辨之也,总括之,只有北音,南音之别;北音,南音,大率以长江流域为界;元明以来,北音势力最大。故今日所定之音,本以北音为据;然欲为一般人所能发表之音,举土音方音改良而统一之,不能不互有损益,彼此迁就,定为全国语言文字之标准,是之谓国音。③

这段论述颇值得玩味,论者表面上没有直接反对当时已经定位标准、势力强大的京音,但论述中从南北地域的差异出发,主张以人人口中的土音为基础加以改良,互有损益,彼此迁就,而非"强南以就北",其实质并不认同以北京音为国音的标准。

以北京音为标准音,质疑问难之声不断,"吾国之音,北音重而南音轻,北音实而南音浮,北音无入声,而南音无去韵,今以通行之北京音为国音,而欲强全国以相同,恐更非易事也"④。这只是从南北发音相异的角度质疑国音以京音为标准不易。该文又进一步指出北京是前清专制的帝都,以京音为国

① 朱麟公编辑《国语问题讨论集》,载《民国丛书第四编》,中华书局,1921 年 8 月出版,第 63—65 页。
② 同上书,第 91 页。
③ 廖立勋:《实用国音学》,商务印书馆 1921 年版,第 1 页。
④ 费彝申:《论国音之谋统一》,《学生文艺丛刊》第 2 卷第 10 期,1925 年 12 月。

音，恐与共和空气不合，国都应该牵到交通发达的上海，因而上海音也可作为标准音。

也许出于各种各样的地方心理及语言优势考虑，一旦以地方方音为标准，主张者也都会以各种理由张扬各地的语言地位，蔡元培在1920年国语讲习所演讲中讲到："有人主张北京话，但北京也有许多土语，不是大多数通行的。有主张用汉口话的（章太炎）。有主张用河南话的，说洛阳是全国的中心点。有主张用南京话的，说是现在的普通话就是南京话，俗语有'蓝青官话'的成语，蓝青就是南京。也有主张用广东话的，说是广东话声音比较的多。"①但"北京话没有入声，是必受大多数反对的。所以国语的标准决不能指定一种方言，还是用吴稚晖先生用近文的语作标准，是妥当一些"②。可见蔡元培并不认为北京音为国音的标准。直到1923年，胡以鲁还坚持认为理想的国语应是湖北话。"湖北之音，古夏声也。未尝直接北患之激变，常作南音之代表……况夏口之音由来扩张其势力，为他言他音所纷乱者少……尔来北音激变，湖北独屹然保障江左，南北朝之南都，宋之南迁，中原音流入于南，夏口实保障之。北方激变，闽粤沿海块杂，中心其在斯乎。此理论也，实际亦如是。十方言之中，自闽粤吴越等沿海外，大抵皆略与湖北近，以其比较上纯粹而中和也。交通上又为吾国之中心，其发达正方兴而未艾。故以之导用于国中，似较京语为利便。"③三十年代以后，瞿秋白依然固执地认为采用北京音作为标准国音是根本行不通的，"一种方言要有做全国普通话的基础的资格，必须这种方言的地方真正是经济的文化的中心，同时又是政治的中心。中国恰好还没有这样的中心。北京以前是政治的中心，但是并不是经济的文化的中心。前清好几百年的时期之中，白话固然把北京话当作官话，文学的言语却用极混沌的所谓江南话的读音做官音的：文章诗词之中的平上去入和韵脚，都是以江南音做标准的。现在，北京连政治中心的资格都丧失了"④。瞿秋白对"官僚的所谓国语"⑤的质疑以及用"普通话"来指称"国语"的主张

---

①② 《在国语讲习所的演说词》(1920年6月13日)，《蔡元培全集》第4卷，浙江教育出版社1997年版，第150页。

③ 胡以鲁：《国语学草创》，商务印书馆，1923年版，第97—98页。

④ 瞿秋白：《罗马字的中国文还是肉麻字中国文?》，《瞿秋白文集》文学编第3卷，人民文学出版社1989。

⑤ 瞿秋白(宋阳)于1932年6月在《文学月报》第1期发表《大众文艺》的问题，文中指出"无产阶级在五方杂处的大都市里面，在现代化的工厂里面，他的言语事实上已经在产生一种中国的普通话(不是官僚的所谓国语)!"这一观点遭到国语运动界的批评，何容在《国语周刊》第61期(1932年11月19日)发表《再论"官僚的所谓国语"——答文学月报的宋阳先生》。二者争论的焦点在于何者为标准的问题，国语统一会定北平音为标准音，以北平语为标准语，而瞿秋白则主张"需要一种各省人共同的普通中国化的白话文。"

再次凸显了统一国语的不同设想之间的紧张：

> 所谓"国语"，我只承认是"中国的普通话"的意思。这个国语的名称本来是不通的。西欧的所谓"national language"，本来的意思只是全国的或者本民族言语，这是一方面和"方言"对待着说，别方面和外国言语对待着说的。至于在许多民族组成的国家里面，往往强迫指定统治民族的言语为"国语"去同化异族，禁止别种民族使用自己的言语，这种情形之下的所谓"国语"，简直是压迫弱小民族的工具，外国文里面的"national language"，古时候也包含着这种意思，正可以译做"国定的言语"。这样，"国语"一个字眼竟包含着三种不同的意义："全国的普通话""本国的(本民族的)言语"和"国定的言语"，所以这个名词是不通的。我们此地借用胡适之的旧口号，只认定第一种解释的意思——就是"全国的普通话"的意思。①

其实，在国语运动时期，"国语"一词也只是作为汉民族的一种现代标准用语而被应用的。瞿秋白用"普通话"替代"国语"试图要颠覆蕴含于语言背后的权力话语和价值等级秩序。1931 年 9 月在海参崴召开的第一次新文字代表大会就已呈露出对以"京音"统一国语的不满。大会决议明确指出："反对资产阶级的所谓'国语统一运动'。所以不能以某一个地方的口音作为全国的标准音。"②

人们当时的质疑自有其道理，仔细探查张士一的主张，在具体操作实施上也确有大可质疑之处，所谓"受过中等教育的北京本地人的口语"其内部也有各种变易，能否称其为等质的语言共同体还是一种疑问，于"五方杂居"的北京所操的语言也还是一种混合语，而并非与官话不同的语言。③ 另一个国语研究会的成员陆基也认为现行的官话或曰普通话已经是"无形的标准语"，从而表达了其支持混合语而对京音不满的立场。④

黎锦熙虽然反驳了张士一的观点，但他似乎有意调和"国音"与"京音"两派，他认为国音与京音的实际差异，并非京音派所说的那么大。两者的不同，

---

① 瞿秋白：《鬼门关以外的战争》，《瞿秋白文集》文学编第 3 卷，人民文学出版社 1989 年版，第 169 页。

② 《中国新文字十三原则》，载倪海曙编：《中国语文的新生》，时代书报出版社 1949 年版，第 54—55 页。

③ 刘孟晋：《标准音问题》，载《学灯》，1920 年 11 月 18 日。

④ 陆基：《问张君士一》，载《学灯》，1920 年 10 月 24 日。

因声韵导致的有二十分之一，如果忽略腔调（五声）的差异不计，整体上也只有八十分之一而已①。黎锦熙则主张标准音采用“国音京调”。钱玄同似乎更倾向于刘半农的观点，他明确指出“至于主张‘国音京调’的人，就是我的朋友黎锦熙君。他这种主张，意在调和国语派和京语派。劭西对于国语上别的主张，我都绝对的赞成的，独此一点，我和半农的见解相同。不赞成劭西之说。”②

我用了较大篇幅梳理了二十年代围绕标准音问题所展开的“京音”“国音”之争，并非只是澄清语言学内部的一个事实，而是想通过这一事实的清理呈现隐匿于论争背后的思想史问题。“京音”“国音”之争已经不是语言学内部可以自行解决的问题，它关涉某种地区的方音一旦上升成为定于一尊的“权威方音”，是否会造成对于其他区域的语言宰制或压抑，这既关乎文化权力也关系到方言/标准语之间语言价值的重新排序。“京音”也是一种“方音”，用一种“方音”去统一其他多种多样的“方音”，其合法性何在？对“京音”的质疑，实质上是对普遍均质的语言共同体如何可能的质询。③“京音”“国音”的论争不过是现代语言统一运动中方言与标准语问题之间紧张关系的第一次显现。自从国语运动以来，“统一的国语”与“歧异的方言”就充满难以调适的紧张，二十年代的京音国音论争还只是一个开始，标准语和区域方言的问题将在以后的不同时段以不同的形式一次次呈现出来。

三、从《国音字典》到《国音常用字汇》

1927年以后，读音统一会成立中国大辞典编纂处，重修《国音字典》，后改为《国音常用字汇》一书。吴敬恒于1932年4月28日致教育部部长信函云，该书“第一原则，则指定北平地方为国音之标准；所谓标准，乃取其现代之音系，而非字字必遵其土音；南北习惯，宜有通融，仍加斟酌，俾无窒碍”④。尽管在“九一八”举步维艰的国难声中，《国音常用字汇》终于勉力印成出版，遂于1932年5月由教育部正式公布：

① 黎锦熙：《国语中“八十分之一”的小问题》，《学灯》，1921年2月15—17日、19日。

② 钱玄同：《刘复〈国语问题的一个大争点〉的附记》（写于1922年3月7日），刊于《国语月刊》第1卷第4期，1922年7月。

③ 参见（日）村田雄二郎《五四时期的国语统一论争—从“白话”到“国语”》一文，赵京华译，收入王中忱等编《东西人文·第一辑》，三联书店，2008年出版。

④ 《国音常用字汇》，商务印书馆1932年版，第3页。

查《国音字典》一书，于民国九年经前教育部公布在案。迄今十余载，遗缺尚多。民国十七年，本部国语统一筹备委员会成立，重修《国音字典》，改编为《国音常用字汇》一书。兹据该会呈送前来，后经本部审查，认为适当。合亟公布，以资应用。

此令。

中华民国二十一年五月七日

教育部部长　朱家骅①

《国音常用字汇》在注音方式上综合了1928年大学院公布的《国语罗马字拼音法式》以及1930年国民政府部令的国音字母第一式《注音符号》，两次公布的两式国音字母记音从声调上最终确定了此后中国现代语言的四声标调的方法，对于有字的音分别按照各自的读音以阴平、阳平、上声、去声的拼法标出，直到今天的普通话注音仍然延续了这一做法。注音的标准是以当时的北平音为准，弥补了之前《国音字典》因杂取多地方音从而忽略北平音的弊病。更为重要的是，该书明确地区隔了所定国音与北平音的异同，廓清了此前争议较大的音读和声调问题，对于建立中国现代语言的语音标准意义重大。在本书的"说明"中极为翔实地区分了国音和北平音的异同："凡现代的北平音系中所没有的音……全改为北平音；凡口语中习用的词类及其声调，全依北平音，因为国语必用北平的活语做标准，才能说得活泼自然；凡旧入声字之为口语中习用的，亦全依北平音"，尤其对于此前争议颇大的声调问题作了合乎实际的决断：北平音系的声调因只有阴平、阳平、上声、去声而没有其他地域常有的入声，对于旧入声字均依北平音系分配于这四声之中。从之前的声调存废之争到此时编撰《国音常用字汇》制定国语标准音及其声调，国语的字汇标准、读音标准初步建立起来。除此之外，《国音常用字汇》在标音方式上把读书之音与口语之音有别者两者兼列，读书之音注"读音"，口语之音注"语音"，这就把口语与书面语相互比照，互相参证，便于口语的交际与书面的表达。

更为重要的是：《国音常用字汇》在词汇编撰体例上一改从前的"据形系联"变为"以音排列"，这就把中国传统的字典辞书编撰体例以形为主变为以音为主，凸显了语音的关联。该书的这种"以音排列"的编纂体例是有意为之的，并指出"今后的中国字典，以音排列为惟一合理的办法"，因为"以前的标准音既不普及，所用的反切、字母、韵母等等标音的工具亦非一般人所能明白

① 《教育部公布国音常用字汇令》，《国语周刊》35期，1932年5月21日。

了解，故韵书之排列法尚未能完全适用。现在国音字母已经制定，标准读音已经规定，而国语统一与识字普及运动已在积极进行之途中，则国民之能识普通文字且能知其标准读法者，从此必日见其多；故今后的中国字典，当改据形系联为以音排列，乃是惟一之合理的办法。”可见，这种以音排列的编纂方式蕴含着字典编纂者便于民众识字的良苦用心，也潜隐者编撰者国语统一的热切期待。

《国音常用字汇》的出版实在是民间与官方的合谋与互动的结果，也是在语文教育家教育实践基础上的修订与完善，更是语言文字学家通力合作、呕心沥血的研究结果。该书的要义就在于非常明确地指定了全国标准语的地方音系，这是经过三十多年语言学家专门学理上的讨论以及教学经验的实践总结，该书的出版可视为未来国语汇标准的基础。

从《国音字典》的颁布到《国音常用字汇》对此的完善与修订，经过十年之久，国语的标准音终于确定了以京语音为标准，此时，尽管还有一些质疑之声①，但总体上确立了以口语音代替读书音的标准音的原则。因为民国初期的《国音字典》主要依据传统读书音而定，而作为《国音常用字汇》的新国音则是以口语的音为基础进行编撰的，在五四以后重视口语、言文一致的主导潮流之中，口语音战胜了并最终替代了读书音成为现代国语的语音标准，尽管此后也有对《国音常用字汇》的不断增订和注解，但以口语语音为标准的总体框架并未改变。

京音国音的争论，事实上扩大了国语运动的影响。争论牵涉到语言文字学家、国语运动家、教育界人士、新文学的积极倡导者等方方面面的文化志士，在崇尚自由平等、和而不同的时代氛围中，通过针锋相对的论辩，使各持己见争论不已的双方检视自身的弱点，最终趋于认同某一观点。

京音口语作为标准音得以确定下来，不仅仅视为是国语运动家闭门造车的产物，这与当时日渐高涨的国语运动在教育领域中的具体实践有密切关联。

黎锦熙在他的《国语运动史纲》中论述到：“近来国语界，国音京音不复有争，但实际上的国音却一天一天地有‘京音化’的趋势。所谓‘京音化’者，并非指《国音字典》中那最小部分和京音不同的字的读音，乃是国音中一个悬案——四声问题——现已纯粹地准照北京的活人活语而得了圆满的解决。

① 如在当时的大众语讨论中仍有人批评注音字母和其后制定的国语罗马字，说它们最大的缺点，就是都以北平话强迫作标准，而要学像这种京腔，即在知识分子也是非常困难的，叶赖士的《大众语土话拉丁化》就持这种观点。《大众语土话拉丁化》见《社会月报》第1卷第4期，1934年9月15日

本来中国语言中的四声,足以济单音词之穷,足以使简拙的双节复音词增加色彩,虽然粗略地通词达意不必倚靠它,但在普通教学中的'国语话'和正在建设的'国语文学'是一定要把它的标准规定出来的;然而自从提倡国语以来,国音算是确定了,对于四声,却只有纸面上的'圆点儿',没有口头上的'准调子',大家各用乡调读国音,闹成许多不南不北、亦南亦北的蓝青官话,现在大家都感着这事实上的困难,自然而然地要认定一处地方的方言中的声调为国语的标准,于是北京语中的'四声'当然取得这种资格。"①从中可以看出,京音化的趋势是教育实践的要求和不断呼唤的结果。

为了更好地推广标准国音,人们打算将标准国音录制成留声机片发行推广,而要以语音的形式记录标准的国音,其字就必须有声调,否则就没有办法读。面对这一问题,很多人提出了各种各样的建议,其中最多的建议是主张分别使用各自方言中的声调,1920 年读音统一会也做出了"教授国音不必拘泥四声"的决议,但这种观点显然不能解决标准国音录制工作中的发音问题,这就给留声机片的录制工作带来了困难。有一个历史细节可以看到语音标准未能确立前,教育界的尴尬:

> 某县的小学,京音教员和国音教员相打,把劝学所的大菜台推翻了。某县开一个什么国语会,也是京国两音的教员相打,县知事出来作揖劝解。某乡的小孩子,兄弟两人,在一个学校里,各人学了一种国音,回家温课,很有几个字的音不一致,他们的家长大疑惑起来,去质问校长先生。校长先生只好说:"都不错! 都不错!"②

声调问题及标准音问题在教学中必须有一个明确的标准,否则将使教学无所适从。因而,1920 年制作发行了由王璞发音的中华国音留声机片,1921 年制作发行了由赵元任发音的国语留声机片,两位发音人阴阳上去的调值基本相同,都是以北京声调为依据;王璞将入声读为略短的去声,而赵元任所发的入声则是标准的南京音。这两张留声机片经过了教育部的审订,作为当时教师与学生学习国音的标准,因此,他们发音时所采用的主要以北京声调为依据的声调标准也就成为了老国音的声调标准,留声机片的发行不仅解决了国音声调问题,阴阳上去四声的"京音化",更是使京音国音之争找到了国音京调的平衡点。

---

① 《黎锦熙文集》(下),黑龙江教育出版社 2007 年版,第 148—149 页。

② 《黎锦熙文集》(下),黑龙江教育出版社 2007 年出版,第 145 页。

黎锦熙在20年代初谈及国语的推进时，也指出了教育和新文学的助推力——“国语运动之发生，在新文化运动之前；而其运动之成功，则新文化运动之加社会以刺激，实是莫大之助力。”①“新文学之效力，能大增高语体文之身分，使得跻于作者之林；其为助于国语之进行，功自独大。”②

张士一主张用京音做标准，虽然当时一再受到时人的非议，但他作为一个教育工作者，他的主张也是从语体文教学的困境中提升出来的：“标准话还没有确定，就令全国国民学校去教授语体文，也是欲速不达。因为语体国文须要根据口说国语的，要先有确定的口说国语，把他先教起来，然后一步一步的把儿童已经能够说的写下来，教他们认字，这才是小学生应该学的语体文。现在这样的教语体文，完全是个抛空的做法，没有根据的。若是说口语可以从语体文里去教出来，那是没有懂得口语的教法。口语是要从耳口入手的，不可从眼睛入手的。即使口语可以从语体文里去教出来，这个语体文也必定先要根据于标准口语才可。现在标准口语还没有定，这语体文总是落空的。”③

四、标准语音的制定与国音字母的推行

从以上历史的梳理和琐细的考辨，我们大致可以知道从晚清以来的切音字运动，到读音统一会的《国音字母》，再到定京音为标准音的《国音常用字汇》，正是在不断的争议和争议基础上的完善中，逐步确立了国语统一的语音标准。这个过程极其艰难而漫长，它经过了国语运动家的艰辛努力，更离不开国语运动在国语教育实践中的不断摸索。普及教育的文化实践要求有统一拼写汉字的记音方式，而传统的汉字注音是以简单汉字拼切的方式注音，这种以汉字注汉字的繁难推动着晚清以降的语言改革家制定拼音字母以满足普及识字教育的需要。就在思想文化界对于京音国音的标准争论不休的时候，国音注音字母的推广和教授已开始在教育界实行，教育部又于民国十年三月，以正式公文颁行各省，凡师范学校及高等师范，均应酌减国文钟点，加授国语。附录公文如下：

> 查国民学校一二年级，自民国九年秋季起，先改国文为语体文，以期收言文一致之效，业于九年一月令行在案。师范学校与高等师范学校，

① 《黎锦熙的国语讲坛》，上海中华书局1921年版，14页。

② 同上书，20页。

③ 张士一：《国语统一问题》，《教育潮》第1卷第9期，1920年。

为造就师资之地，关于国语教育之必修科目，如语体文，注音字母，发音学，国语沿革，国语文法，国语教授法等，自应分年学习，以便将来传授之用。兹定半年下学期起，凡师范学校暨高等师范学校，均应酌减国文钟点，加授国语，以为国语教育之准备。①

之前的(1919年)第五次全国教育会联合会在山西省城召开，议决推行国语办法六条，请教育部采择施行：

Δ全国师范学校—律添授国语科，并依据国音字典教授注音字母。
Δ各县劝学所及教育会，利用寒暑假时间，设立国语传习所，招集本境小学校教员，一律传习国音；并依据国音字典补习注音字母。
Δ各省检定小学校教员办法，应加入"通习国语及注音字母"一项。
Δ国民学校国文教科书，应即改用国语；高等小学国文教科书，应言文互用。
Δ各省区教育会应设国语研究会。
Δ提倡编辑国语辞典、国语文法，国语会话等书。②

有人从自身的教育实践出发，看到了国音字母对于儿童识字的巨大帮助：

我底小孩，今年六岁了。去年下半年进了半年国民小学，先读了一本中华书局出版底《国语读本一》；今年春季，换了一本《国语读本二》。现在他把书翻开，所有不认识的汉字，只要这汉字旁边注了国音字母、都能够捉摸着十分之五六。其余虽然不能完全把音念准，但是也能和国音相近。只要有人替他矫正一下，就可以得到完全的效果。比较那没有国音字母，完全个个面生的汉字，直接教到他认识，的确好得多了。③

1930年，全国在教育界开始大力推行注音符号。1930年7月，教育部颁布了《推行注音符号办法》：

一，推行注音符号，应当在最短期间，使全国识字的人，利用注音符

① 乐嗣炳编著：《国语学大纲》，大众书局，1935年版，第217—218页。
② 乐嗣炳编著：《国语学大纲》，第208页。
③ 《国音字母确有帮助识汉字的能力》，《国语月刊》第1卷第11期，1922年。

号,教导全国不识字的人,从使用注音符号,进而认识文字以达到全国人识字的目的。

二,各省,市县,在推行注音符号之先,应当多方宣传,并酌量举行宣传周,其办法得采用本部颁布的识字运动宣传大纲。

三,各省,市,县教育局各设推行注音符号委员会,负指导和推行注音符号的全责。

四,各省,市,县教育厅局,各设注音符号指导员若干人,其人选就推行注音符号委员中指定或另外委派,分赴各县区乡镇邻间,指导和协助国音注音符号的进行,并调查方音,汇齐呈报厅局,整理审查。

对于各级学校如何推行注音符号也进行了极为严格的规定:

各省,市,县所有公私立各级学校,应当一律在课内或课外,抽出最短时间,教授注音符号,如在相当期间后,各校校长,教务主任及教授国语之教员,不熟注音符号者,皆应黜职。

各省,市,县所有其他公私立各种教育文化机关职员,应于最短期间,一律尽先熟悉注音符号,在相当期间后,有不熟的,罚则和上条规定校长教务主任等相同。

教育部对于各种出版物、书报、公告等也都做了相应的规定:

各省,市,县,所有各书坊及印刷业,改铸铅字模,字旁一律加国音注音符号。

各省,市,县各新闻业,在可能范围内,将重要新闻改语体文,字旁一律加注音符号,或另开专栏,用语体文刊载,供农工民众阅读的文字,(为民众文学生活常识)字旁都加注音符号

各省,市,县,各机关,团体,街衢,车站等名称,学校,商店,工厂等名称,学校,商店,工厂等招牌,以及用语体文的宣传标语,广告等,须于字旁加注音符号。

各省,市,县各机关,团体,学校等,对于民众布告,应用语体文,并逐渐在字旁一律加注音符号。①

---

① 《推行注音符号办法》,《河南教育》第2卷第24期,1930年7月。

这个法令颁布后，全国各地开始遵照执行，主办国音训练班。作为吴语地区的上海也积极响应，请看当时的报道新闻："上海市二十六区(龙华区)国研究会主办之国音训练班……举行开学仪式……参加学员……等十一校校长教员六十九人……散会后，开始上课，闻每周下午授课二小时，科目注音符号外，并拟聘专家讲授国语会话，及国语教法会。"①

从当时的培训情形来看，有语言记录的书写形式——培训注音符号，也培训国语会话，说和写是同步进行的。为此，各地学校也展开了丰富多样的教学实验。

注音符号在全国上下铺天盖地展开，可以看到当时推广的力度，只有通过政府的法规法令，才会形成群众性的国语推广运动。注音符号虽说是以识字为目的，但在推广注音符号的同时也加大了语体文(白话文)的普及。

从 1937 年一个普通教员给黎锦熙的信件可以感受到当时国语推进时语音方面的混乱：

> 各地短小教员多系初中或县立简易师范毕业，对国音缺乏训练与研究，教学时拼法读法，均欠正确，自误误人者，比比皆是。此种现象如不从速救济，不独国语不能统一，甚至语音益趋分歧，当此推行义教之际，站在统一国语立场，似应由国语推行委员会建议教育部召集各省市代表对国音加以讲习训练，再由各代表分别负责训练，各县乡村短小数员，必须读音正确能达到国语统一目的。若能利用广播教授，更属轻而易举，目前各县政府或教育科均设有无线收音机，行之当无困难。此不独在国语推行上为良好机会，且亦正适合义教下层工作人员之需要，较诸数年前所开办之国语讲习所意义更为重大。
>
> 目前各地小学对教授国音字母均无适当之教本，往往由一知半解教员妄行杜撰，甚至以讹传讹，一塌糊涂，浪费教学时间，浪费儿童精力，于教育上太不经济，国语推行委员会如能于最短期内编就此项课本，分发全国各乡村采用，当甚受欢迎。②

成都省立教育科学馆刘鹤笙也写信反映地方教员教学读音的混乱，呼吁教育部采取有力措施：

---

① 《廿六区主办国音训练班》，《上海教育周刊》第 2 卷第 10 期，1947 年。

② 《赵文焕致黎锦熙的信》(1937 年 1 月 14 日)，《黎锦熙语文教育论著选》，人民教育出版社 1996 年版，第 178—179 页。

> 四川一般师范国文教员，多不谙注音字母，且亦鄙弃普通国文教本，任意施教自己欣赏之文章，因是小学教师出教国民学校，亦因仍旧贯，用放留声机式之方法，直接宣讲，读音既不正确、讲解又无一定规则，于是弄得一般儿童升入中学，竟至不能用国音字典将字音正确读出。至于中学国文教员徒任个性，不齿政府规定标准施教，鄙弃一般国文教本，其故步自封之思想见解，已足影响一般青年。故此后改进之道，莫若自研究编制师范学校及普通中学之国文教材始。甚至师范学校必得教授注音符号，国民学校课本及民众学校课本必须注音排印，然后始能两相配合。①

黎锦熙作为当时教育部国语推行委员会的主要人员，随即给予回复：

> 短小教员缺乏国音之训练与研究，兄意主张由教部召集各省市代表对国音加以讲习训练。此事教部已于上年秋冬间议协办，分京粤两处强迫讲习，粤省似已实行。当时部中属拟课程，已登《语周》二六六、二六七两期，印有单张，附上两份，请参阅并试行之。至利用广播教授，则国语会第十一次常务委员会议决关于播音及电影教育者三案，已呈教育部请采择施行，旋奉指令分别采用。现报载中央教育播音，于二月起用标准国音广播民众课本，即其一事。②

民间的声音借助个人的通信得以表达，朝野之间的互动相得益彰。教育当局的大力推行无疑坚定了国音作为标准的理念，也解决了其间众所纷纭的论争。

因而，正是国语运动家的努力，教育行政命令的颁布实施，国语教育的具体实践，再加上新文学/白话文作为注音字母的学习媒介，诸多历史的合力共同推进了国语标准在教学中的推行和付诸实践。

---

① 《刘鹤笙致黎锦熙信》，《黎锦熙语文教育论著选》，人民教育出版社1996年版，第181页。

② 《国语周刊》第279期，1937年2月13日。

第二章 “运动”的“逻辑”
——国语运动的展开与深入

上一章我们主要考察了国语标准音是如何建立的艰难历程，通过史料爬梳和历史考辨，我们可以感受到标准音确立所牵涉的各种文化观念和语言观念的复杂面相，进而揭示历史的丰富性和蕴含其中的多元声音。任何一种运动，开始总是少数人的酝酿，要使某一种运动不断展开形成燎原局势，必须动员可以动员的一切力量，借宣传的声势扩大自身的影响，影响的不断扩大最终要鼓动广大民众的普遍参与，全民参与的普遍性和认同性将更进一步促进运动的展开。当然，运动的深入还有待于运动精英的更加艰辛的努力和耐心细致的工作。本章试图探讨国语运动是如何以“运动”的方式动用各种资源逐步展开的，并进一步讨论国语运动家在运动普及的基础上，是如何通过自身的努力和专业工作促使国语运动的深入、提高和成功的。

每一项文化政治思想运动的成功，都不是凭一股力量单枪匹马独立完成的，必须借助一切可以动员的各种力量。晚清的切音字运动最初兴起于民间，通过民间的推动引起官方的重视。民国建元以后，1912 年临时议会北迁，7 月 10 日，教育部就迫不及待召开临时教育会议，8 月 7 日即通过采用注音字母案，筹议国语统一进行办法、制定公布注音统一会章程，于是旋即在次年 1913 年召开读音统一会，投票议决国语标准音事宜。现代国语运动更得力于教育行政部门的积极推动。

一、口号的力量：“国语统一，言文一致”的感召力

二十世纪是一个“运动的世纪”，而各种名目的运动也必然会提出属于自己运动特色的口号，二十世纪也可称之为“口号的世纪”。语言学家黎锦熙早就意识到这一运动的规律：“凡是‘运动’，都有一种简而赅的口号，现在叫做标语，从前讲学家谓之‘宗旨’。”[①]言简意赅、浅显易懂的口号更能受到鼓动的效果，增大运动的力量，国语运动的口号是：“国语统一，言文一致”。从晚

---

① 黎锦熙《国语运动史纲》，商务印书馆 1934 年版，第 10 页。

清的切音字运动到民国以后的国语运动，这一口号没有改变，只不过在不同的历史阶段强调的侧重点不同罢了。在晚清的切音字运动时期，主要是用“切音”的工具代替繁琐难写的汉字，用拼音拼各地的方言口语，主要看中了“言文一致”的便捷，当然此时也有对建立全国整体划一的统一语言的呼唤。“言文一致”重在普及教育的便利，“国语统一”重在统一国家的效能。但二者又相互依存相互支持，教育的普及也是民族救亡的内在诉求，统一的国家也是富国强民的根本保证。在上个世纪之初，无论“言文一致”还是“国语统一”都是一个激动人心的口号，能激发起国民对于国语运动的激情和向往。卢戆章集十多年之功精心研制出“切音新字”，目的在于能让普通的国民迅速识字以普及教育，从而达到国家之富强：

> 窃谓国之富强，基于格致；格致之兴，基于男妇老幼皆好学识理。其所以能好学识理者，基于切音为字。则字母与切法习完，凡字无师能自读，基于字话一律，则读于口遂即达于心。又基于字画简易，则易于习认，亦即易于捉笔。省费十余载之光阴。将此光阴专供于算学、格致、化学，以及种种之实学，何患国不富强也哉。①

朱文熊在《江苏新字母》序中叙述其创字动机，“言文一致”的理念背后透露出其国家富强的考量：

> 我国言与文相离，故教育不能普及，而国不能强盛。泰西各国，言文相合，故其文化之发达也易。日本以假名书俗语与书籍报章，故教育亦普及，而近更注意于言文一致，甚而有创废汉字及假名而用罗马拼音之议者。举国学者，如醉如狂，以研究语言文字之改良，不遗余力。余受此刺激，不觉将数年来国文改良之思想，复萌于今日矣。②

晚清以降，中国处于风雨飘摇之中，尤其甲午海战，偌大的帝国竟惨败于弹丸之地的日本，这种“震惊”感激发了朝野上下对于富国强民之路的探索。事实上，中国自 1840 年之后，开始寻求各种救国济民的良方，从器物层面的船坚炮利，到制度层面的君主立宪，再到五四时期文化方面的救亡启蒙，中国

---

① 卢戆章：《中国第一快切音新字》原序，《清末文字改革文集》，文字改革出版社，1958 年版，第 2 页。

② 朱文熊：《〈江苏新字母〉自序》，《清末文字改革文集》，文字改革出版社，1958 年版，第 60 页。

的先知先觉和仁人志士无不焦灼地期待找到一种能够挽中国狂澜于既倒的万能药剂，注入这老迈的民族使其焕发出新生的力量和睡狮梦醒的奇迹。他们总是试图借助一种方式全盘圆满解决中国遭遇的一切问题。而且，这些找寻者开始总是信誓旦旦地宣称他们所找到的济世良药是如何的包治百病，根治痼疾。从器物到制度再到文化无不蕴含着这样的思维逻辑，五四新文化运动也是试图通过文化革命加以彻底解决中国的问题。国语运动作为新文化运动的一个部分，也同样彰显了这一思考问题的方式。

1926年1月3日，全国国语运动在《申报》上打出了这样的口号："有统一的国语，才有统一的国家。"这是自国语运动以来，最为鲜明地表达了"国语"与"国家"二者之间的关系。就在同一日的《申报》上，有人把"国家主义"和"国语运动"作为相互关联、殊途同归的两个方面加以论述：

> 近来有两种大的运动遍于全国，一种是国家主义，一种是国语。……国家主义的目的是什么，不外"内求统一外求独立"八个大字……方言复杂，是中国统一的一个大障碍，国语运动的主要目的在免除这个障碍，另外造成一种统一的语言，使全国的人个个便于交谈，不因语言而发生隔膜。这种目的完全是国家主义的目的"内求统一"相合，内求统一是个大目的，统一语言的目的，是从这个大目的推演到特殊事项的一种小目的。

国家主义是中国建立现代民族国家过程中应运而生的一种社会思潮，在中国，民族主义与国家主义几乎难以分割，它是同一思潮的两个方面：对外张扬民族主义以抵御外侮，对内主张国家主义以统一"政令"；民族主义是国家主义存在的理由，国家主义是民族主义的必然归宿。自民族主义诞生之时，国家主义也就相伴而生，二者在建立现代民族国家方面，可谓是携手互助、目标一致。正是在这一点上，国家主义的"内求统一"与国语运动"统一语言"达成了共识。

在国语运动的号召下，语言统一的力量被强化提升到难以想象的高度，似乎随着国语的统一，中国的一切问题都可以迎刃而解：

> 天下事合力易成，独力则难治。力之能合，由于情之互契；欲情之互契，必赖语言之传达。语言者，沟通情意之利器也。世界列国，各有统一之国语，我国则反是。一省有一省之方言，一县有一县之土话，甚至城市中，音吐各异。乡村之隔，言语互殊。苟合全国计之，直无虑千百种焉。

> 夫一国之中，而语言之纷歧若是，无怪民情涣散，南北分离。实业不幸，交通阻滞，而国势亦日以衰弱也。尝考日本维新以前，语言之不统一，民情之不融洽，与我国今日相似。乃自明治以来，颁布新学制，注重国语教授，行之数年，成效大显。今则全国语言，胥归一致，于是上下一德，戮力同心政治修明，工商发达，一跃而称霸东亚。虽欧美诸强，无以上之。此足为吾国借鉴者也。……兹敢正告全国国民曰：我国民不欲自强则已，若欲谋国家之富强，民情之一致，非先谋国语统一不可。①

这里把“谋国语统一”作为“国家富强”的必备条件，其论述思路与“普及知识”以挽救民族危亡的观念大体一致。但侧重点已大不相同，“普及知识”落实在语言上更强调“言文一致”，而“国语统一”则更强调全民有统一的交流语言，共同语的建构，以此交流感情、破除隔阂、以结团体。饶有意味的是，该文认为日本明治维新后称霸东亚是“国语教授”的结果。这种把语言统一作为国家富强的根本观念，现在看来，确有许多商榷之处，但在当时普遍寻求济世良方的救国热潮中，通过国语统一和教育普及不失是一项富国强民的长久之策，但并非是决定性的方略。在当时的中国语境中——军阀混战，民不聊生，教育落后，国将不国，领土割让，租借涉入等困顿局面，国语统一的口号和目标无疑会振奋人心、激励国人！

非常有意味的是，在1926年的全国国语运动大会宣言中，黎锦熙把“国语统一”“言文一致”的口号悄悄置换为：“国语统一”“国语普及”的口号，而且重新界定了各自的含义：

> 国语运动，具有两大宗旨：一曰“国语统一”，二曰“国语普及”。何谓“国语统一”？又含有两种意义：一曰“统一”，二曰“不统一”。何谓“国语普及”？也含有两种意义：一曰“普及”，二曰“不普及”。②

接着，黎锦熙又具体阐述了他的这一主张。他认为国语统一，并不是要灭绝各地的方言，不是用灭绝方言的手段来强迫国语的统一，定北京语为国语的标准，北京语也只是一种标准的方言，其他千差万别非标准的方言，仍旧可以独立存在，自由发展。教授国语并不是只让他们说得一口漂亮的北京话，也只是让学生能够写出表示国语的拼音文字，能够读得懂一切国语的书，

---

① 《统一国语之利》，《申报》1926年2月22日。

② 黎锦熙：《全国国语运动大会宣言》，《国语周刊》第29期，1925年12月27日。又载《全国国语运动大会会刊》第2期，1926年。

这便是“统一”。学习注音字母去表示他们已经口滑耳熟的方言。只求他们眼界的光明，不求他们口耳的变易。这便是“不统一”。这个“不统一”也就和“统一”有关，因为所标的语言虽不同，而标音的工具（注音字母）是一样，工具练熟了，是活的，就能懂方言，就能读国语；所以似相反而实相成。从国语文学上讲，国语的文学是全国小学一致采用的教材，是将来文学家可以努力建设的一条大路，也是叫中国文学和世界文学在文坛上携手的一个唯一的媒介。这是“统一的”。国语文学的成功，便在吸收各种方言文学的优点，所以似相反而实相成。总而言之，统一的国语，就是一种标准的国语。各有用途，互相帮助，这就叫“不统一”的国语统一。

国语的普及和不普及又如何讲呢？黎锦熙认为凡受义务教育的，须于很短的时间内熟悉这种“国语字”；以后便可尽量读书，看报，毫无困难，终身求智识。再随地造出“方言字”来，使一般平民也能从纸片上领略本地风光，达到求知的目的。能运用汉字的，这种“国语字”或“方言字”仍可和汉字合作，并可给汉字特别帮忙。“国语字”就是代汉字而起的一种统一的文字，能连形带音一齐统一，比汉字的统一性更强；有了它作为统一的保障。在用汉字作普及的工具的时代，真正的白话文学简直不能成立。现在所谓的白话文学，只是从古文进一步的改良作品；必须百尺竿头更进一步，用拼音文字写出来的，才是脱离古文另开新时代的创造作品。总之，普及的工具，是统一的国语话，国语字，国语文；不普及的工具，是历史上传来的汉字和古文。离则皆美，合则两伤；果能分工，便成合作，这就叫“不普及”的国语普及。

经过黎锦熙的这一解读，言文一致改为“国语普及”，国语统一也赋予了统一和不统一相辅相成的两个内涵，但最终是走向统一和普及的国语运动。在原有的口号基础上，为何黎锦熙又提出新的口号，使“老树发新芽”呢？我们在上一章曾经论述，国语定北京语作为标准后，受到多方面的质疑和问难，当时声名鹊起的胡适也竟然认为不要先定什么标准，只是依靠文学直接推行，胡适坚持其一贯采用的实验主义方法：

> 国语的标准决不是教育部定得出来的，也决不是少数研究国语的团体定得出来的，更不是在一个短时内定得出来的。我们如果考察欧洲近世各国国语的历史，我们应该知道没有一种国语是先定了标准才发生的；没有一国不是先有了国语然后有所谓“标准”的。凡是国语的发生，必是先有了一种方言比较的通行最远，比较的产生了最多的活文学，可以采用作国语的中坚分子；这个中坚分子的方言，逐渐推行出去，随时吸收各地方言的特别贡献，同时便逐渐变换各地的土话：这便是国语的成

立。有了国语,有了国语的文学,然后有些学者起来研究这种国语的文法,发音法,等等;然后有字典,词典,文典,言语学等等出来:这才是国语标准的成立。①

按照胡适的提议:“推行国语就是定国语标准的第一步。”当然,真正实行起来并不好操作。

当国语运动在教育行政部门以及语言学家们的积极研制标准的国语时候,胡适更看重文学对于国语的建设和标准的建立。在胡适看来,只要先大胆地进行白话新文学的创作,标准的国语自然而成。他提议:

我们提倡新文学的人,尽可不必问今日中国有无标准国语。我们尽可努力去做白话的文学。我们可尽量采用《水浒》《西游记》《儒林外史》《红楼梦》的白话;有不合今日的用的,便不用他;有不够用的,便用今日的白话来补助。有不得不用文言的,便用文言来补助。这样做去,决不愁语言文字不够用,也决不用愁没有标准白话。中国将来的新文学用的白话,就是将来中国的标准国语。造中国将来白话文学的人,就是制定标准国语的人。②

胡适的国语文学的理念中,一直是以文学来造就国语的思考路径,文学先行,国语自然形成,国语的标准也自然确立。这似乎是一个矛盾,没有国语,如何造就国语的文学?胡适认为,只要肯老老实实地用当下的白话去写作,当下白话词汇不足,就借鉴明清以来的白话小说的词语,在古典白话小说的基础上加上日常生活的口语就可造就未来的国语。也即是说,今日的白话文学就是未来的国语文学,今日的白话语言就是未来标准国语的雏形。胡适在造就未来国语的观念中极为重视中国古典白话小说,这一思想理路似乎有别于五四时期许多文学革命家一味推翻古典的偏激举动:

真正有功效有势力的国语教科书,便是国语的文学;便是国语的小说,诗文,戏本。国语的小说,诗文,戏本通行之日,便是中国国语成立之时。试问我们今日居然能拿起笔来做几篇白话文章,居然能写得出好几百个白话的字,可是从什么白话教科书上学来的吗?可不是从《水浒传》

---

① 胡适:《〈国语讲习所同学录〉序》,《新教育》第3卷第1期,1921年2月。

② 胡适:《建设的文学革命论》,《胡适全集》第1卷,安徽教育出版社2003年版,第57页。

《西游记》《红楼梦》《儒林外史》……等书学来的吗？这些白话文学的势力，比什么字典教科书都还大几百倍。①

照此来讲，既然中国古典白话小说已经具备未来国语的因子，为何中国普遍的国语迟迟没有形成和建立呢？胡适解释到："因为没有'有意的主张'，所以做白话的只管做白话，做古文的只管做古文，做八股的只管做八股。因为没有'有意的主张'，所以白话文学从不曾和那些'死文学'争那'文学正宗'的位置。白话文学不成为文学正宗，故白话不曾成为标准国语。"②胡适不但理清了自施耐庵以来风行已久的白话文学何以没有给中国提供一种标准的国语，而且旗帜鲜明地告诉世人，只有白话成为文学的正宗，未来的国语才可造就。这一富有建设性的文学革命宣言，隐含着白话＝国语的思考途径，不但为未来国语标准的建立提供了有价值的资源，也为当时白话文学的提倡扫除了障碍，铺平了道路。

胡适"文学为先，国语紧跟"的以文学造就国语的路径，并不为时人所普遍认同，尤其是积极推进国语教育和国语运动的先驱者们。你可以不认同胡适所谓的"不暂定标准"的主张，但，必须为自己的主张"定国语的标准"找到合法有效的学理根据。黎锦熙的国语的统一和不统一之说，正是弥合区域方言和统一国语之间的有效的手段，这种口号赋予新意的调整也是在当时的语境下有意的主张。其实，随着国语运动的艰难展开，更重要的策划和有意的运动还在后面。

黎锦熙对于国语运动的艰巨性有感同身受的认识："在中国现代史中，有比辛亥革命(1911)更为艰巨的一种革命，就是'国语运动'。(按此指广义的：大凡民八以后所谓国语运动，都是广义的，连新文学和新文化运动都在一起。)辛亥革命之役，将民族革命和政治革命一气呵成，似乎是很不容易的事。(中略)'国语运动'则不然。因为这种革命运动，实实在在牵涉了几千年来的文化和社会生活，要以人力办到，政府的力量和社会的潮流必须合拍。"③黎锦熙不但告知我们国语运动是多方面的合力促成的结果，也向我们提示着黎锦熙看待国语运动的方式，他称之为一场"艰巨的革命"，从运动和革命的视角考察国语运动，我们就不可不探察运动的发动者和运动的领导或引导者是如何策划这场艰巨的革命的。

我们上一章关于国音标准的制定和确立就已经感受到这场语言革命的

---

① 胡适：《建设的文学革命论》，《胡适全集》第1卷，第56—57页。

② 同上书，第59页。

③ 黎锦熙：《国语运动史纲》，商务印书馆1934年版，第129—130页。

复杂性和艰巨性，但我只是描述了国语统一运动者的内部的声音，是在认同国语统一、言文一致的口号下探求不同路径的纷争。

反对者的声音早已响起。文化守旧派担心国语运动所倡导的言文一致的白话文会动摇传统的文化根基，更担心注音字母的推行会毁坏垄断中国文化数千年、“一点一画无非地义天经”的汉字。尤其到了1923年曹锟任临时大总统以后，政府划拨教育经费受限，教育部也被迫裁员减政，国语统一筹备会只能维持几个书记办公，到了1924年以后，临时执政府成立，不巧的是一向反对白话文、反对国语的代表人物章士钊到京任司法部长，1925年又兼任教育部长，这样一来，国语在政府方面的中流砥柱也靠不住了。面对着国语运动可能步入囧途的命运，国语运动家黎锦熙主张来一个国语运动的大联合，用他的话来说就是布下三道防线①，实现新文学作家，国语教育家，教育行政部门的通力联合以对抗反对国语的声音。事实上，教育部门已经于1920年下令各国民小学改国文为国语，教授注音字母也已经被写进1923年的《新学制课程纲要小学国语课程纲要》中。② 也就是说，教育部已经尽到了自己在当时所能尽到的最大努力，接下来的国语推进工作如何进行？黎锦熙认为：“这并不是欺人的话，教育部的程度和能力，也只能办到这里；过此以往，全靠我们在社会上和学术方面的努力。”③那么，如何在社会上努力，学术上又该有怎样的举措？

二、《国语周刊》与国语阵地的开辟

为了进一步扩大国语运动的影响，捍卫已经取得的国语的成果，黎锦熙和钱玄同以个人名义于1925年6月14日创办了以《京报副刊》附设的《国语周刊》，钱玄同的发刊词表明了刊物的立场：

> 我们相信这几年来来的国语运动是中华民族起死回生的一味圣药，因为有了国语，全国国民才能彼此互通情愫，教育才能普及，人们底情感思想才能自由表达。所以我们对于最近“古文”和“学校底文言课本”阴

---

① 第一道防线白话文，第二道防线国语教科书，第三道防线教育法令，见《黎锦熙文集》(下)，黑龙江教育出版社2007年版，第166页。

② 该纲要由吴研因制定，在毕业最低限度的标准中初级读文一项的要求是“识最普通的文字二千各左右，并能使用注音字母。”见《20世纪中国中小学课程标准教学大纲汇编·语文卷》，人民教育出版社1999版，第15页。

③ 《黎锦熙文集》(下)，黑龙江教育出版社2007年版，第167页。

> 谋复辟，认为有扑灭它之必要；我们要和那些僵尸魔鬼决斗，拼个你死我活！①

发刊词表明了国语运动家与文化守旧势力决不妥协的斗争态度——“我们欢迎大家投稿，但主张古文反对白话的人要除外，因为他们是我们的敌人；我们不但不欢迎他们，而且拒绝他们！”在此，捍卫国语、倡导白话的色彩非常鲜明。颇有意思的是，钱玄同之所以敢这么信心百倍地举起反对文言的大旗，因为他坚信他拥有或者说找到了——“中华民族起死回生的一味圣药”——国语运动！发刊词还列举了已经答应长期为之提供稿源的撰稿人名单，诸如吴稚晖、胡适之、林语堂、周作人、顾颉刚、魏建功等以及当时还在国外的赵元任和刘半农。该刊撰稿人名单表明了语言学家、国语运动者与新文学家的联合，这也可以看做是国语运动与新文学并肩作战的一个个案。

关于国语运动的阵地，在这个《国语周刊》创办之前已经有《国语月刊》(中华民国国语研究会编辑，1922 年创刊)的创办与发行，《国语月刊》的刊物风格是以研究的态度认真严肃地讨论国语问题，即使是主张颇为激烈的“汉字改革专号”也是商榷研究的文字。而《国语周刊》显然是一个有意以论争和捍卫主张为其主导风格的刊物，为此，黎锦熙发表了严重的声明：

> 我们这个周刊却不尽然，有时嬉笑怒骂，有时“垂涕泣而道之”，有时也要板起面孔来说话。主张不必一致，只要和国语有关。也没有一定的主撰人，实在是一个公开的邮政柜。打起死仗来，是“人自为战”；扎起硬寨来，是“步步为营”。言论绝对自由，责任各自担负……这就是我们底严重的声明。②

声明无非要表达《国语周刊》是一个文责自负、百家争鸣的刊物，文风多样，各自为战。但也表明了在国语运动低谷和国语教育界逆流涌动(许多学校的国语科又重新改授古文的现象)时期，该刊物敢于“打死仗”“扎硬寨”的战斗特色，这也可以看做有意为之的“策划”。

应该说，《国语周刊》最初的创刊就是针对文化上的复古逆流，尤其是章士钊的主办的文化守旧刊物《甲寅》周刊的复刊，《国语周刊》对此刊发了一系列文章进行批判，在该刊 12 期刊发了胡适的《老章又反叛了！》、吴稚晖的《友

---

① 钱玄同:《国语周刊》发刊词，《国语周刊》1925 年第 1 期，6 月 14 日。

② 黎锦熙:《国语研究会底年谱和我们底严重的声明》，《国语周刊》1925 年第 1 期，6 月 14 日。

丧》、白涤洲的《雅洁和恶滥》等专版文章批驳了章士钊逆历史潮流而动的文化复古思想。其中署名健攻的《打倒国语运动的拦路“虎”》开篇道：

> 话说北京城里近来忽然闹起虎来了！这大虫生性残毒，一心要吃尽国中有望的青年。凭着盘踞在高岗上的地位，每过七日便跳出山来，满街满巷的咆哮，尤其是对了咱们的国语运动……
>
> 咱们国语运动的行程里突然跳出这条斑斓黄老虎来，实在算不得什么一回事。咱们的国语运动，就好比“唐僧取经”，没有魔难，显不出“法力”，不受魔难修不深“道行”。不是唐僧取不了经，没有孙行者保不了唐僧。咱们只希望同志们个个身体刚强，武艺精炼，都来做十万八千众齐天大圣，一心保佑“师父”——国语——平安到那极乐世界，取得经来搭救这下界一切可怜的众生；岂不善哉！岂不善哉！
>
> 咱们个个都是孙行者，咱们个个都该起来，一心皈依“圣僧”，普度众生。现在魔难当前，大家抖擞精神，奋力厮杀，打倒国语运动的拦路虎！①

这篇文章可谓是“嬉笑怒骂皆成文”，把国语运动比作向西天取经的师父“唐僧”，把以章士钊为代表的守旧派谓之“拦路虎”，把国语运动出现的小小波折和逆流称之为取经途中的“魔难”，呼唤国语运动的“孙行者”群起而“打倒国语运动的拦路虎”，以宗教救世比喻国语运动的国语普及，文章妙趣横生，文笔轻快，也可视为白话文体言文一致的典范！

应该说，《国语周刊》创办明显针对文化复古派主办的《甲寅》周刊的复刊，带有两军对垒的火药味，《甲寅》布告征文，不收白话；《语周》欢迎投稿，不取文言。《京报》上登载《国语周刊》的广告非常鲜明地表达了自身的语言立场：

> “引车卖浆之徒，瓮牖绳枢之子，”“他”们的“口语”，词句是活泼美丽的，意义是真切精密的，表情达意都能得到真自由，应该把他欢迎到新中国来，跟咱们活人做伴；选学桐城之辈，儒林缙绅之流，“他们”的“古文”，词句是僵死腐臭的，意义是模糊浮泛的，用字谋篇老是守着鸟义法，应该把它捆送到博物院去，与彼等死鬼为邻：这是我们对于国语的主张。我

① 《国语周刊》1925 年 12 期，8 月 30 日。

们因为要把这个主张发挥，宣传，使它实现，所以办这个《国语周刊》。①

这里对于民间口语的强调和对古文的批判与新文学初年白话文倡导者如出一辙，国语运动与新文学运动在强调口语和反对古文方面不自觉站到同一个战壕。

新文学革命、白话文体的积极倡导者胡适也同时“披挂上阵”，刊发《老章又反叛了！》一文批驳章士钊倡导文言文的倒行逆施，与国语运动家并肩而战，可谓是国语运动与新文学互动共生的生动案例。一位署名狄周的作者也极力呼吁新文学家与国语运动家的联合：“国语中的‘词’和‘音’，大致是统一的；可是各地的土词方音，我们也极欢迎新文学家采用他，让他藉文学的势力而在国语中占得地盘，使国语一天天地丰富起来。”②即便是对章士钊《甲寅》周刊的批判也体现了一种斗争的策略，批驳的文章很多，稿件也很多，作为编辑的钱玄同在给作者的通信中讲到：

浇园是咱们唯一的神圣工作，万万不可抛荒的。专门驱虎底文章，以后除了那足以警告青年的，老实说，打算不再登了……因为咱们驱虎底目的，不是希望他改过；不是跟他个人有仇；不是吃饱饭，没事干，要跟他斗口，要跟他打笔墨官司……咱们只是要警告那些太老实的纯洁青年，别误入虎穴而已。警告已经发出了，责任也就算尽了。③

国语运动暂时走入低谷，一时确实也让国人对于国语的信心大减，连那些宣传国语的同志们也开始“垂头丧气”“灰心失望”，有一位在江苏宣讲国语的人士致信黎锦熙：

江南的国语运动就沉闷极了！国语的声浪一天不如一天的跌落下去了！自从去年江浙战后，“国专”“国师”两校相继停办……国语界受了一次的打击。至孤桐（引者注：指章士钊）长教，又表示反对国语；接着江苏教厅又把国语指导员裁掉，国语界又受了一次的打击……照这样看来，古文大有取而代之的形势，因此国语的前途也恐怕一天不如一天了……遇着这样环境的打击，大家皆垂头丧气，非常灰心。④

① 黎锦熙：《国语运动史纲》，商务印书馆1934年版，第135页。

② 狄周：《驳瞿宣颖君的：“文体说”》，《国语周刊》第12期，1925年8月30日。

③ 钱玄同：《赘说几句》，《国语周刊》第14期，1925年9月13日。

④ 《刘冠伦致黎锦熙信》，《国语周刊》1925年第20期，10月25日。

黎锦熙接到这封信，把回信也一同刊载，回信详细回答了这位灰心者的困惑，最后的说法颇耐人寻味：

> 国语运动这件事，本来带有“革命”的性质，教育部是“稳健”的，纵无“孤桐长教”，他也不能紧跟在他们这班“小生”的后面跑的；资本家以营业上的利益为唯一之目的，眼光远一点的，虽也知道这革命终不能免，便早一点预备，然而专靠他们提倡也是不行的。所以，咱们做事，不能依赖官！也不能依赖商！还是要自己抱定宗旨，不怕牺牲，尽着气力地去干！大凡带有革命性质的事业，常人都不大愿意做，因为是直接得不到好处的；眼巴巴地盼望着官与商的提倡和奖励，殊不知官与商的性质根本上就和改革两字不能相容。假使三五年前不是少数的人们在社会方面鼓起排山倒海而来的巨浪洪涛，你想，这几道改革的部令和几千册的出版物，是这三五年的工夫能够办得到的吗？所以社会上引路的明灯，就是这些真有眼光真肯牺牲的少数的人们，这种人们实在是笨伯，是硬汉，也就是“超人”！①

在此，黎锦熙明确指出国语运动的“革命”性质，近代以来的各种较大的思想文化运动，往往以“革命”相称，革命伴随着运动成为中国二十世纪思想文化史上的一道景观，革命是一个往往指向摧毁传统的正当符号，革命的合法性似乎不言自明。尤其是当革命与公理、进化等现代性的价值理念融为一体，也就成为一种合法的意识形态，革命的合理性则是无可置疑的。我们有理由相信：当黎锦熙语重心长地告诫这位在东南传播国语因受到挫折而灰心失望的人士“国语运动是革命的行动”的时候，那种革命的牺牲感、崇高感和正义感充盈于胸，那种试图改天换地、掀起巨浪洪涛的创造的激情，那种抱定宗旨、永不回头的自我期许和文化期待，那种敢于牺牲、尽力去干的革命者心态和“超人”精神……都会感染着国语运动者继续肩起国语革命的大旗，勇往直前！这是什么精神，这是“革命者”特有的一种心态，对于自己的目标，从不怀疑，充满信心，甚至为了这一宏伟的远景目标，充满谋划，及早准备。法国思想家勒庞认为，这种源于知识的革命往往会成为社会进步的一个源泉，有时候，传统和习惯的力量如此强大，以至于他们对文明构成了束缚，这时，就需要类似革命的精神来打破枷锁，推动知识上的革命，这种能够带来新发现

---

① 《黎锦熙致刘冠伦信》，《国语周刊》1925年第20期，10月25日。

的革命胆识是一种非常罕见的能力，它尤其需要一种独立精神和一种判断能力，前者使人足以摆脱流俗观念的影响，而后者则使人透过表面的现象，抓住潜藏的事实。这种形式的革命精神是创造性的。①

任何一种革命，必须有事先的酝酿和谋划才能成功，革命发动之前的目标和谋划，革命进行当中措施和策略，革命处于低谷的应对和进一步迎接高潮的打算，这都需要胡适所谓的“有意的策划”或“有意的主张”。

在胡适看来，近代以降的白话小说史与中国一千年来的白话文学都有同样的缺点，白话的运用，仍旧是无意随便的，而非有意的主张。这是 1917 年以后的文学革命和语言革命之前改良运动的重大区别，其区别不在于主张的激进，而在于主张的目的性和有意性。胡适非常看重历史主体在建构历史的积极主动性，不但政治上的革命如此，文学和语言文字上的革命也是这样：

> 无意的演进，是很慢的，是不经济的。譬如乾隆以来的各处匪乱，多少总带着一点“排满”的意味，但多是无意识的冲动，不能叫做有主张的革命，故容易失败了。太平天国的革命，排满的色彩稍明显一点，但终究算不得是有意识有计画的排满运动，故不能得中上阶级的同情，终归于失败。近二十年来的革命运动，因为是有意识的主张，有计画的革命，故能于短时期之中，收最后的胜利。文字上的改革，也是如此。一千年来，白话的文学，一线相传，始终没有断绝。但无论是唐诗，是宋词，是元曲，是明清的小说，总不曾有一种有意的鼓吹，不曾明明白白的攻击古文学，不曾明明白白的主张白话的文学。
>
> 近五年的文学革命，便不同了。他们老老实实的宣告古文学是已死的文学，他们老老实实的宣言，“死文字”不能产生“活文学”，他们老老实实的主张现在和将来的文学都非白话不可。这个有意的主张，便是文学革命的特点，便是五年来这个运动所以能成功的最大原因。②

有意的主张革命是历史参与者主观能动性的体现，也是革命能否取得成功的关键。

事实上，晚清末年劳乃宣诸辈等先行实践的简字运动、官话字母，不也是一种有意的主张么？可胡适并不完全这么看：

---

① 〔法国〕勒庞著，佟德志、刘训练译：《革命心理学》，吉林人民出版社 2004 年版，第 73－74 页。

② 胡适：《五十年来中国之文学》，《胡适全集》第 2 卷，安徽教育出版社 2003 年版，第 262 页。

这些人可以说是“有意的主张白话”,但不可以说是“有意的主张白话文学”。他们的最大缺点是把社会分作两部分:一边是“他们”,一边是“我们”。一边是应该用白话的“他们”,一边是应该做古文古诗的“我们”。

一九一六以来的文学革命运动,方才是有意的主张白话文学。这个运动有两个要点与那些白话报或字母的运动绝不相同。第一,这个运动没有“他们”“我们”的区别。白话并不单是“开通民智”的工具,白话乃是创造中国文学的唯一工具。……第二,这个运动老老实实的攻击古文的权威,认他做“死文学”。从前那些白话报的运动和字母的运动,虽然承认古文难懂,但他们总觉得“我们上等社会的人是不怕难的:吃得苦中苦,方为人上人。”这些“人上人”大发慈悲心,哀念小百姓无知无识,故降格做点通俗文章给他们看。①

胡适强调革命的主动性、目的性和谋划性。早在1919年写《尝试集》自序时就谈到:

近来稍稍明白事理的人,都觉得中国文学有改革的必要。即如我的朋友任叔永他也说;“乌呼!适之!吾人今日言文学革命,乃诚见今日文学有不可不改革之处,非特文言白话之争而已。”甚至于南社的柳亚子也要高谈文学革命。但是他们的文学革命论只提出一种空荡荡的目的,不能有一种具体进行的计划。他们都说文学革命决不是形式上的革命,决不是文言白话的问题。等到人问他们所主张的革命“大道”是什么,他们可回答不出了。这种没有具体计划的革命,——无论是政治的是文学的——决不能发生什么效果。②

在这里,我不厌其烦地大段引用胡适的观点,意在说明:五四以后的新文学革命是有意的谋划,有具体的步骤和计划,我们之前在考察某一文化思潮和革命运动的时候,过分关注历史的文化语境和诸方面文化场域的复杂性,我们在走进历史时,很少进入历史的主体——人,每一场历史运动的发动者都是人主动参与活动的结果,透过历史的表象史料,我们应该如何发现历史

① 胡适:《五十年来中国之文学》,《胡适全集》第2卷,第329页。
② 胡适:《〈尝试集〉四版自序》,《胡适全集》第10卷,第31页。

的主体——人的主动性和能动性，人在其间的文化运作心理和深层动机，他们在历史中的困惑，迷茫，焦灼，他们针对运动目标所有意设计的步骤，策略，甚至类似于五四时期演双簧戏①的小小的“诡计”等等……

如果说胡适的文学革命是“有意的主张”，那么，黎锦熙等所领导的国语运动更显出有意的革命的主张，以上所引述的黎锦熙奉劝国语传播和推广者的那段书信，不正是一个国语运动的“革命者”在革命低潮时期的心灵独白么？当然，这种为走出国语运动的低谷，试图重新掀起新一轮的国语革命的“高潮”，其有意的谋划已在紧锣密鼓地进行中。

三、制造“国语风”：全国国语运动大会的筹备与举行

1925年，国语运动的确到了一个危急的关口，该年度不断涌起反对国语的声浪，继吉林的反国语运动之后，山东也回荡起反对的声音。有人致信钱玄同表明了对国语运动的担心：“自是以后，我们的国语竟真个不得不大遭其殃了。看哪！……一令而命学校学生皆读五经，再令而命小学废止英文，三令而禁止学生用国语作文！这‘三令’一下，无异汉高的约法三章，谁敢不遵从！但是苦了我们的国语了”。② 这位写信者呼吁国语运动者为捍卫已有的国语成果，对于复古现象进行猛烈的反击。

为进一步扩大国语运动在全国的影响，使社会上的一般民众都了解国语运动，国语研究会同人早已开始酝酿举行大规模的“全国国语运动大会”，《国语周刊》上的一则消息透露了这一信息：

> 全国国语运动大会定期举行
>
> 北京中华民国国语研究会，本来打算今年春天邀请全国会员在各本地举办国语运动大会，后来因为时局不太平，没有实行。今年夏天，他们觉得举办全国国语运动大会的时机已经到了，特地先行约集山西，北京，上海等处底会员，以及国语同志，各学校，各团体等，先后在各本地试

---

① 五四新文学革命期间，新文学内部人士有感于白话文倡导者的声音得不到社会上的呼应，甚至连反对的声音也没有，在这种情况之下，新文学发动者为了吸引文化守旧者的眼球，在新文学倡导者内部由钱玄同和刘半农在《新青年》发表了双簧信，钱玄同化名王敬轩模仿旧文人的笔调和口吻，将他们反对新文学与白话文的种种观点加以汇集，刘半农写复信逐一批驳，以引起广泛的社会注意，改变新文学发难初期的寂寞局面。这可看作是新文学发动时期的一个有意的“谋划”和小小的“诡计”。谋划和策略是革命成功的生命线。

② 习习谷风：《东省之反国语运动》，《国语周刊》第25期，1925年11月29日。

办一次。各地底筹备时期虽然都很短促,开会底成绩可是非常满意;这就是各地切实施行国语教育的效果。因此,他们举办全国运动意志更加坚决。听说会员陆依言先生已经把全国国语运动大会底办法拟定了;会期打算从明年(1926)一月一日起,到一月三十一日止。①

这则消息既是一个将要举行国语运动大会的广告,也交代了国语运动大会举行的缘由,从中可知:国语运动大会的主办者和策划者是北京的“中华民国国语研究会”。“中华民国国语研究会”是由蔡元培发起,于1916年成立的一个传播国语、研究国语的民间组织,蔡元培专呈教育部请设立该组织,呈文云:

窃惟吾国今日欲图教育之普及,必自改良教科书始;欲改良教科书,必自改革今日教科书之文体,而专用寻常语言入文始。欲用语言入文,必先调查全国之方言。博征古籍,以究其异同,评著其变迁之迹,斟酌适中,定位准则。其程度必视寻常之语言稍高,视寻常之文字稍低,而后教育可冀普及,而语言亦有统一之望。夫教育不普及,语言不统一,实吾国今日之大患。同人等有鉴于斯,爰有国语研究会之设立。业经集合同志,互相讨论,一俟在京各省会员征求已齐,即发照章推举会长及会中各职员,兹先将发起人姓名,并征求会员书暨国语研究暂定简章九条,黏呈鉴核,请予立案。实篇公便,谨呈。②

该会简章的宗旨云:“研究本国语言、选定国语标准,以备教育界之采用。”③教育部的批文如下:

呈悉,查我国幅员辽广,语言歧异。苟非定有一种标准语,以谋统合,则文语悬殊,教育不易普及;方言隔阂,情意尤难感孚。其于文化进步,政治统一,均多窒碍。该会有鉴于此,结合同志,研究本国语言,选定标准,以备教育界之采用,用意深远,洵可嘉许。所呈简章九条,亦切要可行,应即准予备案。④

---

① 《国语周刊》第17期,1925年10月4日。

② 该文1916年教育部备案,后该文刊发于《申报》1917年3月27日。

③ 乐嗣炳编著:《国语学大纲》,大众书局1935版,第233页。

④ 乐嗣炳编著:《国语学大纲》,大众书局1935年版,第233页。

教育部对提案的采纳，可以看作是民间与庙堂互动的结果。立案成功后，迅速在全国范围内征集会员，关于会员的发展情况，黎锦熙后来有详尽的描述，从会员的逐步壮大也可窥见国语运动的影响所及。① 1919年国语研究会和以新青年为中心的新文学倡导人士合作了。“这是需要大书特书的一件事。那时国语统一和文学革命两大潮流，在主张上有言文一致作一个媒介。”在人的关系上，北大校长蔡元培是国语研究会的会长，而轮流编辑《新青年》的陈独秀、胡适、钱玄同、刘半农、李大钊等又都执教于北京大学，这种“双潮合一”的协作局面极大地推动了国语运动。

到了1921年，教育部据国语统一筹备第三届大会的议决案，行文各省，凡国民学校均应组织国语研究会，附录公文于下：

> 各省区教育厅，令知所属各学校组织国语研究会，以便将来各教员皆得研究国语，练习国语，预备各科均用国语教授等语。相应钞同原案，咨请贵署查照，转令所属各国民学校遵办可也。②

国语研究会会员在全国的征集和遍布，扩大了国语在社会上的反响。这种反响事实上是由民间团体推动、教育部颁令遵照执行的产物，民间与官方的良性互动可见一斑。

当国语运动渐入低谷，教育部门又勉为其难，一些学校又隐隐浮现出读经的倾向，国语运动的航船触到了社会这个汪洋大海中的暗礁③，社会上回荡起反对国语的声音，作为已经拥有近16000会员的民间团体——国语研究会需要借助一次规模宏大的“运动”来展示一下自身的实力，扩大影响，增强信心，打击反对者逆潮流而动的嚣张气焰。黎锦熙曾说过他布下了三道防

---

① 1916年成立之初会员只是200余人，1917年会员并未增加多少，但由于该年陈独秀和胡适的新文学革命扩大了白话文的影响，国语运动也出现了蓬蓬勃勃的局面，到了1918年就发展会员1500余人，到1919年增加至9800余人，1920年会员增加到12000人，1924年底会员达到15673人，大抵以小学教员为多。见黎锦熙：《国语研究会底年谱和我们底严重的声明》，《国语周刊》第1期，1925年6月14日。

② 乐嗣炳编著：《国语学大纲》，第220页。

③ “几年来的国语运动，成绩不大令人满意。六年以前，一班国语运动的健将大声疾呼了一阵，逼着教育部把注音字母公布了。两年以前，国语月刊又高揭‘汉字革命’的大旗，声势蓬勃，不可一世。现在，不但拼音文字没有革了汉字的命，汉字反要来根本铲除这暂时认为拼音文字的注音字母了。你看，通都大邑的小学生还认得这套字母，穷乡僻壤的孩子们就不知道。能和这套字母常见面的地方，除了小学校和平民教育各机关以外，只有儿童读物和中学生勉强可用的一本《国音学生字汇》。”见L. H.：《国语运动的暗礁》，《国语周刊》第4期，1925年7月5日。

线，事实上，最为重要的是国语教科书的防线，这是把国语运动落实到教育的最重要关口。就在国语运动大会正着手筹备期间，1925 年 12 月 3 日，苏浙皖三省各示范小学在无锡召开教育联合大会，会议第一天，特在无锡第三师范操场，举行了焚毁初级小学文言文教科书的仪式，焚书之后向全国发出了宣言书：

> 我们这一次因为反对初级小学底文言教科书，曾经收集起来，郑重焚毁，以表示我们的决心。为什么这样地深恶痛绝？理由有四：
>
> （一）因为要便利幼年儿童的学习工具。……
>
> （二）因为要贯彻义务教育的宗旨。兴学以来，社会上都骂小学生文理不通，实在因为文言文太繁难，仅受四年义务教育，除了天才儿以外，是一定教不通的。
>
> （三）因为要养成圆满生活的基础。……
>
> （四）尊重教育法令。国家对小学教学国语既十分提倡，我们尊重国家法令，小学校就不应当再教文言。①

当时南方诸省有些学生由于家庭极端反对国语仍读文言，投机的出版商也看准了文言教科书的商机，出版了许多文言教科书，这次焚书壮举不但警示了学校教育，也回击了投机的出版商。宣言的第四条非常耐人寻味，借助尊重教育法令的大旗，行使焚烧文言教科书的壮举，这种运动的策略可谓一举两得，合法、合情又合理。

焚书之举可谓是给将要举办的“全国国语运动大会”的一份贺礼。《国语周刊》不时预告国语运动会的消息②，以广而告之。陆衣言起草的《全国国语运动大会缘起》指出：

> 近一年来，国语的曙光渐弱，而“文言雾”反迷漫全国，以致颇有大开特别倒快车，复其故辙的现象。照这样倒行逆施，恐怕不上一年，国语的曙光或者竟要弱得几等于零。要是国语的曙光真的无形消灭了，在行政

---

① 《黎锦熙文集》（下），黑龙江教育出版社 2007 年版，第 172 页。

② 《全国国语运动会消息》云：“中华民国国语研究会联合全国各学校各团体合办全国国语运动大会，会期拟定明年一月一日起举行……听说他们要先出《全国国语运动大会会刊》一册，内容除论文，研究，记载外，又详述全国国语运动大会的组织法，各种国语运动法，国语游艺表演等等，先行分寄全国各同志，各学校，各团体，以便一致筹备进行。”见《国语周刊》1925 年第 19 期，10 月 19 日。

> 机关不过政令不行，在提倡者不过枉费心力，一事无成，固然都没有什么了不得；但是全国大多数的平民和儿童，在那“文言雾”中讨生活，未免太苦，并且不知道何日重见光明！
>
> 因此，我们要集合全国的同志们，在各本地大声疾呼的，协力同心的，制造顶大的“国语风”。尽量的把那迷漫不散的“文言雾”吹散，让他升至天空中去变成五色彩云，专供一般文人学士去欣赏研究。那全国大多数的平民和儿童才可以跳出黑暗地狱，重在“国语光”下生活。这就是我们要举办全国国语运动大会的缘起。①

国语运动大会召开的缘起，也正如我在前文所论列的那样，想在反对国语运动的暗流涌动时，重新掀起一股“国语风”，吹散笼罩在教育界文言的迷雾，重新找回 1920 年教育部令国民小学国文科改为国语科后，国语运动在全国一日千里、势如破竹的繁荣景象——那时各地兴起国语学校、国语讲习所、国语讲习会、国语演讲会、国语演讲团，宣传界、出版界、文学界、国语界同时并发，教育界万象更新。

为配合国语运动大会的召开，特设《国语运动大会会刊》，会刊序言云：“国语在民九初倡时代，倒也惹起多少人的注意，学者的鼓吹，书报的提倡，轰轰烈烈似地，大有‘一日千里’之势！到了今日，寂然无声，国语界的情势，似乎有畏缩不前之象，我想，新事业的发展，决不因为有一部分抱着怀疑和反对的态度，而根本上便受影响；其主要之点，要问提倡者能否有继续不断的奋斗精神？诸君子发起全国国语运动大会，便是奋斗精神的表示！……运动！运动！努力！努力！敬祝诸君子前途胜利！”②

有人甚至把国语运动大会看做一种“群众示威的运动”：“就这国语事业而言，是必要我们自己去干的了！干！干！干！全国起来一起干！这全国国语运动大会，是刻不容缓的了。”“来！众擎易举，继续努力！现在我们要兴奋起来作群众的示威运动了！”“我们要联合起来，作冲锋陷阵的运动了！”③

不久，全国国语运动大会总筹备处召开成立大会，议决：“从一九二六年年一月一日到三十一日为全国各地举行国语运动大会的时期；要求全国各大书坊在国语运动期间内举行国语书报大廉价一个月；组织‘国语宣传团’，游行全国各地宣传国语。”④

---

① 陆衣言：《全国国语运动大会缘起》，《国语周刊》第 19 期，1925 年 10 月 19 日。

② 胡庶华：《全国国语运动大会会刊序言》，《全国国语运动大会会刊》第 1 期，1925 年。

③ 铁恨：《群众示威的运动》，《全国国语运动大会会刊》第 1 期，1925 年。

④ 《全国国语运动大会总筹备处的议决案》，《国语周刊》第 22 期，1925 年 11 月 8 日。

国语运动大会，并非集合全国各地的代表在一处开会，而是由全国各省区，各道县，各市乡，各村镇的国语同志，邀集各本地各界的同志们，联络起来，在全国国语运动的大会期内，使本地的男女同胞们知道国语的好处，信仰国语。为了使全国国语运动大会有一个可以参照的实行办法，陆衣言起草了《全国国语运动大会的办法》，具体办法非常翔实。运动分户外运动办法和户内运动办法，户外运动办法又分户外广告、分发传单、露天演讲、游园大会、游行大会、提灯大会等。就户外广告而言，可以通过张贴、悬挂、旗帜、彩灯、电灯、车马、牌楼、幻灯乃至国语有关的影片进行广为宣传。户外游行大会颇有革命的鼓动激情和政治运动的狂飙风采：

> 由筹备会游行股规定时日，计划路由，指定集合散会等地点，制备旗帜，联络各界，举办本地绝大的游行会。游行时职员：总指挥一人，副指挥一人，开道二人，排道若干人，纠察若干人。游行队人数众多，须分成若干队，每队设正副队长各一人，做本队的代表。各职员须佩特制的徽章，以便识别办公。游行队队员，个人须持与宣传国语有关系的旗帜等物，游行时又须各队轮唱国语歌——如本会会歌、国音字母歌……等——和轮呼口号——如统一国语、言文一致、国语万岁……等——以便鼓动群众。①

就游行的组织而言，从设计路线、设置指挥、佩戴徽章、手持旗帜、高唱歌曲、呼喊口号等一系列的举措，无不透露出一种有意策划、声势浩大又组织严密、秩序井然的政治活动色彩，当然国语运动也的确是一种“政治”，一种以新的语言文化代替旧的语言文化的“政治”，一种以普遍的大众口语为基础的白话文代替以少数知识阶层所拥有的古典文化为载体的文言文运动。

游行者挥舞着旗帜，旗帜上的口号有：“国民各说各的话，真是一场大笑话”“国民不会说国语，实在是国耻”“会说国语真方便，不会说国语处处难”“方块汉字，很难记忆；拼音文字，真真便利”“教育普及，全仗国语”“国语！国语！普及教育的工具！”“国语普及言文一致”“大家努力，传播国语”“有统一的国语，才有统一的国家。”②

如果说户外的游行张扬一种全体民众积极参与的运动的激情和狂欢，而户内的互动则呈现出国语运动的专业色彩。户内的国语运动形式也丰富多

① 陆衣言：《全国国语运动大会的办法》，《国语周刊》第22期，1925年11月8日。

② 《全国国语运动大会会刊》封面题字。

彩，有国语游艺会、国语图书展览会、国语成绩展览会、国语翻译灯、国语演讲会、国语辩论会、国语研究会、国语讲习会等。

从运动方法上来看，国语运动大会动员了一切可以动员的力量，采用了一切可以采用的办法，利用了一切可以利用的社会资源，从省市渗透到县城，抵达至村镇，覆盖了中国广大的地域。这一切似乎还不够充分，恰如陆衣言所呼吁的：

> 此外如国语图书大廉价，全国各日报出国语专号、大工商厂店，送登宣传国语的日报广告，水上大游行，汽车大游行，电车大游行，警察、海陆军大游行，海军军舰上升全旗，军舰上、炮台上放炮……等。总之，在全国国语大会的会期内，大家都要拼命去运动，使全国群众得到一个极深刻的、不可磨灭的影像！①

陆衣言之所以呼吁大家要“拼命运动”，就是要扩大国语在群众中的影响，使国语的声音渗透到中国社会的各个角落、各个阶层！

这种全国大规模地举行国语运动大会，展示了国语教育多年来的成就，由于社会各阶层的广泛参与，其在社会上引起的轰动效应和影响力自不待言。黎锦熙不久总结道：

> 这次全国国语运动大会，却是国语教育界一副兴奋剂。据报告：加入的已有十六省区；一月一日北京中央公园举行这个大会，加入表演的约有二十校，到会的约有两万人。这种大会底好处：(1)籍种种引人兴趣的游艺方法，表示从国语教育所得的成绩，使多数人渐能真知灼见国语教育底好处。(2)表示全国一致而又有组织的教育运动。(3)给社会一种刺激，使意兴阑珊的教育界同志们重新鼓舞前进。(4)对于不合理的旧势力示威。②

不仅如此，在全国国语运动大会上，各地演讲大会上的国语演说，传播了国语运动理念和意义，让一般民众重新认识国语和国语运动。③ 民国之初的

---

① 陆衣言：《全国国语运动大会的办法》，《国语周刊》第22期，1925年11月8日。

② 黎锦熙：《全国国语运动大会》；《新教育评论》第1卷6期，1926年。

③ 在国语运动大会期间，吴县演讲的讲题达50个，其中有：“《各地方言不同所以要统一国语》《国语的利益》《国语和国家的关系》《好国民要学国语》《言语不统一的弊害》《学国语必定先学注音字母》……”载《吴县教育会年刊》，1926年7月。

国语运动是知识分子和教育行政部门合作互动的结果，一般的民众并未参与其间，是一种自上而下的运动，所以国语运动的基础不甚牢固，而这次是知识分子走向民间，走向社会，走向乡村，走进街头，走向大众的国语普及化宣传运动，推广国语的种子终于播洒在了民间的土地上，也必然会植根于国民的心中。

更重要的是，如此规模空前的国语运动会，并非只举办一次，而是成为每年元旦的一个常规性大会，这种举措将会更持久地影响社会。试看 1927 年 1 月 1 日（全国国语运动一周年纪念），国语游园会的具体实施办法：

> 1 园中张挂国语广告及各种旗帜。
>
> 2 分发国语传单。
>
> 3 开唱国音、国语留声机片。
>
> 4 开唱葡萄仙子等国语歌曲机片。
>
> 5 小学生轮唱国语歌曲。
>
> 6 小学生演习国语游戏。
>
> 7 试演各种国语信号。
>
> 8 国语翻译塔。——这塔用各种食品、学用品堆成。每一物品上，附一纸条，纸条上书写字母或汉字。来宾能将字母译成汉字，或汉字译成字母，完全正确的，可领取纸条上的食品或学用品。①

尤其是国语翻译塔的国语游艺，这种妙趣横生的宣传手法相信会很吸引一般民众的眼球，现在看看国语运动家为推广国语所采取的种种手法，在他们无奈和尴尬的背后不是蕴含着别样的悲壮么？——那种为了语言的统一，为了文化教育的普及，为了国家民族的强盛，这种敢于牺牲，勇往直前的“知其不可为而为”的奋斗精神，显示出中国现代知识分子的责任担当和文化自觉意识。他们的有意策划、谋划、运作，乃至走向街头的呼喊，这种以运动的方式推进国语，不能认为是知识者一厢情愿的狂热，他们不依靠官、不依赖商的革命精神和独立意识正是现代知识精英的人格典范！他们这种走向民众、走向社会、改天换地的豪情不是值得一代又一代国语运动的受益者加以铭记么？最后，抄录《国语研究会十周年纪念歌》②（全国国语运动大会北京用，赵元任作曲，黎锦熙作词）去感受一下那一代人的责任、无奈与担当：

---

① 《全国国语运动会纪念办法》，《国语月报》第 1 期，1927 年。

② 初载《国语周刊》第 29 期，1925 年 12 月 27 日，《全国国语运动大会会刊》第 2 期转载，1926 年。

十年的国语运动，
到今日才算成功。
今日的太阳升自东，
照着国音字母一片红。
瞎子的眼睛光明了，
聋子的耳朵也不再聋。
我们的国语宣传到民众；
十年的运动，今日算成功。
运动！成功！成功！运动！
十年的运动，
今日算成功。

十年的国语运动，
到今日还不算成功。
今日的太阳慢慢的升，
照着那国音字母淡淡的红。
快撞起那报晓的钟，
快唤醒那沉酣的梦。
我国的国语普及到民众；
十年的运动，那才算成功。
运动！成功！成功！运动！
十年的运动，
那才算成功。

（全国国语运动大会北京筹备处，原打算一月一日将北京城内几条大街的街道牌子一律换新的，汉字上加红色的注音字母。所以有照着国音字母一片红的句子，后因京津战事未结，警厅没有来得及办好，现在正在筹备中。编者附识）

第三章　国语辞典编纂与国语标准的探寻

一、"国语界的蛰伏"与国语辞典的编纂计划

全国国语运动大会的盛大场面无疑扩大了国语在普通民众中的反响,这是目光向下的轰轰烈烈的鼓动与宣传。但,当街头的国语游行队伍解散,当国语游艺的节目演完,当广场上国语演说的声音平息,国语运动家和国语研究会的同仁们又该做那些工作呢?

国语运动大会开过之后,有一位亲临者发出了这样的消极喟叹和满腹困惑:

> "国语运动!""国语运动!"这一阵呼声,此刻已经闹过了。但是从事实方面细细的考察考察看,这一回"国语运动"究竟有何裨益于教育界?……到会参观,由种种的刺激,以引起其动机。今则何如?或者说,如此大规模之运动,虽不能直接与以刺激,但是间接的刺激,至少总可以给他几分。这话不错!但是刺激是一事,发为动作又是一事。刺激之后,不动天良如何?始虽兴奋,不久复归于冷淡如何?社会如是其闭塞,惰性如是其发达,烈风雷雨,不足以撼其万一,而说微风细雨可能凑效吗?所以就这一点看来,全国国语运动的会期虽过,此种动作,仍当继续进行!最好,愈接愈厉,由多方的永久的工作之下,总得有一日把笼罩在教育界之烟雾排除干净而后已。①

其实,国语运动的专家如黎锦熙等不是没有意识到问题的艰巨性和复杂性,他早就认识到一方面是扩大国语在社会上的影响,通过举办国语运动大会为一度沉寂的国语运动呐喊助威,营造一种蒸蒸日上的"运动"氛围,另一方面他们已经看到国语运动的不断深入还得靠他们自身的努力,黎锦熙曾经说过:"咱们要自己抱定宗旨去干!"②这种抱定宗旨、大胆去干的背后,是对

---

① 迥千:《为全国国语运动告教育界同人》,《国语报》第4期,1926年。

② 黎锦熙:《咱们要自己抱定宗旨去干》,《国语周刊》第20期,1925年10月25日。

于国语运动必胜的信念，他们意识到国语运动事关民族生死存亡的关键。黎锦熙在《全国国语运动大会宣言》中开篇即道：

> 当这全国炮火连天、肝脑涂地的时候，我们忍着惨痛的呼声，喷出满腔的热血，来组织来提倡这个好像无关轻重，难救危亡的全国国语运动大会，这究竟为的是什么？为的就是我们确认这件事是“有”关轻重的紧急大事，是“能”救危亡的根本要图……一切救亡建国的根本要图，虽各人所见不同，归根结底……曰：在乎“民智”“民德”“民力”而已。只要这四百兆人个个都算得上一个“人”，还有什么事情不好办？还有什么暴力敢来侵凌？然而这三样东西究竟要从哪一条路上才能得到呢？我们又不能不说这个国语运动是“能”救危亡的根本要图了①。

正是抱定了这样的信念，国语运动的健将们自身开始沉潜下来——黎锦熙谓之进入“国语界的蛰伏”期，从专业、学术研究的视角开始进行大规模的语言调查工作，从艰辛繁琐的耐心细致的文献整理和方言调查中，绘制中国方言地图，在此基础上，整理古今文献，编纂辞书、辞典，著述国语语法论著，开始逐步探寻中国现代国语的标准语汇和语法问题，这些工作不是街头广场的振臂高呼，而是语言工作者默默无闻的案头卡片、田野调查，这些繁琐细致的学术研究工作，初步奠定了中国现代语音标准、语汇标准和语法标准的基础。鉴于本书第一章已经探讨了关于标准音的建立问题，本章重点探讨国语运动家在辞书编撰等方面的专业工作对于现代国语语汇标准初步建立所做的劳绩和贡献。

在国语运动大会召开前夕，有一个以国语运动精英和语言学家联合成立的“数人会”值得一提。该会由黎锦熙、刘半农、林语堂、赵元任、钱玄同、汪怡六人组成，于1925年9月26日成立，轮流做主席，大家约定每月聚餐一次，每次都要拿一个问题来讨论。这些志同道合的国语家，都有研究国音与国语的志愿和兴趣，他们一致认为过去那种闭户造车式的理论，重视字体而看轻读音的心理，尊崇文言而抹杀白话的态度极其谬误。他们觉得那种顶着国语统一的大帽子来反对土音方言的论调，高谈平民教育而完全不顾甚而排斥民众的活音活语的见解都是要不得的。② 这是一个大都受过西方现代语言训练的专家队伍，他们在私人空间研讨的是国语问题的公共话题，如在第一次

---

① 《国语周刊》第29期，1925年12月27日。

② 参见钱玄同：《记数人会》，《国语周刊》第21期，1925年11月1日。

聚餐会上就商定了用两种音标方式记音问题——一种是国际音标，一种是偏于应用的26个罗马字母，以及声调的标注问题等。从“数人会”的命名，可以看到国语运动家们的文化期许和文化担当。其得名，来自《切韵》序里魏彦渊对陆法言说的一句话：“向来论难，疑处悉尽，何为不随口记之？我辈数人，定则定矣。”所谓“数人会”并非真正意义上的学会，而类似学术沙龙。“数人会”的成员多为教育部国语统一筹备会的会员，又是增修《国音字典》的委员，也是国语罗马字拼音研究委员会的委员，他们的研究成果是政府制定语言政策的重要依据。通过民间自由的研讨，推动政府语言改革，这种协助和互动之于现代国语运动意义重大。

关于辞书的编撰工作，1919年国语统一筹备会最初成立时，就采用了黎锦熙提出的《国语研究调查之进行计划书》，已经开始动议准备编撰《国语辞典》，当时拟定的计划书关于词类的计划如下：

词类部进行事项如下：

(1) 单字形义之分析研究。

(说明)我国文字，主形不主音。自教育上言之，一方面见为教授之障碍；他一方面则见此种文字，颇具特别之优点。盖一字之构成，合形声义三者而一以贯之，于理解上、记忆上、兴味上，均有莫大之便利。今国语所研究者，为音韵、为语言，对于字体尚不能所改易。故凡单字之形声义类，必先有以寻其条理，定其系统；然后进而调查方言，考订词类，方具基础也。

(甲) 选字。将常用特用间用罕用不用之字，及省笔古体俗字，分等列表，名曰国语选字表。(现已着手编辑)

(乙) 编订单字形体声类表。以形与声为两大纲，参酌“六书”之例，分别列成，以明制字之源及其组织。同时将现行楷体，不合《说文》之例者，别为说明。为识字之便利起见，凡可以助理解便记忆者，如郑樵、王安石之《字说》等，虽属臆造，不妨兼采。盖本表之用，一方面对于字形无改者，则为疏析字源；一方面对于篆隶体殊者，但使便认识与书写而已。(现已着手预备材料)

(丙) 考查字义之变迁，及诸义应用之广狭。以单字为主，先准照前项之表定其字之本义，次依“六书”转注、假借之例，说明其义之变迁；终乃将此字诸义查明，孰为日常应用所必备，孰为专家考古所宜知，孰为新兴之训，孰为已废之诂，以便定教授之程序，为编辑教科书及词典之预备。

(丁) 区别各单字之词品。前项手续既竣。再将每字之词品,依义细为分析,并各举例明之,以为编定文典语法之基础。

(2) 词类及方言之搜集及调查。

(说明) 谓我国语言不统一,其言犹失于笼统。必分析言之,则一为读音不统一,二为词类不统一。词类之不统一又可分为二方面:一曰言文不同,二曰方言歧异。读音之谋统一,既由音韵部任之矣。兹则以单字为基,进而整理词类,先就文籍,集成大观,旁及通行之俗语,再进而调查各地之方言。夫《尔雅》者,近正之谓,大多数所用,必为近正者无疑,至是而后标准语可制定也。

(戊) 搜集古今词类。凡联绵两字,或以双声叠韵之关系合为一称者,以前选字表之类序,用辞典体例搜集之。(现已着手)

(己) 搜集古今成语。合前项同时搜集之。词类以两字或三字合成之词为限(其简者即 Word,稍复者略似英语之 Phrase)成语则三字以上,雅俗所习用者,为"水落石出""吹毛求疵"之类属之。(略似英语之 Clause)成语有联缀成谣谚者别存之。(现已有编纂成书者)

(庚) 制定全国方言调查条例及表式。方言之异,大抵即由所用词类之不同,盖口语所用之词类,既不尽合于文言,又随地而殊异,较之方音,尤难整理。兹拟以单字为纲,以文中所用及已通行之词类及成语为目,制成表式,分地调查,不论属何词性,以详备为主,其诸有音无字之词,其语尾语气等,概用音标表之。

(辛) 调查全国方言。依前条例及表式为之。各地汇齐,再作总表。或其他之统计图说,如日本口语法分布图之例。

(壬) 定标准语。依调查总表,就各词类及成语中,选其流行较广、及接近文言者,定为标准语。我国语句之构成,即所谓语法者,全国颇称一致。故只须词类成语,定为标准,复于标准语注以标准音。则全国语言,自趋统一,于语法无甚关系也。惟语法之整理亦为要事,详后语法部。

(3) 国语辞典之编辑。

(说明) 国语所用,既以联绵之词为多,则单字之后,必继以词类。故辞典即以单字建首,无庸别编字典矣。

(癸) 改良字典部首。以便检查为主,搜集各方面之主张,斟酌定之。(并以本条乙项所定为是基础)

(子) 排列单字。根据本条甲至丁项所预备者为之,即字典也。

(丑) 排列词类及成语。根据本条戊至壬项所预备者为之,以壬项所定之标准语为主。以前项之单字提纲，依序列入，即成完备之辞典。

（寅）编定普通辞典。完备之辞典，卷帙必多，宜根据前甲项选字表，别为约编，以供普通社会之用。

（卯）编定学生字典。专备小学校学生之用，俟国语读本编成后，方可为之。（见后语法部）[①]

限于篇幅，笔者在此只是摘录了计划书关于语汇和国语辞典的编撰计划。从这一计划书可以看出，计划非常完备详细，具体的步骤也便于操作实施。从工作进行的顺序观之，从单个汉字入手，再进入词类的整理，在此基础上进行《国语辞典》的编撰。仅仅从词类进行的计划步骤可以看出：黎锦熙制定的国语标准词汇是在容纳了古今词类、古今成语以及方言、口语词汇的基础上综合而成。

语言规范和语言标准的建立与语言辞典的编纂关系密切。所谓现代汉语的规范、标准应该涵盖以下层面：在单字层面上，要有规范的字形、统一的标准读音，以及建立在约定俗成基础之上的相对固定的字义；在词语（包括词、成语以及固定结构）层面上，应有词形、词音和意义诸方面共识的要求；最后是语法的层面，使单字和词语的使用符合规范的搭配及统一的语法框架，以此组成合乎规范要求的语句。在语言规范的多种形式中[②]，词典规范是一种极为重要的规范形式。词典规范是由专家学者在对语言现实作深入研究的基础上以较为独立的方式所进行的语言规范。相对于行政规范，辞典规范因不具有强制性而较少副作用。由于在学者精心研究的基础上制定，能够从主观上尽可能符合语言运动规律，因直接地经常地被使用者查阅而具有较大的使用性，是一种积极干预型语言规范形式。在中外词典编纂史上，词典规范的先例并不鲜见。约翰逊《英语辞典》的编纂使当时相对于拉丁文被人视为粗俗的英语第一次显示出完整性与生动性，从而成为社会认可的规范交际语文。战国末期的《尔雅》是现存最早的词汇总释，作为正名之书它收集先秦主要典籍的常语和方俗词语，加以整理研究并按当时的通语加以解释，是汉代以前词义研究的总结，从辞书角度而言，是我国第一部词语分类词典，开辟

---

① 黎锦熙：《国语研究调查之进行计划书》，《黎锦熙语言文字学论著选集》，北京师范大学出版社2002年版，第3—5页。

② 语言规范有三种形式，分别是自律规范、行政规范和词典规范。自律规范也可称之为自我规范，是语言的使用者在运用该语言交际过程中约定俗成的结果，语言自有其发展演变的规律。行政规范是以政府法令法规命令的形式颁布的语言规范，具有强制性特征，但收效快，力度大。关于这一论述，可参阅李尔钢：《现代词典学》，汉语大词典出版社，2002年版，第196—202页的论述。

了用词典指导语言规范的先河，汉代许慎的《说文解字》是在总结前人字书的基础上编纂而成，是中国历史上第一部文字学著作和初具规模的字典。许慎在《说文叙》中说："盖文字者，经艺之本，王政之始，前人所以垂后，后人所以识古。故曰'本立而道生'。"他不但认识到文字记录语言、传承文化的功能，也流露出为了规范文字以正确解释经典的"垂后"目的。《说文》尊重文字规律，应用从俗从变的方法收入书面词语和大量的方俗词语，系统、科学地整理和规范了汉字形体结构，对汉代词汇的规范也有重要意义。[①]

在我国元朝，因政治中心已从西部长安移至东部大都，以《切韵》为代表的官话音系已不再使用，周德清以一人之力撰《中原音韵》，以注音辞典的方式对汉语官话基准音系进行规范，可视作我国辞典编纂史上一次典型的辞典规范范例。

作为一个语言学家，黎锦熙显然很看重字典、辞典等辞书对于建立国语标准的意义，在浙江开设国语讲坛时，曾经讲到编纂"国语辞典"的重要性，"要统一国语，一定先要统一词类；要定标准语，一定先要定标准词类，'国语词典'，一方面可以统一语言，一方面还有一种'正名辩物'的大效用"。[②] 他甚至认为当时新旧思潮的冲突，也是由于各种新词流行，无字典可查，名之不正、望文生义所导致。

这里，需要特别指出的是：1920 年，教育部通令全国各国民小学校改国文为国语时，国语的标准并未制定，这是连黎锦熙的 1919 年计划书所未曾料到的事，他在计划书中谈到小学引导国文科改为国语科须在国语标准制定之后方可进行，没有标准，如何教学？他指出"标准音、国语辞典、国语文法及读本，三项既经编定，即可将小学国文科改为国语科。"[③]教育部的这道批文来得似乎太早。怪不得胡适后来有这样的议论："这个命令是几十年第一件大事。他的影响和结果，我们现在很难预先计算。但我们可以说：这一道命令，把中国教育的革新，至少提早了二十年。"[④]这一道批文提前颁布，其益处是在教育体制内确立了白话文的合法性，其流弊在于没有给教育界和国语界一个制定国语标准的时间。因而，后来才会有此起彼伏的关于国语标准的争论。黎锦熙认为教育部这么快颁布命令改国文为国语，实在是一种权宜之

① 参见许嘉璐序，李建国《汉语规范史略》，语文出版社，2000 年。

② 《何谓国语教育》，见《黎锦熙的国语讲坛》，中华书局，1921 年。又载《黎锦熙语文教育论著选》，人民教育出版社，1996 年，第 10 页。

③ 黎锦熙：《国语研究调查之进行计划书》，《黎锦熙语言文字学论著选集》，北京师范大学出版社，2002 年，第 5 页。

④ 胡适：《〈国语讲习所同学录〉序》，《新教育》第 3 卷第 1 册，1921 年 2 月。

计。其中一个原因也可以说是新文学成果的社会影响所致：

> 国语的三大部分——国音，词类和语法——现在只完成了国音一部，其余两部不能在短期间内完成；又不能待全部完成后，方改国文为国语；所以出此权宜应急的办法。我的朋友，也有许多曾对于国语怀疑的，以为教育部还没有将标准语颁布全国，国语语法和国语词典都没有一定的标准乃骤然改用国语，好比坐在黄鹤楼上看翻船的一样。其实部中这种应急的办法，完全是按照公意；其中动机，纯系出于社会方面。因为这两年来语体文的书报，在社会上流行甚广，东西洋的新学理，凭他传播不少。……从教育原理社会生活上看来，义务教育的国民学校，用这种古体的文言，实在毫无道理。故民国八年全国教育联合会，因社会生活之需求，世界潮流之相迫，将议决的改用国语案，向部中呈请采择施行。在部中未尝不知待国语全部就绪，再事施行；不过时势既迫，势难苟缓。故为立定步骤逐渐改进计，乃就已成的注音字母，已通行的语体文，先在国民学校一二年级实行。①

胡适不认同先制定标准，那是对于文学创作而言，文学创作是一种个人性的语言创造性行为，心中有标准，笔下很可能会突破语言标准成规率性地创造语言；而教育学家却不能听之任之、不讲标准。因而，国语标准的制定也迫在眉睫。编纂国语辞书之所以重要，不仅仅如上所论的对于建立现代语言的规范和标准的重要性，在当时更为急切的是国语教育上的需要："盖不但各学校教授语体文及会话时，需要此种词典，检查国语之标准词头，以免义训不明或方言羼杂之弊，即在文字语言及文学之专门研究上，亦亟待此项兼包并举，条分缕析之词典，探讨古今用语之变迁与殊方异地转音别字之条贯。"②既然词典编纂如此重要，组设国语词典编纂会应是当然之举。其具体办法分为三大部：搜集部——专就古今各种书报搜集材料，并加以整理，并分单字组和词类组；调查部——掌管调查各地方言之一切事宜，分记录组和测验组；纂著部——将搜集调查所得之材料，按照词典体例，陆续编纂，除了编纂国语大词典之外，并参酌各方面需要，编纂普通词典、学生词典等。

1922年，教育部国语统一筹备会制定了关于国语教育的进行计划大纲。其中专门谈到"组设国语辞典编纂会"的困难：

---

① 黎锦熙：《国语教育上应当解决的问题》，《教育杂志》第13卷第2期，1921年。

② 《教育部国语统一筹备会关于国语教育之进行计划大纲》，《国语月刊》第1卷第4期，1922年5月20日。

> 本会于民国八年初成立时，即采用会员所提出之《国语研究调查之进行计划书》，将国语辞典编纂上之预备事项，如搜集古今词类及成语，制定全国方言调查条例及表式，改良字典部首等，逐渐着手。徒以经费太少，凡规模稍大之举，均不能积极进行。嗣于八年，九年，十年，三次大会中，会员提案催促编成此项词典者，每次必有数起……而此项词典之编纂，非于中央特设机关，提挈纲领，则其事难举；非宽酬经费，放大规模，则事难举而功效难期。[①]

尽管困难重重，国语统一筹备会依然按照预先制定的计划步履艰难地实施着，1928年国语辞典编纂处改名为“中国大辞典编纂处”，而且还提供了工作的场所。对于这一更名和提供的便利，黎锦熙兴奋之情溢于言表：“民十二(1923)成立的编纂处，都只名‘国语辞典’，忽然打算要对中国文字作一番根本的大改革，因而不能不给四千年来的语言文字和它所表现的一切文化学术等等结算一个详密的总账，以资保障而便因革，则具体化的工作，惟在辞典，在‘大’辞典！‘国语’又嫌流于狭义，就叫‘中国’大辞典吧！”[②]

于是，1930年国语统一筹备会又制定了《中国大辞典编纂处计划书》[③]，比1919年的《国语研究调查之进行计划书》更为详尽，关于“字典组”的工作又分了七个组，其中特列“俗话方言股”，关于“书报组”根据搜集语言材料的不同出处又分了九个组，其中特设“白话小说股”——该股其中一项工作即是收集“新文学运动前后诸作品及译品；新诗、新剧属之”。可以看到，新文学作家作品也作为搜集国语词汇的一个对象，足见新文学作品在国语运动者眼中的地位。而调查部的“方言组”要求“依各地不同之方言，分全国为若干区，每区委托专任调查员一人，限期调查完毕。”关于普通辞典组随书分股要求完成以下辞典编纂工作：《中国大辞典》，《国语常用词汇》(重在语词定字体，正音读，划一拼音时词类连书)、《民众辞典》(广搜日用诸词，供一般民众略受教育使用)、《国音普通辞典》(供中等教育用)、《大学辞典》(供自中等以至大学毕业一般学生及中学师范教员使用)。

国语辞书的编纂始终伴随着方言的调查与研究，这与建立中国国语标准词汇须吸纳民间方言口语的思路有关，关于国语如何建设，其思路不一。早

---

① 教育部国语统一筹备会关于国语教育之进行计划大纲》，《国语月刊》第1卷第4期，1922年5月20日。

② 《黎锦熙文集》下，黑龙江教育出版社，2007年，第208页。

③ 同上，第211—212页。

在二十年代初，周作人发表《国语改造的意见》①谈到了国语建设的思路："我们决不看轻民间的言语，以为粗俗……民间的俗语，正如明清小说的白话一样，是现代国语的资料，是其分子而非全体。现代国语是合古今中外的分子融合而成的一种中国语。要建设这种现代的国语。须得就通用的普通语上加以改造。"周作人谈到采纳古语、采纳方言、采纳新名词的三个路径，周作人谈到了国语学家在建立中国理想的国语中具体的做法——"从国语家方面，编著完备的语法修辞学与字典。字典应该打破旧例，以词为单位，又须包含两部，甲以汉字分部，从文字去求音训，乙以注音字母分部，从音去求字训。这种事业最好是由'国语统一筹备会'等机关去担任，不过编纂及印刷的经费也是一种问题；目下不能希望有完成大著出现，但是这方面创始的工作实是刻不容缓了。"周作人也看到了辞典编纂对于国语建设的重大意义，也视方言为建立理想国语的一个途径。

二、国语辞典的出版与标准语汇的写定

下面选取国语家编纂的国语辞书，对其简要介绍并考察这些辞书的编纂对于国语标准建立所做的一系列努力。

1922 年商务印书馆出版了周铭三编纂的《国语辞典(平音国音对照)》，周铭三在编辑大意中云：

> 这本书所取的材料都是受过中等以上教育的北平人所常用的词句，所有下流社会之俗语土话都没采用的，每句旁边都按有客观的标准音注了注音字母……文言一方面所用的辞句已经有辞源和国文成语辞典可查，这本书都没采用的所有辞句的排列是按笔画多寡的，别有一表可查，并不是按康熙字典部首排列的；每句旁边有解说，有举例，既可查国语中各种辞句的读音和解说，所有举例，又可作为练习国语的用处。

从编纂辞典所选材料看，是受过中等以上教育的北平人所常用的词句，这个选词标准实际上是当时张士一在京音国音论争中主张国语标准语汇的具体化，在编纂体例上一改传统意义上《康熙字典》的部首排列，在功能上明确指出"作为练习国语"之用，表明了该部辞典编纂与国语运动的紧密配合。

正文如关于"一"有关的词语全部列入——"一拃、一眨眼、一盏灯、一场

---

① 周作人:《国语改造的意见》,《国语月刊》第 1 卷第 4 期,1922 年 5 月 20 日。

官司、一场雨、一架钟、一截子、一间屋、一直的、一床褥子、一盅水……”，先解释词语意思，再列举例句。“一拃”注音字母注音之后，解释该词含义“由大拇指到小指那样长叫一拃，大约有五寸。（例）这把扇子太小啦，还不到一拃长呢。”①

需要指出的是，该部辞典由于编辑出版较早，在注音符号上只采用国音字母注音第一式，在辞典例句的解释中，标点符号的运用还不太完备。

唐昌言、李康复、朱鼎元等编著的《（国音白话注）学生词典》（一册）于1924年12月初版，1933年国难后发行至17版。该词典收入许多双音词汇，如卯集第45页，关于“持”字词条有“持久、持平、持戒、持身、持家……持赠”等共15个，用白话解释，注音字母注音。

方宾观编，方毅校的《（国音标准）白话词典》，于1924年3月由商务印书馆出版。例言云：“一、本书专收辑国语中应用的词类和成语，附注国音，用语体解释。一、本书所收除国语以外兼收语体文和白话小说中习用的各地方言成语，范围广些，所以不称国语词典而称白话词典。一、本书词类成语，都遵照国音字典注音，以为读音的标准，但是各地土语中用字，有万不能改读国音的……概不注音，免得误会。一、本书不收单字，其中偶有收入的，都是把白话用字和白话字义做范围，这单字也当做一个词类用。一、称谓名词，本是白话的范围，但过于文雅近于信札中所用的都不收入。”

1932年1月，魏建功主持召开国语统一筹备会常委会议决定编辑《国语常用词汇》，以统一词音，确定词形为目的。魏建功谈到了词汇写定与词类统一的理由：

> 国音推行，基本实赖国语的发达；国语发达，主要又在词类的统一。盖音之所表，依托于语；语所由成，根源于词。假使全国词类统一，则国语构成之方式易就规律。语音或终为方域风土所限，虽不能绝对合一，但能有词类语法之规律相联系，于教育及文化前途，必得易于促进之便利。本会推行国音工作，似应再深一层，达到实现“统一国语”之阶段。②

魏建功看到了国语词汇写定的重要意义，他针对当时小学国语教科书编纂者句法词类随意编之，或误用方言，不加检定的弊端，主张“本会先行搜罗凡用本国语编写之教科书”“依序一一检查其所用国语词”，并连带调查“标准

---

① 周铭三：《国语辞典（平音国音对照）》，商务印书馆，1922年，正文第1页。

② 魏建功：《总检定全国各书局编行小学教科书所用国语词类（附注音）案》，《黎锦熙文集》下，黑龙江教育出版社，2007年，第322页。

国语词类或中学国语词类及基本词类”。

为何要编纂国语标准词汇？钱玄同在其提交的《编纂国语标准词汇案》中申述了理由：“‘字汇’之外，还得要有‘词汇’。因为无论白话或文言，都是用复音或单音的‘词’来表示意义的，不是用单个的‘字’来表示意义；所以词形必须写定，词汇必须编纂。”①

全国国语教育促进会审词委员会编纂的《标准语大辞典》于1935年12月由商务印书馆出版。“编辑凡例”云：“一、……专供研习、检查标准语的应用；所采的词、语，以标准地（北平）的通行语为范围。凡社会上普通应用的词、语，适合谈话、作文的成语，一概采入。……一、本书采用的单字，以合于口头应用的单音词和本书词、语里所应用的为限。单字之下，根据国民政府教育部公布的新标准，用注音符号和过于罗马字注音……一、本书采用词、语，只要是口头上应用的，不论新旧，一律兼收并蓄，各词、语的意义，以现在标准地通用的为准；古义和方言的意义，概不采取。”如“心部”“感”字词条，先解释“感”字，并用注音字母和国语罗马字注音，再解释以感字开头的复音词“感化、感冒、感叹号……感激涕零”等22个常用词条。

1936年，汪怡负责编纂的《国语辞典》第一册出版，《国语辞典凡例》总例云：

> （甲）本书所收之辞，包括单字（即单词）、复合词及成语，以普通适用为标准。
>
> （乙）各辞按所注国音之注音符号顺序排列；别制音序检字表，举纲挈领，期便检查；更制部首检字表以备由字形而检寻意义。
>
> （丙）本书重在正音，每辞均用国音字母第一式（注音符号）及第二式（国语罗马字），依标准国音注明，力求详确，以为研习国语、矫正读音之助。
>
> （丁）各辞之释义，用简明浅近之文言或语体，俾易了解；其内容，亦以“简而不漏，浅而不陋”为主。
>
> （戊）字形以通行习见之体为主，附以简体、异体等。②

该部辞典在收词的原则上特意增加了复合词一项，五四以后批判中国汉字的粗浅和野蛮落后的声音不断响起，其中质疑的一个主要方面认为中国汉

---

① 《黎锦熙文集》下，黑龙江教育出版社，2007年，第314页。

② 汪怡编纂：《国语辞典》（一），商务印书馆1936年，第1页。

字单音字居多。当时也有另一种回应的声音，认为中国的汉字逐渐产生了复合词的言论。这部辞典的编纂特收复合词一项，表明了中国语汇逐渐从单音字走向复音词的现代化路径，尤其五四以后，随着翻译文学的兴起，许多三字词、多字组成的词组以及音译词汇大量涌入中国现代语汇中，一定程度上改进和丰富了中国现代语言的语汇，因而，这种编排思路呈现出与现代语言变革一致的与时俱进的思想理路。在收辞范围的说明中也强调了所收词汇的广度，“中国语文中常用、间用、及虽罕用而须供查考之辞，均行采收；各科学术较常用之辞，分别搜采；见于中国古籍而尚流行于现代语文中及通俗口语中所用之辞，均尽量采入；其成语之具有特别意义或行文时习用者，亦酌收之……”①对于当时正在流行的现代语汇的收入，更表明了其对于新词新语广为吸纳的态度。

《国语辞典》以音序检字和部首检字两种方式综合运用，既兼顾到了中国汉字的传统分析，又照顾到了汉字的读音检索一项，可谓做到了传统与现代的有机结合。本书强调了“正音”的编纂理念，分别用国音字母第一式（注音符号）及第二式（国语罗马字），依标准国音注明，对于国语标准的确立意义重大，标准明确。

《国语辞典》关于注音的说明更为详尽：“（一）单字除注国音字母两式外，并加注汉字直音，或以汉字拼切；其无汉字可注并无法拼切者，从略。（二）字音遵照民二十一公布之标准国音（即北平音系）……（三）复合词及成语，除科学术语及属于旧籍范围者外，凡属活语言，均依口语标注。（四）本书注音之声调，按北平音系分阴平、阳平、上、去四声。”②在注音上既照顾到了传统意义上的拼切方式，也运用现代拼音注音方式，尤为是对于字词声调的标注，开启了现代注音标调的先河，目前现代汉语辞典的标调方式仍然是遵照阴平、阳平、上声、去声的四声标注方式。

该部辞典的编纂遇到了很多难以想象的困难，从外部环境来看，该辞典原定 1931 年出版，因上海一二八事变，商务印书馆总厂被毁，再加上此后经费紧张，一直推至 1936 年 1 月付印第一册。从编纂的专业角度观之，汪怡在序言中叙述了编纂上的诸多困难，首先是注音的困难，其他字典的注音每每依据原有的韵书，而且只是单字注音，汪怡编纂的这部辞典把复词和短语一律注音，针对十万字条分别四声注音，有时还要标明轻声或音变，对于翻检者甚为方便。当时的《国音常用字汇》只是注单字的音，而该部辞典既对照读书

① 汪怡：《国语辞典》（一），商务印书馆 1936 年，第 2 页。

② 同上书，第 4—5 页。

之音，也参照活的口语。其次是释义的困难，“辞典释义本不容易，本书分别注音，释义更应有连带的注意；而且意在求简，简而能明，事已较难，况又多收白话及新近习用之词，此等解释，每无所本，往往数易其稿”。①

黎锦熙序言中对于《国语辞典》大为赞赏，黎锦熙认为语文工具的革新要经历三个阶段，一是汉字改良，用简体字，二是汉字改良，用注音符号（这是过渡阶段），三是汉字改革，用国语罗马字（将来必然阶段），而国语辞典的出版，是同时把三步完全的工作具体化起来。国语辞典的用处很多：

（一）正音——凡学习标准国语的人，或者想照国音来诵读新旧书籍的人，得此随时检寻，不但可以矫正单字之音读，并且可以知复合词前后音节的孰轻孰重，孰应“儿化”，使与活语言相符合。

（二）定词——凡学习国语罗马字的人，或者想把汉字或注音符号照词类连书来写作或排印的人，得此可略知某词应连书，某词应分写，免得写作时的彷徨不定。

（三）释义——单字的普通用义，复合词的特别涵义，得此也可以检寻一个概略出来。②

除此用之外还有“小孩子作文查汉字”“熟悉了注音符号的民众查汉字”等功用。

这种“正音”“定词”“释义”的种种功用都是对于国语语汇标准的规范性作用，对于国语统一意义重大。

关于《国语辞典》，后人对于其开创性意义有所总结：“它首创用音序排列的排检法，注意注音和定词，重视现代口语，是我国第一部现代语言描写性规范性辞书。”③王宁《论辞书的原创性及其认定原则》认为，《国语辞典》属于我国并不多见的具有原创性的辞书。它所建立的编纂体例，近一个世纪以来，现代汉语词典编纂都在遵循；它所采用的编排方式开创了现代汉语辞书真正意义上的音序排列法；它以现代汉语正在使用的动态词为主要描写对象，开启了现代汉语描写性语文辞书编纂的先河，所以，《国语辞典》尽管还不完善，但它在辞书史上的划时代地位是无可取代的。

以上，我简要梳理了国语运动家的国语辞书的编纂问题，主要考察了国语辞书的编纂对于国语读音、国语语汇的写定、国语释义诸方面所做的一系

---

① 汪怡：《国语辞典》(一)，商务印书馆 1936 年，第 29—30 页。

② 汪怡编纂：《国语辞典》(一)，第 22 页。

③ 参阅陈庆武、林玉山《20 世纪的中国辞书》(《辞书研究》2001 年第 1 期)的相关论述。

列贡献，限于资料与篇幅，我未能对他们编纂的其他许多辞书进行一一梳理——如对于陆衣言编纂的《中华国语大辞典》[①]（1940年1月发行，1949年1月4版）也未能论列，通过挂一漏万的简单描述，我们可以感受到国语辞书编纂对于国语规范的重要引领作用，也可从另一方面探查到国语运动家的实绩和辛劳。并不是完全如胡适所言："有了国语，有了国语的文学，然后有些学者起来研究这种国语的文法，发音法，等等；然后有字典，词典，文典，言语学等等出来：这才是国语标准的成立。"[②]即便是先有国语的文学，国语标准的形成也不可能离开国语家的努力。

① 该辞典所收辞的条目较多，尤其注意对常用字的多个构词几乎一并收入。如该书第435—436页对于以"会"字开头的构词会心、会水、会合、会考等43个辞语及俗语的解释，极大丰富了现代汉语的书面语汇。并收入俗语方言"会买的不如会卖的"解释该条目时，加新式标点符号。又如第437—439页关于"有"字开头的词语，有心、有用、有名、有志……共92个辞语的录入。对俗语"有福不在忙无福跑断肠"也收入。在"编辑大意"中谈到："一本书收集标准地日常习用的辞语四万余条，编辑成书。……专供大学、中学及一般人阅读标准国语文或研究标准国语话检查、练习之用。二、本书以日常习用辞为主；兼收古今习用语。选择范围如下：①单音辞……②复音辞……③日常的习用语……④标准语中习用的古今成语……⑤报纸常见的新辞……⑥教育部公布的简体字，以及民间通性的俗体字。三、本书不收的辞语，规定如下：①文言中专用的辞语。②不合标准的古代语言中的辞语。③各地方言中专用的辞语。但渐成普遍化的……辞语，不在此限。④一般人口头上不常用的科学专名。⑤人名、地名、书名、及史地上一切私名。""本书单字及辞语，一律用国语话解释；有举例必要时，都附例句。解释辞语，以今义为主；已死的古义，概不采纳。……全书加新式标点符号，以明语义；本书字、辞、语的意义，力求详备。凡口语中应用的新意义，一律归纳收入，并附例句，以明用法。"

② 胡适：《〈国语讲习所同学录〉序》，《新教育》第3卷第1期，1921年2月。

第四章　国语语法探讨与现代语法的革新

一、新文学呼唤新的语法规范

新文学运动呼唤建立一种与新文学相对应的新的语法规范，中学的国文教学也将文法一项纳入课程纲要，国语教材的编纂逐渐渗透国语语法的教学要点，新文学创作和文学翻译出于与传统文言决裂的考量，也有意吸纳欧化语法的表达方式……文学创作和国文教学都亟待一种有别于传统又不能完全照搬西方的语法体系，国语运动家如何利用新文学创作的语料，在中国传统语言史料的基础上，总结、建立一种与现代语言相一致的语法体系，这种系统的语言工程主要落实在国语运动家的身上。

语言的变革表现在语音、语汇及语法三个方面，第一章与第三章分别探讨了国语标准音的建立、国语辞书的编纂对于标准语汇的写定问题，本章重点考察国语家及其他语言学家对于国语语法的探讨，在研究理路上，考察国语运动家建立现代语法的尝试和努力，并兼及文学创作与国文教学诸方面，借此探查他们之间的互动之于中国现代语法革新的意义所在。

1919 年，黎锦熙提出的《国语研究调查之进行计划书》专节制定了语法部的进行事项：

(1) 关于文法者

(说明) 我国语文之歧，大抵由于所用词类之繁简单复不一，而不系乎句之构成，前既言之矣。惟句之构成，语言亦间有不同之点。而语势之轻重，语意之疑决，及一切抑扬抗坠之情，表诸语言，相习而能喻；形之楮墨，则文易而语难。要其大体组织，则语文固无殊也。故欲规定语法，须先整理文法。

(甲) 定词性之系统。依旧法分“实字”“虚字”为两大类。复参酌欧西及日本文法，分别词品，制成精确之系统表。前部中编辑国文读本时，已备有实字性格表，及虚字系统检查表二种。

(乙) 编定虚字用法分析表。于每一虚字之用法，详为剖析，上溯古义，下逮俗语，旁及他国同类之词，务以极详明无漏义为主。(已有样本)

(丙)编定国文典。我国文词,全以虚字为之本枢纽,有上两项之预备,则本项自易着手。大约可参酌《马氏文通》及坊间近出各种文典文法为之,以不失我国文词之本质而又合于世界文法之通规为主。

(2)关于语法者

(说明)文法既定,则语法之大部分亦定。再就语与文组织不同之点,详为区别,则语法成矣。语法全国本已大概一致,故不须别事调查。然发言巧拙不同,故必须规定方式,以为练习之标准。欲适用此方式于教育,则必编纂国语教科书,至是而国语事可告成一段落矣。

(丁)区别语句与文辞构成之异点。专就辞句之组织言之,其异点甚少,可制表以概括之。

(戊)编定国语法。以国文典为基础,参以前项研究所制成之表,编成有系统之国语法。其中运用词类,则概以前条壬项所定之标准语为准。

(己)编定国民学校国语读本。根据国语法为之,字旁注以标准音,最后一年,则渐及浅近之文辞。

(庚)编纂国语学。从比较言语学上,定国语之价值,及其地位关系。但此当属诸专门研究。附识于此。①

该计划较为详实地制定了国语统一筹备会语法部的工作事项,从定词性系统、编定虚字用法、编写国文典、区别语句文辞、编定系统国语法及国语读本、编纂国语学等等,这是一个从文法到语法较为宏大的系统的现代语法工程。当时,国语学界通常把语法和文法加以分别使用,语法即口头语的表达规范,文法即书面语体主要指白话文体的语言规范,本章为论述的方便,再加上白话文本来就是言文一致的文体,文法和语法一概以语法相称。

不仅仅是国语运动亟须建立属于现代汉语的语法规范,新文学运动伊始,文学革命的先驱者们也同样把批判的锋芒指向了中国传统的文言文表达方式,呼唤建立一种新的语法体系。

胡适倡导文学革命的首篇文章《文学改良刍议》提出文学改良的"八事",其中一事即是"须讲求文法"——"今之作文作诗者,每不讲求文法之结构。其例至繁,不便举之,尤以作骈文律诗者为尤甚。夫不讲文法是谓'不通',此理至明,无待详论。"②胡适重视文法的观点很快得到钱玄同的呼应,钱玄同

① 黎锦熙:《国语研究调查之进行计划书》,《黎锦熙语言文字学论著选集》,北京师范大学出版社2002年版,第6—7页。

② 胡适:《文学改良刍议》,《新青年》第2卷第5号,1917年1月1日。

在致陈独秀的信中进一步发挥了胡适的观念，列举了中国古书忽视文法的弊病："胡君所云须'讲求文法'，此不但今人多不讲求，即古书中亦多此病。如《乐毅报燕惠王书》中'蓟丘之植，植于汶篁'二语，意谓齐国汶上之篁，今植于燕之蓟丘也。江淹《恨赋》'孤臣危涕，孽子坠心'，实危心坠涕也。杜诗'香稻啄馀鹦鹉粒，碧梧栖老凤凰枝'，'香稻'与'鹦鹉'，'碧梧'与'凤凰'，皆主宾倒置。此皆古人不通之句也。"[①]我们暂且不去讨论钱玄同指摘中国古代汉语特有的表达方式——"倒置"的看法是否正确[②]，但这种拒绝传统文言、呼唤现代语法的态度却是无可置疑的。

胡适不但重视文学创作上"须讲求文法"，在语文教学上也极为重视文法的教授问题。胡适在《中学国文的教授》一文中谈到文法教学的步骤和方法，他指出："从前教作文的人大概都不懂文法，他们改文章全无标准，只靠机械的读下去，读得顺口便是，不顺口便不是，总讲不出为什么要这样做，为什么不可那样做。以后中学堂的国文教员应该有文法学的知识，不懂文法的，绝不配做国文教员。"[③]胡适主张先讲文法。第一年，专讲国语的文法，在一年之内讲完。为何先讲国语文法呢？胡适认为因为学生有了八年的国语文，到中学一年级的时候，把国语文的"所以然"总括起来讲解一遍，作一个国语教育的结束；其次有了国语文法作底子，后来讲古文的文法便有了参考比较的材料。讲授古文的文法，处处与国语的文法对照比较，指出相同的地方和不同的地方，何以变了，变的理由何在，变的长处和短处在什么地方。胡适这种"比较的方法"意在沟通文言语法和白话文语法的共同之处，比较相异之点，为学生学习文言和建立现代白话寻求支持。随后不久，胡适探讨国语文法的长文《国语文法概论》连载于当时社会影响极大的刊物《新青年》上。

胡适从进化论的视角透视中国语言从古代文言变为近代白话的规律，其一是该变繁的都渐渐变繁了，比如单音字变为复音字(同义的字并成、本字后加"子"、"儿"、类名上加区别字、重字等等)。其二是该变简的都变简了。无论是变繁密了或是变简易了，都是很有理由的变迁。改变的动机是实用上的困难；改变的目的是要补救这种实用上的困难；改变的结果是应用能力的加多。这是中国国语的进化小史。胡适认为现在虽有一点古文的文法学，但国

---

① 《新青年》第3卷1号，1917年3月1日。

② 这种倒置的表达方式，又叫颠倒或错综，这种修辞方式和古代汉语语法中的倒装或前置有所不同，的确是不合语法规则的，但倒置是为了表情达意的要求或适应平仄和押韵的需要，由于杜甫以回忆的笔调书写长安美好的景物，为了强调京师景物之美，就把"香稻"和"碧梧"作为诗句的开头，也合乎近体诗的格律。

③ 胡适：《中学国文的教授》，《新青年》第8卷第1号，1920年9月1日。

语的文法学还在草创的时期,我们着想预备做国语文法学的研究,应该先从方法下手。建立国语文法学,不是一件容易做的事。方法不精密,决不能有成效。若大家不讲究文法学的方法,这书终究是死的,国语文法学终究没有继续进步的希望。所谓研究的方法,他指出归纳的研究法、历史的研究法和比较的研究法。他尤其看重在历史归纳的基础上进行的比较:"中国语言文字的研究,这几千年来,真可以算是'独立'了。几千年'独立'的困难与流弊还不够使我们觉悟吗?我老实规劝那些高谈'独立'文法的人:中国文法学今日的第一需要是取消独立。但'独立'的反面不是'模仿',是'比较与参考'。"①胡适根据这种科学的语法研究方法,在考察中国汉字"得""的"历史沿革的基础上,别具慧眼、具体而微地规定了二者在白话文运用中的区别②。

在语言的语音标准和语法规范中,胡适更为看重语法规范的重要性,更注重文法对于国语运动的意义,在一次为国语学员演讲时,胡适说道:"据我看来,教育儿童,音的一层,还不甚重要,只要文法先校正,譬如说:'我来了三天了'用国音说去可以,用宿州音说去亦可以,文法却不能变更的。"③语音因方言区域不同,读音可能千差万别,不尽一致,但语法是语言表达应该遵循的常规,变易缓慢,较为稳固。

也许正是过于看重现代语法的规则,胡适作诗也非常讲求文法。他的《尝试集》写毕之后,请人删改,其中《你莫忘记》一诗的"了"字就是康白情添加的,胡适云:

> 康白情从三万里外来信,替我加上了一个"了"字,方才合白话的文法。做白话的人,若不讲究这种似微细而实重要的地方,便不配做白话,更不配做白话诗。④

因为中国的语言不像西方语言那样处处有时态变化,中国语言缺乏时态。但现代白话文中如"着""了""过"这些助词,也可帮助中国语言的时态。鉴于此,胡适《尝试集》中的诗篇,对于时态词"了"的运用非常普遍,现在读来以致有些累赘之感,请看《关不住了》一诗:

---

① 胡适:《国语文法概论》,《新青年》第9卷第3、4号,1921年7月1日至8月1日。

② 胡适认为"的""得"两字所以乱用,完全是一种历史的"陈迹",我们便可以依着这个自然趋势,规定将来的区别:(1)凡"得"字用作表示可能的助动词时,一律用"得"字。(2)凡动词或形容词之后的"得"字,用来引起一种状词或状语的,一律用"的"字。见《国语文法概论》,《新青年》第9卷第3、4号,1921年7月1日至8月1日。

③ 《教育杂志》第13卷第11号,1921年11月20日。

④ 胡适:《〈尝试集〉四版自序》,《胡适全集》第10卷,安徽教育出版社2003年版,第45页。

我说"我把心收起，
像人家把门关了，
叫爱情生生的饿死，
也许不再和我为难了。"

既然"了"字被视为白话语法的重要标志，一向重视语法规范的胡适在《我的儿子》一诗中也具有这种倾向：

我实在不要儿子，
儿子自己来了。
"无后主义"的招牌，
于今挂不起来了！

胡适的《乐观》一诗运用"了"更频繁：

雪消了，
枯叶被春风吹跑了。
那有刺的壳都裂开了，
每个上面长出两瓣嫩叶，
笑迷迷的好像是说：
"我们又来了！"

胡适自己最喜欢的《尝试集》中的一诗是《十一月二十四夜》也多有"了"字：

西山的秋色几回招我，
不幸我被我的病拖住了，
现在他们说我快要好了，
那幽艳的秋天早已过去了。

"了"用在动词之后，主要表示动作的完成，但一首短诗中每句结尾都用"了"，可能是出于押韵的考虑，但过多使用"了"字，语言显得单调、乏味、生硬。

不独胡适如此，刘半农的早期诗歌也呈现出这样过于重视“文法”的特色和弊端，下面是节录其《回声》一诗的第一节：

回声

一

他看着白羊在嫩绿的草上，
慢慢的吃着走着。
他在一座黑压压的
树林的边头，
懒懒的坐着。
微风吹动了树上的宿雨，
冷冰冰的向他头上滴着。

他和着羊颈上的铃声，
低低的唱着。
他拿着枝短笛，
应着潺潺的流水声，
呜呜的吹着。

他唱着，吹着，
悠悠的想着；
他微微的叹息；
他火热的泪，
默默的流着。①
……

在这节诗中，刘半农为了强调动作正在进行，一连用了十多个助词“着”，如“看着”“吃着”“走着”“坐着”“滴着”“唱着”“拿着”“吹着”“应着”“想着”“流着”等等，助词“着”用在动词后面表示动作正在进行或状态的持续，既标明了语法崇拜心理，也运用了复合词借以表达明晰的意义。

即便是以善于锤炼语言著称的朱自清，在新文学运动初期的文学创作，

① 《刘半农诗选》，人民文学出版社1958年版，第42—43页。

也呈露出语法崇拜的端倪，为了追求欧化语法，朱自清早期诗歌刻意运用表示时间和状态的“着”“了”，显得非常生硬：

秋
惨澹的长天板着脸望下瞧着，
小院里两株亭亭的绿树掩映着。
一阵西风吹来，他们的叶子都颤起来了，
仿佛怕摇落的样子——
西风是报信的？
呀！飒飒地又下雨了，
叶子被打得格外颤了。
雨里一个人立着，不声不响的，
也在颤着；
好久，他才张开两臂低声说，
“秋天来了！”①

从诗人运用的动词观之，诗人很想把单音节的字诸如“瞧”“颤”变成复音节的词，他的办法依靠加“了”“着”去实现。这种方式，有时可能会造成新的不通。如朱自清的《努力》②一诗，诗歌中有一句“你们自己的世界，你们在创着！”这种表达现在看来有些不通，当时新文学初期，作家的创造词汇的能力还非常有限，只能在动词后面加上“着”“了”等助词表示动作的时态。

有研究者专门探讨关于汉语的助词问题，认为汉语没有时态，但“着”“了”“过”这些助词在一定的语境中可以表示时态，外语的时态靠字的词根变化可以获得，而汉语只有借助这样的助词才能有效地表达时态。关于“了”的用法，有人与西洋文法相互参照，指出“了”可以表示“过去完成时”“现在完成时”“将来完成时”③

这里关键的问题在于讲求文法是在西方的语法背景下展开的，傅斯年只谈到散文文体应该尽量的欧化，是否诗歌语言也要遵循欧化的语法？下面是胡适《许怡荪》④诗的一节：

---

① 该诗1920年8月写于扬州，《朱自清全集》第5卷，江苏教育出版社1996年版，第21页。
② 《朱自清全集》第5卷，第15—16页。
③ 王应伟：《实用国语文法》（上下），商务印书馆，1920年，第80页。
④ 《胡适全集》第10卷，第120页。

我把一年来的痛苦也告诉了你，
我觉得心里怪轻松了；
因为有你分去了一半，
这担子自然就不同了。

胡适可能是有意追随西方语言中动词具有完成时态的标志，于是也自觉在自己诗中的每个句子的每一动词后面加上后缀“了”，以表示事件的完成。

朱自清虽然对“中文里掺进西文语法”的“欧化”提出过批评，他认为“流弊所至，写出‘三株们的红们的牡丹花们’一类句子，那自然不行。”①但他的早期诗歌《满月的光》②中也同样存在他所批评的写诗严格讲求语法的现象：

好一片茫茫的月光，
静悄悄躺在地上！
枯树们的疏影
荡漾出她们伶俐的模样。

这节诗中，朱自清也极为关注起定语作用的形容词后缀“的”以及名词的复数形式“们”在诗中的运用。“的”与“们”的运用无非是通过遵循严格的语法规范为了清晰的表达，这些字去掉反而会使诗歌更简洁明快。

即便五四时期，也并非所有人都认同新诗须严格遵循语法规范。康白情认为“文法也是一个偶像”，“作诗又要奉戴一个偶像，更嫌没有自由了”，他提出：“零乱也是一个美底元素。我们只求其美，何必从律？‘香稻啄馀鹦鹉粒，碧梧栖老凤凰枝’这种的倒装句法，本为修辞家所许可的，不能以通不通去责他。”他“要高唱‘打倒文法底偶像！’”③康白情的这一言说很明显是针对钱玄同的。俞平伯也认为：“文法这个东西不适宜应用在诗上。中国本没有文法书，那些主词客词谓词的位置更没有规定，我们很可以利用他，把句子造得很变化很活泼。那章法的错综也是一样的道理。”④穆木天《谭诗》中提出“诗的思维术”“诗的逻辑学”的主张，他认为“用诗的逻辑想出来的文句”，应该有一个“很自由的超越形式文法的组织法”，即“诗的 Grammaire”是“绝不能用散文的文法规则去拘泥他”的。

---

① 《朱自清选集》第1卷，河北教育出版社1989版，第355页。

② 《朱自清全集》第5卷，第8页。

③ 《中国新文学大系·建设理论集》，上海良友图书公司，1936年版，第331页。

④ 俞平伯：《社会上对于新诗的各种心理观》，《新潮》第2卷第1号，1919年10月。

在新文学运动初期，如康白情这样反省“文法偶像”的作家毕竟是少数。文学界对现代语法的吁求是非常强烈和普遍的。在上演文学革命的双簧戏中，刘半农反驳王敬轩的来信谈到中国文字没有词尾变化进而触及语法问题：“文字这样东西，以适于实用为唯一要义，并不是专讲美观的陈设品。我们中国的文字，语尾不能变化，调转又不灵便；要把这种极简单的文字，应付今后的科学世界之种种使用，已觉左支右绌，万分为难；推求其故，总是单音字的制作不好。”①由于单音字过多，中国语言表达过于省俭，造成了意义的模糊。钱玄同也秉持这样的观念，他指出：“愈分晰、愈精密、愈朗畅的文章，字数一定是愈多的。因为要他分晰，要他精密，要他朗畅，则介词连词之类应该有的，一个也缺少不得；名词动词之类，复音的比单音的要明显，——譬如一个‘道’字，则容易误解。若用复音语，曰‘道路’，曰‘道理’，则一望便明白了——这就该用复音的。”②鉴于此，钱玄同告诫写作白话文应该多用复音词，易达到经济的效果，他致一位读者的信中谈到“语体的文章，多用复音的词，文法上应有的字一一写入，这都是使意义正确明显，写的人可以完全把意思达出，看的人可以一看就明白，少费了许多锻炼揣测的瞎工夫，真可谓经济到极。”③

在普遍反对文言、张扬白话的时代氛围中，时人对于白话语法的需求也被激发出来。《新青年》载有署名周祜的信《致钱玄同》谈及建立现代语法问题：“东西各国的文学，莫不都有一定的文法，文理极为清楚，句子极为明白。依法去做，也是极容易的。……中国文学也该当有一种文法，那新文学然后能够成立。何以呢？因为中国的文字，意义极其含浑，无论做文言，做白话，终没有明白晓畅的意思。假如没有一种文法去限制他，文理总没有一日清楚，国民的头脑总也没有一日清楚。……改革文学，应当制造一种文法做后盾。小学有小学的文法，中学有中学的文法，由浅而深，使人看了，就会作文，岂不是好呢？”④潘公展致信《新青年》谈及编撰“文法教科书”一事——“中国向来没有文法，教授上很感困难；现在既然要建设新文学，示人以规矩准绳，那么文法的书一定要赶紧编好。”⑤

既然文学界和教育界都普遍呼唤编纂语法书籍，国语学界也早已着手制定了国语语法编纂事项，那么，语法书的出版也将呼之欲出、指日可待了。

---

① 《新青年》第4卷第3号，1918年3月15日。

② 钱玄同：《文学革新杂谈》，《北京高等师范学校周刊》第70期，1919年5月20日。

③④ 《新青年》第6卷第6号，1919年2月15日。

⑤ 同上，1919年11月1日。

二、国语语法编著与现代语法的诞生

黎锦熙是国语语法编著方面的先行者。黎锦熙于1916年参与发起国语研究会，提倡白话文，推进国语运动和文字改革。当时，除了1898年出版的马建忠《马氏文通》，中国暂时还没有属于自己的完备的语法书籍，《马氏文通》明显具有因袭西方语法研究的局限性，主要研究古代汉语语法。但随着国语运动的展开和白话文运动的提倡，中国语言学界迫切需要适应白话文的文法学。黎锦熙在1924年的《新著国语文法》序言中谈到：

> 这部书底稿子，是由四年来教授、讨论、研究等等工作积累而成的。十年前，我曾编有《国文文法系统表》《虚字分类表》《虚字用法变迁表》几种稿本，但没有出版；公元一九二〇年，在北京开办第一届国语讲习所，才把这些旧稿和沈朵山先生合作，改编为《国语文法系统表草案》，虽然那时各学校采用的很多，但也还没有敢于出版。自此而后，继续不断地在北京底师范大学女高师、北京师范、国语讲习所、小学教员讲习所、戏剧专校、以及各地底暑期学校，讲授这门功课；事势上不但使我不能不随时随地研讨文法，而且不能不随时改良、随地变换这文法底教学法。于是慢慢地积成了许多片段的讲义、零碎的笔记、繁复的长编。①

也即是说，1914年黎先生已经开始编写《国文文法系统表》，1920年率先在高校开设国语文法课，并赴各地国语讲习班宣讲。他立足于本民族的语言实际，搜集了大量白话文的“活语言”材料，于1924年正式出版《新著国语文法》，有力回应了文化保守主义者攻击白话文没有语法的谬论，为新文化运动和国语运动的顺利展开提供了语法学上的支持。

黎锦熙主要借鉴西方的语法理论来建立中国国语的语法规范，从字、词、句等一一找出汉语与西方语法的对应关系。黎锦熙指出中国的一个个单字相当于英文的 syllable，是中国言语中的音节，有的一个字能表示一个意义，能够表示意义就是词，相当于英语的 idea。黎锦熙图解句子的方法也是深受西方语法的影响。图解法，在英文为 Diagram，是西洋文法界当时非常通用也很实用的新方法，也是黎锦熙拿来为我所用的典范，他开启了国语图解的

---

① 黎锦熙《新著国语文法序言》(写于1924年)，又载《新著国语文法》，商务印书馆2000年版，第8页。

先例，通过详细的图解，显示了国语“凡词，依靠结构，显示品类”的特质。黎锦熙专章讲解助词“了”，指出“了”表示语气的完结，与西洋语法“过去完成时”“现在完成时”“未来完成时”相互比较，认为相当于文言文中的“矣”“已”，借此打通了文言与白话的语法关联。

新文学作品为黎锦熙总结国语文法提供了分析的范例，冰心的《笑》曾被黎锦熙作为国语文法的例题详解。1926 年北京文化学社出版《笑之图解》（《〈笑〉之图解——国语文法例题详解之一》），冰心《笑》的开始写道：“雨声渐渐的住了，窗帘后隐隐的透进清光来。推开窗户一看，呀！凉云散了，树叶上的残滴映着月儿，好似荧光千点闪闪烁烁的动着。真没想到苦雨孤灯之后，会有这么一幅清美的图画！”冰心“了”“着”的有意运用凸显了对现代国语的文法的遵从。

黎锦熙的《新著国语文法》一书全面概括并分析了现代汉语结构规则的若干要素。该书第一章绪论中谈到了标准语与国语文法的关系：“中国有汉满蒙回藏苗各族的语言，在事实上向来是把汉语作为全国的标准语，这就叫做国语。国语的方言虽各地不同，但不同之点，在于语音和语词，自然是要定一个统一的标准的，至于将语词连结配置，成一个句子，那些语词的位置前后，和句子的组织成分，却是全国大同，不很受方言纷歧的影响。所以国语本有我们常用而公认的习惯和规则。把这些习惯和规则，从我们说话的实际上归纳出来，整理，排列，加以说明，这就叫做‘国语文法’，简称‘语法’。国语文法的用处，就在于用科学方法，指示我们许多的法则；我们按照这些法则，可以把国语说得很正确，把国语文作得很清通。”①

《新著国语文法》包括以下几个部类，分别为词类、词位、句子成分、句式等。在语法教学过程中，黎锦熙将上述要素综合地运用于语言结构分析，提出“句本位”的原则。所谓“句本位”，是指分析语法应以句子作为观察点和立足点，着力弄清句子成分之间的组合关系。而且借助句子成分的结构原则，向微观深入，可以明辨词组的构成和词的类别性质；扩而大之，能够分析句群、段落乃至整个篇章。与“句本位”的方式相应，《文法》推出了“图解法”这一语法教学的方法。图解法是依靠线条、符号来表示句子的结构、层次和词类的，可分为单句图解、复句图解和篇章总图解三种。《文法·今序》指出：“图解是汉语语法特别需要的，因为汉语是各词孤立的‘分析语’，主要是依靠词的位次来表达意思。这语序一经图解，就把织织规律明白清楚地摆在眼前。”马建忠 1898 年出版《马氏文通》主要研究古汉语语法，到五四运动前后，

① 黎锦熙编：《新著国语文法（订正本）中等学校用》，商务印书馆 1924 年第 1 版，第 1 页。

白话文兴起，西方新潮的语法理论传入中国，于是陆续出现研究现代汉语语法的著述。其间，1914 年黎锦熙即编写了《国文文法系统表》等几种稿本，1920 年率先在高校开设国语文法课，并赴各地讲习班演讲。他立足于本民族语言实际，搜集了大量白话文的“活语言”材料，在继承马氏成果和借鉴英语文法的基础上，创造性地对白话文进行整理归纳，力求揭示出现代汉语自身的语法规律，并且形成了以“句本位”和“图解法”为分析方式和工具的语法教学体系。《新著国语文法》一书于 1924 年正式出版，迅即被各级各类学校采用，产生了重大影响。也有力地回击了国粹派所谓“白话文有文无法”的无端攻击，促进了现代汉语语法的规范化，为现代汉语书面语的最终形成和发展铺平了道路。

黎锦熙的《新著国语教学法》于 1924 年 7 月商务印书馆初版，该书是之前他在武昌、山西、江浙等地调查讲演的结集。其中谈到文法问题，他把文法与作文教学结合起来讲解。第六章《国语文法与“缀法”——作文》第一节“文法的图解法和词类检查表”专门谈到了文法问题，论著指出：“作文在儿童方面，是完全以读法、话法为基本的，在教师方面，却全靠文法来作出题、设例的指针，和正误、计分的标准。”①文法并不只是教小学生的，也是教师教作文时的指针和尺度。黎锦熙认为只要教师真正懂了文法，“神而明之”，自然能够发生许多巧妙而有效果的方法出来。所以他主张教师从初年级起，便要在教学读法之前，自己努力对于读本的文法，作一番基本的、实用的研究，这就是“作文指导”的预备功夫。其程序是首先教师于每次读法授诵前预备的时候，先把读本的课文，用文法上的“图解法”，逐句完全图解出来；其次是再把图解法所分析的词类，一个一个填入“词类检查表”。黎锦熙的文法上的“图解法”在面对一篇课文时需要追问：

> 这一课文章，有几种造句的型式？句子里有难解的词类吗？有新出现的成语吗？各句间又是怎样的几个结合？全课天然的段落是怎样分的？标点符号是怎样使用的？——要明白这些，非把这一篇全部图解起来不可。②

教学语法主要是通过教师在课堂中慢慢渗透的方式，借助作文教学加以传授，是一个从词语到句子再到段落、标点符号等系统完整的教学环节。黎

---

① 黎泽渝编《黎锦熙语文教育论著选》，人民教育出版社，1996 年 8 月第 1 版，第 472 页。

② 同上书，第 473 页。

锦熙非常看重句本位的语法教学：

> 向来学生们大都厌弃文法底功课，以为这是何等烦琐而干燥的课程啊！而且：(一)天天说的是本国语，近年来更天天嚷着"国语统一"，要学习标准的本国语；然而对于国语底规律——实用上的规律，终于是一塌糊涂，还不如学习外国语时，能说得几句语言，便懂得几项规律；懂得一点儿有用的规律，便能实实在在地矫正许多错误的语言。(二)学习外国语和文言文，都靠意识上有正确的现代国语作基本，互相对比，才够得上说真正地了解。现在全国学生最打不过的难关，就是文言文底通达；全国教员最难使学生"相悦以解"的，就是文言文底神秘。然而一经这种文法底说破，自然不值半文钱了；有什么难懂的呢？闭着眼睛去瞎撞罢了。新式的诗句，欧化的语体文，风气所趋，大都也是盲目的模仿；至于新旧底异同、优劣底比较，以及变迁底经过、取舍底准绳，大都无法讲求，要讲也多半是语无伦次。(三)尤其是不明白文法底功用，居然大家默认中国文法是一种不中用的东西，不能够使不通的人渐变为通；并所谓"文从字顺"的技能，都不仰仗于文法底练习，何况思想底整理，更何况心能底陶冶呢！青年们头脑不清、言辞纷乱，种种毛病，教文法的先生们恐怕不能不负一点儿连带的责任吧。——以上这些不良的现象，都要靠这切于实用而又富于趣味的工作——"句本位"文法底研习工作——才可以补救的。①

他认为句本位的语法教学不但可以帮助国语的统一、文言文的学习，还可纠正学生头脑的混乱，达到写作上的"文从字顺"。

黎锦熙在《新著国语文法》1933年重版序言中谈到"《初中高中国文课程标准》，文法注重语体与文言之异同比较和古今中西之翻译"，为此，黎锦熙编著一部《比较文法》。黎锦熙的语法论著主要出于现代国语教学的需要，希望通过语法教学提升学生的作文写作和口语表达能力：

> 任何族语的作文说话，无论他的文法有没有明文规定，实际上都各有"约定俗成"不言而喻的自然规范。这种规范，只需从现代通行的语文资料中归纳一些大纲和节目出来，再就各级学校受教育者的语文程度，逐步顺序，施以训练，让他们的作文说话节节升高而都没有错。最重要

① 黎锦熙：《新著国语文法》，商务印书馆2000年版，第2—3页。

的就是错与不错的标准,也就是通与不通的标准……而且这种训练,也不是另外一套东西,其资料仍不能离开他们自己的作文说话,或者是他们作文说话范本,就着资料,指点规范;拿住规范,检察并宣示他们自己的错误。①

李直于1920年出版的《语体文法》也值得一提。书名就标示了语法研究的对象和范围,该书的广告中说:

我国各处言语不一,语法也不大同。要做语体文,一定要研究"语体文法"。这部书的内容把语体文的组织说得很明白,所有名词、代名词、形容词、动词、副词、介词、连词、助词、感叹词、复词的用法,解说得极为详细,要算是做语体文的一个规范。②

该书是这样界定语体文法的:"我们用文字来发表思想,这就叫做'文';那文字写在纸上,和口中说的话,简直没有两样的,这就叫做'语体文'。我们平常说话,解析起来;觉得有一种自然的式子;依着这种式子,整理他一下,寻出各种的条例来,这就叫做'语体文法'。"③可见,《语体文法》是在言文一致的语言运动思潮中应运而生的语法书籍。

1930年出版、汪震编著的《国语文法》也颇有影响。汪震强调文法的重要性,他把文法学习作为提升作文能力的途径:

文法指示我们许多言语上的法则。我们应用这些法则,说出话来便正确而意义明了。语法是语体的法则。怎么叫做国语呢?国语就是中国的标准语,说了可以使全国各地都明了的,(这种语言正在进行普遍化的过程中);并且也可用来做文章,言文一致的。国语文法所指示的就是国语里面的法则。所以国语文法有两层功用:第一层是说话正确,第二层是作文正确。第二层功用比第一层更重要;因为当面讲话,不明白时还可以用手指示;等到拿笔一写,不正确的语言就可以令人不懂或误会舍。看来学习语法是很重要的。④

① 《本国文法教学改革案》,1941年《国语周刊》(南郑版),见《黎锦熙选集》,东北师范大学出版社2001年,第446页。

② 见《中华教育界》第10卷第3期广告,1921年。

③ 李直:《语体文法》,中华书局,1920年,第1页。

④ 汪震:《国语文法》,北平文化学社1930年版,第1—2页。

不仅如此，汪震指出学习语法还可以帮助促进文言的学习："文言是古来的语言，今人已经不能说了。文言文的自身还有一种意义，就是起初创造的时候原为写的，不为说的，所以今人读古文书，必须增进许多字去，方才明了书中的意义。中国几千年的文化都写在这种古文上面，我们如果去读它的时候，必须明白古文如何配置文句，如何省字的方法。所以语法在读古书上更有重大的价值。如果不把现代活人的语言的法则弄清楚，又如何去学已死去的古人的语言呢？这是语法的第二重使命。"①与上文所提的《语体文法》相比，《国语文法》更强调国语的标准，强调文法学习对于沟通文言和白话的重要意义。

刘复的《中国文法通论》于1920年出版，出版自序云："我以为语言是文字的根本，若讲文法而不与语言合参，便是舍本逐末；所以我所举的例，不以文言为限，用口语的地方也有。这一层，恐怕不赞成的人更多，但是，姑且让我试一下。"②刘复通过文言白话语法的比照和参证以建立中国的文法体系，该书是其大学教学的讲义。他1932年出版的《中国文法讲话》是专门给高中学生编写的教材。全书共分两部分：第一部分是总说；第二部分是名词及代词。他在《自序》中说："其中文白兼讲，求其彼此合参而易于贯通也；讲法大半仍通行文法书之旧，旧说之可信者悉采之，不欲立异以鸣高也；用讲话体而不袭教科书之呆套，取其当详者可特详，当略者可特略，无所牵碍也；举例以易解者为主，立规以通用者为主，不取诸僻，不取诸琐，求其合于高中学生之程度也。"③他首先界定了文法和文章法的区别："现在之所谓文法，是'文句法'，不是'文章法'。文章法讲究一篇中的结构，文句法讲究一句中的结构。文章法以篇为总体，以大小节落为分体；文句法以句为本位，以字为单位。"④刘复对于言文一致进行了语法学上的反省，指出中国言文不能一致："一般人往往说：'中国的言（指口中所说的话）文（指文言文）是不一致的，外国的言文是一致的。'这话粗看似乎不差，其实，言与文断然不能一致，只有比较接近些，或者是比较隔离得远些。"⑤他举鲁迅的小说为例说明了即使是白话文，有些地方仍不能完全一致。诸如鲁迅《祝福》中的描写"灰白色的沉重的晚云

① 汪震：《国语文法》，北平文化学社，1930年，第1—2页。

② 刘半农《中国文法通论》自序（写于1919年），载刘复著：吉林科学技术出版社，1988年，第6页。

③ 刘复：《中国文法讲话》《序》，北新书局1935年版，第1—2页。

④ 同上书，第2页。

⑤ 同上书，第8页。

中间时时发出闪光，接着一声钝响，是送灶的爆竹近处燃放的可就更强烈了，震耳的大音还没有息，空气里已经散满了幽微的火药香。”刘复认为其中“晚云”“钝响”，“燃放”，“强烈”，“幽微”等，都还是文，不是话。若都改做了纯粹的话，在文的立场上说（尽管是白话文），可要减色了。

此外，刘复还征引胡适的学术文章，反思五四以后的“死语”“活语”问题。《中国文法讲话》中指出：“有些人把‘活语’‘死语’做文言与白话文的区别，说白话文是用活语写成的，文言文是用死语写成的。这话也有点似是而非。因为语言学中之所谓活语死语，是以当代有没有人口说为标准的：凡当代有人口说的语言，就叫作活语，好像一个人，现在还活着一样；凡从前有人口说过，而当代已没有人口说的，就叫作死语，好像一个人，从前活过的，现在已经死了……例如：‘整理国故，约有三途：一曰索引式之整理，一曰总账式之整理，一曰专史式之整理。’……句中‘国故’，‘索引’，‘专史’等名词，都是最近十数年中才有的；‘ΔΔ 式之 ΔΔ’的文法，也是最近受了日本文的影响才有的。”[①] 他认为白话文与文言文，虽已显然分为两条不同的途径，但彼此可以参照，可以互相发明之处是很多的；所以讲解时，往往于文言之外，也讲到白话，但不是有系统的对照讲解。刘复认为当时的中国文法，还处在一个有待于完成的时期之中。

三十年代中期，语文学界发生了一次规模较大的中国文法革新的讨论。王力的《中国文法学初探》[②]开启了讨论的先河，他认为：“本篇的旨趣不在乎搜求中国文法里的一切系统，只在乎探讨它的若干特性，希望从此窥见中国文法学的方法。”正如作者自述：“《中国文法学初探》……仿佛是一篇‘宣言’，我在这篇文章里确定了我的研究方向和方法。”该文可贵之处就在于认识到“此后我们最重要的工作，在乎努力寻求中国文法的特点”，而“我们对于某一族语的文法的研究，不难在把另一族语相比较以证明其相同之点，而难在就本族语里寻求与世界之语族相异之点”。这篇论文的重要意义就在于它吹响了中国文法革新的号角，标明汉语语法研究进入了一个新的探索时期，其特征就是着重对汉语语法的特殊规律进行研究。紧接着，以上海《语文周刊》为主要阵地，由陈望道、傅东华、方光焘、张世禄、金兆梓等人参加，从 1938 年至 1943 年开展了一场关于“中国文法革新”的大讨论。这场讨论的主要目的也是为了反对直接模仿西洋文法，主张针对汉语特点建立自己独立的语法体系，力图在文言语法和现代汉语语法之间寻求沟通以此建立中国的语法体

① 刘复：《中国文法讲话》，第 10－12 页。

② 《清华学报》第 11 卷第 1 期，1936 年 1 月。

系。傅东华指出“我们现在对于马氏那一个完全模仿欧西文法的体系既然感到了不便，那么所能走的路就只有‘反欧化’了；以我的愚见，以为‘反欧化’无非就是‘国化’，却不知道欧化与国化之间还有第三条路可走否?”[①]由于各人对“文法革新”的途径和方法认识不一，因而发生了争论，争论的焦点是汉语有没有词类，词类如何划分以及文言与语体是否可用一个语法框架等问题。其中讨论的一个主要问题焦点是：是否可以建立一个通用于文言和语体的国文法新体系？傅东华认为：“可通用于文言与语体，以后所编国文法，但须作语文对照体，可无用自各为编。”“语体文和文言文可用同一架格的文法来处理，决不会遇到窒碍。”陈望道同意傅氏这观点，也说：“我们不相信文言和白话文要有两个不同的文法体制去范围它。”方光焘则根据德·索绪尔区分开“共时语言学”和“历时语言学”的观点，同傅氏持截然相反的观点，他说：“我以为建立一时代的文法体系，应该以同时代的，用这言语的民众的共同愿识为基础。……许多语言现象，虽然有待于历史的说明，不过建立现代的文法体系却不能不和‘历史’划开”，“我不相信有一个可以通用于文言和语体的中国文法体系。”张世禄、陆高谊支持方氏观点。显然，傅氏的观点是对“五四”以来兴起的国语文法的一种倒退，在当时把古代汉语、近代汉语和现代汉语甚至于方言材料混用的现象屡见不鲜，这实质上是否认了语言的发展，否认了建立共时语言学的必要性。论争也涉及汉语词类能不能分、怎么分以及是否要把词类和句子成分区分开来的问题。综观“文法革新讨论”，它的重大意义在于：非常鲜明地提出了“文法革新”的口号，对自《马氏文通》以来的文法研究作了批判性总结，并逐步认清了要建立汉语文法新体系的正确途径——“根据中国文法事实，借镜外来新知，参照前人成说，以科学的方法、谨严的态度，缔造中国文法体系。”[②]如果说《马氏文通》问世是汉语语法研究的起点，那么，“文法革新讨论”就是一个重大的转折点。为中国文法革新大造了舆论，为建立新的汉语语法体系创造了条件。“讨论”有力地抑制了汉语语法研究延续了多年的机械模仿的不良风习，革新独创的口号得到人们的普遍赞同，注重语言事实的主张逐步深入人心。从此，各种新的汉语语法体系相继诞生，宣告了一个新的历史时期的到来。这场争论震动了当时中国的语言学界，通过争论总结了经验，活跃了思想，交换了看法，营造了革新语法的舆论，为以后的研究打下了一个良好的基础，在汉语语法学史上有着承上启下的重

---

① 傅东华：《三个体制的实例比较和几点补充的说明》，《语文周刊》第27期，1939年1月11日。

② 陈望道：《中国文法革新论丛·序言》，见陈望道等《中国文法革新论丛》，商务印书馆，1987年版。

要地位。① 以"讨论"为界,汉语语法研究由模仿时期转入到革新时期,40年代涌现了《中国文法要略》《中国现代语法》《中国语法理论》《汉语语法论》等优秀著作。"讨论"后,语法研究界展现出新的面貌,汉语语法学史掀开了新的一页。

在30年代末,尤其到40年代,中国语言学界取得了丰硕的语法研究成果。这些论著基本上采用传统语法理论和方法,试图建立具有汉语特色的语法新体系。代表作有王力的《中国现代语法》和《中国语法理论》、吕叔湘的《中国文法要略》等语法论著。这些著作至今为止均可视为经典之作,并在汉语语法学史上起到了积极的作用。

《中国现代语法》是王力研究现代汉语语法最重要的著作,1939年在西南联和大学印成讲义,经过修改,1943年由商务印书馆正式出版。王力的语料采自《红楼梦》和《儿女英雄传》,"因为《红楼梦》是著名的文学作品,又是用北平话写的,合于国语的条件。"②可见王力的用意非常显明,他试图为中国现代语言建立语法规范。王力反复强调:"我们所谓中国语法,是以国语为标准的;我国所定的国语,又是以北京曾受教育的人的语言为标准。我们并不否认各省的方言都有中国语的资格:恰恰相反,在语言学上,方言一律平等,咱们不能说北京语比别的方言更优良,也就不能说只有北京的方言才配称为中国语。"③从前的文法语法书一般依据印欧语将句子分为叙述、疑问、命令、感叹四类,而王力的语法理论建立在中国独特语言的分析之上,显出自己的独特风格。朱自清认为:"本书只分三类句子:'叙述句','描写句','判断句'。叙述句可以说是用动词作谓语,描写句可以说是用静词作谓语;判断句可以说是用系词'是'字作谓语(这一项是就现代语而论)。这三类句子,语法作用互异,才可各自独立。而描写句见出中国语的特征,判断句见出中国现代语的特征;这些特征是值得表彰的。"更为重要的是,王力对于五四以来逐渐兴起的欧化语法的探讨,这种及时总结五四以后文学作品的语法、紧跟时代语料发展的研究眼光,更值得称道:"新文学运动和新文化运动以来,中国语在加速的变化。这种变化,一般称为欧化,但称为现代化也许更确切些。这种变化虽然还只多见于写的语言——白话文,少见于说的语言,但日子久了,说的语言自然会跟上来的。王先生在本书里特立专章讨论'欧化的语

① 参见邵敬敏:《汉语语法学史稿》,商务印书馆2006年版,第99—100页。

② 王力:《例言》,《中国现代语法》,商务印书馆1943年版。

③ 王力:《中国现代语法》,商务印书馆1985年版,第3页。

法'，可见眼光远大。"①朱自清认为，当时中国语的欧化或现代化已经走过二十六年，应该有人清算一番，指出这条路子哪些地方走通了，哪些地方不通，好叫写作的人知道努力的方向，以便大家共同创造"文学的国语"，王力的这番导夫先路的工作，对于中国语的发展一定影响不小。该书各节都有定义，又有练习、订误和比较语法，提供了时人学习白话和国语的便利。王力的欧化语法的探讨，运用的语料都是从五四以后的新文学作品中择取的，这也可以看做是现代文学为现代语法提供的语言资料，可谓是文学与国语互动的个案。比如，在谈到中国现代语言欧化之一种"主语的增加"时，王力指出西洋每一个句子里，通常必须有一个主语；中国语言不然，当说话人和对话人都知道谓语所说的是谁(或什么)的时候，主语可以不用。近年书报上的文章，因为欧化的缘故，主语的数量渐渐增加了，所以不用的地方也用起来了。当初有意提倡的人，似乎是觉得每句有个主语然后意义更明显些，所以才这样做，但是现在一般不满三十岁的青年，受了现代书报的影响，自然地多用主语，无所谓提倡欧化了。王力运用的材料就是徐志摩的《我所知道的康桥》中的一段不需要主语，作者特意添加的："你要发见你的朋友的'真'，你得有与他单独的机会。你要发见你自己的真，你得给你自己一个单独的机会。你要发见一个地方，你也得有单独玩的机会。"②

吕叔湘的《中国文法要略》(上卷)于 1942 年出版，主要针对教师教学编写的，吕叔湘在初版例言中指出"这是一本供中学教师作教学上参考的书"，"现行中学课程，国文一科兼习语体和文言，本书势须兼顾"。该书十分重视语言的比较工作，作者认为："要明白一种语文的文法，只有应用比较的方法。拿文言词句和文言词句比较，拿白话词句和白话词句比较，这是一种比较。文言里一句话，白话里怎么说，白话里一句话，文言里怎么说，这又是一种比较。一句中国话，翻成英语怎么说；一句英语，中国话里如何表达，这又是一种比较。只有比较才能看出各种语文表现法的共同之点和特殊之点。"③(初版例言)《要略》特别着力的是古今汉语对照；某种语法意义，现代汉语怎样表达，古代汉语又如何表达；古代汉语这样表达，现代汉语又有什么变化，从这个意义讲，《要略》可说是一部古今比较语法。

除此之外，还有一批以中小学生和一般群众为对象的普及性语法著作问世，他们也力图以新观点去解释汉语语法，写法比较通俗易懂，在提高学生语

---

① 朱自清：《中国语的特征在那里——序王力〈中国现代语法〉》，《朱自清全集》第 3 卷，江苏教育出版社 1996 年版，第 64 页。

② 《王力文集》第 2 卷，山东教育出版社，第 473－474 页。

③ 《吕叔湘全集》第 1 卷，辽宁教育出版社 2002 年版，第 6 页。

文水平、普及语法教育方面作出了各自的贡献,其中有一定影响的有以下几本:《词与句》(孙起孟,开明书店 1936 年)、《读和写》(林绍良,开明书店 1936 年)、《国语文法与国文文法》(谭正璧,中华书局 1938 年)、《文言虚字》(吕叔湘,开明书店 1944 年)、《中国语文概论》(王力,商务印书馆 1939 年)、《口语文法》(廖庶谦,上海光华书店 1947 年)、《字与词》(上、下)(蒋伯潜、蒋祖怡,上海世界书局 1947 年)、《国语文法》(曹伯韩,致用书店 1947 年)、《中国文法初阶》(曹伯韩,文艺书店 1948 年)、《开明文言读本》(朱自清、吕叔湘、叶圣陶,开明书店 1948 年)、《国文比较文法》(周迟明,正中书局 1948 年)等。其中孙起孟的《词与句》颇具特色,该书采用书信体方式,通过一位在外地执教的母亲给留在家中的几个孩子的信件,系统地讲述有关语法的基本知识,文字浅显易懂,语气亲切感人,颇受青少年欢迎。全书从字、词、词类及其功能、词组、句子、复句与子句、句之解析以及常见语法错误改正和标点符号用法等方面分别讲述。

三、国语语法的教学问题

在国文教学中,语法的教学往往穿插于课文的讲授或课后练习中,为避免单调讲授,考虑到学生的接受难度,一般没有像胡适曾经在《中学国文的教授》谈到的那样进行系统的讲解。即使是教授作为现代语法的标点符号也是如此:"教学标点符号应在读文和作文时相继指导,不宜单独讲授。"①对于小学国语教学,很少作关于语法教学的规定,1923 年,吴研因起草的《新学制课程纲要小学国语课程纲要》只是提出对于高年级的毕业生最低限度的读文要求:"标点及答问大意,准确数在百分之六十以上。"②。1929 年《小学课程暂行标准小学国语》对于一二年级的读书要求"认识简易标点符号",到三四年级要求提高到"熟悉普通标点符号",在教学总则中涉及文法"语法文法作文法格式等一切规则,要在发生困难或实际需要时,从已经熟悉的材料中指点,不要死教"。③ 到 1936 年《小学国语课程标准》,明显强调了语法教学,在教学要点中指出"文法语法的指导,须在需要时提出;指导时,须用归纳的过程,

---

① 黄洁如:《文法与作文》,开明书店 1930 年 8 月第 1 版,第 4 页。

② 课程教材研究所:《20 世纪中国中小学课程标准教学大纲汇编·语文卷》,人民教育出版社 1999 年版,第 15 页。

③ 同上书,第 20 页。

把国语文中已习过的材料做基础。并搜集类似的材料，比较研究。"①1941年的《小学国语科课程标准》专列附件谈到"文法的组织"问题，其中包括单句的组织和复句的组织。针对强化语法教学的做法，一些语文教育家非常认同：

> 我国学者对于文体向来注意，所以小学国语课程早有文体分配的标准。在最近十年间，小学应用字汇也有人研究编制。惟句型则迄最近止尚无人注意研究。此次修正小学国语课程标准初级各学年教材形式表的列有各种语句的名称，并于"附件二——文法的组织"内将各种句型举例说明，极为详尽，确是创举，足以表示我国小学国语教学的进步。
>
> 总结起来说，此次小学国语课程标准的修正是进步而富有意义的。大概一篇文字的构成，不外内容和形式两方面。内容就是"说什么"，形式就是"怎样说"。此次修正标准中既规定以常识科教材为取材范围，不致言之无物；反增加文法组织以为造句的标准，可以言之有则。有物有则，不是很好的教材吗？②

从小学课程纲要的历史梳理中可感受到即便是小学的语法教学，有逐年加强的趋向。随着新文学的进程，国语语法探讨的深入，国语教学加强语法规范也是应然之理。

新文化运动以来，中学的语法教学较之小学一直特别重视。胡适1923年起草的《高级中学第一组必修的特设国文课程纲要》，专列"文字学引论"，在教学内容上开设"文法的演化""比较文字学"等课程③。1929年《初级中学国文暂行课程标准》对于教材大纲的要求涉及文法与修辞——"文法的词性，词位，句式；修辞的组织法，藻饰法和文体的分类等，并就精读的选文中采取例证和实习的材料。"在教法要点上要求"文法应注重语体文法与文言文法的比较。"④该年度的《高级中学普通科国文暂行课程标准》对于文法要求更为深入细致："文法应注重语体文与文言文的文法上的异同，并参采方言的文法及外国语文法，以供文法的比较研究。古书上文法的特例，也应分别说明，为

---

① 课程教材研究所：《20世纪中国中小学课程标准教学大纲汇编·语文卷》，人民教育出版社1999年版，第38页。

② 陆殿扬：《小学国语课程标准加入文法组织的意义》，《国民教育指导月刊(永安)》第1卷第5期，1941年。又见《国民教育指导月刊：江西地方教育》1942年9月—12月。

③ 课程教材研究所：《20世纪中国中小学课程标准教学大纲汇编·语文卷》，人民教育出版社1999年版，第280—281页。

④ 同上书，第283—284页。

学生读解古书的助力。”[1]1941年的《六年制中学国文课程标准草案》中把语体文法、文章体裁及做法、修辞学、辩论术一概并入文章法则的教授中。

从以上的简要梳理，可以看到：自从五四新文学运动之后，随着国语教学和国文教学的改革，不但标点符号作为现代的语法表达方式被加以强调，文法的教授与练习也得到加强，语法教学往往结合作文训练加以进行。

沈公布著的《语体文法向导读本》结合新文学作品，一并讲授语体文法。编者的话中指出这是一编引导初中学生，尝试创作语体文艺的讲义；全书分为：作法十讲，句法十讲，语法十讲和词法十讲：

> 句法十讲使初中学生知道：怎样造句才算适合逻辑，怎样分别轻重地把自己的思绪写出来。这是使初中学生整理自己的理智底工作。语法十讲和词法十讲是简单的修辞学；它们一壁使初中生，约略地整理已知的文法，一壁使他们知道：怎样成语，怎样设词，才能写成一篇忠实的，美丽的创作。
>
> 这也是一编语体文选。在思想活泼的初中学生底脑海里，单讲文法是一件多么厌烦的事！他们所追求的是新趣味。……这儿，就选录当代底纯正的文学作品，附在每讲之后，为适应他们的追求；一壁使他们在选文里，证实每讲中的指示。[2]

在该书中通过一个历史故事讲解标点符号的重要性及其用法，颇能激起中学生学习标点符号的兴趣。文中讲到，从前，斯巴达底国王到女巫那里去，询问她可否和邻国打仗；那女巫就给国王说：“去　胜　回　不　死”。在这几个字里，标点符号是没有的，所以女巫底说话是永久灵验的；因为国王战胜了，女巫的话“去！　胜；回　，不　死。”战败了，女巫的话“去！胜？　回？不！死。”也是应验了。在讲述有趣故事的基础上，指出标点符号的重要性：“标点符号不但可帮助我们分清句法，还可以左右我们的思绪。”[3]接着具体讲解各个标点符号的功能及用法。

在国文教材的编纂中，叶圣陶、郭绍虞、周予同等编纂的《开明新编国文读本（下）》（乙种本）非常重视文言语法和语体文法的对照和转换。如《口技》一课中的课后练习，针对课文中：“京中有善口技者。……满座寂然，无敢哗

---

① 课程教材研究所编《20世纪中国中小学课程标准教学大纲汇编·语文卷》，人民教育出版社1999年版，第287页。

② 沈公布：《语体文法向寻读本》，合群商业，1930年，第1页。

③ 同上书，第50页。

者。”问道：“第一节里的两个‘者’字。口语里怎么说?”《鱼苗》课后有针对课文内容关涉到的文言句法的讲解：

> “糊以漆纸”也可以作“以漆纸糊之”；“覆之以布”也可以作“以布覆之”；“去其水之盈者以小碗”也可作“以小碗去其水之盈者”。可是在口语里，只说“用漆纸糊上”，“用布盖着”，“用小碗舀去太满的水”。如果照篇中文言原文的次序说，就不顺口了。①

再如，《珊瑚岛》课后的句式提示和讲解，针对课文中“珊瑚所以成岛屿而簇出于海面者，水之使然也”。这句话，课后的提示指出：“……所以……者”就是“……的原因”或“……的缘故”，也可以不用“者”字只作“……所以……”。这个“所以”与口语里的“所以”不同。口语里的“所以”只用在结语，断语的开头，如：“只有孔乙己到店，才可以笑几声，所以至今还记得。”

该套教材通过诸如此类的文言句式和口语句式的互译和比照，使学生达到了对文言语法和口语语法的通融和理解。

总之，由于新文学对于新的语法的吁求，国语运动家和有关语言学家的语法探讨，逐步总结符合中国现代语言的语法规则，为中国现代语法的成熟和现代语法体系的建立打下了初步坚实的基础。国语教学对于现代语法的讲解和重视，进一步传播了现代语法的观念，培养了一代又一代谙习现代语法的国民，逐步改变了中国传统教学不看重语法的局面。

---

① 叶圣陶、郭绍虞、周予同、覃必陶合编：《开明新编国文读本(下)》(开明书店 1946 年出版)，2011 年人民文学出版社重印版，第 104—105 页。

中　编

国语教学与文学的国语

第五章　从无声的文字到有声的国语

——国文教学与口语训练

晚清以降的国语运动涵括言文一致和国语统一两个侧面，言文一致追求口说的"言"与手写的"文"的合一，也即是胡适曾经一再强调的"有什么话就说什么话""话怎么说就怎么写"；而国语统一则试图通过造就一种全民通用的国语推行于全国达到国人口语交流的通畅，进而加强国民的团结，并借助语言共同体的形成以强化民族共同体的语言认同。

事实上，中国文字书写上的统一早已形成，只是因为中国幅员辽阔，不同地域长期处在相对隔绝的自足的地理环境之中，形成了方言纷杂的语言景观。针对方言歧异带来的交流不便，有人讲述了一个颇具民族国家内涵的隐喻故事。甲乙二人分别来自福建和上海，因彼此不懂对方乡语，便用日语交流，忽然被一日本人发现，乃耻笑道："同出一国而言语不通，此真贵国之特色。"讲述者通过故事无非是呼唤统一语言的重要性："方今南北纷争，忧国之士，力谋统一。但统一南北，非先联络感情不可，欲联络感情，则言语之效力乃大……今各校提倡国语，亦欲使全国人民言文一致，异乡仿佛同乡，不致蹈甲乙二人之覆辙。"①因而，国语统一首先要解决国人语言交流的畅通无阻，以求口语表达上的统一。本章主要探讨国语教学如何训练学生的国语口语。

一、"国语课程纲要"强调"口语训练"

如何培养新一代国民的口语交际能力，这一繁重的任务就落在了国语教育家的肩上。

口语课程教学需要有统一的国语，统一的国语是以白话文学为基础的。1919 年 4 月，刘复、周作人、胡适等在正式成立的国语统一筹备会第一次大会上提出了《国语统一进行方法》的议案，其中称："统一国语既然要从小学校入手，就应当把小学校所用的各种课本看作传布国语的大本营；其中国文一项，尤为重要。如今打算把《国文读本》改作《国语读本》。民国学校全用国

---

① 新：《国语与国体之关系》，《申报》1923 年 5 月 30 日。

语，不杂文言；高等小学酌加文言，仍以国语为主体。《国语》一科以外，别种科目的课本，也该一致改用国语编辑。”①可见，文言文教学转变为白话文教学是现代口语教学诞生的最重要背景和最直接的原因。

1920年，教育部通令各国民小学改用白话文教学，自此以后小学教材的确大都改用了白话，但如何朗读这些白话，如何使广东的学生与北平的学生在口语交流上共享这些白话，能够顺畅地通过口语进行有效的交流，这就关涉到在同一读音的基础上国语教学的口语训练问题。

事实上，在中学国文教授中，教育界已经开始重视口语教学了。1919年有篇探讨中等学校国文教授的文章涉及了国语口语的表达问题：

> 口头的批评。学生作好“大纲”“批评”以后，教员随便取几个学生的“批评”“大纲”，发表出来，请各学生口头批评。教员又批评学生“口头的批评”。
>
> 学生讲演。教员应请学生轮流在讲台上讲演一问题的“大纲”和“批评”。讲演时间，得由教员限定。讲演后，由教员学生，共同加以批评。国人素乏讲话的能力，从前教授国文，又绝不注意讲话，也是国文教授的缺点。现在有这一种办法，于养成学生讲话的能力，是狠有利益的。
>
> 辩难。教员学生得提出对于一问题的甲乙两说，请各学生认定赞定那一说，两方互相辩难，教员随时加以判断，并得参加意见。②

从口头的批评、学生讲演到师生辩难、教员讲演，这一课堂教学过程通过师生互动可谓把口语教学发挥到极致，呈现出对于口语教学的莫大重视。

语文教育家沈仲九批评当时的作文教学忽视说话练习的弊端，他认为：“从来国文教授，只注意养成作文的能力，不注意练习说话的能力，这是极大的错误。作文原来是代说话的，后来忽略说话，只讲作文，于是有仅能作文，不会说话的，这是不知说话的功用有时胜过文章。语言用口直把意表出，比翻成文章总要真实完全一些，这是语言胜过文章的第一桩；语言当面说出，比作文快几倍，这是语言胜过的文章的第二桩；能说话的多，能做文章的少，所以用言语发表意思，比文章的传播力大些，因为说话的态度显出神情，即时使人感动，作文就没有哩，这是语言胜过文章的第三桩。况且现在语言的需要

---

① 《教育公报》，第6年第9期，转引自郑国民：《从文言文教学到白话文教学》，北京师范大学出版社，2000年版，第50页。

② 沈仲九：《对于中等学校国文教授的意见》，《教育潮》第1卷第5期，1919年。

越大越急，有不能不特别练习之势呢。”[①]杨贤江也“劝一般小朋友对于演说，须要注意练习”，认为：“语言文字原都是发表情思的利器，而语言应用的范围更比文字要广，所以我们应该看重它，至少和作文一样。演说时，最好用国语，以便实生活上的应用。”[②]

此后的语文教育家的确也注意到了口语训练这一问题。1920年，何仲英提出国语教材应该多选取白话小说，他谈及白话小说的教学方法值得肯定，他主张课堂上老师主要提出一系列问题，让学生对老师所提问题充分讨论，这种讨论不但在师生之间展开，而且学生之间也互相质疑问难，最后由教师加以总结。提议学生练习应用，“凡小说内容，可以表演的，选出几段，分配学生在讲台上表演；从文字移到语言上，大可帮助国语底发展，并矫正学生语法底谬误，养成他们言语也能修辞的习惯，或者因此而于演说辩论的技能，练习纯熟”，且认为照此办法，“语言上有帮助不会说国语的，可以说国语，说国语说得不好的，可以说得很好。”[③]

叶圣陶小学国文的教授也非常重视学生的有声阅读和口语训练，期望以“说”提升国语表达能力——“声音足以表情思，便叫做读。不能读语体文的学生和嫌语体文不能读的教师，他们都将情思和声音分离了。所以学童读书，须使完全理解内容，更须注意其音节，使声音恰与内容一致。如表演故事，儿童处个中人的地位说话，情思与声音易于一致，既多兴趣，复收练习之效。其他若演讲、谈话、辩论，都是练思且练习达思的方法，均须常用。”叶圣陶把思想和言语视为一体，试图通过有声的言语训练深邃的情思，并进而促进学生的写作水平：

> 儿童既有说话的练习，进于写作，实是自然联络的事，并不烦难。因为写作的本质是情思。本质的符号是许多声音，由本质化为符号，须遵社会的律令，差一点人家便不懂。练习语言的重要意义，实在模仿这社会的律令。律令既明，以下不过写录这些声音出来的功夫罢了。[④]

叶圣陶以说促思、以说促写的口语训练的语文教育思路也为同时代许多语文教育家所共享。

孟宪承在探讨关于初中作文教学方法的文章中，提出了“口语练习”的作

---

① 陈启天：《中学的国文问题》，《少年中国》第1卷第12期，第2卷第1期，1920年。
② 杨贤江：《初中学生学习国文底旨趣》，《学生杂志》第10卷第11期，1923年。
③ 何仲英：《国语文底教材与小说》，《教育杂志》第12卷第11号，1920年。
④ 叶绍钧：《小学国文教授的诸问题》，《教育杂志》第14卷第1号，1922年。

文范式：

本来表白思想和感情，有语言和文字两种工具。我们作文，也有口语练习和写作练习两种方式。口语练习中，有演说，有辩论，有关于一问题的公开讨论，有对于一事件的个别报告。写作练习中，除了习惯的教师命题作文以外，也有记录（演说辩论的材料，讨论的结果，教师的讲话）、笔记（观察调查的材料）、书信、翻译等形式。这各种练习，都是"作文"。因为他们在实际生活上有需要，所以练习起来有动机。①

把口语练习视为作文的另一种形式，其实质是把口语训练和课堂口语教学提升到与文字写作相并列的高度，足以让语文教学界看重口语的训练，这对于此后口语的国语的形成至关重要。

课堂教学关于口语的练习方式多种多样，有在老师指导下的讨论、辩论、根据课文内容的演剧、演说等，但具体到教学环节的实施，应该根据实际情况而定，朱自清更看重课堂讨论：

近人多提倡演说、辩论、演剧。这都很好，但在中学校里，实施的机会一定很少；因功课忙，无时间做这些事。便有少许时间，也只能让几个人练习，不像作文之能普及。故我意练习说话能力，应注重教室中的讨论；演说等只算辅助的方法。三者之外，我意还可添故事竞争会一种，可行于初中一二年级；同时可令学生"听写"。三者之中，我想演剧最有效力，因趣味丰富；而演说比辩论更近自然，最足表现自己，也宜常行；辩论偶一行之可已。②

黎锦熙更为详尽地探讨了国语科的"话法"教学，特别看重"说话"的重要意义，甚至想把说话教学推广到国语科之外的其他各个学科，他认为：

话法本来比读法重要些，而且要用在读法教学之先。因为读法是教学"阅看文字"，而话法是教学"运用语言"；儿童运用语言的本能和经验，比阅看文字来得多而且早。所以国语的读、写、作，种种教学，乃至其他各科的教学，都是从"说话"方面打进来的。所以话法教学实在是一切教

① 孟宪承：《初中作文教学法之研究》，《教育杂志》第17卷第6号，1925年。

② 朱自清：《中等学校国文教学的几个问题》，《教育杂志》第17卷第7号，1925年。

学入手的基础;而一切教学又处处都有施行话法教学的机会。①

作为国语运动家,黎锦熙不但把国语的"说话"看做国语读、写、作的基础,而且试图在各个学科教学的过程中积极推行"说话"教学,以此在课堂及校内营造一个说标准国语的小环境,并通过学校进而影响社会,他倡议:

彻底的办法,就是另造一个学校说话的环境:各科各级的教员和学生,无论授课或谈话,都一律用纯粹的标准语。那么,话法教学自能与读法乃至其他各科贯彻一致,和在标准语的地方一样了——学校的力量,原是可以转移社会的;这样的学校一天一天的加多,而交通又一天一天的发达,那地方自然会流行这种标准语。等到社会上需要了,学校说话的环境也就自然扩张起来了,话法教学也就和各方面都能贯彻一致了。②

黎锦熙主张标准口语的具体教学方法,其要点如下:

(一)和语体文要先分后合。就是国民学校一年级起手的时候,单从耳口教学。文字在另外的时间教。到了以后,年级渐高,文字学得渐多,才可以互相沟通。但是还是分开时间教标准口语的好;不过可以利用文字去记口语罢了。这种办法实在不但在教学法上最为适当,并且也可以免教员徒然的吃苦。因为"文字的国语"和"口语的国语"不是现在的小学教员个个人所能兼教的。在高小和以上的学校,虽是学生在文字上功夫已经用得较多了,还是入手先用耳口训练的好。每次耳口训练已经学到的材料,才可以拿文字来做一种帮助记忆温习的补助品。(二)口语的教学,要先使学生多听,再使多说。天然的次序是先用耳,后用口。没有听熟的东西,断不能说得对。(三)不要教单独的字,而要教完全句子;并且还要使句子串成篇段而教。这样,所教的才是有头有尾的活语言,不是肢解的死语言。(四)少用学生已经会说的方言来翻译,那么,才可以使所学的语言得到充分的练习。③

这种教学国语口语的方法先通过耳,再用口,以听促说,不说单独的字,而是以句带字、串成篇段教学,以标准国语口语为主,杜绝运用方言。黎锦熙

①②③ 黎锦熙:《国语科"话法"教学的新案》,《教育杂志》第14卷第4号,1922年。

的标准口语教学法体现出对传统教学“字本位”的挑战和纠偏，“字本位”的传统教学模式是一种精英取向的书面语教学，事实上，我国传统的语文教育一直是在书面语的范围内展开，是一种“字本位”的语文教育。从“字本位”到“话本位”的转变潜隐着语文教学观念的巨大变革，也为未来塑造会说“国语”的“新国民”奠定了语言基础。

黎锦熙之所以如此强调话法教学的重要性，主要是因为：“标准国语：说话教学，从前殊不重视，自民九改小学国文科为国语科之后……语体文通行，在学习之正当过程上，不复能持以眼看、手写，必须兼作口说、耳听之训练，故说话一项，实已为本国语文教学之中心。”①在这里，黎锦熙直指我国语文教育向来不太重视听、说的弊病，并且将听、说教学摆在了相当重要的位置。这既顺应了当时语文教育改革的潮流也解决了当时语文教学实际的需要。黎锦熙研究读法教学和话法教学，都是为了适应提倡白话文，推广国语运动，为以后在全民范围推广普通话打下了基础。

随着口语教学地位的逐步上升，人们开始注意对口语教学方法进行有益的系统的探究。1922 年，张士一的《小学“国语话”教学法》由中华书局出版，该书分别就国语教学的目的、标准、国语话教学的编制、口语的性质、口语教学的基本原理、国语话的教材等作了较为全面深入的探讨。此外，1924 年，黎锦熙著《新著国语教学法》由商务印书馆出版，该书第五章专门论述了标准语与话法，提出通过教学达到能读、能听、能说、能作、能写等五项具体目标。此后，吴研因、舒新城著《小学国语教学法概要》(1925)和周明三、冯顺伯著《中学国语教学法》(1926)两书由商务印书馆出版，进一步推动了口语教学的研究和施行。

教育部颁布的国语课程纲要也凸显了口语教学的重要地位。早在 1923 年，由语文教育家吴研因起草的《新学制课程标准纲要小学国语课程纲要》中，明确规定了小学五年各个年度的口语练习程序——第一学年演讲语练习，简单会话，童话讲演。第二学年注重会话和童话演讲。第三学年童话，史话，小说等的演讲。第四学年增加普通的演说。第五学年增加辩论会的设计，练习。② 口语教学通过这种循序渐进的系统训练，相信一定会收到传统语文教学所难以达到的效果，而且以纲要的形式写进课程标准也无疑引领着国语口语教学向健康的方向发展。更何况还规定了小学毕业最低限度的口

① 黎锦熙：《国语科“话法”教学的新案》，《黎锦熙语文教育论著选》，人民教育出版社，1996 年版，第 102 页。

② 课程教材研究所：《20 世纪中国中小学课程标准教学大纲汇编·语文卷》，人民教育出版社 1999 年版，第 13—14 页。

语标准:“初级能听国语的故事演讲,能用国语作简单的谈话。高级能听国语的通俗演讲,能用国语演讲。”①

1929年,教育部颁布中小学课程《暂行标准》,有别于1923年吴研因起草的课程纲要,这是我国以教育部名义颁行的、具有教育法规性质的第一套课程标准。这套课程标准吸收和借鉴了1923年课程标准的体系与精神,把语言和语言能力置于国语科的重要地位,同时也体现了新的特色和新的突破。进一步明确并提升了口语的地位,在国语的五大教学目标中有两条涉及口语和口语教学,“练习运用本国的标准语,以为表情达意的目的,以期全国语言相通”,“运用平易的口语和语体文,以传达思想,表现感情,而使别人了解”。前者强调了口语教学与标准语之间的内在关联,练习口语不仅是个人表情达意的需要,也是建立全民共同语的要求使然,这就把口语教学提升到民族共同语的高度,也是之前的语文教育家强调不够的地方。后一目标把口语和语体文并列,意在强调言文合一的表达方式,也正是新文学运动极力推进的文学语言目标,这种把国语口语教学与新文学运动关联起来思考的方式无疑促进了双双的互动。更为重要的是,该课程标准规定了“说话”的“作业类别”——“日常的——日常的耳听口说和耳听兼口说的练习”;“临时的——特定时间练习,如故事会演说竞进会和辩论会等。”很明显,把口语练习放到了课内和课外两种情境中,这无疑拓展了口语的训练空间、加重了口语训练的强度。更为可贵的是,该课程标准严格要求教授口语课的老师的语言标准:“要全国语言相通,所以这一项作业,专教学标准语,仿佛和教学外国语一般,应聘确能操标准语的人为教员,日常教授。倘在方言就是标准语的地方,或在每个教员于授课时都能用标准语的学校,则此项作业,可以一年为限。因师资缺乏而不能确教标准语时,此项作业,可暂从缺。但在可能范围内,应充分用和标准语相近的语言,做各科教授用语。”②教授口语要么遵循严格的标准国语,要么坚持宁缺毋滥的教授原则。该课程标准较之1923年的课程纲要制定了更为详尽的口语教学方法:

(1) 学习的程序要先用耳多听,后用口多说。

(2) 语料,初学开始,就要用完整的语句,后乃用成段的话。有定式的演进语料,每套要有一个题目;每句要单说动作的一步;但不要太繁琐,要从一个主位说起。

---

① 课程教材研究所:《二十世纪中国中小学课程标准教学大纲汇编:语文卷》,人民教育出版社1999年版,第15页。

② 同上书,第16页。

(3) 语料要用自然的口语。(不要拘泥于文字的斟酌而受文字的束缚。)并且要注意儿童语和成人语的不同。

(4) 说话要生动而有情景;教学和动作,要结合表现;已经讲过的故事,要使儿童表演。在实际的动境中练习,可以增进学生的努力。

(5) 凡容易错误的话,要格外说得清楚,听得多,练习得多;意义不明显的话,可用实物、图型、动作、说明、翻译等表示意义。①

该课程标准另一个明显的特色是规定了口述作文和笔述作文的两种形式,提出"口述和笔述并重",要求"口述的用语,以近乎标准的语言为原则。"主张"口述"和"笔述"相互联络,"同一题材,先演讲(口述),继以记述(笔述),再继以讨论(研究);或先演讲,继以记述;或先记述,继以讨论。"②这种以说促写的教学原则与国语运动家黎锦熙倡导的极为相合,以此原则进行训练,不但学生国语的口语能够及早形成,言文一致的文学目标也能够容易达到。

1932 年,小学课程标准又进行了修订。关于国语"说话"的其他要求与 1929 年的课程标准相仿,只是对于课堂说话的语言材料的要求较之以前更为具体。在"说话"的"教学要点"中要求:"教师应预编案例,作为语言材料。语料分三种如下:(甲)有组织的演讲语料,每套要有一个题目;每句要单说动作的一步,但不可以太繁琐,要从一个主位说起,并且要容易看容易做;每套的句子不可太多。(乙)会话的语料,要集中于一件有趣味的事情上,而且有一个有趣味的题目。(丙)故事的语料,要含有儿童文学趣味,而不违反党义。"③教师有了事先预编的"说话语料"改变了之前"说话"教学空无依傍的随意性弊病。

教育部的课程标准不断修订,直到 1948 年还未停止。即便从小学课程标准国语的口语教学目标而言,也可看到对于学生口语的要求不断提高。1932 年要求"指导儿童练习运用国语,养成其正确的听力和发表力"④,1948 年要求"指导儿童熟练标准国语,有发音正确、语调和谐流利的能力"⑤。从 1932 年的"正确运用"到 1948 年的"熟练标准""和谐流利"不但可以感受到口

① 课程教材研究所:《二十世纪中国中小学课程标准教学大纲汇编:语文卷》,人民教育出版社 1999 年版,第 18—19 页。

② 同上书,第 20 页。

③ 同上书,第 28 页。

④ 同上书,第 22 页。

⑤ 同上书,第 59 页。

语教学目标标准的提升，也可从另一视角透视出儿童运用标准国语进行口语表达和口语交际能力的不断提高。

既然教育部的国语课程标准和大纲对于国语口语教学有了明确规定，那么具体到小学国语教学的课堂实践中是如何贯彻大纲要求的呢？

二、课堂实践重视口语教学

课堂实践如何重视口语教学，我们可以通过当时小学国语口语教学的具体课案加以分析和观照。下面是江苏浦县立第二小学校二年级国语科教学过程课案实例，为详尽地展示当时的口语教学过程和各个教学环节，照录课案如下：

教材

卖布

卖布的人，走进一条小巷，嘴里唱道："布啊！布啊！真正好；价钱很公道；花样很新巧；要买要趁早，再等一会没有了。"唱了几遍，就有许多人去买他的布。

目的　教师目的使儿童欣赏卖布人的歌词，引起儿童的美德。

儿童目的　明白卖布人招徕主顾的方法，并且认识本文各字。

动机　把这课教材选定后，预先教室里头，把棉花挂图，和织布工具的挂图，张挂在壁上，再把各种布疋，和对于这教材有关系的事物，都陈列起来；到了这天的早晨，儿童到了学校，走进教室，看见教室里新换了许多图画……就有许多儿童问道，这幅图上画的是叫什么？这种东西是有什么用处？这种布是什么原料织成功的？这件衣服是用什么布来做的？要我讲给他听，我就简略的讲明，儿童的脑筋中，布的大概情形已知道了；我趁此机会，向儿童道：你们问的，都是关于布的一项，我现在再有一幅卖布图，你们要看吗？儿童都说要看要看，于是我把预先画好的一幅卖布图(图上画的是本教材内容的情形)揭示出来，引起儿童求知的兴趣；儿童看了这幅图后，因为都没有明白，要求我加以详细的说明。

欣赏

(一) 故事演讲

王和生的家里，是住在一条巷里的，有一天，和生起得很早，母亲替他换了新衣服，跟着他的姊姊月琴到学校里去读书。走出门口，看见外面有一个人，肩上掮了一包东西，走到这条巷里来，他的嘴里，还在呼喊，喊的什么，也听不清楚，和生见了后，自己就立定，再把他姊姊拖住，叫他不要走出去。当时月琴很奇怪,不知道为什么缘故,就问和生:"你为什么叫我不要走出去呢?"和生说道:"姊姊!你看见吗?走进来的人,他肩上掮了一包东西,嘴里又在呼唤,一定是遗失了包裹里的东西,所以呼喊,希望拾得的人去还他。我们现在走出去,不要被他算为拾他东西的人罢?我们不出去,免去他来和我们交涉了。"月琴听了这些话,肚子里在暗笑,就和和生讲明:"这些人并非因为失掉了东西才呼喊,他是要把肩上掮的布,叫人去卖,恐怕人家不晓得,所以要喊。"和生听后,再没有十分明白,他又问道:"布是要到店里去买的,像我身上做新衣服的布,在上星期母亲同我到街上一家布店里买的。什么叫卖布人呢?"月琴说道:"你做衣服的布,确是店铺里买的。要知道卖布人处所有的布,不及布店里多,花色也少,母亲到店铺里去买,就是要有拣选的缘故,若是人家没有人到街上去买,就可以在这种人处买了。你细细的听他喊,就可以明白了。"和生于是静静的听着,才知道他果真是一个卖布人。

我讲这椿故事,看儿童都听得很有兴味,但是要使他把这种观念,转移到预定的教材上去,于是复向儿童问道:"你们听了这故事后,知道这卖布人嘴里喊的是什么呢?"大家都说没有知道,要求我再详细的讲给他听。

(二) 文字诵习

我把这卖布人唱的歌词,反复唱他听后,儿童都跟着我唱了,等到会唱后,我又要令儿童的观念,转移到文字上去,使他认识文字,所以我向儿童说:"这个歌词,你们都会唱了吗?"大家都说:"会唱了。"我问:"你们要他永远不忘记,是怎样才可以?"于是儿童自然会想到文字上去了,有的儿童,要求我把卖布人唱的歌词写出来,我就把预先写好的一张大纸课文,揭示出来,指着课文领读,再把唱的意思讲给他听。

(三) 体味

(一) 补充想象

我发问如下:"卖布人怎样要到小巷里去卖?……卖布人嘴里为什么要喊?……许多人怎样去买?……"

(二) 表情吟咏

把这课教材,指名叫儿童用自然的声调吟咏唱着。唱的时候,把卖布人唱的态度,也表演出来。

建造

(一) 目的 决定把王和生和月琴到学校时的事情,表演出来。

(二) 设计 我说:"现在我们可要把这故事表演出来?"儿童听了,

大家很高兴，都说很好，于是乘此动机，就和儿童讨论表演的方法，结果把这个故事，分为二幕表演：

(1) 王和生起身后，母亲替他换新衣服的情形。——人物(王和生母亲)

(2) 王和生和月琴姊姊走出门口，看见卖布人后的情形。——人物(王和生卖布人月琴)

(三) 实行 儿童分别担任表演，我立在旁边帮助指导，把故事中情形，完全表演出来。

(四) 判断 在表演的时候，不登场的儿童在旁边看，有不能形容到淋漓尽致的地方，就提出来互相讨论，加以改正。

练习

(一) 目的 把本教材的文字，反复练习。

(二) 设计 儿童表演过后，那课课文，一定吟唱得很熟了；但是儿童往往单会在一句中念，拆开了字就不认识，所以要使他练习，怎样的练习法，也是和儿童共同讨论出来才定。

(三) 实行 和儿童讨论后，大家喜欢把课文依次轮读轮讲，共同校正误处，就照这样实行，我看儿童都很留意观听，再令儿童把教材中文字，分析讲解，和抄写课文。

(四) 判断 就儿童实行的结果，共同批评。

联络事项

于教学经过之时，因机将本课教材随时与他科联络，联络的材料，为下列各项：

公民科

把卖布人嘴里唱的是不是诚实的话讲起，使儿童知道谎语的害处，养成他们诚实的习惯。

卫生科

把衣服能保护身体的道理，讲给儿童听，指导他着衣服只求清洁朴实是了。

社会科

把棉花在唐朝时，从印度传入中国后，到元朝时黄道婆发明做布的方法，讲给儿童听。

自然科

把棉花宜种于干燥地方的缘由，和做布的经过情形，讲给儿童知道。

地理科

把布的原料，如棉、麻、葛，产出的地方，和棉布、麻布、葛布，销路最大的地方讲他听。

算术科

把布价和布的长短，练习计算。

音乐科　卖布歌。

体操科　卖布科的表情操。

美术科　布，衣服。

工艺科　衣服摺纸工。①

通过以上照录的课案，我们可以具体探析该节课所贯穿的国语口语教学的基本理路。就课案而言，一改传统识字教学的单调和枯燥，课文内容侧重引导学生于日常生活"卖布"中发现问题，这也是当时盛极一时的"生活即教育"的主导教育理念的产物。在引入口语新课时，教师让学生欣赏卖布人的叫卖声，叫卖词可谓是易于儿童记忆和理解的朗朗上口的通俗浅易歌谣："布啊！布啊！真正好；价钱很公道；花样很新巧；要买要趁早，再等一会没有了。"在引起学生的兴趣之后，采用故事演述、文字诵习、补充想象、故事表演、反复练习、共同讨论等多个教学环节，引导学生进行口语表达和口语交流。最为系统和深入的是：国语口语一科教学完毕之后，继续与其他学科的联络教学，把公民科、卫生科、社会科、自然科、地理科、算术科、音乐科、体操科、美术科、工艺科等十个学科以有关"卖布"的话题相互联络，几乎涵盖了小学的各个科目。把国语教学渗透到其他多个学科中，以多学科立体的方式全方位完成国语口语的系统训练。

这种多学科相互协助、互为渗透的教学方法也是国语运动家黎锦熙积极倡导的国语教学法的新潮："随时随地利用儿童生活中的种种事实，连结他们的种种经验和环境，作一种普遍而流动的教材；按着他们身心发展的过程（大约可比照人类学中初民进化的过程），施一种辅导自动、共同创作的教学法。不但读法、话法、写法、作法要打成一片，就是国语和其他科目也要打成一片。"②请看下面的课案：

举一个"设计教学法的"实例来证明：一个学生捉了一只麻雀。……

① 秦书秋：《青浦县立第二小学校国语科教学过程举例》，载《江苏第二师范区小学教育研究会年刊》，1924年5月。

② 黎锦熙：《〈国语教材和教学法的新潮〉（设计教学法举例）》，收入《新著国语教学法》，商务印书馆1924年，又见《黎锦熙论语文教育》，人民教育出版社1996年，第49—50页。

偶发事实

师问:“怎样的处置呢?”

讨论的结果,“关在笼子里喂养着”。

“鸟笼子找不着,改用什么东西?”

“小竹篓子也可以的。”

师指导大家将这麻雀儿连同饲料“装入篓子”。…………教室工作

装好了,“搁在什么地方好?”

讨论,“挂在壁上好。”

挂好了,“人家不知道里边藏了雀儿又怎样?”

“还是要写个纸条儿贴在壁上。”

师提议:“这纸条儿怎样写法?”……[国语]

学生们口里都拟了几句话。……[语法]

共同批评论讨了一回,最后由师选择了一句最好的:“这篓子里有麻雀,请大家不要动手!”

作法一(先口说)“写起来罢!”先叫学生写在黑板上。有不晓得写的生字,就单写注音,由师正误;再由师斟酌提示几个生字出来。

作法二(次手写)就此教学这几个生字的发音、注音、字义、笔顺等(生字提示要少:难写的先用注音字母表示,夹在语句中间也不妨。)和语词实质上、语句形式上等等应有的教学。………读法

大家读一读。读完了,各用纸条儿正式写来。………(习字)书法

拣着最好的正式“揭示”。这天的功课,下午,可以讲一讲麻雀的生活……自然科

还可以做一做“鹰捕雀”的游戏。……体育科

到了第二日,麻雀死了。师问:“怎么会死的呢?”

大家讨论这个原因,师为浅说:“生物要在空气中生存”的道理,……自然科

师提议:“这死麻雀应该怎样处置呢?”

有的主张“扔在院子里;”

有的主张“给猫吃;”

有的主张“埋在土里”。

师讨论——自己加入讨论:“扔在院子里,腐烂了,有种种害处。”……(卫生)社会科

“他在篓子里闭死了,很可怜的;应该埋了他。”……(仁爱)社会科

先替他做一个棺材:棺材的料子用厚纸,分组工作……教室工作

(甲组)计算要多长？多宽？多高？……算术科
(乙组)绘出一个图样。(或省此项)(图画)艺术科
(丙组)切纸，糊接。(手工)艺术科
下午的功课，大家到学校园里去埋雀。……校园工作
师问："大家看，什么地方好？"
"这里要种植；"
"那边是水道；"
"大路旁边有碍交通。"
结果，找着土山坡里一个幽僻的所在。……
……(地理常识)｛自然科 / 社会科｝
"大家来掘一个坑罢！"
这坑多深？多长？多宽？……算术科
量好，记上。
埋好了，这坟堆子多高？怎样量法？
它的周围多长？怎样量法？
连高带深几何尺？怎么算法？
算完了，收拾工具；大家在这"雀墓"旁，随意演说追悼。
……(礼仪)社会科
并可同唱一个熟歌，当作安慰死雀的祈祷歌。
……(唱歌)音乐科
第三日，师提议，"雀坟没有标帜，恐怕不能长久的存在"。
讨论的结果，立碑。
先制"碑文"…………国语(作法、读法)
次用木板造碑…………算术科、艺术科
次书写…………国语、习字
次竖碑及碑的附属品…………校园工作①

这种在课外的日常生活中随时采取国语话法教学的思路大大扩展了学生国语训练的途径，国语的听、说、作法、书法、演讲等全部涵盖。这样的课程实质上是在教师的指导下，积极发挥学生的主体性，师生互动的联合中共同完成的，对于当下的语文教学也有其借鉴意义。难怪在文章的最后，黎锦熙

① 《黎锦熙论语文教育》，人民教育出版社 1996 年版，第 51—52 页。

充满自信地宣称:“取这样的教材,照这样的教学,可以使儿童的经验一天一天地深入而扩张;他们的环境,把经验做基础,也就一天一天地新鲜而恢廓。他们的精神、思想,声音(语言)、符号(文字)自由自动地在里边运用着,受了教师的辅导,经过共同的整饰,便成了他们的‘文学’。这就是‘读本’;这就是‘国语科’。——此为上品。”①

应该说,黎锦熙在二十年代初所设计的小学国语教学的课案及教学方法开启了此后国语话法语料教学的先河,他的多学科相互渗透的教学原则也被以后的课程标准所吸纳。这也可视为国语运动与国语教学相互协调、互动发展的一个案例。

在课堂口语的运用上,黎锦熙主张应该根据汉语方言分区,采取“因地制宜”的话法教学法。但教授还必须依据国语标准“字音,固然都要依照国音”,“字音的四声和说话的词调语调都要脱离方言的习惯,而完全摹仿这种标准的地方语,才能免于‘南腔北调’之讥”。②

当时的扬州中学通过口头作文训练学生国语说话能力的课堂教学也值得一提。扬州第八中学言语练习的方式有两种。其一是“辩论”,即甲乙双方针对同一个题目依次发言,有攻击,有防御。其二是“演说”,即仅由一个人就某一题目登台演讲,其余学生旁听。在八中的国文教师,有采用“辩论”的,有采用“演说”的,也有两种方式都采用的。此外,也还有不拘形式“讨论”式的口头作文。上述方式有两点需要注意:一是不谋求少数人的进步,而是面向全体学生;二是不在于专门培养诙诡之辩才,而在于为学生提供学习、增进知识的机会。所以,每次口头作文都指定必须发言人,即便此次未被指定,在开会三次内,至少也要发言一次。而每次发言,教师要根据学生的能力略加以指导;遇到时局要闻,就用命题的方式研究之。实行之后,因为次数不多,效果尚不太明显。但是,每届学校举行纪念活动,都有很多学生上台演说,虽不是十分精彩,但演说条理还清楚,虽国语不太纯正,但地方音已不明显。③

三、国语教材采用“对话”素材

当时小学国语教材的编撰也体现了对于口语教学的重视。陈鹤琴、盛振声参照《小学国语暂行课程标准》,根据儿童心理和儿童生活合编了初级《儿

---

① 《黎锦熙论语文教育》,人民教育出版社1996年版,第53页。

② 同上,第100—101页。

③ 张震南:《中学国文述教“札记篇”》,参见潘新和:《中国现代写作教育史》,福建人民出版社1997年版,第112页。

童国语课本》，1934 年由上海儿童书局出版。该套教材文字表达全用标准口语，为了有利于发展儿童的口语表达能力，不以单字或单词起首，开始第一课就是成句的话，以便与儿童原有的说话能力相适应。一册书由头至尾说的是一个连贯的故事，且用儿童的口吻叙述，饶有趣味，编者注意到了故事在少儿口语训练过程中的重要意义和价值。本套教材共八册，供小学 1—4 年级使用。课文编撰突出了对话，采用图文并茂的方式编写，该书的"编辑大意"云："本书编辑从头到尾以儿童本身为本位，继续不断地演成一个大单元，每个单元之后都有几个练习题，借以引起兴趣，练习字句。"如第一册第二课《拍球》：

妹妹："爸爸回来了！爸爸回来了！"
爸爸："我手里，有个小皮球，你们拿去玩。"
哥哥："妹妹！你先拍。"
妹妹："哥哥！我不会拍。"
哥哥："好！我来拍拍看。一，二，三，四，五，一，二，三，四，五。"
妹妹："小猫来抢球了！小猫来抢球了！哥哥，当心！哥哥，当心！"
哥哥："小狗快来！小狗快来！快来追小猫。"①

为配合口语训练，课文后特意设计口语练习题。陈鹤琴编著的分部互用儿童教科书《儿童中部国语》初级小学适用（第 8 册）收入了胡适的诗歌《上山》《乐观》，课后的练习：大树的故事要求：把《乐观》一诗改成故事！"(1)说大树怎样生长在路上，(2)说大树怎样被人砍倒，(3)说大树的种子，怎样生长起来，(4)说其他的话。"②

1932 年和 1934 年，中华书局先后出版了由叶圣陶编写的供小学初级、小学高级学生用的《开明国语课本》，这套教材立足儿童和日常生活需要，用词造句力求可作为儿童说话作文的模范。尤其值得一提的是，全套教材的文字由叶圣陶撰写，图画则由丰子恺绘制，可谓图文并茂，更体现了以儿童生活为中心的编撰理路。小学初级学生使用的《开明国语课本》的编辑要旨云："本书依据教育部最近颁布的小学国语课程标准编辑"，"本书以儿童生活为中心。取材从儿童周围开始，随着儿童生活的进展，逐渐拓张到广大的社会。与社会、自然、艺术等科企图作充分的联络"，"本书尽量容纳儿童文学及日常生活上需要的各种文体，词、句、语调力求与儿童切近，同时又和标准语相吻

① 参见《陈鹤琴全集》第 4 卷，江苏教育出版社 2008 年版，第 636 页。
② 《分部互用儿童教科书儿童中部国语初级小学适用》第 8 册，儿童书局 1934 年，第 10 页。

合，适合儿童诵读或吟咏”。该套书凸显了对话教学的重要性，生字教学放在完整语句的对话中加以解决，而非单调枯燥的单字认读和拼写。该书第一册第一课《先生早》就采用对话的形式——“先生！早！”“小朋友，早”。为了照顾到课与课之间的连续性，有时多篇课文之间是一个各自独立又相互联系的故事，比如第一册第21课到30课之间是一个关于小牛画图画的完整故事（21课《小牛画图》，22课《这个像皮球》，23课《这个像馒头》，24课《现在画得像了》，25课《那一张画得好》，26课《到小羊家里去》，27课《帮小羊烧茶》，28课《帮小羊煮饭》，29课《让我也来帮》，30课《请请请》），但每课之间又有机的联系着，课文照录如下：

21课　有一天，小羊到小牛家里去。小牛坐在地上画画。小牛说：“请坐！请坐！”

22课　小羊问：“你画什么？”小牛说：“我要画鸡蛋。”他画好了。小羊摇摇头，说：“不像，不像，这个像皮球。”

23课　小牛改了一下，问小羊说：“现在像鸡蛋吗？”小羊摇摇头，说：“不像，不像，这个像馒头。”

24课　小牛再改了一下，问小羊说：“现在像鸡蛋吗？”小羊说：“现在画得像了。”小牛很高兴。

25课　小牛又画了六张图，三张花，三张树。他叫小羊看，那一张画得好？那一张画得不好？

26课　过了几天，小牛没有事，到小羊家里去。走进门，看见小猫、小狗、小马都在小羊家里。

27课　小牛问：“你们开什么会？”小猫说：“我们不开会，我们帮小羊烧茶，烧好茶，大家喝。”

28课　小牛又问：“烧了茶，你们再做什么事？”小狗说：“我们帮小羊煮饭，煮好饭，大家吃。”

29课　小牛听了很高兴，他说：“让我也来帮。”小马说：“欢迎！欢迎！茶烧好，你也喝，饭煮好，你也吃。”

30课　小猫、小狗、小马、小牛、小羊都坐下来，先喝茶，后吃饭，他们脸上笑嘻嘻。大家说：“请！请！请！”①

---

① 叶圣陶编、丰子恺绘小学初级用《开明国语课本》（该书最早1936年出版），开明出版社25—35页。

课文编排凸显了口语和对话，为便于小学生接受，每一篇课文相对短小自成一体，各个片段连接起来又是一个完整的童话故事，生字和重点句子的重复都有利于学生的认知和演练。

相比较而言，传统的国文教科书则远离口语，如(清)戴克敦等编纂，高凤谦、张元济校订，商务印书馆民国元年至二年订正版《女子国文教科书(初小)》第四册第二十四课《父母之恩》云："饥不能自食，寒不能自衣，父母乳哺之、怀抱之。有疾，则为延医诊治。及年稍长，又使入学。其劳苦如此，为子女者，岂可忘其恩乎?"①这是1912年编撰的小学国文教材，从所选内容来看，还带有报父母之恩的训教色彩。语言上，文言化句式明显，未脱尽"之""乎""者"的语气。

即使到了1921年，国民小学改国文为国语的部令实行之后，一些教材的编撰尽管照顾到白话口语的对话问题，但书面语的特色仍旧十分明显。如任熔等编辑，中华书局1921年版《新教育教科书国文读本(高小)》第一册第四课《广益子的笔记——燕和竹的谈话》：

> 我的书房外面，有几竿竹；读书疲倦了，常走出去散散步。有一天，正在散步的时候，忽然听得竹枝上有呢喃的声音；抬头一看，见—只燕子站在竹枝上，仿佛笑着和竹说："竹兄，你夏天不能避太阳.冬天不能避霜雪。试看我秋凉就去，春暖就来，按着时令，换栖息的地方，何等自由自在呢?"
>
> 竹好像也回答道："我有忍耐的性质，所以不避极热的太阳，和极冷的霜雪；并且当草木凋零的时候，我仍旧是枝叶扶疏，和那松柏一样茂盛。燕兄，你看我何等自由自在呢?"
>
> 我听了这些话，心中想了一会儿，说道："有理！有理！燕有燕的习性，竹有竹的特质，他们都是能够适应环境的。"便将他们问答的话，用笔记了下来。②

这篇课文采用童话体式，用燕和竹的谈话探讨各自的生活习性，但课文语言与学生的实际日常生活存在不小的距离，比如"不避极热""草木凋零""枝叶扶疏"都是日常会话少用的语言词汇。但比起民国元年的文言国文教材则是一个天翻地覆的飞跃。因为当时的新文学刚刚起步，国语教材的编撰

---

① 闫苹、张雯主编：《民国时期小学语文课文选粹》，语文出版社2009年，第2页。

② 同上书，第4页。

者在新文学的时代风气中能够运用白话语体编撰已属难能可贵。即便是当时国语推进者专门编撰的国语会话教程也难免掺杂一些文言腔调：

> 甲问乙："承问！承问！托庇平安！我昨儿晚上才到，今天特来看望您！近来好哇？事情忙不忙？"乙说："唉！我的正课，本来不忙！但是新进同着几位朋友组织一所国语讲习会，倒要我每日出席呀！"甲说："我说的话，会漂亮吗？真是谬奖啊！我这几年东跑西颠的，不过有些南腔北调罢了！假使真能够讲话，仅仅沾得国语学上一小部分！想要研究正确的语音和精密的语法，还待诸位先生着实的指教呢！"①

这段对话除"承问""托庇平安""新进""谬奖""诸位"等词语外，大都还比较贴近日常的口语。

传统的国文教学大都是经典的逐字讲解和记诵，以老师的讲解为主，而现代的国语教学则是师生互动的对话，再加上当时的有些国语会话课没有事先预备的会话语料，以致有些国语课上得较为随意，有人针对国语课专门写了一篇文章，从中可以看到当时上国语课的情景，照录如下：

> 国语课
>
> 汪先生身体还没有坐定，书都没有放好，面前的学生，已如蜂蚁样的围了一堆。只听得"唱国语歌唱国语歌"的声浪，直振到他的耳膜内。他是一个无可无不可的先生，看见学生们欢喜唱国语歌，就依了他们。不多一时，那"中华呀中华呀"的歌声，就振耳的自国语课室内传出来了。
>
> 唱了一会，大家都觉得乏味了，不约而同的说道："这课是国语，不是唱歌，我们还是学国语要紧。"所以大家就念起注音字母……念了一会，又觉得无趣了，大家又发起了什么国语演说，汪先生就选了几个国语稍好一些的，做了演说员。……但讲的笑话，大都他们已是听过，所以觉得又乏味了，可是再想不出别的好玩意，大家就在座上调笑打趣了。汪先生……就止了他们调笑打趣，教他们听国语留声机，大家就拍手欢呼赞成，可是片子方装上，散课铃已是响了。②

当然，这种上课情景是一种极端的例子，也许正是当时人们对于国语课

---

① 齐铁恨：《国语会话》，商务印书作 1937 年版，第 1—3 页。

② 童心园：《国语课》，《最小》第 1 卷第 28 期，1923 年。

的不满和非议，教育界相关人士才会不断探索国语教法问题，尤其对于国语会话课进行了详尽的探讨。曾有一篇文章专门指导儿童如何说话，对于教学过程的各个环节如引起动机、示范说话、模范练习、反复练习、个别发表或分组比赛、相互矫正、表演能表演的教材等都做了系统的规定，对于教学方法也提出了可以遵循的规则：

(1) 要充分使儿童在无形中同化
(2) 组织演说会分组比赛
(3) 常常鼓励儿童发表
(4) 多使儿童练习会话(对话)或演说
(5) 说话很多的儿童，要他注意语言思考组织姿态
(6) 教学国语不用土话来翻译
(7) 说话教材要多从儿童生活中去找
(8) 说话教法要多变化
(9) 矫正儿童说话时，要引起儿童的充分注意
(10) 说话和作文要打成一片
(11) 要特别设法指导不说话的儿童
(12) 读写，作说，都要打成一片①

即便是当时的国语刊物，所登文章也照顾到了儿童的阅读水平和口语训练。当时的国语运动家的确看到了通过儿童的教育场域以扩大国语运动的成果，他们深知儿童这一广大的语言市场："小学校是现在宣传国语最得力的机关；小学生又都是快要使用国语的青年。国语的读本虽然渐渐的通行，但是还不能补救儿童界的饥荒。而一般旧的儿童读物，有的未脱旧小说习惯，有的又浸染西文的气味，都可以使儿童难于十分了解。可见'国语化的儿童读物'确是国语中的紧要分子。"②正是鉴于此，《国语月刊》特意刊载有关儿童的读物，乃至儿童自己创作的作品。一方面使提高儿童的文学欣赏水平，文章一概注音，又一方面作为儿童练习国音的读本。《国语月刊》登载的文章非常广泛，有儿童文学，有通俗文艺，有民间文学，有新文艺，在书写格式上，有的注音，有的单用字母，是一个"不分你我联合的研究国语的出版物"，之所以这样是为了满足不同阶层的阅读需求，以扩大国语运动的成果，即是胡适

① 《怎样去指导儿童说话?》，《小学教育》1925年。
② 《发刊词》，《国语月刊》第1卷第1期，1922年2月。

理想的“国语运动的联合”。这种联合在《国语月刊》上极为鲜明地呈现出来。童话剧对于推行国语更为直接和便利，《国语月刊》也刊载了这样的文体。黎锦晖的《麻雀和小孩》全剧分为六节，每节很短，登场人物不多，情节也极为简单，讲到老麻雀教育小麻雀飞翔的故事，语言模仿儿童的口语，用词简洁，押韵，便于朗读和传唱：

老雀唱……要上去就要把头抬。要转弯尾巴摆一摆。要下来斜着飞下来。照这样子飞到这里来。

……你不要慌，你不要忙。飞了上去，要提防。老鹰老鹞很可怕，坏心肠，那你要提防！也有那，猫大王；还有那，蛇大娘；他们都能够扒上墙；他们都能够扒进房：你要时时刻刻放在心头上！①

毕竟是成人的创作，行文中不时露出超出儿童欣赏能力的语汇。比如，老雀看到小雀被抓的悲伤诉说就有点文言的色彩：“渺渺茫茫，路远山遥，何处寻找？静悄悄剩着空巢，时光不早，好不心焦！”

《国语月刊》第一卷三期选《一封安慰的书信》，正文下面附有一简短说明：“这一篇文章，是小学高年级一种绝妙的国语教材，简直可以作正式读本去教学；就是一般的国语讲习所，也可以拿这篇来练习会话，不仅字音，声调，语调，可以千变万化；而且趣味深长，百读不厌。”这是一篇什么样的文章，竟能作为绝妙的国语教材？文章讲述了欧战期间，某一个文学家心血来潮当了一位战士，接到命令要前去杀敌，忽然有些后悔，就怀念自己温馨的家庭，向家乡的朋友诉说忧伤，不久，接到了家乡好友的一封来信，来信照录如下：

你何必发愁呢！

或者要调你往前敌去；或者不调你往前敌去；这两者之中，必有一样。

若是不调你去，那又何必发愁呢？就算是要调你去，或者教你上阵打仗；或者不教你上阵打仗：这两者之中，必有一样。

若是不教你上阵打仗，那又何必发愁呢？就算是教你上阵打仗，或者有危险；或者没有危险：这两者之中，必有一样。

若是没有危险，那又何必发愁呢？就算是有危险，或者受伤；或者不受伤：这两者之中，必有一样。

---

① 《国语月刊》第1卷2期，1922年3月。

若是不受伤，那又何必发愁呢？就算受伤，或者受了重伤；或者只受了轻伤：这两者之中，必有一样。

若是受了轻伤，那又何必发愁呢？就算受了重伤，或者保不住命；或者还可以医好：这两者之中，必有一样。

若是可以医好，那又何必发愁呢？就算是保不住性命，那么，你也不用发愁了！①

这篇视为儿童文学并被推举为绝妙的国语文章，首先是文章的口语化，有许多句式几乎相同，同样的语句反复出现在文章和书信中，构成一种复沓叠加、循环往复的艺术效果，便于儿童从文章中练习口语。同时，书信写得活泼有趣，也容易激起儿童的阅读趣味，比起之前单调乏味的教训文字，显然轻松诙谐，朗朗上口。与其说是文章的体裁属于儿童文学，还不如说是书信本身的流畅活泼、明白有趣的口语赢得了编者的看重罢了。

重视口语的训练是国语运动和现代白话文运动共同追求的目标，国语运动强调国语统一，白话文运动强调言文一致。二者相互关联又各有侧重，张士一指出：

语言统一和言文一致，有什么分别？有什么关系？先说分别，那么言语统一问题，发生在全国各处的人，不能完全互相懂得口说耳听的语言。言文一致问题发生，在手写眼看的文字，因为不是直接记出口说耳听的语言。所以十分的难学。语言统一，是求有一种全国人都能说都能听的国语；言文一致，是求有一种可以直接记出国语的语体国文；两个问题所从而发生的困难不同，不能混起来的。

再说关系，那么第一，言文一致是要靠语言统一的；因为语体国文既经是照口说耳听的国语写的，那么自然先要有统一的国语，才可以有统一的语体国文。第二，语言统一有可以利用言文一致的地方，因为语体国文可以用做一种工具，帮我们去推行国语的。两个问题的关系，是天然不能截断的。②

国语运动强调国人口语的交流和统一，白话文运动强调言文一致，认为“文”是“言”的记录，正如胡适所云：“要有话说，方才说话”，“有什么话，说什

① 《一封安慰的书信》，《国语月刊》第1卷3期，1922年4月。

② 张士一：《国语统一问题》，初刊《教育潮》第1卷9期，1920年。又载《民国丛书第四编第50集》，《国语问题讨论集》，第1—2页。

么话;话怎么说,就怎么说","要说我自己的话,别说别人的话","是什么时代的人,说什么时代的话",[①]相当看重说话的重要性。从现代文化发展和"立人"的思想着眼,希望"沉默的大多数"民众发出真的声音,也必须仰仗日常的口语训练。鲁迅1927年2月在香港青年会的演讲中曾从另一个角度作了深刻的论述,"要说现代的,自己的话;用活着的白话,将自己的思想,感情直白地说出来",号召青年"先可以将中国变成一个有声的中国。大胆地说话,勇敢地进行,忘掉一切利害,推开了古人,将自己的真心的话发表出来","只有真的声音,才能感动中国的人和世界的人;必须有了真的声音,才能和世界的人同在世界上生活"[②]。

现代语文教育重视学生口语的训练,无论从课程标准、教材编制、课后练习的设计,还是口语教学方法的探讨及有关刊物的编辑,都为学生的口语训练提供了立体的文化场域和丰厚的教学资源。

① 胡适:《建设的革命文学论》,《新青年》第4卷第4号,1918年4月15日。
② 鲁迅:《无声的中国》,汉口《中央日报》副刊,1927年3月23日。

第六章　国语演讲竞赛与国语运动的普及

如果说学生的口语训练主要集中在课堂教学的话，那么，在课堂之外，由学校和社会组织的国语演讲比赛则进一步提升了学生的国语口语水平，有力地促进了国语运动的展开。

一、新文学家的演讲活动

演讲或演说可谓是近代以降的产物，“高僧大德讲说佛经，说书艺人表演故事”①并非现代意义上的演讲/演说，作为开启民智、传播文明的利器，演讲产生并持续活跃于中国近代以来的思想政治文化的舞台，政治豪杰、文化巨儒、思想大家无不对演讲趋之若鹜。因为演说的好处多多，秋瑾女士有言：“第一样好处是随便什么地方，都可随时演说。第二样好处：不要钱，听的人必多。第三样好处：人人都能听得懂，虽是不识字的妇女、小孩子，都可听的。第四样好处：只须三寸不烂的舌头，又不要兴师动众，捐什么钱。第五样好处：天下的事情，都可以晓得。”②秋瑾张扬演说的文章是针对当时中国在日本的留学生成立演说练习会所发的感慨，有感于国人看轻演说，出于开通民智的考量极力推举演说的力量。秋瑾力举演说的五大好处，其实概而言之，不过是方便、省钱、易懂而已。这也潜在地说明了演讲者的语言表达务必浅显通俗。

晚清白话报刊的兴起，也为演讲或演说提供了发表的空间③。白话报刊演说文，既然充当着启蒙利器与消闲小品的文化角色，为行使社会批判和文明批评的文化角色，其文体语言无疑呈现出口语化、通俗化、平易化的艺术特色。下面征引的是 1904 年北京白话报刊的白话演说：

---

① 陈平原先生认为“谈及在近代中国发挥巨大作用的‘演说’，不妨以‘古树新花’视之。说‘古树’，那是因为，高僧大德讲说佛经，说书艺人表演故事，确系古已有之。”见《有声的中国——“演说”与近现代中国文章变革》，《文学评论》2007 年第 3 期。

② 中华书局上海编辑所编辑《秋瑾集》，1960 年，第 4 页。

③ 参见胡全章：《被遮蔽的风景：清末民初北京白话报刊演说文》，《中国图书评论》2011 年第 8 期。

> 北京城的人　不论是什么报都叫做洋报　其实都是中国人做的……要知道报纸这样东西是国家照影的镜子　是民间照亮的灯笼　又能代众人说话的喉舌所以东西各国　都把他看得狠重　独我中国的风俗朝廷合百姓　隔成两截　隔在中间的是什么呢　就是大大小小的这许多官　官借着朝廷的势力　压制百姓　作福作威朝廷那里知道①

这段演说词现在看来也较为通俗易懂，除了个别书面字词，基本上符合日后新文学所倡导的言文一致的文学目标，面对一般识字不多的民众演说，更决定了其语言特色和文体特色。演讲和谈话都属于口语表达，但二者有别：

> 谈话和演讲的基本用意，在自我情意的表达；谈话和演讲的基本不同之处，在传达对象的不同：谈话的对象是很少数的相识朋友，演讲的对象，是大多数不相识的和很少数已相识的朋友。但两者是属于同一源流的，两者同属于情思表达的艺术。因此，我们说："演讲是谈话的扩大"，反过来，"谈话便是演讲的雏型"。②

1840年鸦片战争之后，面对中国步步沦亡的残酷现实，为了达到民族救亡的启蒙诉求，许多仁人志士开始自觉地利用演说这一有力的武器。于是，演说迅速勃兴，尤其是五四新文化运动爆发以后，更是掀起了一股演说热潮，全国各地成立了大量的演说社团。自从进入现代社会以来，演讲作为一种新型的传播媒介和交流形式受到人们的重视。只要翻看查阅近代以来逐渐兴起的有关演说学的论著③，就可感受到演说作为知识者一种新的语言技能在

---

① 《说中华报》，《京话日报》，1904年12月8日。

② 尹德华：《演讲术例话》，文化供应社1948年，第2页。

③ 童益临：《演说学讲义》，关东印书馆，光绪三十三年(1907)；冈野英太郎著，钟观浩译：《演说学》，广州文明书局，1923年；冈野英太郎著，钟观浩译：《演说学》，上海国光书局，1925年；汪励吾：《实验演说学》，上海人生书局，1928年；徐松石：《演讲学大要》，上海中华书局，1928年；杨炳乾：《演说学大纲》，上海商务印书馆，1928年；余楠秋：《演说学ABC》，上海ABC丛书社，1928年；郝理思特(R. D. T. Hollister)著，刘奇编译：《演说学》，商务印书馆，1930年；程湖湘：《演讲学》，商务印书馆，1933年；徐松石：《演讲学大要》("初中学生文库"本)，中华书局，1935年；韩蠡：《演讲术》，上海大公报代办部，1937年；任毕明：《演讲雄辩谈话术》，文化供应社，1942年；余楠秋：《演说学概要》，昆明中华书局，1941年；任毕明：《雄辩术》，桂林实学书局，1943年；任毕明：《谈话术》，桂林实学书局，1945年；任毕明：《演讲雄辩谈话术》，桂林实学书局，1946年。尹德华：《演讲术例话》，文化供应社，1948年；代尔卡耐基原著，李木译《演讲术》正新出版社1949年。

社会上是多么受到器重。

就现代作家而言，胡适、鲁迅、郭沫若、老舍、闻一多、朱自清、林语堂等众多的作家都为我们留下了很多精彩的演讲。他们对于演讲大都怀有极大的热忱，因为演说既是演讲者参与社会的一种文化形式，也是演讲者张扬自我、建立主体思考和话语权的渠道之一。现代各种文化思潮在中国历史舞台上的展演，一直伴随着演讲者的身影。

作为新文学倡导的急先锋，胡适对演讲情有独钟，他在美国留学期间曾受过系统的演讲训练，胡适后来回忆道："在 1912 年的夏天，我就选修了一门训练讲演的课程。这是一门极有趣味的课程"，"为着讲演，我还要时常缺课。但是我乐此不疲，这一兴趣对我真是历四五十年而不衰。"①之所以这样的"乐此不疲"，不仅仅是胡适演讲得到盛况空前的听众认可，使其享受到了演讲的乐趣②，而且更是因为胡适自身体验到了演讲带来的巨大收益——"在我当学生时代，我便一直认为公开讲演对我大有裨益。我发现公开讲演时常强迫我对一个讲题做有系统的和合乎逻辑的构想，然后再做有系统的又合乎逻辑和文化气味的陈述……公开讲演也是个最好的机会，让一个人去训练他自己的写作，训练他做笔记的系统化……所以我对公开讲演的好处，曾撰一简单的格言来加以概括。这格言便是：要使你所得印象变成你自己的，最有效的法子是记录或表现成文章。"③胡适把演讲看作是训练构思和训练写作的有效途径。

不独胡适热心于演讲，老舍对演讲也同样持有满腔的热情。舒济在整理和编辑《老舍全集》的工作中，就"发现 170 多次有记载的演讲"④，仅仅记载的就达 170 次之多，相信还有很多演讲没有被及时记录下来。可以说演讲是老舍创作的一个重要部分，它贯穿了老舍的一生。老舍师范毕业后，不仅做过小学校长和劝学员，还在 1920 年 12 月被京师学务局任命为教育部通俗教育会会员，此后又兼任京师公立北郊通俗演讲所所长，之前分在演讲股，当时演讲股的五项主要工作任务中有两项和演讲直接有关，即：第一项，收集、审核、编辑讲演参考用书；第三项，举办女子讲演。⑤ 老舍不但自己热心演讲，

---

① 胡适著，唐德刚译注：《胡适口述自传》，广西师范大学出版社 2005 年，第 60－61 页。

② 胡适晚年曾回忆其演讲的热闹非凡的动人景观，回忆中流露出得意和自赏。他在《中国古代政治思想史的一个看法》演讲中提到："我很感觉到不安，在大陆上的时候，我也常常替找我演讲的机构、团体增加许多麻烦；不是打碎玻璃窗，便是挤破桌椅。"见《胡适的声音：1916——1960：胡适演讲集》，广西师范大学出版社 2005 年，第 167 页。

③ 胡适著，唐德刚译注：《胡适口述自传》，广西师范大学出版社 2005 年，第 62 页。

④ 舒济：《老舍讲演集》，三联书店 1999 年，第 211 页。

⑤ 张桂兴：《老舍年谱》(上册)，上海文艺出版社 1997 年，第 18－19 页。

还积极参与学校组织的演讲的一系列活动，1922年夏天，老舍离开北京到南开学校任教。他在从事教学、尝试创作之外，还参加和组织了大量的演讲活动。他不仅曾在班会、“查经会”、“自治励学会”、各种集会上作过了众多的演讲，而且这些演讲受到了南开学校学生的欢迎和校方的肯定，他曾与校长张伯苓等六人被聘为中学部汉文演说会顾问兼每周一次的演讲会的评判员。[①]

中国现代作家的创作中有相当的篇幅都是他们演讲的文稿，这些文稿或关乎政治思想，或涉及教育和学术，视野广阔，内容庞杂。他们不但为中国现代文学贡献了精彩纷呈的演说词，也无形中留下了他们演说的面影，为学习演讲者留下了可供学习的楷模和文典。胡适的“国语的文学，文学的国语”曾经在多处演讲，后来也被选入中学国语教材，从内容上传播了国语文学的建设理念，从文体上也为中学生写作演讲词提供了写作的摹本和典范。蔡元培的《国文之将来》[②]是在北京女子高等师范学校的演说词，后被许多国语教材选入，作为国语文范的读本。蔡元培的《北大平民夜校开学日演说词》(一九二〇年一月十八日)收入叶圣陶、郭绍虞、周予同、覃必陶合编的《开明新编国文课本(上)》甲种本(上)第一册。《蔡校长在平民夜校开学日的演说》是蔡元培为北京大学学生会平民夜校开学日所做的讲演，为了使每个人都有受高等教育的权利，北京大学首先为校役开办夜班，让他们也享受平等教育的机会，其中有一段谈到：

> 一个人不但愁着肚子饿，而且怕脑子饿。大学生看见许多弟弟妹妹的肚子饿固然难过，他们看见你们的脑子饿，也是很难过的。因为人没有学问，不认识字，是很苦的一件事，甚至于写封信还要请人去写。要是自己会写，还受这种苦吗？我们有手而不能用，有目而不能见，我们心中一定很难过；我们的脑子饿了，看个电影也不能懂得，又何尝不是一样的苦呢？譬如大学生从小学住到中学，现在又住大学，仿佛已经吃的很多。要是看见旁人没有学问，没有知识，常常受“脑饿”的痛苦，他们自己一定很难过，很不爽快——因为不平——所以愿为大家尽力，开办这个平民夜校。大学生一方面既有这种好意思，住在大学附近的人家，也把他的子弟送去求学，现在竟有四百多人，仿佛肚子饿了要去求食一样。这种意思，实在好极，也算不负了办平民夜校的热心。[③]

---

① 参见董振修：《老舍早期在天津的活动和他的处女作》，《天津师范学院学报》1979年第2期。

② 《北京大学日刊》第480号，1919年11月19日。

③ 《北京大学日刊》第523号，1920年1月24日。

面对普通的民众，尤其是这些没有受过教育的校役，蔡元培采用生动的比喻，形象地说明了没有知识的“脑袋饿”与没有饭食的“肚子饿”一样痛苦的社会现实。从人们身边的日常生活例子出发阐明汲取知识的重要性，呼吁人们踊跃前来学习，不辜负办平民夜校的热心。演讲不是自我陶醉的语言炫耀，而是让听众对于演讲者的语言能够入心入脑的畅快交流，演讲者必须顾及到听众的文化水平和理解能力，作为一个古典修养极深的文化人士①，蔡元培在同时期的其他文类中采用了文言化的表达方式，而蔡元培面对不识字的平民演讲，语言必须通俗易懂，演讲无形中促进了白话国语的形成。

二、课程纲要与演说练习

当然，演讲作为近代启蒙运动的产物，正式进入课程标准，进入课堂训练还是新文学运动与国语运动合流之后的事情。

新的课程纲要在关注学生口语讨论、口语对话的同时，对于更高形式的口语训练——演讲，也做了切实的规定。下面是新课程标准对于说话和演讲的课时及目标要求的具体规定②：

1929年小学课程暂行标准小学国语(各学年作业要项)

	第一、二学年	每周时间	第三、四学年	每周时间	第五、六学年	每周时间
说话	一、童话的看图听讲。 二、教室等处日常用语的听讲和仿效。	60分	一、有定式的语料的练习。 二、有趣味的日常会话。 三、故事的讲述练习。	30—60分	一、日常会话。 二、故事的讲述练习。 三、普通演说的练习。	30分

① 参看蔡元培同时期其他文体的文献，可以看到蔡元培面对大众演讲，有意进行的通俗语言实验。《校长布告》(作于1920年5月12日)云：“查学生此次罢课，系受上海影响，校长等事前事后告诫疏通，然皆未见效果。校长等职责所在，深抱不安……切实开导，刻日上课，毋再旷误。如有执迷不悟，延不上课者，即予斥退，以示惩儆，而励学风。”该文载《北京大学日刊》，1920年5月14日。该布告是文言，与同时期的演讲可谓大相径庭。

② 以下诸表格引自课程教材研究所：《20世纪中国中小学课程标准教学大纲汇编·语文卷》，人民教育出版社，1999年，第17—31页。

续表

	第一、二学年	每周时间	第三、四学年	每周时间	第五、六学年	每周时间
	三、各种有定式的简单语料的演习。 四、简易有趣味的日常会话。 五、童话笑话等的讲述练习。		四、普通的演说练习。 五、国音字母的熟悉运用。		四、辩论的练习。 五、国音字母和汉字的互译。	
作文	图画故事的口述或笔述说明。 故事和日常事项的口述或笔述。	共270分	图画，模型，实物，实事等的口述或笔述说明。	90分	四、演说辩论稿的拟具。	

1932年小学课程标准国语(各学年作业要项)

	第一、二学年	每周时间	第三、四学年	每周时间	第五、六学年	每周时间
说话	一、看图讲述。 二、日常用语的练习。 三、有组织的语言材料的演习。 四、简易有趣味的日常会话。 五、故事等的讲述练习。	60分	一、有组织的语言材料的练习。 二、有趣味的日常会话。 三、故事等的讲述练习。 四、简短的演说练习。 五、国音注音符号的练习。	30分	一、日常会话。 二、故事的讲述练习。 三、普通演说的练习。 四、辩论的练习。 五、国音注音符号的熟习运用。	30分
作文	一、图画故事的说明。 二、故事和日常事项的口述或笔述(包括日记)。 三、简易普通文实用文的练习。 四、其他作文的设计练习。		一、图画、模型、实物等的笔述说明。 二、故事和日常事项偶发事项的记述。 三、读书报告。 四、儿童刊物拟稿。		一、日常事项和偶发事项的笔述和讨论。 二、读书笔记。 三、儿童刊物和级报或学校新闻的拟稿。 四、演说辩论的拟稿。	

续表

	第一、二学年	每周时间	第三、四学年	每周时间	第五、六学年	每周时间
			五、普通文实用文(注重寻常书信的练习)的练习。 六、普通标点符号的运用练习。		五、诗歌、故事、剧本等的试作。 六、普通文实用文(注重计划书和报告书)的练习。 七、标点符号的运用练习。	90分

1936年小学国语课程标准(各学年作业要项)

	第一、二学年	每周时间	第三、四学年	每周时间	第五、六学年	每周时间
说话	一、日常用语的练习。 二、有组织的语言材料的演习。 三、简易有趣味的日常会话。 四、简短故事的表述练习。 五、国音注音符号的熟习。	60分	一、有组织的语言材料的练习。 二、有趣味的日常会话。 三、故事的表述练习。 四、简短演说的练习。 五、国音注音符号的运用。	30分	一、日常会话。 二、故事的表述练习。 三、普通演说的练习。 四、辩论的练习。 五、话剧的练习。	30分

1941年的《小学国语科课程标准》的目标要求是“教导儿童熟练国语,使其发言正确,说话流畅。”1948年的《修订初级中学国文课程标准》目标一项要求“训练学生使用国语演讲,并注意其内容及条理,以为作文之准备”。①

从以上的附表中可以看到,在小学低年级主要是日常会话、日常用语、简短故事表述、看图讲述等口语训练形式,小学中年级故事讲述、普通话演说、简短演说,到小学高年级普通演说、辩论练习——与此对应的是学生在写作上开始对演说辩论的拟稿、日常事项和偶发事项的笔述和讨论(这种训练带有时政评论的性质,也是许多演讲者演讲内容的主要来源)。

① 《20世纪中国中小学课程标准教学大纲汇编·语文卷》,人民教育出版社,1999年,第319页。

课程标准明确规定了演讲训练的标准，国语教材的编撰者也遵循着课程纲要的目标进行编写，选文上注意到了演讲辞的选入。

三、国文教材与演讲文体

陈鹤琴、陈剑恒主编的《分部互用儿童教科书儿童北部国语》（儿童书局1934年版）第六册第六课刊载一篇演讲文稿：

三个头

诸位同学！谁会有三个头？谁要有三个头？谁有三个头，谁就能够办理一切伟大的事业。

我所说的三个头，并不是在原有的头上，再生出两个头来。要是那样，岂不是成了妖怪么？我说的是我们要有强硬的“拳头”，锐利的“笔头”和灵活的“舌头”。

“拳头”可以代表身体；强硬的“拳头”，可以代表健康的身体。一个人必须有了健康的身体，才能够担负起重大的责任来。不然，身体虚弱，精神萎靡，虽有高深的学识和宏大的志愿，怎能胜任呢？我们学校里，每学期都要开一次运动会，就是希望我们养成强硬的“拳头”！这是我所说的第一个头。

“笔头”的用处，也是非常之大。譬如我们有一种意见，想贡献给大众，必须要有锐利的“笔头”。不然，虽有很好的主张，而“笔头”来得迟钝，不能尽量发表出来，怎能博得大众的欢迎呢？我们的老师们，平日极注意我们的作文；而且指导我们办报，教我们练习投稿，就是希望我们养成锐利的“笔头”！这是我所说的第二个头。

“舌头”这件东西，更是我们随时随地所需要的。譬如我们意见的发表，对人交涉的胜利，都是仗着我们灵活的“舌头”。试看古今中外的外交家，能博得交涉胜利的，哪一个不是仗着灵活的“舌头”呢？所以我们学校里，为练习我们的“舌头”起见，今天特别举行演说竞赛会。这就是希望我们养成灵活的“舌头”！这是我所说的第三个头。

这三个头，我们锻炼好了，什么伟大的事业，我们都可干了。我希望大家一齐努力，把我们这三个头，统统锻炼好！①

---

① 闫苹、张雯：《民国时期小学语文课文选粹》，语文出版社2009年版，第161—162页。

这篇不到八百字的演讲稿，首先在演讲题目上新颖独到，先声夺人。演讲开始以交流对话的语言引出演讲话题三个头——强硬的“拳头”，锐利的“笔头”和灵活的“舌头”。接下来，每个演讲自然段分别围绕着阐释拳头、笔头和舌头各自代表的内涵即身体、写作和演讲进行深入浅出的阐释，思维缜密，条理清晰，语言晓畅。演讲文自始至终都表现出对话的味道，设问句式及反问句式的运用使演讲充满了极强的感染力和说服力。

对于在校的中小学生而言，演讲不但需要一口较为流利的国语，言文一致的话语表达，更需要胆量和勇气，《大众教科书国语》选入的有一篇关于演讲的文章题目就是《演讲的困难》①，分别阐明了寻求演讲话题的困难、临时紧张的尴尬、演讲体态语问题，这既传授演讲技法，也提供了演讲的案例。

对于演讲活动的看重，也引发人们关注精彩的演讲词。三十年代的一位小学校长在自己的日记中曾完整记录下开学典礼时，一位老师的趣味演讲，我们摘录下来一睹当时的演讲风采，看看当时的演讲者是如何面对小学生演讲的：

理想的小朋友

小朋友与大人是对待的，大人过去了壮年时期，就没有用了，而我们蓬蓬勃勃的小朋友，前途有莫大的希望，无止境的进展。现在在学校里，道德的养成、知识的探讨负将来改造社会的责任。社会的一切，全付托在我们小朋友身上。事前我们当有一番的修养，才可供将来的应用。所以好的小朋友要这样：

（一）要有猴子般的聪明：我们是有猴子般的聪明，才能研究高深的学识，有了学识，方可供社会所需。

（二）要有狮子般的健康：有健康的身体，才可去研究学问服务社会，革掉“东亚病夫”的耻辱。西哲有言：“健康的精神，寓于健康的身体。”

（三）要有蚂蚁般的勇敢：有了勇敢的精神，才能做革命的后盾，像蚂蚁那样勇敢善斗，拿勇敢的精神，去打倒一切恶势力。

（四）要有蜜蜂般的勤劳：我们应养成刻苦耐劳的精神，如蜜蜂一样地采花酿蜜，不辞劳苦。

（五）要有白鹅的清洁：我们中国人向来不讲卫生和清洁，我们小朋友要像白鹅那样的清洁，并且还要注意卫生。

① 闫苹、张雯编：《民国时期小学语文课文选粹》，第162页。

（六）要有雄鸡般的信实：中国人最不讲信用，尤其不能守时。我们小朋友要学雄鸡司晨那样的信实、那样的守时。[①]

这篇演讲词面对小学儿童发言，的确照顾到儿童的接受水平和接受心理，演讲者调动了自己的比喻阐释何谓好的儿童，好的儿童的标准及必备要素是什么，这里没有单调的说教和抽象的理论，用猴子、狮子、蚂蚁、蜜蜂、白鹅、雄鸡等这些儿童最为熟悉的事物，一一阐发它们身上所具有的聪明、健康、勇敢、勤劳、清洁、信实等优秀品格，这种一一对照的阐发，形象生动，易于儿童欣赏接受，演讲者抓住了这些动物与这些品格的对应关系，显得自然贴切。文章思路清楚，条分缕析，这种简洁明快、巧用比喻的演讲语言风格基本达到了言文合一的水平。这是民国时期江苏一位著名的小学语文教育家刘百川在自己日记中记下的，他之所以全文摘录这一篇演讲词，也与他作为一个长期关注语文教学和国语教育的专家身份相关，他曾出版有《实际的小学国语教学法》（上海开华书局出版 1933 年出版）、《小演说家》（商务印书馆 1936 年出版）、《小辩论家》（商务印书馆 1948 年出版）等著作。

近代以来的演讲活动作为一种社会思潮不断的鼓荡，现代作家、文化志士、社会活动家等身体力行的演讲，国语运动家为推广口语的统一，国文教学纲要对于演讲课程的目标要求，国文教材对于演讲文体的选入……这些综合的因素也推动了中小学演讲活动的展开。

儿童作为演讲主体的培养和要求，较早见于 1902 年苏州重新修定的童子会考章程，规定"无论男女皆一律参考，考后继之以演说，以十六岁以下为限，童子中有能演说者特别奖赏，女童中能演说者加倍特别奖赏"。[②] 这则史料透露出上个世纪之初已经开始注意到培养儿童的演说技能问题。在 1911 年《大公报》的本埠要闻中曾记载天津劝学在河北公园学会处举行儿童祝贺会的盛况，期间有数千名儿童参加此会，一些幼童相继演说爱国求学等言论，娓娓动听，一时引得男女来宾莫不称羡，鼓掌如雷[③]。演说主体从成人波及儿童，尽管范围可能极为有限，但也可视为演讲史上浓墨重彩的一笔。当然，此时的演说，由于当时国语标准还未建立，不可能提出对于演说语言标准的具体要求。那时的演说主要是从内容考量作为开启民智的启蒙新工具而已，看重的是演说在 20 世纪文明社会中具有的新功能："是以各强国之民族，人

---

① 刘百川：《一个小学校长的日记》，华文出版社，2012 年，108—109 页。（该日记 1933 年由上海开华书局出版。）

② 《大公报》，1902 年 9 月 25 日。

③ 《大公报》，1911 年 9 月 13 日。

人有国家思想，有政法思想，有权利义务思想，其收效于演说者良多也。而演说之关系于国家人民，非浅显也！”①

四、国语演讲会与国语演讲比赛

二十年代初，随着国语运动渐次在全国展开，为了使这一运动收到良好的效果，在学校内部，往往通过国语演讲和竞赛的形式进行积极地促动。在“演讲”这一文化主体言说的活动之前冠之于“国语”二字，“国语演讲”“国语竞赛”“国语比赛”这样的术语和活动新闻充斥于许多报纸杂志。下面是一则关于国语辩论赛的新闻：

第二次国语辩论竞赛大会

华北专门学校辩论联合会，于三月二十八日，举行第二次国语辩论竞赛大会。本校此次选定正组反组竞赛员及指导员均异常热心。②

在所开列的指导员名单中，有国语运动的积极推行者语言学家钱玄同、汪怡庵、黎锦熙等。这种国语辩论活动，是一项长期持续的活动，当时的《师大周刊》通常会把参与演讲竞赛的题目提前刊载，内容涉及当时的文化、政治热点问题，如《关于小学生读经之意见》《女权运动之稳健的方法》《师范教育之功能及师范生之使命》③以吸引更多的人士参与和听讲，演讲比赛不但推进了国语运动，也参与了思想文化的进程。

作为推广国语运动的重要主体，师范学校积极成立国语演讲会，并制定了详尽的组织大纲和会员要求：

国语演讲竞进会组织大纲（十二年十二月三十日订）

一、本师范区为促进国语起见，特组织斯会。

二、本会于下届本师范区开大会时举行。

三、本师范区各团体各选定学生二人，（高级初级各一人）到会演讲。

四、演讲题由讲员自定，时间每人以五分钟为度。

五、评判员由大会主席，请国语专家担任。

---

① 《论中国宜普兴演说会》，《顺天时报》，1906年6月8日。

② 《北京师大周刊》第223期，1924年3月30日。

③ 《北京师大周刊》第273期，1925年11月8日。

六、演讲成绩优良者，由评判员择优提出，交会奖励。

本校演讲会简章

一、本会以练习学生口才交换智识并研究国语为宗旨

二、凡本校学生皆得为会员

三、本校设主任二人，由教识员中推定，总理会务书记四人专司记录，干事八人司布布置会场及照料等事

四、凡本校学生皆当出席演讲，先期由主任指派演讲题，亦由主任事前布告

五、演讲时期定星期三下午四时起

六、本会会员均须研究国语及注音字母①

从以上的翔实材料可以看到国语演讲会组织目的在于促进国语的普及和发展，评判员由国语专家担任，要求学校所有学生为会员且均须研究国语和注音字母，考虑到师范学校的学生是未来实施中小学国语教育的老师，这种严格的语言素质要求也就容易理解了。

国语演讲活动最初是国语界人士为积极推动国语运动，在国语研究会内部伴随着国语节目演出而进行的国语演讲。国语演说会最初在大学较为普遍。清华大学于 1920 年发起了“北部六大学国语演说竞赛会”②，极力推行国语运动。演说会最初可能只是传播思想进行启蒙的一个手段，并未有推行国语之意，随着国语在全国的推行，以国语这种工具进行演说不但可以承担思想启蒙的功能，也可收到推行国语的实际效果，可谓一举两得。

作为北方的重要高校，南开大学积极呼应清华大学倡议的北部六大学国语演说竞赛活动，于 1923 年成立国语演说会，该会会员经常参加各种形式的国语演说比赛，于 1924 年华北六大学国语演说比赛夺取冠军③，取得了骄人的演讲成绩。

有感于福建的地方语言繁杂冠全国之首——汉有八大方言，福建的方

---

① 载《江苏第二师范区小学教育研究会年刊》，1924 年 5 月。

② “本年计划　暑期开学以后，该会的成员，就商同该会顾问，拟了一个很大的计划，预定于一年之中极力进行。在演说方面，拟发起北部六大学国语演说竞赛会。”见《清华周刊》第 6 次增刊，1920 年 6 月。

③ “国语演说夺冠　本年华北六大学国语、英语辩论已于月前举行竞赛，结果本校皆获大胜。本月二日为国语竞赛之期。在北大第三院礼堂举行竞赛。本校代表潘景武君已于本月一日偕徐叔漠教授及汪丰君赴京与赛。昨日得快电谓潘君获列第一名，殊甚庆贺。”载《南开周刊》第 92 期，1924 年 5 月 2 日。又载王文俊、梁吉生、张书俭、夏家善选编《南开大学校史资料选(1919—1949)》，南开大学出版社，1989 年，第 457 页。

言情况尤其复杂，又因地理环境的缘故，同一语言文化区亦衍生出许多的次方言。语言不通，也影响思想、文化的交流。因此，当时的福建协和大学国文系也组织了国语研究会，其目的：一在于提倡国语之运用，求其纯熟，以为思想发表之工具；一在推广应用之范围，求其普遍，以为语言统一之标识。研究会定于每星期举行一次研讨练习的时间，每次聚会先请校内对国语素有研究之教授演说，接着听留声机中的标准国语供会员练习模仿。研究会为提倡国语学习，每学期举行国语演说会，或国语节目演出会，给会员创造演讲的机会。研究会还组织会员代表学校参加福建的大学生国语竞赛，摘金夺银，取得优异的成绩。[①]

西安的交通大学对于全校国语演讲竞赛要求更严，规定："一、本校为锻炼学生演讲技能起见每学期举行全校国语演讲竞赛一次，其日期临时公布之。二、凡本校学生均得参加。"[②]这种要求全校学生广泛参与的国语竞赛无疑在全校掀起了一股学习标准国语的热潮。

关于国语演说竞赛会举行的缘起，有一所医学院举行的竞赛会开幕词说得甚为详细：

> 在《论语》上说过一言兴邦，一言丧邦？可见言语的关系异常重大，言语的技巧是左右一切的工具。……我们知道，中国的科学医尚在萌芽时代，我们要想促进中国的科学医一天一天的繁荣滋长，必先普及民众医药卫生常识，而后才能引起一般民众对于科学医的信仰。要想达到这个目的只有依赖宣传的方法，所谓宣传的方法：一是文字的介绍，一是口头的宣传。中国是以农立国，农民占全国人口百分之八十以上，他们也就是不识字的大多数的国民；所以用文字来介绍医药知识，他们就根本无法接受了，只借口头的宣传他们才能得到科学医的恩惠。[③]

国语演讲的思潮也吸引了地方社会的参与，四十年代永安市妇女会不但动员当地妇女积极参加识字班学习，还积极"举办妇女国语竞赛，推广普通话"[④]。

国语演讲运动的推进，在高校可能是学校内部的自觉组织，在中小学则

---

① 谢必震：《香飘魏岐村：福建协和大学》，河北教育出版社 2004 年，第 57 页。

② 《交通大学校史》撰写组：《交通大学校史资料选编》第二卷，西安交通大学出版社，1986 年，第 671 页。

③ 《校声》第 2 期，1934 年 12 月。

④ 永安市地方志编纂委员会编《永安市志》，中华书局，1994 年。

多是通过教育部颁布部令。各地政府也配合教育部往往以通令文件的方式积极推进国语演讲，广东汕头市以训令的方式在本市推行国语竞赛，训令全市各级学校校长拟订国语竞赛会办法，令其遵照办理，训令云：

> 本府为增进全市学生国语程度起见，拟订国语竞赛会办法十八条，联合全市各级学校举行国语竞赛会，除分令外，合将办法引发，遵照办理。①

该令并附有国语竞赛会办法，其中谈到“第一条　本会由汕头市政府教育科召集举行之；第二条　本会以鼓励学生注重国语为宗旨”。以政府训令的形式下发文件，并敦促其实行，足见政府对于国语推进的力度和信心。更有意思的是，初中组的决赛题目也事先规定，命题演讲“国语运动与国家统一”。对于演讲员除了对着装、题目、演讲时间有明确的规定外，特意指出“演讲员须精粹用国语”。

福建教育厅在其主编的《教育周刊》积极推介国语演讲竞赛办法，并提出了具体的要求：“省会小学国语演说第二届竞赛办法　一　本厅为提倡小学国语教育及增进语言教学效率起见特继续举行第二届省会小学国语演说竞赛会。　二　竞赛学校凡省会之省立及私立小学均须参加。”②可见参加的范围之广。福建教育厅在第一届中等学校国语演说竞赛中，对于竞赛评分标准更为细致：“思想30％组织20％语言25％态度15％声调10％”。

上海各中小学也努力推行国语演讲竞赛活动。首先公布了中等学校学生国语演说竞赛办法：“一、本局为推进国语运动，习练演说技能，特举办中等学校学生国语演说竞赛。二、凡本市市立及已立案私立中等学校(包括市私立中学市立师范学校及市立职业学校)均得选派在校学生参加竞赛……十四、评判标准言语占百分之四十，思想占百分之三十，态度占百分之三十(一九四六年十一月制订)。”③当时的上海教育局非常重视国语演讲竞赛，有些比赛是当时的局长主持：“上海市民众学校第一届国语演讲竞赛，卅一日在市立实验民校决赛，有李副局长熙谋主亲临持。”④这种演讲活动往往持续许多届，上海在小学也积极推进演讲活动。由上海市教育局主办的第二届儿童国语演讲竞赛办法具体要求和规定是：“一、本局为促进各小学推行国语运动，

---

① 《汕头市政公报》第49期，1929年10月1日。

② 福建教育厅：《教育周刊》第93期，1931年11月2日。

③ 《上海教育周刊》第1卷第1期，1946年。

④ 《国语演讲竞赛第七民校得冠军》，《上海教育周刊》第2卷第12期，1947年。

训练儿童演讲技能，特举办第二届小学国语演讲竞赛。二、参加竞赛学生以高年级在学学生为限。三、凡本市国民学校中心国民学校暨私立小学设有高小班者均可选派学生参加。”在《参加国语演讲竞赛须知》中特意指出了评分规则——“评判成绩　题材（思想，结构）占百分之三十，姿态（姿势，态度）占百分之三十，言语（国音，声调）占百分之四十。”①上海还特意举办上海市女子国语演说竞赛：“上海中等学校教职员联合会主办之中学生国语演说竞赛……赛员所操国语，大多流利纯熟，态度亦极自然美观，而题材尤多侧重于时事问题，故意义颇为深长。”②

安徽南陵县第一次国语竞赛为了鼓励学生积极参与，还给予参加者一定的补助和酬金：“一、全县公私立完全小学五年级及六年级每班择优出席一人，第一学区公私立初级小学四年级及在第一学区内各完全小学四年级每班择优出席二人。……三、第一学区以外各公私立完全小学出席学生，每人由局酌发旅费一元五角。”③

政府和学校这么重视演讲，可以想象当时的盛况。教学上根据儿童的求胜心理，不失时机地推进国语竞赛，也是提高儿童演讲兴趣的一种方式，“儿童的好胜心是非常厉害的，所以在教育上利用来促弄他们的事业的。学校里要举行各种比赛的事情。”④随时举行国语比赛，提高了儿童的演讲兴趣和参与热情。

关于全国各地国语演讲会的盛况，时人有记载：“该是邵武县破天荒的创举吧，学生自治会研究股会同国语研究会，为纪念青年节，来了这么一个盛大的场面——邵武县中等以上学校联合国语演讲会。凭空地为这古老的山城凑上了一阵新的热闹。经过这两个团体负责人的伟大筹划之下，一切应进行的步骤——征求参加，拟订细则，聘请评判员，募集奖品——总算先期弄得相当就绪了。而所期待者，即是这‘伟大’日子——五月十一日——的来临。”⑤该新闻还记述到时值山城大雨，并未阻挡盛会的如期举行，其场面热闹而不紊乱，且庄严肃穆——“会场在本校大礼堂，通告上写着下午一时开始，先期大礼堂上却早已坐满了那些等热闹的人。时间到了，来宾，评判员，演讲们，相继到齐了。主席国语研究会会长周载德以‘曲重堂皇’的姿态，与大伙们相见了。他收敛那往日佻侻倜傥的神气，而换上了一副端庄的样子。

① 《上海教育周刊》第2卷第6期，1947年。

② 《上海市女子国语演说竞赛》，《妇女月报》第1卷第12期，1936年1月10日。

③ 《安徽教育行政周刊》第5卷第45期，1932年11月21日。

④ 王穆清：《怎样使儿童高兴练习演讲》，《中华教育界》第19卷2期，1931年。

⑤ 《邵武县中等以上学校联合国语演讲竞赛会志盛》，《协大周刊》第13卷第3期，1941年。

司仪由我们的会长林柏兼任，他的声调也是肃肃穆穆地。”一位记者亲临小学国语演讲竞赛现场，文章记述道：

> 六月三号的那天下午，本校第一院大操场上，集合着许多男男女女，老老小小的先生和学生，学生不下五百人，先生实足有三十位……李修爵，他是第四院四年级的小朋友，这位小朋友，看上去不满十岁，可是讲得好一口北平话，演得好一副天真的姿态。孙慧敏，邱振飞都是第一院五年级的小朋友，孙慧敏，讲得一口流利的国音，声调的好听，正同春日的黄莺。邱振飞小朋友，像煞是一个：少年老成，态度从容不迫，姿势大方，动作恰当，发音准确。①

可见，国语演讲竞赛在全国的普遍推行，并非只是民间推进国语的一种形式，而是以法令、训令、文件的形式，以体制内行政命令的方式强力推进，其效果显而易见。湖北省曾明确下文：“为定期举行中学生国语演说竞赛检同办法暨报名单式令仰遵照办理。”其训令原文如下：“令武阳区内省私立各中等学校案据全国国语教育促进会呈称：呈为呈请通令所属公私立中等学校学生参加中学生国语演说竞赛会竞赛事：窃按本会为国语建设运动起见，决议每月做一种工作，三月份拟在上海，武昌，汕头，举行‘中学生国语演说竞赛会’，附呈‘武昌中学生国语演说竞赛会办法’一份，敬请通令所属公私立中学校学生参加竞赛，是否可行？敬请核实施行！等情，附湖北省中学生国语演说竞赛会办法草案一份。”②这份训令有当时的教育厅长亲自签发，足以想见当时体制内对于国语推进的力度。

为了鼓动民众，启迪民众，口头的宣传演讲似乎比实际的文字更能收到良好的效果。二十年代初，上海的英日巡捕因枪杀中国工人、学生及市民所引起的反帝思潮颇激起了一般民众的爱国激情，演讲的号召和鼓动作用不可忽视：“北京各学校都组织讲演团，到大街小巷，以及四郊去讲演，唤起民众，通力合作来打倒惨无人道，枪杀我同胞，蔑视公理，侵略我国权的英日。讲演的哀切激昂，围着听讲的民众，一时也非常愤激，不知不觉间，竟有捋袖擦掌，想一拳打死‘倭奴’，一脚踢死‘洋鬼’的气概。讲演的效果，实在大得很！”③

演讲的对象和受众已经定位——识字不多的民众，演讲的文体和语言也必须顾及民众的理解程度，以简明扼要、通俗易懂为根本。即便是说理论

---

① 《小学国语演讲竞赛会巡礼》，《同义月刊》1939 年第 4 期。

② 《湖北省政府公报》第 84 期，1935 年 3 月 28 日。

③ 家霖：《到民间去的白话》，《国语周刊》第 2 期，1925 年 6 月 21 日。

辩，语言也同样要求不必高头讲章，要娓娓道来，深入听众人心，口语化的交流尤为重要，当时演讲的内容确实照顾到这一点：

何以见得今天所讨论的题目是重要呢？诸君我们都是学科学医的，将来都要靠科学医吃饭，若是科学医，不能在我们中国普及，那我们谋生的问题，就要发生影响，这是对我们切身的问题有关系的。①

当然，并非说在口里的白话就一定能让一般民众所懂，演讲者往往是受过学校系统教育的知识者，其语言通常是受了古文、古白话文以及五四以后新白话的影响，乃至语言中夹杂一些新译的名词，一般民众很难听懂，这就迫使讲演者在讲演的语汇和语法方面，尽量用白话口语，而非欧化的白话文。

五、中小学生的国语演讲文稿

在全国这种演讲风气的影响之下，我们看看当时中小学生的演讲文稿，借此不但可以感受当时的时代气息，也可了解当时演讲文稿的语言风格，借此探讨所谓标准国语的形成过程。下面是国语科演讲竞赛初中组第一名《训练自己准备为国家服务》的演讲稿：

训练自己准备为国家服务

初三上　郑大方

各位先生，各位同学：今天我讲的题目是："训练自己准备为国家服务。"大家都知道，现在我们中国，处处都给别人侵略和压迫，已经是到了最后的关头了，那末我们还不立刻起来，挽救这种危机，而赶快复兴我们的国家，则长此以往，前途恐怕无可救药了。但是救亡的责任，又负在谁的身上呢？诸位，我们大家都是青年，所以我们大家都应负起这个重大的责任。可是我们要采取那一种方法，来复兴我们的国家呢？我以为必须具备下面三点：

第一：我们要养成一种为国家服务的精神，不要贪图个人的利益，甘心为民族的蟊贼，而阻碍国家的进展。中国以前之所以弄到一筹莫展，就是因为一班做官的，完全都是贪污之流，他们只知道自己的利益，只知道自己的享乐，而不顾国家民族的存亡，因此弄得国不成国，元气丧

① 吴琼华：《怎样能使中国科学医之普及》，《校声》第2期，1934年12月。

掉了不少。这都是他们自私心太大之故，所以现在我们要复兴国家，第一件就非要把以前这种习气革掉得干干净净，而养成一种为国家服务的精神不可。

第二：我们要有牛一样的身体。牛一天到晚都在田里工作，但它并没有觉得辛苦，并且很少有生病的。它之所以能够耐劳吃苦，这都是因为身体好的原故。身体好的好处，当然不止这一点，比方我们目前遭受到帝国主义者的压迫，我们是时时刻刻要准备上前线，去捍卫我们的领土的。我们大家如果有着坚强的体魄，不是随时可以执着枪杆，到东北去收复失地吗？

第三：我们要有丰富的学问。大家都知道处在现在的社会里，没有学问根本就连饭都没有得吃，哪里还谈得上为国家去做事呢？好在大家都在这么一个好的学校读书，要是我们现在不努力用功研究学问，那就非但辜负了父兄和师长的一番心血，并且辜负了我们的国家，就问国家设立这么多的学校，为的是什么呢?！目的，不过想造就一班青年，成为有用的人材，将来为国家去做一点事业。我们既然有幸福来读书，那么现在就应该努力，锻炼成一个健全的国民，准备为国家服务，那末不久的将来，我们的国家，便可以在国际地位上，佔着一把头等的交椅了。

大家不要看小自己的国家。我们大中华民国是有希望的。大中华民国是地大，物博，人众的。这样好的一个锦绣山河，在那里可以找得到？因此我们应该爱护他，应该用所有的力量来爱护他。语云："以前种种譬如昨日死，以后种种譬如今日生。"为了我们的国家，为了我们的民族前途，我们应该联合在一起，团结成一个坚强的壁垒，来努力为国家为民族做一番新事业。那末将来美满的幸福，我们一定是享受得到的。所以小弟最后希望于大家的是："努力用功，准备复兴我们的大中华民国。"①

这是抗战期间一位中学生参加演讲比赛的演说词，这种演讲文体与国语教材上选入的演讲词总体风格非常相近。演讲伊始开门见山点名演讲的主要内容，以交流对话的形式展开，中间线索清晰地交代中学生为复兴国家的三种准备，即服务的精神、坚强的体魄和丰富的学问，演讲者运用浅显易懂的比喻说明身体强健的重要性。语言上基本遵循言文一致的原则，没有拗口的欧化句式和僵死的文言表达。但又决不是纯粹的地方口语，比口语的表达更为丰富精细，表达的严密性和语言的逻辑力量非常强烈。演讲者运用了"但是""只……

① 郑大方：《训练自己准备为国家服务》，《粤中校刊》第4期，1937年。

而……”“之所以……是因为……”“要是……就……”“既然……就……”“那么……那么”等连接词汇，这是借鉴欧化语言的表达方式，又加以口语的提炼，使之融汇到口语的顺畅表达中，既避免了欧化语言的晦涩拗口，也避免了纯粹口语的简陋和粗糙，可以说是以口说的国语与笔述的国语相互促进的典范。

相比之下，小学生的演讲语言更为口语化，下面是小学生国语演讲赛《梦见爱迪生》演讲词全文：

梦见爱迪生——第三区中心国民学校

王丽华(第一名)

我的讲题是“梦见爱迪生”。

爱迪生是美国人，他是世界上最伟大的发明家，想来小朋友们都知道的。

有一天，老师讲爱迪生的故事给我们听，大家都听得津津有味。尤其是我，听了这故事以后，对于爱迪生求学的态度，苦干的精神，跟那伟大的成就，觉得十分钦佩。我很想见一见他的人；可是美国离我们这儿那么远，而且爱迪生早已去世了，心理十分懊丧！这样左思右想，到了晚上，竟做起梦来了。

哈哈！真有趣，不知怎末一来，我已乘了飞机飞到了美国，在一个实验室里，看见一位白发苍苍的老头儿，我连忙走上前去向他深深地鞠了一躬，问道，“老先生！您贵姓”？那老人家不但能听中国话，而且会说中国话，他说：“我是爱迪生。”“啊！老先生！您原来就是爱迪生！”我喜欢得跳起来了。他很安详地用手抹一抹自己的胡子又伸手拍一拍我的肩膀，很柔和地说，“小朋友，你怎么这样欢喜我？”我又走上一步，拉着他的手，仰着我的头，恭恭敬敬地说道：“老先生，你是世界上最伟大的发明家，你是人类的造福者，谁都欢喜您，敬爱您，不过您怎么能够发明这许多宝贵的东西？您愿意指教我么？”

他听了我的话，沉默了一会，接着微微地一笑，说道：“愿意，十分愿意！发明并不是一件了不起的事情，谁都做得到的，只要你能够努力去求真理。小朋友，有志气的小朋友，你不是天天在学校里读书吗？读书本是一种求知识的方法，可是书本上的知识，大都是死的，所以一辈子读死书，和一辈子死读书，是没有用的，我们要读活的书，求活的知识！

“怎么叫做读活的书呢？第一、要注意各种事物的发现，去求真理，举个例子来说：从前有个大发明家牛顿，他看见苹果从树枝上掉下来，就想，苹果怎么会从枝上掉下来？为什么不掉上天空去？为不向旁边窜，却一定要掉到地上来！他仔细的研究，研究，结果竟发明了'万有引力'这就是注意事物的现象得来的真理。

"第二、要从做的方面去求真知，我们要求真实的知识，一定要亲身去体验，天生五官必有用，我们要利用我们的双手，我们要利用我们的耳朵，我们要利用我们的眼睛，我们要利生我们一切的感官；用手去做，用耳去听，用眼去看，用鼻子去嗅，用舌头去尝，去作种种的试验。譬如，水化做蒸汽，有一种力量，我们就得用水来加热，使它汽化，看它的力量到底有多么大？这才而得到真实的知识。"

这位老先生说得正上紧，忽然"当郎"一声，把我吓了一跳睁眼一看，妈妈已经扭亮了电灯，原来猫跳上桌子，打碎了一个茶杯，才知道做了一个有趣味的梦！

醒来之后，仔细地体味梦中爱迪生老先生的一番话，实在觉得有理。

从观察事物的现象去求真理，从做得一方面去求真理，的确谁都可能做一个发明家，这并不是我在说梦话。①

从这篇演讲稿的文体来看，是一篇夹叙夹议的记叙文，小作者记述了自己的一个梦境。演讲内容前半部分关乎演讲者梦见爱迪生的过程，叙述简洁，口语化色彩颇浓。尤其注意到句子的单纯。"哈哈！真有趣"，"'当郎'一声"都富有口语简洁传神的特点，少有书面欧化的长句子。其后半部分有一个梦境上升到对于科学发现和科学真理的探求，"怎么叫做读活的书呢?"这种设问句式的运用即保留了讲话中的语气，不但使演讲充分显示出交流互动的色彩，也为下文条分缕析地分析如何读书奠定了基础。作者化用"天生我才必有用"的诗句，创造性地制造了新语"天生五官必有用"，"用手去做，用耳去听，用眼去看，用鼻子去嗅，用舌头去尝"这样的表达句式简短，符合儿童的语言习惯，整篇演讲非常符合胡适早年所倡导的白话文的典范。

演讲的风气不但盛行于高校和中小学，在抗战时期，农村不识字的老太太面对记者也发表了慷慨激昂的演说，这个演说辞先是刊载于报纸，后选入"小学高级战时国语教材及教法范例"：

赵老太太对记者的演说辞②

今年二月里，游击队之母赵老太太，到了四川，在一个招待记者的

---

① 王丽华:《梦见爱迪生》,《上海教育周刊》第2卷第6期,1947年。

② 张若英:《"赵老太太对记者演说词"教学实例——小学高级战时国语教材及教法范例之一》,《进修》第2卷第6期,1940年。

宴席上，畅谈入川观感和今后工作计划，她说：

想不到我这长白山的老村妇，有这样的福分，跑到这民族复兴根据地的四川来，与言语习惯不大相同的同胞见面。我初踏入这块丰富的国土时，首先接触的，就是四川的女同胞，从悉切的谈话中，听到他们的爱国热忱，又从刻苦的工作中，看到他们对于祖国的大贡献，使我深深的感动。我入川目的，是想把我东北华北参加义勇军工作的经验与鬼子们的残暴，向四川女同胞报告。

我原是一个没有念过书的村妇，因为目击鬼子的残暴，与灭亡我同胞的野心，不甘愿作亡国奴，而愿殊死的与鬼子拼命，和鬼子们打了三年的游击战，把我家产捐给国家，把我儿子捐给国家，来抵抗残暴的鬼子，我不愿我的家产为鬼子们利用，我的儿孙为鬼子们的奴隶，因此，我拿抗日为我的生活和事业，拿部队为我的家庭和学校，以求我们中华民族的生存。为了要将这些从生活中得来的经验和教训，转达于四川同胞之前，我决计在江津，合江，泸县，巴县……等地，作三个月的兵役宣传，便中慰问伤兵家属，使母亲鼓励儿子当兵，妻子鼓励丈夫打仗，男女老少，都尽他们自己的本分，本人定于廿六日启程，偕行者有刘凤基，乔月林两君。

——选自本年廿月二十五日《东南日报》

这是战时作为小学高级国语教材与教法的范例，该演讲词的教学目的云："一、使儿童认识赵老太太为国杀敌的经过和她爱国的热忱。二、使儿童欣赏一篇演说辞，并知道他的方式，研究他的篇章句法。"为了鼓动全民抗战的需要，用一个普通的乡村老太太的朴素演讲也许更能激发民众的抗日激情。这篇演讲词语言上尽量保留与人物身份相一致的方言口语特征，诸如"老村妇""福分""跑到""家产""鬼子们""拿抗日"(拿，"以"的意思)、"拿部队""得来"等都是北方的方言土语。当然，演讲稿毕竟是经过记者的记录、加工和润色，有部分文字表达明显不是出自一般的村妇之口，诸如"不大相同""悉切""殊死""我决计""便中""启程""偕行者"等呈现出知识者的书面语特色，与口语显然有些距离。

我们从这则材料中无从得知赵老太太的语音是否运用纯粹的国音，但来自东北长白山这一与北京语音大致相近的区域，其要完成面对四川同胞演讲和报告的任务，相信不至于在语音上给对方造成多大的障碍。更何况当时的广播也悄然兴起，利用广播传播国语的声音也逐渐响彻在广袤的中国大地，语言学家赵元任曾通过无线电广播进行国语训练的播音演讲[①]，通过系列的播音专门讲授国语和国音，这种播音本身也是提供了国语口语学习的典范。

演讲在二十世纪中国的出现和兴盛是近代以来启蒙运动的产物，国语运动又借助演讲形式传播了国语的影响，通过有声的口语演讲既提升了国语的口语表达，又促进了新文学倡导的言文一致的文学语言目标的实现，演讲辞正是体现言文一致的重要文体形式。通过高校与中小学乃至社会各界各个层次、各个区域的国语演讲竞赛活动，有力地促进了国语运动在全国的展开。通过表彰优秀的演讲者并刊发优胜者的演讲辞，也为国语写作提供了可供人们学习的典范和例文，演讲不仅是连接口语和写作的有效途径，也是实现新文学所提出的言文合一目标的有力手段。

朱自清在四十年代看到了讲演与白话之间的互动关系，他指出：

> 现在中学生和从前中学生还有一点不同，就是说话的能力增进了。现在中学生比从前中学生会说话得多，而且是比较普遍的现象。从前的国文教师会演讲的少，学生在说话上也得不到益处。五四以后换了一些新人的教师，一般的演讲能力，比从前教师强得多，学生耳濡目染，自然会受影响。再则，白话文的流行也帮助说话不少。白话文虽然并不完全从说话发展，而夹着许多翻译的调子，但事实上暗示了种种说话的新方法，增进了一般说话的能力——在年轻的易塑性的中学生，尤其如此。更重要的，从五四运动以来，学生不断地做着向民众宣传的工作，这给了很好的机会让他们练习说话。中学生当然不是例外。[②]

当时探讨演讲技术的论著对演讲的声调语音问题有明确要求："演讲者不但对于'字'音的读法要正确，而且读出的每个字连成一句话的时候，必求其合于一个地方之标准音，切不可上一句话是北平口音，下一句话转成广东口音，教人听来莫名其妙。所谓南腔北调，杂用起来就是不成腔调。"[③]这种对于演讲的语音要求也进一步促进了国语口语的"统一"。

---

① 赵元任：《播音演讲国语训练第一讲》云："广播国语究竟有什么意义呢？按照节目上所定的'国语训练'说，好像专为有志学习国音的人藉着这个机会来听听似的。中国方言，各处不同，往往有见面不能谈话的困难。现在既然有了政府规定的标准语标准音，就是国语和国音，那么除了向来能讲国语能懂国音的人以外，当然都有注意的必要了。因此，这回的广播，就把它专作为国语国音的训练看，也没有不可。"载《无线电》第 2 期，1935 年 11 月 11 日。

② 朱自清：《中学生的国文程度》，《朱自清全集》第 2 卷，江苏教育出版社，1996 年，第 25 页。

③ 韩蠡：《演讲术》，上海大公报代办部，1937 年，第 236－237 页。

关于演讲与现代国语的成熟，陈平原先生曾经有精彩的论述，他认为"所谓'现代国语'的形成，不仅牵连民族国家想象，还涉及区域文化、大众传媒、教育体制、文学类型等。就连'演说'的迅速崛起，也都跟'国语'的成熟不无关系。"①事实上，演说和国语二者互动互生，相互促进，演说的崛起扩大了国语的传播，国语运动的周年纪念常常伴随着大量的演讲活动；国语的成熟也不断推动演讲的普遍、深入和提高。现代文学上的精彩演讲词可谓是率先实现了胡适所预设的"文学的国语，国语的文学"的语言目标。本章所征引的有关演讲文稿何尝不体现了这一特色呢？

① 陈平原：《有声的中国——"演说"与近现代中国文章变革》，《文学评论》2007年第3期。

第七章　诵读教学与文学的国语

一、古典诗文的诵读传统

可以说,诵读的方法是和语文教育一起诞生的。在没有文字书籍可供阅读的初民社会,其口耳相传的教育方式占据了传授知识和经验的主导,这借助声音的"口授"非常看重声音的力量。文字产生以后,口耳相传逐渐被文字阅读所替代。诵读成为传统中国语文教学的基本方法,注重记诵的教学传统在古代中国教育中一脉相承。到了晚清,1902 年朝廷颁布的《钦定蒙学堂章程》仍然把诵读看做仅次于教师讲解的重要学习手段。章程规定:"凡教授之法,以讲解为最要,诵读次之,至背诵则择紧要处试验。若遍责背诵,必伤脑力,所当切戒。"①自从 1920 年国文科改国语科以来,关于诵读的教学逐渐淡出语文教育的视野,即便是 1929 年颁布的《小学课程暂行标准小学国语》,非常谨慎地用"诵习"替代了传统的"诵读",暂行标准规定:"精读的——选用适当的教材(由教员拣定读本,或师生共同选定课文)诵习研究。多由教员直接教导,以使儿童由兴感而欣赏,由理解而记忆。——重在质的精审","读书教学,要先全体而后分析,先内容的吸取而后形式的探求,先理解而后记忆"②。至此,"诵读"一词逐渐淡出了此后的各种课程标准。

到了 20 世纪 90 年代后,随着社会对中国传统文化的不断重视,各种美文诵读比赛和诵读晚会不断举行;加之香港和台湾语文课程标准的引入,使中国当代的语文教育工作者看到港台地区的语文教育一直保存着诵读的教育传统;世纪末的语文教育大讨论,更让教育界开始反省当代中国的语文教育,开始回到传统,重新发掘传统语文教育的优秀资源,作为一片重新发现的风景,语文诵读教学逐渐写入了语文教学大纲和课程标准。2000 年颁布的《全日制普通高级中学语文教学大纲(试验修订版)》提出了"诵读古典诗词和浅易文言文,理解词句的含义和作品的思想内容,背诵一定数量的名篇",2001 年颁布的《全日制义务教育语文课程标准(实验稿)》,在每个学段的目

---

① 课程教材研究所编《二十世纪中国中小学课程标准教学大纲汇编·语文卷》,人民教育出版社 1999 年,第 3 页。

② 同上书,第 16—19 页。

标中都对诵读提出了要求。在实施建议里提出："有些诗文应要求学生诵读，以利于积累、体验、培养语感"，2003 年颁布的《普通高中语文课程标准（实验）》在课程目标中提出："诵读古代诗词和文言文，背诵一定数量的名篇。"在课程实施建议里提出："教师应激发学生诵读的兴趣，培养学生诵读的习惯。"2010 年，举国上下轰轰烈烈展开的"中华诵经典诵读行动"更把诵读推向了历史的峰巅①。

从以上简单的历史梳理，可以看到诵读法从现代语文教学的逐渐淡出到当下的逐渐浮出历史地表，意味着诵读训练作为语文教学的常规方法再度被重新发掘和重视。

那么，到底什么是诵读？诵读为何会在现代语文教育中逐渐沉潜？诵读的语文教育功能何在？

事实上，在现代国语教育中，尽管纲要和课程标准没有具体规定语文的诵读训练和具体实施要求，民间的知识分子尤其是语文教育家和国语运动家对于诵读教学保持了持久的关注，在 1946 年曾专门召开过一次别开生面的专题学术讨论会，与会的二十多位代表主要是当时享誉全国的语言文字学家、新文学作家和语文教育工作者②，会议在北京大学蔡孑民先生纪念馆，由语言学家魏建功主持。他们就中国语文的诵读问题各抒己见，精深细微地探讨了诵读这一语文教学中具体有效的方法。魏建功先生当时正主持台湾光复之后的国语推行委员会工作，他邀请各界人士前来商谈语文诵读，其立足点并不在语文教学本身，而是想借助语文诵读如何促进国语的推行。他的开场白中表明了倡导诵读教学的用意："抗战胜利，我们光复了沦陷五十年的台湾。在台湾从事于国语推行工作的一帮人，更感到诵读方法的迫切需要。就

---

① 中共中央政治局委员、国务委员刘延东于 2010 年 8 月 1 日对"中华诵经典诵读行动"作了重要批示："'中华诵经典诵读行动'是加强中华优秀文化传统和革命传统教育的创新举措。教育部、国家语委要在总结活动成果和经验的基础上，精心组织各项活动，扩大覆盖面，增强影响力，吸引更多台湾和港澳地区的青少年共同参与，把'中华诵'系列活动打造成加强爱国主义教育、增强民族历史文化传承和国家认同、构建中华民族共有精神家园的重要载体和平台。"2010 年 8 月 2 日，教育部副部长、国家语委主任李卫红在"中华诵经典诵写讲"研讨会暨中华经典教育全国校长论坛上作了《深入贯彻落实〈教育规划纲要〉，积极推动"中华诵经典诵读行动"》的重要讲话，其中谈到了"中华诵经典诵读行动"的重要意义：通过诵读、书写、讲解的方式学习了解经典的内容、品味欣赏经典的语言、感受领悟经典的内涵，可以在潜移默化中受到中华传统文化的熏陶，从而极大发挥经典"文以载道"的教化功能。

② 出席的代表有黎锦熙、朱光潜、冯至、朱自清、沈从文、游国恩、余冠英、孙楷第、周祖谟、李长之、周定一、向达等。见《中国语文诵读方法座谈会纪录》，《国文月刊》第 53 期，1947 年 3 月。

是，怎样才可借重语文诵读以促进国语的推行。”①

其实，诵读倒是中国传统的一种语文学习方式，科举时代的士人自有一套诵读的经验，所谓“读书声出金石，一乐也！”足见前人对诵读的欣赏及重视。

只是废科举、创学堂以来，尤其是国文科改国语科以来，国语文教学就渐渐淡漠了诵读问题。对此，文章学家周振甫深有体会：

> 旧式的国文教学最为五四运动以来所诟病的，就是专重诵读。这种看轻诵读的风气，使一般中学国文教师耻于范读，学生也以诵读为可耻的事，于是学校里只讲不读。一般的所谓讲，也不过逐字逐句解释一遍就算了。教师讲过了，学生听过了，就算读完了一课。这样一课一课讲下去听下去，到了学期考试时，教师就教过的材料中提出若干问题来测验一下就算完事。所以学生读了一学期的国文，只是获得每篇文章内容所述说的一些知识，而这些知识又是各各独立不相联贯的，转不如读史地还可获得系统的知识。一学期过去了，那些不相联贯的知识也淡忘了，于是读如不读，这就是忽略诵读的弊病。②

由于诵读是国文教学传统的阅读教学方法，在打破传统的时代氛围中，诵读方法的忽略也就不可避免了。

那么，出于什么原因使他们又不约而同“重操旧戈”，到传统里寻求可以借鉴的资源呢？作为国语运动的积极推行者，黎锦熙1938年在西北师范学院工作时曾经拟定过一份“中等学校国文教授教学改革案”，其中许多地方就涉及语文教学上的诵读问题。在黎锦熙看来，诵读不但关涉语文教育，而且关系到现代白话的欣赏与写作：“诵读不讲，欣赏和写作都受影响。我以为当今青年写作，都各自成一套语言，既非大众所用，也不是他自己的方言。‘怎么样说，就怎么样写’这两方面似乎已缺乏联系，而病根都在于不讲究诵读。”③黎锦熙似乎更看重诵读与写作的互动关系。胡适曾主张“有什么话，说什么话；话怎么说，就怎么说”④。胡适强调的是“写”的“文”要向“说”的

---

① 《中国语文诵读方法座谈会纪录》，《国文月刊》第53期，1947年3月。

② 周振甫：《技能的训练和理论的研讨》，《国文月刊》第48期，1946年。

③ 《中国语文诵读方法座谈会纪录》，《国文月刊》第53期，1947年3月。

④ 胡适：《建设的文学革命论》，《新青年》第4卷第4号，1918年4月15日。

"言"学习，只须照录记载就能实现"言文一致"了，胡适重在"国语文学"的造就[①]。而诵读教学则是通过诵读"文"进而学习语言以推行国语，重在"文学的国语"的实现。这一言文互动的悄悄位移值得玩味。如果说胡适当初以"国语的文学"造就"文学的国语"的设想还遭时人质疑，那么，四十年代的诵读教学是促使胡适"文学的国语"的完成。从这一方面看之，朱自清的发言值得重视：

> 胡适之先生当年作《建设的文学革命论》，提出"国语的文学，文学的国语"两大目标；国语的文学经过三十年来有意的推进，已相当成功，但是文学的国语似乎还缺少自觉的有意的推进，原因是总有些人觉得白话文里夹杂些文言词句和欧化句法，不能上口。我以为欧化的和文言的成分，在白话文里恐无法避免。青年人接触白话文最多，最久。白话文夹杂文言成分，还不妨碍诵读；只要经过涵泳融化，也就渐能上口。而欧化成分，青年在笔下多方接受，在口语里却不能接受似的。我以为欧化成分应当有意的勉力使它上口，经过相当时期以后，习惯就成自然了。……所以我们对于欧化白话文成分应当渐渐放宽尺度，如不过分，就勉力使它上口。如果自小学即开始注重白话诵读，即使是欧化句式，亦可渐渐上口。那么，将来国语的内容必能日渐丰富，所谓"文学的国语"也就有了。[②]

朱自清赞同诵读教学，试图通过诵读使暂时不能上口的欧化色彩的白话新文学能够朗朗上口，丰富日常口语以实现"文学的国语"——这一新文学运动和现代语言运动的共同目标。

值得注意的是，我们当下积极推介的诵读和朱自清、黎锦熙等所倡议的诵读并非一个概念，中国当代语文教育所说的诵读对象主要是古代的文言文和古典诗歌，国语运动家黎锦熙、语文教育家朱自清主要探讨白话文的诵读问题，这是一个非常有意味的值得深思的问题，就此而言，当下意义的语文诵

① 针对当时人们的"如今没有标准的国语，如何能有国语的文学？"之疑问，胡适自信地反驳道："这话似乎有理，其实不然。国语不是单靠几位言语学的专门家就能造得成的，也不是单靠几本国语教科书和几部国语字典就能造成的。若要造国语，先须造国语的文学，有了国语的文学，自然有国语……我以为我们提倡新文学的人，尽可不必问今日中国有无标准国语，我们尽可努力去做白话的文学。……中国将来的新文学用的白话，就是将来中国的标准国语；造中国将来白话文学的人，就是制定标准国语的人。"见胡适：《建设的文学革命论》，《新青年》第4卷第4号，1918年4月15日。

② 《中国语文诵读方法座谈会纪录》，《国文月刊》第53期，1947年3月。

读是对于中国古代传统意义上诵读的回归。

二、白话文，应该如何诵读？

那么，白话文为何诵读？白话文能否诵读？白话文如何诵读？

现代语文学家（包括语言文字学家、新文学作家、语文教育家等）倡导诵读的目的在于通过白话文的诵读提升学生的作文写作水平。

作为语言学家，黎锦熙一直致力于国语运动的积极推广，当然也更关心学生的国语成绩和国文水平。我们知道，四十年代末，语文学界对于学生国语和国文的成绩并不满意，曾经发生过中学国文程度降低的讨论，也有人惊呼要抢救国文。国家的课程标准对于国语的重视从小学到大学一以贯之，但成绩究竟如何呢？黎锦熙不无失望地指出："请从一般学校的一般科目中举例来说。现在我们的各级学校，小学的科目，大打头就是国语；中学打头就是国语，专科学校，乃至大学，打头也都是国语；可见我们中国，对于本国语文工具的基本训练，是何等的重视！应该一步一级的都能够达到水准，到了大学毕业，国文应该是毫无问题的了。但是，现在成绩最坏的就是国文，这是社会公认的事实。"①

虽然学校那么重视，成绩却不尽如人意，当时学生做白话文的普遍弊病是"是看起来费力，虽懂，听起来更不知道是什么话。根本大原因就是作文与说话失去了联系，文字和语言脱了节"。原因何在呢？黎锦熙给出的诊断是："我们检讨这个成绩不好的原因，就是：学习的人忽略了'技术第一'；而教学的人，更忽略了'创造至上'。"所谓忽略了"技术第一"，就是忽略了作文的训练，更确切地讲，就是忽视了"写作以外的诵读技术训练，忽略了诵读技术，这是对于'技术第一'的认识不完全"。在黎锦熙看来，作文训练仅仅靠增加作文的课时和训练次数还远远不够，还缺少一个最重要的训练环节：

> 要从根本上救治这个病，就得先训练作白话文的基本技术，基本技术就在口头上统一的语言，把分歧的个别的语言，先加紧作一番统一的技术训练，然后新文学运动才可以实际贯彻。所以要作文真有进步，单练习写作是不成功的，国文教员必须注重讲读，注重讲读时间内对于白话模范文的诵读技术训练。第一个大原则就是：诵读白话文，等于训练国语；学校里并不必另设什么国语训练的选修科目，国语训练就是白话

---

① 《中小学国文国语诵读之重要》，1947 年 2 月 27 日《北平时报》"中学生"副刊。

文的诵读。[1]

于是，针对学校作文训练和国语教育的欠缺，黎锦熙提出了白话文的教学改革方案和步骤：

> 第一，先把全篇内容从学生的耳朵里打进去，不让听者起首就看本文，所谓先用“耳治”，然后再用“目治”。第二，“耳治”之后，还不能就用“目治”。中间还要经过“口治”，这就是朗诵的训练，朗诵时，要用美的说话式，要用统一的国音，标准的国语；教员范读，学生齐读，个读，都要注意实行，随时矫正他们的字音，字调，词调和语气。第三，经过“耳治”“口治”之后，白话文的内容了解和文艺欣赏，也就差不多了，然后再用目治，深究本文。这叫做白话文讲读教学三部曲，这样：口耳技术的训练，日渐纯熟，那么，古人的“一目十行”“七步成诗”，并非难事。从“学习心理”上讲，这个学习程序才是自然的，不但能使讲读时兴趣活跃，注意集中，记忆牢固，并且自然影响到写作，因为从耳到口，从口到心，就是所谓“声入心通”，然后文言一致，从心到手，就是所谓“得心应手”了。必须在讲读时训练了“声入心通”的技术，然后到作文时才有“得心应手”的妙处。这就叫做“写作以外的诵读技术训练”。[2]

事实上，由于学校没有专门的诵读训练，学生的诵读水平自然很低，虽然小学语文课程纲要要求课堂上有说话的训练，但日常口语的交流与表达不能代替文章的诵读，口语是说“话”的训练，诵读是说“文”的训练，国语的真正提高和语言的提升还必须得益于文的诵读。

黎锦熙提出的“耳治、口治、目治”的讲读教学以听、说为先导，从耳到口，从口到心，以此达到言文一致的教学目的。他倡导的讲读三部曲，既是为了提高学生写作水平，更是出于国语统一的考虑，因而他才会对国语教学的不良现状深为不满：“全国小学不用国音国语来读‘国语’，这叫做国语不‘国’；用土音来读国语，读出来果然是白话文，还则罢了，谁知道读出来的尽是些不成话的单字，这岂不是国语既不‘国’又不‘语’了么？”作为国语运动的积极推进者，黎锦熙倡导诵读不单单在于以读促写，他甚为关注的仍然是统一国语的形成。

---

[1][2] 黎锦熙：《中小学国文国语诵读之重要》，《北平时报》“中学生”副刊，1947年2月27日。

应该说，重视口语训练是新学制课程纲要实施以来时时强调的，我们在前两章已进行了系统的探讨。在小学阶段说话、演讲成为语文授课的一项基本内容①，但具体到授课实践，可能很难保证认真贯彻，进入初中之后显然对此训练不够②，即使有诵读一项要求，但只是作为精读教学的一分子，诵读处于一种散漫的状态，应该如何诵读并未得到深入探讨。谈到小学的国文诵读，黎锦熙痛心地指出“说到小学，现在国语课本的诵读更不成话了，简直完全消灭了诵读的技术训练。第一是用土音读国语，别扭可笑；第二是读字不是读书，没有句读，不管意义，两个字复合的词可以砍成两截，字字拉长，没有一点轻重高低，抑扬顿挫。例如‘大狗叫，小狗跳’读成‘大狗，叫小，狗跳’”。针对这一状况，他呼吁应该在全国严格施行国语诵读的技术训练！

教育部也从民间的呼声中看到了诵读训练对于推进国语的重要性，教育部的国语推行委员会派专员考核全国师范学院的国语训练成绩并考核各省市师范学校的国语训练成绩，立定一个国语技术的最低水准，不及格的，必须补习，再不及格，扣发毕业证书。这些举措，无疑在学校的国语教学中形成了诵读的氛围，也必然引起更多的人士关注诵读教学。

朱自清对于诵读教学问题写过多篇文章进行专门探讨，他的研究不是针对诵读技巧等细枝末节的技术层面，而是把诵读教学置于“国语统一”的大背景中、致力于“文学的国语”的形成。尽管黎锦熙也着眼于通过诵读教学以达到国语统一的目的，但思路稍有不同。黎锦熙认为有些白话文看起来费力、听起来难懂，其根本原因就是“作文与说话失去了联系，文字和语言脱了节。文字本来是统一的，语言可一向是分歧的，拿着分歧的语言来写统一的文字，自然发生这种畸形的病象。要从根本上救治这个病，就得先训练作白话文的基本技术，基本技术就在口头上统一的语言，把分歧的个别的语言，先加紧作

---

① 1923 年，由吴研因起草的《新学制课程纲要小学国语课程纲要》“程序”中规定“第一学年，1 演讲语练习，简单会话，童话讲演。2 记载要项和字句多反复的童话故事，并儿歌，谜语等的诵习”，几乎每一学年都有会话、演说或表演。无论初级和高级毕业最低限度都有对国语或会话或演讲的要求，见《20 世纪中国中小学课程标准教学大纲汇编·语文卷》，人民教育出版社 1999 年版，第 13—15 页。

② 1929 年的《初级中学国文暂行课程标准》“教法要点”阅读一项有这一条要求“应令学生不妨碍他人用功的范围内，低声讽诵，以养成欣赏文艺的兴趣”（《20 世纪中国中小学课程标准教学大纲汇编：语文卷》，第 284 页），这里并未指明用什么音讽诵。1936 年的《初级中学国文课程标准》“教法要点”精读部分有一项要求“指导学生于不妨碍他人工作之范围内，用国音诵读，以养成欣赏文艺之兴趣”（见《20 世纪中国中小学课程标准教学大纲汇编·语文卷》，第 298 页），这里规定了用国音诵读的语言标准，但高中阶段并未提出诵读要求。

一番统一的技术训练,然后新文学运动才可以实际贯彻。”[①]所谓作文和说话之间的断裂,黎锦熙认为由于文中要么是充满欧化的文气不通的长句,要么夹杂方言用“分歧的个别的语言”来搅乱统一的国语,也就是写作与国语脱节。黎锦熙对欧化及方言明显具有排斥态度,作为“国语研究会的”发起人和国语统一运动的中坚,他当然会把国语统一放在首位。早在二十年代初《新著国语教学法》中黎锦熙就已表明了这一主张:“要真做到言文一致,才能逼迫国语使不能不统一;要真做到国语统一,才能使言文一致不至于发生危险。言文一致乃是国语统一的驱策者;国语统一便是言文一致的保护人。”[②]朱自清则认为,欧化只要适可而止,暂时和说话脱节并不要紧,“这个要等时候,加上‘诵读教学’的帮忙,会渐渐习惯成自然,那时候看上眼顺的,念上口也会顺了,那时候‘耳治’‘口治’‘目治’就一致了”。[③] 朱自清对于欧化更保持一种吸纳融会的包容态度,且认为白话中倘若方言土语用得适当,反而会觉得新鲜和别致,“我虽然赞成定北平话为标准语,却也欣赏纯方言或夹方言的写作。……这个丰富了我们的写的语言;国语似乎该来个门户开放政策,才能成其为国语。”[④]朱自清指出白话作品中有自己独特的地域方言并不要紧,关键是要多多用心诵读各家各派的别人的文字,既依照自己的“分歧的个别的方言”,也要照顾到“统一的文字”,不能只让作者自己的语言支配着,应该通过诵读获得“统一的文字”的调子、语脉或文脉。

如果说五四以来的国文教学造成了“作文与说话失去了联系,文字和语言脱了节”,那么,朱自清看来,诵读教学是沟通“说”和“写”之间的一道桥梁,因为“诵读不但可以帮助写,还可以帮助说,而说话也可以帮助写。”[⑤]通过诵读——说——写——说的良性循环,“这样会加速国语的成长,也会加速‘文学的国语’的造成。”[⑥]五四以来言文一致的白话文运动强调“文”对“言”的摹写和记录,以“文”迁就“言”;而诵读教学则强调“文”对“言”的丰富和提升,是以“文”改变“言”(说话)。朱自清充满自信地看到了诵读教学的前景,并预言“诵读教学切实施行若干时后,诵读可以帮助变化说话的调子;那时白话文的

① 黎锦熙:《中小学国文国语诵读之重要》,《北平时报》“中学生”副刊,1947年2月27日。

② 黎锦熙:《黎锦熙语文教育论著选》,人民教育出版社,1996年,第632页。

③ 朱自清:《诵读教学》,《朱自清全集》第3卷,江苏教育出版社,1996年,第179页。

④ 朱自清:《诵读教学》,北平《新生报语言与文学》,1946年12月2日。《朱自清全集》第3卷,江苏教育出版社,1996年,第179页。

⑤ 朱自清:《论诵读》,天津《大公报星期文艺》1947年2月9日,收入《朱自清全集》第3卷,江苏教育出版社,1996年,第189页。

⑥ 《诵读教学》,《朱自清全集》第3卷,江苏教育出版社,1996年,第184页。

诵读虽然还是不能等于说话，总该差不离儿了。”[①]

如果把诵读教学置于言文一致的现代语言运动之中进行考量，我们不难看出它的补偏救弊功能。对于“言文一致”应该辩证地看待，若书面的“文”一味向口语的“言”靠拢，无疑会混淆诗性的“艺术语言”和“日常语言”的界限，况且口头语言往往未加提炼含有不可避免的粗糙和驳杂。诗歌语言更能呈现出“文”对于“言”的超越和背离，诗人对此有感同身受的理解：“诗应切近语言(此处即口语，引者注)，不就是语言。诗而就是语言，我们说话就够了，何必做诗？诗的美必须超乎寻常语言美之上，必经过一番锻炼的功夫。”[②]当然，艺术语言有权利超越和剔除口头语言，艺术语言一方面汲取口头语言的资源，一方面也承担起丰富与扩大口语的表达功能，因为“纯洁和改正口头语言，是诗人首要的职责”[③]。诵读教学力图在言文一致的框架内使书面语言向口头语言渗透，通过改变口头语言达到更高基点上的言文一致。朱自清满怀信心地预言：

> 如果从小学到初高中一直注重诵读，教师时常范读，学生时常练习，习惯自然，就会觉得白话文并不难上口。这班青年学生到了那时候就不但会接受新的白话文在笔下，并将接受新的白话到口头了。他们更将散布影响到一般社会里，这样会加速国语的成长，也会加速“文学的国语”的造成。[④]

因为诵读的材料主要是白话文体，诵读就有别于中国传统的吟咏、吟唱。那么，现代文或曰白话文如何进行诵读呢？

在“中国语文诵读方法座谈会”上，与会者尽管各抒己见，但大部分专家认为白话文的诵读不必像话剧演员那样，为了听众的需要进行所谓审美化的诵读，应该遵循白话语言的自然节奏诵读。朱光潜主张诵读白话文应该与诵读文言文有别，“诵读文言文应注重形式化的节奏，至于语体散文，诵读要依语言的节奏为主”；冯至认为“诵读诗文，宁可自然一点，不可太形式化”，他极力反对那些过分夸张的追求音乐性与戏剧性的姿态；孙楷第以为“中国语文

① 朱自清：《论诵读》，天津《大公报星期文艺》1947年2月9日，收入《朱自清全集》第3卷，江苏教育出版社，1996年，第187—188页。

② 陆志韦：《我的诗的躯壳》(本文写于1923年)，见王永生主编《中国现代文论选》(第一册)，贵州人民出版社1982年，第68页。

③ 西渡：《写作的权利》，《守望与倾听》，中央编译出版社，2000年，第44页。

④ 朱自清：《诵读教学与“文学的国语”》，北平《新生报语言与文学》，1946年12月16日。收入《朱自清全集》第3卷，江苏教育出版社，1996年，第184页。

诵读,照国语说话式就得。惟诵读者要注意两件事:(一)明句读;(二)正音读。"孙楷第较为看重国语正音的说话式诵读。徐炳昶则不同意孙楷第的说法,他"以为诵读并不是一个严重问题,因为本有自然的语音作主。若是想求得发音的标准化,教学者就反而困难重重了。……字典中的标准音与语音是两回事,语言的目的只在于'声入心通',其他都可以不管。语言是天然的社会契约,不容少数人标新立异。所调二字一顿或一字一顿的除法,诚然不自然,而其来由是因为不懂文义。小孩子日后长大了,晓得了文义,就自然能随着意义读出节奏了。所以我以为这并不严重。总之'自然'是一切道理最高的准则,我们要努力顺乎自然,凡事不可操之过急。"

关于如何诵读,朱自清"以为不一定须'朗诵',而必须有对于白话文忠实的'朗读'。朗读的作用更大于诵读。朗读要……比较慢一点儿,要把作品的意义清楚地表达出来。换句话说,像宣读文件似的"。需要注意的是,朱自清在这里用"朗读"的概念代替了"诵读"。那么"朗读"和"诵读""朗诵"有什么不同呢?朱自清在"中国语文诵读方法座谈会"召开前就专门撰文探讨了这些被许多人习焉不察的问题:

> 现在流行朗诵,朗诵对于说话和作文也有帮助,因为练习朗诵得咬嚼文字的意义,揣摩说话的神气。但是也许更着重在揣摩上。朗诵其实就是戏剧化,着重在动作上。这是一种特别的才能,有独立性;作品就是看来差些,朗诵家凭自己的才能也还会使听众赞叹的。诵读和朗读却不相同。称为"读"就着重在意义上,"读"字本作抽出意义解,读白话文该和宣读文件一般,自然也讲究疾徐高下,却以清朗为主,用不着什么动作。有些白话文有意用说话体,那就应该照话那么"说";"说"也是清朗为主,有时需要一些动作,也不多。白话文需要读的却比需要说的多得多,所以读、朗读或诵读更该注重。诵读似乎不难训练,读了白话文去背也并不难。只是一般教师学生用私塾念书的调子去读,或干脆不教学生读,以为不好读或不值得读。前者歪曲了白话文,后者也歪曲了白话文,所谓过犹不及。要增进学生了解和写作白话文的能力,是得从正确的诵读教学下手,黎先生的见解是不错的。①

在此,朱自清认真辨析了"朗读"和"诵读""朗诵"的区别,"诵读"主要指文言文而言,"诵读"的腔调主要是'诵'的腔调——便是私塾儿童读启蒙书的

---

① 朱自清《诵读教学》,《新生报·语言与文学》,1946年12月2日。

腔调,即两字一顿的“诵”腔;“朗读”主要针对白话文而言,白话文宜用“读”腔,用说话的调子读白话文;而“朗诵”则是戏剧化的艺术表演,需要配合独立性的动作和特别的才能。

在随后发表的《论诵读》一文中,朱自清进一步分疏了“朗读”和“诵读”“朗诵”的区别和练习,“朗诵是艺术,听众在欣赏艺术。诵读是教学,读者和听者在练习技能。这两件事目的原不一样。但是朗诵和诵读都是既非吟,也非唱,都只是说话的调子,这可是一致的。”①

五四以来的新文学创作崇尚自然,即便是诗人也主张新诗自然还原的诗学创作理念。那么,关于白话文体的诵读的要求,许多参与诵读讨论的专家主张自然谈话的语调也符合新文学文体自身的语言节奏,当时的傅庚生也同样主张以平常谈话的自然语调:

> 语言本身就有抑扬顿挫、轻重急徐的语气,言文合一了,这语气便很道地的形成了白话文中自然的音节。这“自然”是文章的极旨,就诵读来说,它便也是诵读的极旨。旧日的所谓“美读”也者,是因袭的古调,今日话剧里的所谓“美化”是畸形的发展;白话文的诵读切莫误入歧途。惟有语言自然的音节才是无比的自在、无上的完美!②

对于诵读,李长之也提出了应该用“平常说话的语调”:

> 以白话文为生命的新文学运动,在根底上是应该以自然底表现方式为第一义的。这是因为所谓文言白话的最重要分别,本就在人工(艺术)与自然之殊。试想我们费了这么大事,去改革文学,无非在向文言文的反面——自然的方面——去解放,否则老守着文言岂不很好?至于所谓自然的表现方式,再质言之,就是接近活的语言的表现方式。因此,所谓诵读一事,也便只有用话的语调(平常说话的语调)去读的一途了。我觉得就白话文讲,无所谓美读。方音杂出,闭门造车,这是“不及”;拿腔做势,添枝添叶,这是“过”;过犹不及,我们都不必采取。如果能让今后的儿童,读书时是字字清楚;说话时写下就是文章,而文章同时也能清清楚楚地读给别人听而别人听得懂,这就是新文学运动的大成功了。③

① 《朱自清全集》第3卷,江苏教育出版社1996年版,第186页。
② 傅庚生:《谈文章的诵读》,《国文月刊》第56期,1947年6月10日。
③ 李长之:《关于诵读问题的一点意见——致魏建功先生书》,《国文月刊》第56期,1947年6月10日。

前文已经谈及，关于国语文诵读的问题，尽管 1920 年以后的语文课程纲要没有专门写入，民间的国语文教育者并没有完全放弃对于白话文如何诵读的探讨，只不过在批判传统文言文教学的时代激流中，探讨白话文诵读的声音显得微弱罢了。翻检上个世纪 20 年代的教育刊物，不难发现一些探讨诵读的历史细流和朵朵浪花。一位高师附小的教员专门著文《国语文诵读法的管见》[①]谈到了国语文（即白话文）的诵读法问题："小学校国文一科，从改国语以后，教学的方法也随之一变，可是诵读的方法，就参观所得，仍有照以前读国文的方法去读的，我但知按照读国文的方法去读国语是不合宜的，至于读国语的方法该应当怎样，我也不敢有些肯定的说话。"从这位教员的陈述，可以看到当时的诵读在教学实践中还是有的，只不过依然沿袭过去文言诵读的老路，诵读的材料由文言、古典诗歌转变为白话语体、现代新诗乃至话剧，仍有吟唱的调子摇头晃脑地诵读，难怪要引起时人多方面的质疑，之后到了四十年代中国语文诵读座谈会所争论的焦点仍然是诵读的方法问题。这位教员根据自身对国语文诵读的理解，谨慎地提出了诵读的方法，国语文的诵读"就是用声音来表示他的成分，也就是发表自己所理会的意义——国语的成分是什么？不外语音，语法，语词，语调，语态五种，既知国语文的成分了，且诵读国语文又是表示他的成分，因此想出几个诵读的方法"，依次是"正音读""词类的提出读""分段读、通读""演剧式的读"，他把这四种读法谓之"理论的诵读法"，又提出了所谓"审美的诵读法"——"读时抑扬顿挫，音节铿锵，很可表现文学的意味和兴趣。"接着，这位教员审慎地指出："在读诗歌有韵之美术文，尚可用之，若是用在读口语体的国语文上，总觉不宜。"

钱绍曾在《教育丛刊》刊发了《修改我的国语文读法的意见案》[②]，他提出的国语文读法的十个要点，其中两条与国语的正音标准有关，如"要发音正确（纯用国音矫正土音）"，"要合国语的腔调（就是合乎标准的四声）"。钱绍曾所强调的是如何通过国语文的正音阅读达到对国语标准音的建立和推广。

因为国语教育率先在国民小学施行，小学教员探讨诵读法的激情似乎更为高涨，北高师附小教员张席丰于 1921 年专门提案《国语文诵读法答案的修正案》[③]详细探讨了国语文即白话文和文体文即文言文诵读的区别，他的修正案把诵读分为"机械的""审美的""理论的"三种读文方法。所谓"机械的"是以国音作标准，用通常的声调和速度，顺文字的次序诵读，不论语体和文言

① 苏耀祖：《国语文诵读法的管见》，《教育丛刊》第 3 卷第 1 期，1922 年。

② 《教育丛刊》第 3 卷第 1 期，1922 年。

③ 张席丰：《安徽教育月刊》，1921 年第 48 期。

都经此过程，读文言是音读，读白话国语文叫正音的读法(以国音标准为正音的根据)。“理论的”诵读对于文言文是读得句读清晰，起讫分明，叫“达读”，读国语文用自然的音节作普通的谈话式的阅读。“审美的”诵读对于文言文是采用“美读”，对于国语文就是“演讲的”读法，文言文美读使读音顿挫抑扬、合于节调，能发扬作者的情感；国语文美读借目光手势，传达神情，能触动听者的兴趣。该提案还非常详尽地制定了小学阶段各个年级的具体诵读要求。非常遗憾的是，这些有益的探求在二十年代并未引起教育行政部门的重视。

叶圣陶在20年代初也曾关注过小学国语文的诵读问题。叶圣陶针对当时的国语教学实际，不但强调了诵读之于学生情思的重要意义，还尖锐地批判了时人认为语体文不能诵读的谬见：“心灵的发展便是国文教授的重要目的。倘若并没有教师所预备的教材，儿童所怀的也就是这些教材；所以他们诵读之际，仿佛就是自己发抒情思。这多么快活呀！根据这层意思，则诵读的练习，不仅要在理解以后，更要采用表演的方法。我尝听小学生读国语教科书，一顿一歇，首尾莫定，竟不辨是什么话。又闻教师说，语体文不能读。这都错了，声音足以表情思，便叫做读。不能读语体文的学生和嫌语体文不能读的教师，他们都将情思和声音分离了。所以学童读书，须使完全理解内容，更须注意其音节，使声音恰与内容一致。如表演故事，儿童处个中人的地位说话，情思与声音易于一致，既多兴趣，复收练习之效。”①

到了四十年代，叶圣陶在为学生编写的《〈精读指导举隅〉前言》中精细地提出了“吟诵”和“宣读”两种读法，很小心地有意回避了容易引起争议的“诵读”的提法：“读法通常分为两种：一种是吟诵，一种是宣读。无论文言白话，都可以用这两种读法来读。文言的吟诵，各地有各地的调子，彼此并不一致；但是都为了传出文字的情趣，畅发读者的感兴。白话一样可以吟诵，大致与话剧演员念台词差不多，按照国语的语音，在抑扬顿挫表情传神方面多多用工夫，使听者移情动容。现在有些小学校里吟诵白话与吟诵文言差不多，那是把‘读’字呆看了。吟诵白话必须按照国语的语音，国语的语音运用得到家，才是白话的最好的吟诵。至于宣读，只是依照对于文字的理解，平正地读下去，用连贯与间歇表示出句子的组织与前句和后句的分界来。这两种读法，宣读是基本的一种；必须理解在先，然后谈得到传出情趣与畅发感兴。并且，要考查学生对于文字理解与否，听他的宣读是最方便的方法。”②

叶圣陶主张文言白话都一样可以吟诵，但吟诵的调子有区别，因为文言

---

① 叶绍钧：《小学国文教授的诸问题》，《教育杂志》第14卷1号，1922年1月20日。

② 《〈精读指导举隅〉前言》，《叶圣陶集》第14卷，江苏教育出版社2004年版，第92—93页。

讲究声韵格律、追求合辙押韵、讲求音乐性，因而运用吟唱的调子吟诵还能够加深理解，强调白话文的吟诵是按照国语的国音，这从另一侧面也可窥见国语运动与国文教学互动共生、相互促进的面相。如何吟诵呢？叶圣陶指出：

> 在教室内通读，该用宣读法……学生对于文章的细微曲折之处都弄清楚了，就不妨指名吟诵。或者先由教师吟诵，再令学生仿读。自修的时候，尤其应该吟诵；只要声音低一点，不妨碍他人的自修。原来国文和英文一样，是语文学科，不该只用心与眼来学习；须在心与眼之外，加用口与耳才好，吟诵就是心、眼、口、耳并用的一种学习方法。从前人读书，多数不注重内容与理法的讨究，单在吟诵上用工夫，这自然不是好办法。现在国文教学，在内容与理法的讨究上比从前注重多了；可是学生吟诵的工夫太少，多数只是看看而已。这又是偏向了一面，丢开了一面。唯有不忽略讨究，也不忽略吟诵，那才全而不偏。吟诵的时候，对于讨究所得的不仅理智地了解，而且亲切地体会，不知不觉之间，内容与理法化而为读者自己的东西了。这是最可贵的一种境界。学习语文学科，必须达到这种境界，才会终身受用不尽。①

叶圣陶看重吟诵，他把吟诵作为语言训练的重要手段，这是现代语文教育家与古代语文教育的一个重大区别，古代的吟诵是学生不注重内容和理法的背诵，而现代语文学所倡导的吟诵是在探究文章内容的基础上进行的涵咏与体会，是心、眼、口、耳并用的一种学习现代语言的训练方法。也正是在这一层面上，现代语文教育家、新文学作家、语言文字学家在语文诵读上达成了共识，不管是通过诵读以提高学生的写作能力，还是通过诵读加深对文本的理解与体悟提高学生欣赏的能力，还是如朱自清所言诵读促进文学的国语的形成②，诵读的意义也许不止这些，但诵读教学的提倡表明了国语运动者和新文学作家在言文一致方面的共同努力。诵读教学可视为连接“说”和“写”之间的一座桥梁，在一定程度上是对胡适新文学革命初期提出的“话怎么说，就怎么写”的深化和发展——只是后来白话文的欧化愈来愈偏离了这一宗

---

① 《〈精读指导举隅〉前言》，《叶圣陶集》第14卷，江苏教育出版社2004年版，第99—100页。

② 《论诵读》，天津《大公报星期文艺》，1947年2月9日。“朗诵的发展可以帮助白话诗文的教学，也可以帮助白话诗文的上口，促进‘文学的国语’成长。”“用说话的调子诵读白话文，自然该最像说话，虽然因为言文总有些分别，不能等于说话。但是现在的白话文是欧化了的，诵读起来也还不能很像说话。相信诵读教学切实施行若干时后，诵读可以帮助变化说话的调子；那时白话文的诵读虽然还是不能等于说话，总该差不离儿了。”

旨，以前的“说”和“写”之间常常是断裂的。诵读教学主要侧重于提高“口语”的表达能力，致力于“言”向“文”的提升，这就避免了言文一致运动中曾有的偏向——使书面的“文”过分向口头的“言”单方面“屈身俯就”。这正如朱自清所言：“现在我们叙述或讨论日常事项，因为词汇的关系，常常不自觉的采用一些欧化语式，但是范围不大。要配合着这种实际情形，加速‘文学的国语’的成长，就得注重诵读教学，建立诵读的标准。如果从小学到高中一直注重诵读，教师时常范读，学生时常练习，习惯自然，就会觉得白话文并不难上口。这般青年学生到了那时候就不但会接受新的白话文在笔下，并将接受新的白话到口头了。他们更将散布影响到一般社会里，这样会加速国语的成长，也会加速‘文学的国语’的造成。”①

的确，借助白话文学的诵读教学，使书面的白话能够成为口中流利“说”出的口语，说的能力提高也相应会促进国语的文学的成熟，如此互动共生，以说促写，以写促说，并且以流利的国语标准音诵读，这种循环往复的语言训练无疑加速了“文学的国语”的形成。

三、新诗诵读与白话语言的纯粹

但是，有一个问题必须面对：即是诵读的语言材料问题。诵读的文章如果是如瞿秋白所谓的“非驴非马”的“骡子文”(指那些杂有不合口语的极端欧化、文言句法的文章)，诵读在提升语言表达上的功能就难以达到。为此，叶圣陶在他编撰的供中学生学习的《范文选读》中有意编选了一些便于诵读的白话文，这些文章都是现代文学史上至今看来仍是经典的作品。书中收录了朱自清的《论诚意》，该文原载 1941 年 1 月的《星期评论》第 8 期。配合着选文，有精彩的点评与讲解，如何阅读这篇文章呢？叶圣陶指出：

> 我们希望读者诸君不要单凭眼睛看，要用口来念，不出声没关系，但至少要默念。有些文字，算是写的白话，可是念起来就不成，它那声调，它那节奏，都不像咱们口头的话；那只能看看了事。另外一些白话文字是真正的“白话”，就是说，它那声调，它那节奏，都是咱们现代人口头的；写得好，自然比咱们口头的话来得精粹；可精粹不精粹，在它是口头语言这一点上还是同类。这种文字，看不如念，合着它那声调跟节奏念，不但在意义上可得更多的了解，并且在心情上竟是很高的享受。这其间并没

① 朱自清：《诵读教学与“文学的国语”》，《新生报·语言与文学》，1946 年 12 月 16 日。

有什么神秘。念的时候,读者模拟着作者的声口,宛如当面听作者谈话,又宛如自己说这么一番话,对于思路的展开,心情的激动,那些个细微曲折之处,比较仅仅的看,自然领会的深切。凡是精粹的语言文字,虽不打谱,总带些广义的音乐性;咱们喜欢唱那些名歌名曲,它无所谓,只觉得这是一种享受,念精粹的白话文字就差不多是同样的享受。朱先生的文字,我们以为是上面说起的两种里的后一种,所以我们希望读者诸君用口来念。①

叶圣陶知道学生阅读或曰诵读,是以口头语言为标准考量白话语体究竟在何种程度上合于口语的表达习惯,以"口的白话"衡量"写的白话",白话文纯粹与否,都要上升到"念"的高度给予评价。照此意义上来讲,诵读教学也有利于白话文的成熟,这成熟的纯粹的标准不就是新文学运动和国语运动共同主张的"言文一致"的文学语言目标么?选取一段《论诚意》的文字,看看是如何在言文一致的文学标准下得到叶圣陶的褒奖的:

看人,请客,送礼,也都是些过场。有人说这些只是虚伪的俗套,无聊的玩意儿。但是这些其实也是表示诚意的。总得心里有这个人,才会去看他,请他,送他礼,这就有诚意了。至于看望的次数,时间的长短,请作主客或陪客,送礼的情形,只是诚意多少的分别,不是有无的分别。看人又有回看,请客有回请,送礼有回礼,也只是回答诚意。古语说得好,"来而不往非礼也",无论古今,人情总是一样的。有一个人送年礼,转来转去,自己送出去的礼物,有一件竟又回到自己手里。他觉得虚伪无聊,当作笑谈。笑谈确乎是的,但是诚意还是有的。又一个人路上遇见一个本不大熟的朋友向他说,"我要来看你"。这个人告诉别人道,"他用不着来看我,我也知道他不会来看我,你瞧这句话才没意思哪"!那个朋友的诚意似乎是太多了。

叶圣陶认为"凡是精粹的语言文字,虽不打谱,总带有广义的音乐性",朱自清的这段语言文字句式长短结合,有两个字一停顿的,"看人""请客""送礼"都是词组,又都表达生活中的一个完整的事项,符合口头语的表达方式。其次,这段话长短句式结合,错落有致,类似日常生活中的谈话,谈话根据气

① 该文1943年11月22日作,原题《朱自清先生的〈论诚意〉》,刊桂林《国文杂志》第3卷2期,1944年5月15日,署名朱逊。

息和发音，不可能一个人说话都是拗口的长句，也不可能都是急促的短句，总是舒缓有致，张弛有度，如果按照说话的语气写下来，就形成了文章的文气和文脉，用语言诵读出来就能体会文章的节奏和韵律，可谓是用诵读的语感体悟文章的文气。朱自清的这段话若大声诵读可以感受到语言的音乐性和内在韵律，朱自清在用字遣词方面凸显了中国语言的音乐性，尽管在句子末尾没有故意押韵，但在句子中有意运用了一些押韵的词汇，如"送礼""玩意儿""诚意""转来转去""手里""来看你"，这些押韵的词汇点缀在句子中间，形成了流利的语言风格，读起来朗朗上口，可谓是读起来上口，听起来顺耳的"叮叮当当""掷地有声"的语言。再加上朱自清有意运用对仗的句式，如"虚伪的客套"和"无聊的玩意儿"，"看望的次数"和"时间的长短"，"多少的分别"和"有无的分别"，"看人又有回看"和"请客有回请""送礼有回礼"，这些对仗句式的运用体现了中国语言内在的节奏和音乐性。朱自清即便是在文中也引用了古语"来而不往非礼也"，但这古语也早已成为人们口头常说的语言了。当然，上口不上口主要是就作者的标准而言，倘若考虑到参差不齐的读者的文化水平，那么上口与否就不是一个绝对的概念。①

照此说来，诵读教学是考量白话文写作是否纯粹的试金石，中国现代文学的创作实践可以通过是否上口的语言标准加以检视。

中国现代诗歌史上的朗诵诗运动可以作如是观。在国文教学界不断探讨白话文诵读理论的同时，中国现代诗歌界也在探讨新诗如何朗读的问题。中国古典诗歌的诵读和吟唱源远流长，中国新诗的产生恰恰是在打碎中国传统诗歌的基础上吸纳西方新诗的资源，是在"作诗如作文"的观念下的产物，因而中国现代新诗从一开始就拒绝音节遵循自然的语言节奏，强调言文合一。中国古典诗词的吟咏则是建立在语言的音乐性之上的。那么，新诗如何朗读，成为新诗发展史上的一个问题。胡适的新诗创作和最后完成是伴随着"读——听"的模式完成的，胡适常常在朋友面前朗诵自己的新诗作品，并且把自己创作的新诗作品印成《尝试集》发给大家，沈从文认为胡适的白话诗在

---

① 叶圣陶说道："我们在《精读指导举隅》里提出'上口'的标准，可没有谈到'上'什么人物的'口'。还有，那本书里专就作者一方面说，没有就读者一方面说。现在想补充几句。没有读过经典的决不会'引用'经典的句子，没有接触过文言的成语习语的决不会在话里运用文言的成语习语。因此，所谓'上口'，实在只就从今以前的知识分子而言。从今以前的知识分子有过文言的教养，他们平常说话往往'引用'一些文言成分，他们照说话的样儿写他们的白话文，这就叫做'上口'。可是，作者如果从读者一方面着想，就不一定'上口'就成。"见《关于读〈飞〉的一封来信和答复》(1947 年 4 月 18 日作)，刊《中学生》总 187 期，1947 年。

朗诵时适合“轻轻的读”，如果大声地读，“有时就不免好笑”[①]。之所以听的人感到好笑，还是因为通过大声的朗读，早期新诗普遍存在的“过分浅露”的语言弱点就明显地暴露在听者面前，诗人们普遍面临着新诗写作的语言标准问题。诗人们普遍认识到，新诗要达到可看可诵就应当在音节与形式上多花气力，朱自清也意识到新诗诵读的重要意义：“诗歌朗诵，目的在乎试验新诗或白话诗的音节，看看新诗是否有它自己的音节，不因袭旧诗而确又和白话散文不同的音节，并且看看新诗的音节怎样才算是好。”[②]诗歌朗诵可以检测诗歌的音节。

这种通过朗诵探索中国新诗写作路径的思考在1920年代以后就从未间断过[③]。最早的中国新诗朗诵是从《晨报》的《诗镌》副刊诗人群开始的。徐志摩在《诗刊弁言》中曾提及在闻一多家里就已经在进行诗朗诵的活动。在刘梦苇屋里，几个新月诗人的诗朗诵活动也在同时进行[④]。这群诗人中用力最勤的是朱湘：

> “工欲善其事，必先利其器”，所以现在的新诗应当特别用力在音节与外形两者之上，庶几可以造成一种完善的工具；完善的工具造成之后，新诗的兴盛才有希望。如今在新诗上努力的人，注意到音节的也不少。但是这些致力于音节的人怎样才能知道他们的某种音节上的试验是成功了，可以继续努力，某种音节上的努力是失败了，应当停止进行呢？读诗会！读诗会便是解决这个问题的方法。[⑤]

通过朗诵不但可以检验新诗创作的实际成果，而且借助朗诵可以进一步探寻新诗的艺术。朱自清说：“这读新诗的事，实甚重要；即使没有……唱新诗那样重要，也能增进一般人诵读新诗的兴味，与旧来的‘吟诵’不同的兴味，并改进新诗本身的艺术的。”[⑥]

30年代，朱光潜发起并组织的慧慈殿三号“读诗会”接续了闻一多的读

---

① 沈从文：《谈朗诵诗》，《沈从文全集》第17卷，北岳文艺出版社2002年版，第243页。

② 朱自清：《论朗诵诗》，《朱自清全集》第3卷，江苏教育出版社，1988年，第253页。

③ 参阅刘继业的《朗诵诗理论探索与中国现代诗学》，《中国社会科学》2003年第5期；于晓磊：《上世纪20至40年代新诗朗诵与新诗语言的关系》，沈阳师范大学学报（社会科学版）2011年第3期；赵心宪：《诵诗的文体形式及诗学阐释》，《河北学刊》2007年第6期。

④ 蹇先艾：《〈晨报诗刊〉的始终》，《新文学史料》1979年第3辑。

⑤ 朱湘：《我的读诗会》，《晨报副刊》1926年4月24日。

⑥ 朱自清：《唱新诗等等》，《朱自清全集》第4卷，第223页。

诗会，促使朱光潜办“读诗会”的直接动因在于看到了国外“读诗会”的成功经验[①]，朱光潜的“读诗会”继续探索新诗该如何做，以及新诗诵读的可能性。当时参加“读诗会”的人很广泛，据沈从文在《谈“朗诵诗”》[②]一文中介绍过两个读诗会：一个是在“北平后门朱光潜先生家中按时举行”，参加的人有梁宗岱、冯至、孙大雨、罗念生、周作人、叶公超、废名、卞之琳、何其芳、徐芳、朱自清、俞平伯、王了一、李健吾、林庚、曹葆华、林徽因、周煦良等，几乎囊括了当时整个北平诗坛的纯诗追求者；另一个是中国风谣学会在中南海的读诗会，参加的有胡适之、顾颉刚、罗常培、容肇祖、常惠、佟晶心、吴世昌、徐芳、李素英等人，这边读新诗，也进行民歌、小曲等的配乐演奏试验。从参与读诗会的庞大队伍观之，有新文学作家、诗人，有语言学家，有民俗文化研究者，不管他们各怀着怎样的文化诉求，但对于新诗的朗读却一致发生了浓厚的兴趣。

借助以上简要的历史梳理，我关注的不是朗诵诗歌运动的发展历程，我更为关注的是通过诗歌朗诵或诵读能够在何种程度上改善新诗的语言问题和音节问题，或者换一句话说，新诗通过“口的朗诵”能否引起“写的语言”上的自觉，为建立诗歌文体上文学的国语提供一些有益的启示。

在这一方面，朱自清的思考是较为系统和深入的。他从朗诵与诗的诗学关系出发，指出新诗的语言不在唱，也不在吟，它的生命在朗读，它的生活在朗读里，以便向话语的自然形式寻求生存基础。他意识到“新诗的语言不是民间的语言，而是欧化的或现代化的语言。因此朗读起来不容易顺口顺耳”，“所谓顺口顺耳，就是现在一般人所说的‘上口’。‘上口’的意义，严格的说，该是‘口语里有了的’；现在白话诗文中有好些句式和词汇，特别是新诗中的隐喻，就是在受过中等教育的人的口语里，也还没有，所以便不容易上口”。新诗的诗歌语言从这个方向努力，才可能加速其向话语自然腔调发展的进度。朱自清认为有两种意义的上口可以视为新诗朗诵语言要求的参考，都对新的诗体形成有所帮助。第一种上口的要求太严格了，顺口顺耳到上口的水平，上口的意义该是口语里有了的为标准。现在白话诗文中有好些句式和词汇，特别是新诗中的隐喻，就是在受过中等教育的人的口语里，也还没有。可见，难上口，所以严格。朱自清指出：“第二意义的‘上口’，该可用作朗读的标

---

① 朱光潜说：“我在伦敦时，大英博物馆附近有个书店专门卖诗，这个书店的老板组织一个朗诵会，每逢周四为例会，当时听的人有四五十人。我也去听，觉得这种朗诵会好，诗要能朗诵才是好诗，有音节，有节奏，所以到北京以后也搞起了读诗会。”见商金林：《朱光潜与中国现代文学》，安徽教育出版社，1995 年，第 91—92 页。

② 《沈从文全集》第 17 卷，北岳文艺出版社 2002 年，第 247 页。

准，这所谓‘上口’就是使我们不致歪曲我们一般的语调。”①如长到二三十字的句，十余字的读，中间若无短的停顿，便不能上口，等等。朱自清强调“白话诗文和口语应该是交互影响着而进展的，所谓国语的文学文学的国语”。朱自清对于朗诵诗的看法最后总还是落实到国语和文学的互动上面。最有意味的是，朱自清对于三十年代逐渐高涨的具有大众化运动色彩的诗歌朗诵运动还是持谨慎保留态度的：“现时的诗朗诵运动，似乎用的是第一意义的‘上口’的标准，并且用的是一般民众的口语的标准。这固然不失为诗的一体，但要将诗一概朗诵化就很难。……不过为己的朗读和为人的朗读却该同时并进，诗才能有独立的圆满的进展。”②这里提出了为己和为人的朗诵方式。从朱自清的论述可以看到，为人的朗诵主要是指 30 年代兴起持续到 40 年代的诗歌大众化朗诵运动思潮，为己的朗读更接近于探求诗歌语言音节及其本体问题的朗读——有人谓之为纯诗形式探索的一部分。

沈从文对于新诗诵读也有专门的探讨，他认为中国新诗运动，“企图在诵读上将个人视觉欣赏转而为多数人听觉的欣赏，这种努力随新诗运动而发展……这种诵读试验的集会，与中国新诗运动极有关系，与诗的朗诵更有关系”③。沈从文看到了诗歌诵读与新诗发展的关系，他对于那种早期孜孜以求诗歌语言体式和音节韵律的诗人的“为己的诵读”还是满怀赞美和欣赏之情的：

> 刘梦苇先生的诗，是在新的歌行情绪中写成的。饶孟侃先生的诗，因从唐人绝句上得到暗示，看来就清清白白，读来也节奏顺口。朱湘先生的诗，更从词上继续传统，完全用长短句形式制作白话诗。新诗写作原则是赖形式和音节作传达表现，因此几个人的新诗，都可读可诵。……他（刘半农先生）的《扬鞭集》一部分拟吴歌体作品，可说是最勇敢的朗诵诗的尝试。其所以不引人如何注意，只为的是体例用吴音不用国语。④

沈从文指出能够易于诵读的这些诗人，要么受传统诗歌的影响，要么受民间歌谣的影响，无论古典诗歌还是民间歌谣对于韵律都非常讲究，这两类诗人的诗歌易于朗诵也就容易理解了。请看朱湘的《采莲曲》⑤：

---

① 朱自清：《朗读与诗》，《朱自清全集》第 2 卷，江苏教育出版社 1996 年，第 392—393 页。
② 朱自清：《朗读与诗》，《朱自清全集》第 2 卷，江苏教育出版社，1996 年，第 394 页。
③④ 沈从文：《谈朗诵诗》，《沈从文全集》第 17 卷，北岳文艺出版社，2002 年，第 243、245 页。
⑤ 《朱湘诗集》，四川文艺出版社，1987 年，第 64 页。

小船呀轻飘，
杨柳呀风里颠摇；
荷叶呀翠盖，
荷花呀人样妖娆。
日落，
微波，
金丝闪动过小河。
左行，
右撑，
莲舟上扬起歌声。

菡萏呀半开，
蜂蝶呀不许轻来，
绿水呀相伴，
清净呀不染尘埃。
溪间，
采莲，
水珠滑走过荷钱。
拍紧，
拍轻，
桨声应答着歌声。
藕心呀丝长，
羞涩呀水底深藏；
不见呀蚕茧
丝多呀蛹中央？
…………

他对于当时流行甚广、影响日深的“为人的朗诵”——大众化诗歌朗诵运动保持着警觉。沈从文关于“为己的”诗歌朗诵的主张可以归结为要正确处理语言和文字之间的关系，尽量消弭二者间的裂隙，才能使诗可读可诵，也才能从朗诵中得到关于新诗写作的正确启示。当然，大众化诗歌朗诵运动的倡导者也未必都不注意经营诗歌的语言本体，锡金就区分了“语言的诗”与“文字的诗”，由此区分“朗诵诗”和“过去的新诗”，并进一步阐明“文字有文字的静的形象的美，而语言却有它的动的声音的魅力。”在他看来，朗诵诗的意义就在于“诗更要在朗诵里，逐渐的吸收更多的活的语言”，从而“为民族创造新的言语。”①

的确，无论是语文教学上积极倡导的白话文诵读，还是现代诗歌运动史上由诗人圈子里读诗会的“为己的诵读”，乃至大众化朗诵诗运动，他们在完成自己的文学和文化诉求之后最终要建立创造民族的新的语言。

① 锡金：《朗诵的诗和诗的朗诵》，《战地》1938年第1期。

第八章　作文教学与国语的文学

国语运动的开展，除国语运动家、语言学家、新文学作家的积极推行之外，国语教育工作者在教学中努力探讨作文教学的写作方法，培养学生的白话写作能力，国语教育的教学实践也促进了国语运动的普及。本章主要探讨语文教育家的写作理论是如何引导新一代的学生写作实践的，并进一步讨论作文教学与国语文学的互动关系。

一、国语教学变革与白话文的合法化

自从1920年教育部通令各地国民小学教学采用白话语体教材以来，无论坊间为了商业的利益而应景编纂的白话教材，还是教育部组织编纂并加以审定的部颁教材，语体文的比重不断增加，教材是学生学习的第一范本，白话语体教材的大量编纂和使用无疑给年轻一代的国民提供了学习白话文写作的范本。

其实，那些先知先觉的教育界人士早在教育部通令以前，就已经尝试自编白话教材了，吴研因早在江阴任教期间就曾经使用白话文教材给学生上课，而在苏州第一师范附属小学任教期间，更是对当时的小学教材都用白话文进行了重新编写，且受到家长的一致好评，尤其是吴研因编写的《历史自习书》曾经风靡一时。他后来有颇为自豪的回忆——“到一九一七年我亲自主持办一师附小的时候，除了高小语文仍用文言文教学以外，高小其他科目和初小多科，凡是要用文字教学的，一律改为白话文。”①此时，新文学运动刚刚兴起，白话文学的合法性还未确立，吴研因自编教材的大胆改革无疑开风气之先。由于这个时期，国语还没有统一的标准，还未提出白话文“以北京普通话为标准”，白话文的具体标准还处于探索时期。反映在教材编写上，必然是教材用语的混乱。吴研因这样写道：“由于我是江南人，其实不会说普通话，没有一个会说北京普通话的人为我指导订正，所以编的，不免南腔北调，例如把‘爸爸’写成‘爹爹’，把‘知道’写成‘晓得’等等。在那时提倡白话文的，只

---

① 原文发表于1934年6月30日《中华日报动向》，署名白道。

主张用一般的'普通话',没有提出'以北京普通话为标准'的原则,杂志、报纸的白话文,也往往南腔北调。"[①]就此可以看到国语教学对国语运动的推动。

即便是1920年代以后,白话文在语文教学中的推行仍受到阻力,吴研因力倡白话文教材的过程中,出现了很多小插曲,可以看出白话取代文言的艰难及古文守旧者对吴研因的刁难:

> 一九二二年有一天,一位女家长到尚公来看我,一坐下就问:"你知道王儒堂(北洋政府外交部长,后来也做过蒋帮国民党的大官,是崇洋的人物。)儿子为什么不来尚公上学了?"我说:"不知道。"她说:"你们要学生读白话文,家长都反对,我今天来,也是为了这个问题;你们为什么一定要学生读白话文呢?"我说:"读白话文有什么不好?学生一读就明白,不像文言那么难懂。"她说:"社会上通行的是文言,学生读了白话却不懂文言,将来到社会上去工作怎么办?"我说:"将来社会上会通行白话文的而且有些学生到了中学就可以读到文言。"她说:"白话文不见得能通行,文言晚读不如早读好。校长先生你有儿女在小学吗?你儿女是不是也读白话文呢?"我说:"我的女儿正在苏州一师附小读书,读的确实是白话文。"她说:"你不怕误了她吗?"我说:"不怕。"她说:"这是误人子弟。为什么一定要这样做啊!"我说:"我相信小学读白话文不会误己误人的。"她说:"我不赞成。你们如果不改用文言,我的儿女也只好退学了。"我说:"我希望不要退学。"她说:"要退!退学的学生一定很多,不止王儒堂和我们家。"我说:"没有办法了,那就请便吧。"于是她就叫自己的儿女退了学。自然,纷纷退学的还不少。幸而尚公多的是工人子女,他们不问白话、文言,所以并没有受到影响。[②]

> 当时保守的古文家"中央大学"教授林损等,还是对我很切齿的,有一次,我被别人介绍给林先生。他大概吃醉了酒,突然失去了古文家的"高雅"风度,对我恶狠狠地瞪着眼说:"你就是主张白话文的吴研因!"于是撅起袖子,举起右手,握着拳头,就想打我。幸而被别人把我和他分开,我没有吃亏。这也是文白之战中的一个可笑的小小插曲。[③]

到了20年代以后,由于国语标准定北京普通话为标准,吴研因编写的

① 《以自编教材为主的旧小学语文的回顾与批判》,1973年手写装订本(未出版),第55页。
② 同上书,第57—58页。
③ 同上书,第62页。

《国语新读本》(1922年到1933年上海世界书局出版)力求符合国家的统一的"北京普通话"标准,"我当然还是完全不会说北京普通话的。但是我……特地请一位懂得北京话的人审查,凡是他认为不符合北京普通话的,我都一一照改。"①最后,吴研因编写的《国语新读本》得到了教材审查部的一致好评。语文教科书的用语也都向全国统一的国语标准看齐。"黎锦熙等也强调了白话文要'以北京普通话为标准',所以我编的这部书,很注意用语力求符合北京普通话。例如我把禁止之词的'不要'写成'别',把'怎样'写成'怎么'或者'怎么样',把彼此自称的'我们'写成'咱们',甚至把介词的'和'写成'跟'……诗歌的韵脚也完全照北京音,把'和'和'河'、'滴'和'雪'、'城'和'陈'等区别开来,还注上了注音符号,以便正音。"② 我们借此可以感受到吴研因编写白话文教材时谨慎负责的态度,也可看到国语运动对于国语教学的直接影响。

当然,尽管教育部命令各校一二年级采用白话教材,事实上,教育文化界对于教材编纂的文体问题仍然有所争议。到底应该采用文言还是语体,二者之间的比重如何划分,这都是常常争论的话题。当时社会的心理,还是受传统思想的浸润,心目中以为只有文言文,才足以造就子弟,这种传统观念,牢不可破③,叶圣陶是新文学的积极倡导者,也是语文教育的第一线教师,他就教材编纂的问题曾明确表示:

> 小学国文教授,将全用语体文呢,还是兼用文言呢?要回答这个疑问,实在不必多所研虑。先问我们何以要学习文言,岂不因前人曾经以文言著书么?又问语体何以能通行,岂不因语体切合语言,更能通达今人的情思么?为今人的便利计,自然通用语体。为参观昔人书籍的便利计,于是兼治文言。小学生有参考昔人书籍的必要么?我想经子之部,乃专家所研究,非小学生所宜涉猎。史书文艺,或有益于小学生,而浩繁者多;宜重加编次,或为之翻译——果能做这两件事,也不妨应用语体。于是更不能寻出小学生需用文言的地方了。所以我敢断言,小学国文教材宜纯用语体。
>
> ……
>
> 教材纯用了语体,于是教师无须有翻译讲解之劳,学童亦不必有勉

---

①② 吴研因:《以自编教科书为主的旧小学语文的回顾与批判》,1973年手写装订版(未出版),第55页。

③ 胡祖琳:《语体文言问题和小学教育——普及教育》,《徐汇师范校刊》第2卷第4期,1928年。

强记忆之苦。国文教授所应有的事，将迥异昔时。惟事训练情思，使学童对于周围常常有欲了解、欲发表的冲动。更使练习语言，求发音和语调的正确；一面能正确地传达己的情思，一面能领解他人的言语。待感到有记录的必要时，便书成纸面的文字。以前所谓引起动机、提示、讲解、应用等等阶段，本是分析的；至此而浑成一气，只是学童全生活里的一件事实。小学教育的不论何科，必须能成为整个的一件事实时，而后学童感觉亲切有味。所以国文教材宜纯用语体。①

叶圣陶不但详细阐明了小学国文教材纯粹采用白话文对于学生学习和老师教学的双重便利，也积极主张小学各科均有采用白话文教学的必要性。这种白话文教学的主张在当时显得极为开明。

不久，初中教科书也由教育部训令一律采用语体文编辑②，通过行政力量的直接干预推进语体文教材的编撰，使白话文在初中也获得了其发展的合法空间，其效果也是显著的，不过这道训令特意给国文编撰留下了文言的空间——“除国文一科得兼用文言文及语体文外，其余各科，一律须用语体文编辑。”这种文言语体合编的弊端与优长我们在下文会涉及。

1922年，教育部刊布了各科《中小学课程标准纲要》，吴研因起草的《小学国语课程纲要》中指出，六年的小学国语教学内容必须是在国语范围内的语言文字，阅读与作文均改用语体。语体的采用，使小学语文教材开创了新局面，实现了言文一致，减少了儿童学习语言文字的困难，有利于学生理解能力和表达能力的提高；同时，也为普及新文学运动所倡导的白话文、推行国语教育铺平了道路。试看1929年的小学国语暂行课程标准总体目标：

（一）练习运用本国的标准语，以为表情达意的工具，以期全国语言相通。

（二）学习平易的语体文，以增长经验，养成透彻迅速扼要等阅读儿童图书的能力。

---

① 叶圣陶：《小学国文教授的诸问题》，《教育杂志》第14卷第1号，1922年1月20日。

② 初中教科书一律采用语体文编辑为布告事：案奉　教育部第一五七号训令内开：——“案查小学校一律用语体文教学，不教艰深之文言文，业经前大学院根据全国教育会议决议通令施行；复经本部通令禁止采用文言文教科书各在案。小学校既不用文言文教授，则毕业于小学校之学生，对于文言文之书籍，自乏了解能力。而初中各科教科书，仍多有用文言文编辑者，对于程度之衔接，太不顾及，殊属不合。为此，除分令外，合行令仰该厅转饬各书坊以后编辑初级中学教科书，除国文一科得兼用文言文及语体文外，其余各科，一律须用语体文编辑！此令。”载《河南教育》第2卷第16期，1929年。

（三）欣赏相当的儿童文学，以扩充想象，启发思想，涵养感情，并增长阅读儿童图书的兴趣。

（四）运用平易的口语和语体文，以传达思想，表现感情，而使别人了解。

（五）练习书写，以达于正确清楚匀称和迅速的程度。①

这里谈到五条，除了最后一条规范汉字的书写要求外，其他四条均涉及国语运动和新文学的问题，第一条是贯彻国语运动国语标准和国语统一的目标，第二、三、四条是通过阅读、欣赏和写作白话文贯穿了新文学所主张的一些基本理念。

国语运动和新文学运动的合流也带来了国语教学的重大变革，加上教育界受五四新文化运动时期就激荡而起的“儿童中心”“儿童本位”思潮的影响，国语教材的编撰方面，在内容上注意与儿童生活相适应：内容多取材于家庭、学校等日常生活，题材是儿童熟悉和喜闻乐见的；教材的编写尽量引起儿童的兴趣，在文体上如初小教材中多儿歌、童话、寓言故事等，以引起儿童读书的兴趣；在内容的编排原则上也符合儿童的认知特点与学习心理，低年级多为故事、儿歌、寓言、童话等儿童文学作品，议论文及古代文学作品多安排在高年级。

五四新文学的产生、发展和不断壮大，也为中小学国语国文教材的编撰提供了有益的材料，在某种程度上直接促进了中小学语文教育的重大改革。尤其是1922年的新学制以来，国语科设立——改国文为国语，之前许多国文教材改为国语教材。即便是中学教材，白话文的比重也日渐加大。

二、新文学进入教材与白话文范初步确立

1920年商务印书馆出版《中等学校用白话文范》（四册），被后来的研究者称之为中学白话语文教科书产生的标志②。这套教材所选的白话文“有古名贤程颢、程颐、朱熹及现代教育家蔡元培、胡适、钱玄同、沈玄庐、陈独秀诸先生的著作，不但形式上可得白话文的模范，就是实质上也都是有关新道德新知识新思想的文字”。③

周予同、顾颉刚、叶绍钧编辑，胡适等校订的《新学制初级中学教科书国语》于1923年2月由上海商务印书馆出版。从选文作者和内容上看，孟子的

① 《20世纪中国小学语文教育丛书语文教学大纲汇编》，人民教育出版社，2001年，第4页。

② 参见郑国民的《从文言文教学到白话文教学》，北京师范大学出版社，2000年。

③ 此文系商务印书馆1920年出版的《新法国语教科书》封三广告上刊登的文字。

文章选 9 篇，蔡元培的文章选 10 篇，胡适的文章选 11 篇(包括译文)，梁启超的文章选 10 篇，周作人的文章选 18 篇(包括译文)，还有鲁迅和徐志摩等名字的作品，新文学和语体文显然占据很大的比重。从文体上看，《国语》选文，以记叙、写景、抒情文章为主，所选语体文里多是名家名篇，如鲁迅的《孔乙己》《故乡》《鸭的喜剧》，徐志摩的《我所知道的康桥》，都德的《最后一课》等。

沈星一编、黎锦熙校订的《新中学教科书初级国语读本》由中华书局于 1925 年 3 月出版。教材的编选以白话文为主，编辑大意中讲到"《新中学教科书初级国语读本》的编辑大意指出："本书选材，注重下列两个要点：①内容务求适切于现实的人生。②文章务求富有艺术的价值"，"本书内容，以记叙文、抒情文为主，参用议论文、说明文。第一册都是今人浅显的作品，以期和小学衔接。第二册兼采旧说部，使学者略识国语文演进的历程。第三册兼采译作，并略注重于讨论问题和研究学理之文，使学者了然于国语文在现今实际上的应用。"从编辑大意可以略窥教材编纂者的国语教学意图，国语教材所选取的材料和范文主要是适合于新文学标准的——"适切于现实的人生"——的文学文，除了旧白话小说，主要是今人的新作。第一册第一课是蔡元培提倡新文学新文化的力作《国语的将来》，这篇文章从内容上是倡导国语教育的重要文章，蔡元培在该文中提出了"国文的问题，最重要的，就是文言和白话的竞争"，阐明了提倡白话文的缘由，"白话是用今人的话来传达今人的意思，是直接的。文言是用古人的话来传达今人的意思，是间接的。间接的传达，写的人与读的人都要费一番编译的工夫，这是何苦来？我们偶然看见几个留学外国的人，写给本国人的信，都用外国文，觉得很好笑；要是写给今人看的，偏用古人的话，不一样觉得很好笑吗"？从语言形式上讲，该套教材是标准的白话文范。第二册第一课是胡适的《国语的文学文学的国语》，文中说："简单说来，自从三百篇到于今，中国的文学凡是有一些儿价值，有一些儿生命的，都是白话的，或是近白话的。其余的都是没有生气的古董，都是博物院中的陈列品。"这些文章从内容上传播了使用白话文的现代理念，从写作范式上提供了学生学习写作白话文的摹本。

《新中学教科书初级国语读本》的编选不但涉及以上所论及的议论文体，也收录了许多现代新诗，比如第一册第七课、第二十五课叶绍钧的《江滨》和《锁闭的生活》，第八课、第九课刘半农的《稻棚》和《一个小农家的暮》，第十四课沈尹默的《生机》，第十五课胡适的《一颗星儿》，第二十六课周作人的《小河》，第二十七课郭沫若的《天上的市街》，第三十一课陈南士的《谒墓》，第三十二课、第三十四课冰心的《致词》和《迎"春"》，第三十三课周作人的《两个扫雪的人》，第四十课俞平伯的《潮歌》；第二册第十四课玄庐的《十五娘》，第十七课周作人的《山中杂信之一》，第十八课到第二十三课分别是周作人的《西山小品》《山居杂诗》，朱自清的《静》，刘大白的《自然底微笑》等，刘延陵的《河边》，第二十八课到第三十一课分别是郑振铎的《旅程》、周作人的《歧路》、宗白华的《流云》等。① 教材所选文范大都是当时力倡新文化与新文学的趋新人士所作，梁启超的作品12篇，胡适10篇，冰心9篇，周作人8篇，叶绍钧6篇，蔡元培4篇，鲁迅3篇，郑振铎3篇，王统照2篇，钱玄同2篇。

《初级中学混合国语教科书》是赵景深先生根据1929年教育部颁发的《初级中学国文暂行课程标准》编辑的，共6册，由上海北新书局于1930—1932年间出版发行，在当时影响颇大。1929年"课程标准"的"目标"中首先明确要求学生"养成运用语体文及语言充畅地叙说事理及表情达意的技能"。可见此时白话文教学已占据主导地位。本书所选白话文的作者多是当时影响颇大的文人学者，如梁启超、蔡元培、胡适、鲁迅、周作人、朱自清、徐志摩、郑振铎、叶绍钧等人，其中周作人的作品达15篇之多，胡适7篇，梁启超6篇，蔡元培、朱自清、鲁迅各5篇。白话文的选文基本奠定了此后中学语文选文的标准，如朱自清的《匆匆》《荷塘月色》《绿》，周作人的《乌篷船》《苦雨》《故乡的野菜》，戴望舒的《雨巷》等都成为经典的选文。

魏冰心、苏兆骧编辑的《国语读本》（初小用）于1934年由世界书局出版。本套教材根据1933年小学课程标准编订，注重应用文体的教学，体现了三十年代提出的语文教育要面向大众的社会功能。如第五册第三十二课《慎三给之梅的信》介绍了书信和信封的写法，第三十四课《写标语》介绍了如何写标语及标语的作用；第六册第二课《日记》介绍了如何写日记，第三课《不识字的猎人》写不识字的坏处；第七册第十六课《到中山陵》介绍了游记的写法，第二十一课《鸣初拟请帖》介绍了如何写请帖；第八朋第三十三课《送礼》介绍了如何写签条。教材有相应的助读系统和练习系统。在教材正文每一页的下端都列有这一页出现的生字，并且用注音符号进行了标注，方便学生学习。

赵景深、李小峰编辑，周作人、吴研因校订的《高小国语读本》1933—1934年由上海青光书局出版。这套教材依据1932年教育部颁行的《小学课程标准国语》编写这套教材每五至六课之后都附有一节"语法与作文"课，主要由浅及深地讲一些语法内容及作文。第一册共八节"语法与作文"课，所讲内容依次为："什么叫做句""句的种类""等立复句与主从复句""名词""人称代名词""冒号与引号""只是代名词""写日记的方法"等。

朱文叔校订，孙世庆、鞠承颖、陆费逵等编辑的《小学国语读本》（高小用）

---

① 参见闫苹、段建宏主编《中国现代中学语文教材研究》的有关论述，文心出版社2007年。

1934—1935年由中华书局出版。《小学国语读本》全套共四册，依据1932年教育部颁行的《小学课程标准国语》编写。教材注重培养学生将所学文字运用在实际生活中的能力，共选了近20篇实用文。有书信、宣言、演讲词、日记、传单、计划、会议记录、提案、缘起和简章的写法等。本套教材编选了不少通俗文体的课文。编选了像滑稽剧《他是谁》，韵文《西湖秋泛》《牧人游叙利亚城》，鼓词《班超定西域鼓词》等传统文体，尤其是鼓词。

《初中国文读本》由中华书局在1935—1936年间出版发行，是为配合当时的"新课程标准"而编写的。"课程标准"对目标作出如下规定：一、养成运用语体文及语言流畅地叙说事理及表达情意的技能。二、养成了解平易的文言文书报的能力。三、养成阅读书报的习惯。教材编者是朱文叔和宋文翰，由张文治作注，全套共6册。"作文教材内容安排如下：初一讲语法、文法，初二、初三讲文章体制，总称为文章作法。每一专题后，配有针对性语法练习，例句完全出自课文。'编例'讲这种作文教材的设计是"根据学生对于语言文字上的知识需要及了解程度"安排的。可是语法分析和文章体制的讲解非常繁琐艰深，如初中一年级就开始系统讲述复句的分类辨析，把复句分为包孕复句、等列复句、主从复句，又将等列连词分为并列连词、选择连词、承接连词，转折连词；讲到主从复句时，又分门别类讲时间连词、因果连词、假设连词、范围连词、让步连词、比较连词；在各专题后的练习中要求学生能明确指出句中连词的归类。此外还分别讲授复主语、复述语、复宾语、复补足语以及主语倒置的三种情况、宾语倒置的三种情况、形容附加语倒置、副词附加语倒置与省略等。名词、术语之多可见一斑。由此可以推断，所谓的作文课以主要讲解写作理论和语法知识为主，偶有实践也可能是由教师即兴命题，学生作文，忽视了对生活的观察和思考以及写作源于生活的本质规律。"

为了避免文言白话混编教材的弊端，叶圣陶、郭绍虞、周予同、覃必陶合编的《开明新编国文课本(上)》于开明书店1946年出版，甲种本均收录现代文学作家的创作作品或译介的外国文学作品。甲种本(上)篇①目录及作者：

第一册

繁星 ………………………………………… 巴　金
火烧云 ……………………………………… 萧　红
佛兰克林做徒弟的时候 …………………… 陶行知
少年时代的朱元璋 ………………………… 吴　晗

① 下面的目录是采用人民文学出版社2011年出版的原《开明新编国文读本》的重印本。

平民夜校开学演说 …………………………… 蔡元培
习惯成自然 ………………………………………… 翰　先
邮差先生 …………………………………………… 芦　焚
威尼斯的小艇 ……………………… 马克吐温　著　刘正训　译

两首诗

太阳的话 …………………………………………… 艾　青
一个小农家的暮 …………………………………… 刘　复
科学的头脑 ………………………………………… 任鸿隽
人民的世纪 ……………………………………《开明少年》
济南的冬天 ………………………………………… 老　舍
交湖风景 …………………………………………… 朱自清
乞丐 ……………………………… 屠格涅夫　著　李岳南　译
聪明人和傻子和奴才 ……………………………… 鲁　迅
离枝之前 ………………………… 萨尔丹　著　胡仲持　译
背影 ………………………………………………… 朱自清
撤退 ……………………………… 格洛斯曼　著　茅　盾　译
撤退(续) ………………………… 格洛斯曼　著　茅　盾　译
撤退(续) ………………………… 格洛斯曼　著　茅　盾　译

第二册

野草 ………………………………………………… 夏　衍
玻璃棺材 ………………………… 柏吉尔　著　顾均止　译
泅水 ……………………………… 萨洛扬　著　吕叔湘　译
风筝 ………………………………………………… 鲁　迅
伦敦的动物园 ……………………………………… 朱自清
人日谈劳动 ………………………………………… 柏　寒
怀疑与学问 ………………………………………… 顾颉刚
子产执政 …………………………………………… 张荫麟
太行山的西麓 ……………………………………… 丁文江
中国水灾的原因和预防 ……………… 贝克讲　荫　良　译
海滨琐记 …………………………………………… 曹揆百
车窗外 ……………………………………………… 蹇先艾
辰州途中 …………………………………………… 沈从文
“拉拉车” ………………………………………… 茅　盾
垣曲风光 …………………………………………… 卞之琳

春联儿 …… 叶圣陶
输血者的故事 …… D. Ferguson 著 学人 译

诗两首

一句话 …… 闻一多
"两个老鼠抬了一个梦" …… 刘大白
高尔基 …… 魏 信
高尔基(续) …… 魏 信

第三册

织女星和牵牛星 …… 叶至善
冥王星的发现 …… 《科学生活》
从昆明到重庆 …… 冰 心
飞 …… 朱自清
白杨树 …… 茅 盾
杜鹃 …… 郭沫若
我们的骄傲 …… 叶圣陶
旧家的火葬 …… 夏 衍
苦恼 …… 契诃夫 著 胡 适 译
猫的天堂 …… 左拉 著 刘 复 译
"好儿子" …… 瓦西列夫斯卡 著 曹靖华译
买旧书 …… 施蛰存
冬晚 …… 靳 以
野店 …… 李广田
开放给大众的克里米亚 …… 邹韬奋
联合国 …… 柏 园
思想解放 …… 梁启超
四个"所有" …… 朱 逊
好望号 …… 海哲斯曼 著 袁 俊 改译
好望号(续) …… 海哲斯曼 著 袁 俊 改译

甲种本(下)

第一册

"努力事春耕" …… 《开明少年》
一件小事 …… 鲁 迅
怀念振黄 …… 子 冈
《北望集》序 …… 朱自清

国际知识不是专门学问 …………………… 金仲华
以画为喻 …………………… 叶圣陶
牢狱生活 …………………… 克鲁泡特金　著　巴金　译
锦衣卫和廷杖 …………………… 吴　晗
塞外怀古 …………………… 方　回
詹天佑先生 …………………… 《科学的中国》
我的同班 …………………… 冰　心
丰塔马辣 …………………… 西隆涅　著　绮　纹　译
老牛 …………………… 潘林　著　沈雁冰　译
从掷石子说道原子弹 …………………… 顾均正
读书 …………………… 曹　孚
罗邱史德黑兰会议宣言 …………………… 佚　名
雁 …………………… 楚图南
荷 …………………… 贾祖璋
莱茵河 …………………… 朱自清
夏季的旅行 …………………… 鹤见祐辅　著　鲁　迅　译

第二册

生物的历史 …………………… 房龙　著　沈性仁　译
蝉 …………………… 法布尔　著　王大文　译
常德的船 …………………… 沈从文
千佛洞的壁画 …………………… 向锦江
在沙漠中 …………………… 赫定　著　绮　纹　译
成都农家的春季 …………………… 叶至诚
北平的夏天 …………………… 老　舍
向生活学习 …………………… 沙　汀
窗子以外 …………………… 林徽因
窗子以外(续) …………………… 林徽因
圣尼古拉斯的逮捕 ……… Marko Cheremshina　著　柳存仁　译
客 …………………… 潘林　著　施蛰存　译
孔乙己 …………………… 鲁　迅
《老残游记》的文学技术 …………………… 胡　适
教育家的孔子 …………………… 张荫麟
我爱孔子 …………………… 宋云彬
万世师表 …………………… 袁　俊

朦胧的敬慕 …………………………………………………… 萧 乾
教学合一 ……………………………………………………… 陶行知
“开卷有益” …………………………………………………… 傅彬然

甲种本(下)

第三册

说话 ………………………………………………………… 朱自清
谈气节 ……………………………………………………… 宋云彬
故乡 ………………………………………………………… 鲁 迅
故乡(续) …………………………………………………… 鲁 迅
战后访阿尔卑斯 …………………………………………… 萧 乾
语文杂谈 …………………………………………………… 吕叔湘
给高尔基的信 …………………………… 契科夫 著 程万孚 译
读者可以自负之处 ………………………………………… 夏丏尊
美术照相 …………………………………………………… 刘 复
艺术的产生和发展 ………………………………………… 伯 韩
《诗经》的源起 ……………………………………………… 朱自清
蔡元培先生 ………………………………………………… 余 毅
哭一多父子 ………………………………………………… 吴 晗
纪念但丁 …………………………………………………… 陈衡哲
同情 ………………………………………………………… 斯 人
《好望角》改译本序 ………………………………………… 袁 俊
复活 ………………………………… 托尔斯泰 著 夏 衍 改编
复活(续) …………………………… 托尔斯泰 著 夏 衍 改编
复活(续) …………………………… 托尔斯泰 著 夏 衍 改编
“为万世开太平” …………………………………………… 曹 孚

我之所以不厌其烦摘录、征引似乎显得单调乏味的语文教材的选文目录及其作者,意在讨论一个我们常常容易忽视的问题——文学经典如何确立的命题。1920年以后,白话文大量进入教材是在教育体制上建立了白话文的合法性。但,新文学作品能够选进的比例多大,又是哪位新文学作家的作品被能够选入,选入篇目的多寡以及在各种国文教材中选进的重复率等等问题,这不但关涉作品本身的思想艺术水平问题,更关系到一个作家能否被时代的语文认可并进一步经典化的问题。我们知道,教育部门尤其是学校是传播知识、学习知识以及有可能再生产知识的文化场域和权利场域,教材与课程的编排体现了各种不同的政治权利、文化观念、文学理想、价值准则等相互纠葛不断博弈的景观，现代国文教材的编撰使大量的新文学作家及作品进入教材，尤其是叶圣陶编撰的《开明新编国文课本》（上、下）甲种，这样的编排勇气和编撰体例表明：编入甲种本的中国新文学作家作品——与编入乙种本的中国古代作家及作品都同样进入了文学的经典，也就是说白话文替代文言文也已经取得了典范的意义和独立的价值。同时，这些被选入的文学作品不但是教师教学的材料，学生欣赏的文本，也为学生日后的作文写作提供了白话语体的经典范例。事实上，许多选入国文教材的篇目在目前的语文教材中依然闪耀着经典的光芒[①]，一代又一代的国民从中汲取文化的滋养，成为写作的范本。教材的编纂者有的是语文教育家，有的是国语家如黎锦熙等，有的是新文学作家，有的教材编纂是他们通力合作的结果，教材的编纂展现了三方相互支持、合作互动的动人场景。

三、国文教材编纂与选文之争

白话文进入教材的合法性已经确立，接下来的问题又接踵而来：教材的选文在应用文与文学文的文体比例上如何划定，这不但关系到语文教育的实质——是文学教育还是知识传授的问题，还关系到此后学生的应用文写作水平及文言白话的诸多问题，事关重大，不可小觑。

三十年代初开始，语文教育界及思想文化界就中学生的国文程度展开了近十年持续不断的讨论，以《中学生》《国文月刊》《国文杂志》等刊物为阵地的讨论，广泛涉及中学国文程度是否低落、国文教学的目的、教材编排、教学方法等诸多问题。在此，我不打算对具体的讨论做过多历史的梳理，我只想从中抽取一些关于学生习作能力问题的讨论和质疑展开论述。

如果不泛泛而论国文程度，而把所论问题集中在具体的写作层面，有些论者的声音就很值得倾听："就单方面而论，中学生对于应用文之写作，缺少练习而'不行'，似乎是实情。此非学生之过，亦非教师之过，实系教材之过。"[②]即使是白话文运动的积极推行者对这一指责不但没有反驳的文章，却大都予以承认。在此，学生把自身应用文的写作水平低下完全归咎于教材之过。那么，教材的编排如何妨碍了学生应用文写作的训练和提高，或者可以这样追问：教材的编排如何导致了学生应用文写作能力的低下？

---

① 如鲁迅的《故乡》《一件小事》《孔乙己》《风筝》等，朱自清的《背影》等篇目，现在仍选入中学语文教材。

② 其扬：《一个旁观者的结论》，《中学生》第54号，1935年4月。

让我们进一步回顾当时的国文教材的编撰理念，探查其中可能所蕴含的问题的症结。

白话文运动的主要实绩在文艺创作领域表现得尤为突出，在中学语文教学中白话与文言似乎平分秋色，但在报纸、书信、电报等诸多应用文体方面却依然是文言占绝对优势。新文学内部人士也敏锐地觉察到了国文教学中的这一症结：

> 文言文在现时社会上犹有其需要者不过两途：一是报纸文字，又一是各机关之应用文字。如使这两种能彻底改革，那么文言文便失掉他需要的根据，而学校教育对于文言的训练也就可以根本放弃了。在现在，无论是谁都不能否认新文艺的存在；同时无论是谁也都不能否认旧文学——或称文言文——在社会上犹有相当的势力，相当的需要。所以教育部于中学国文方针也依违于此二者之间不能定一明确的趋向；而一般中学教员也只能随学校方针或徇学生要求而异其施教的方针。漫无准的，莫知适从，而为国文教员者遂感到大大的困难。①

他的这一论述的确道出了新文艺对于应用文体的忽视。在他看来，倘若白话新文艺不充分占据应用的市场，就很难说得上真正的成功，只有“白话文是文艺文，同时也是应用文，那才是白话文的成功”。②

事实上，白话文未能占领应用文市场，与国文教材的编撰和教学关系重大。

早在1920年，胡适在《中学国文的教授》一文谈到国语文教材的制定，主张多“看小说”、多读“白话的戏剧”：

> 看二十部以上，五十部以下的白话小说。例如《水浒》《红楼梦》《西游记》《儒林外史》《镜花缘》《七侠五义》《二十年目睹之怪现状》《恨海》《九命奇冤》《文明小史》《官场现形记》《老残游记》《侠隐记》《续侠隐记》等等。此外有好的短篇白话小说，也可以选读。③

---

① 郭绍虞：《新文艺运动应走的新途径》，《文学月报》第5期，1939年4月。又见《语文通论》，开明书店，1941年，第84—85页。

② 同上，第88页。

③ 胡适：《中学国文的教授》（该文作于1920年3月24日），载《新青年》第8卷1号，1920年9月1日。

从胡适列举的小说书目,明显看出胡适的中学国文教学观念基本上是重视"纯文学"教育,这自然与他"文学的国语,国语的文学"思路有关,他试图通过中学国文教材大力推进"国语的文学"创作。早在1918年4月,胡适在《建设的文学革命论》中,针对国语运动展开的"统一国语"思路,提出自己独到的见解:"国语不是单靠几位言语学的专门家就能造得成的;也不是单靠几本国语教科书和几部国语字典就能造成的。若要造国语,先须造国语的文学。天下的人谁肯从国语教科书和国语字典里面学习国语?所以国语教科书和国语字典,虽是很要紧,决不是造国语的利器。真正能有功效有势力的国语教科书,便是国语的文学;便是国语的小说,诗文,戏本。国语的小说,诗文,戏本通行之日,便是中国国语成立之时。"胡适在后来的文章中又提出了具体的文学改革的进行程序:第一步,"要先造成一些有价值的国语文学,养成一种信仰新文学的国民心理";第二步,普及学校教育中的国语教学,要"从低级学校做起","进行的方法,在于一律用国语编纂中小学校的教科书"。

胡适主张采用古今白话小说作为中学国语文的教材,但具体采用哪些小说还是语焉不详。胡适的《中学国文的教授》发表不久,何仲英马上提出白话小说教授的具体实施方案。何仲英针对当时反对讲授白话小说的种种言论,进一步阐述了以白话小说作为国语文主要教材的必要性和可得性,并选择10部古代白话小说一一作了分析,同时就白话小说的教授法提出了具体的实施方案。胡适可谓是"吾道不孤",他的主张在何仲英这里得到详尽的补充和极端的发挥:

> 就现在教材底分量说,小说实在是比较的多、比较的好,就教材底课外适宜说,小说实在是比较的有兴趣,比较的能持久。再深一层说,与其读一部高等小学理科读本,不如看一部《上下古今谈》;与其读《徐霞客游记》,不如看一部《老残游记》;与其读尽乾嘉时文人底专集,不如看一部《儒林外史》;与其模仿这篇传,模仿那篇传,不如看一部《水浒传》;与其学诗、学词、学歌、学赋,不如看一部《红楼梦》和一部《镜花缘》。所以我敢说白话在现在,虽不能说是国语底唯一教材,也当占国语文教材底大部分。①

这种视国文教育为文学教育乃至小说教育的偏颇观念,当时也曾遭到一

① 何仲英:《国语文底教材与小说》,《教育杂志》第12卷第11号,1920年。

些人士的质疑[1]，但质疑的声音毕竟微弱，加之当时的新文学运动如火如荼，即使有人主张应用文和文学文在教材内平分秋色，但其倡议的教材编撰标准与五四新文学革命的文学理念几乎一致：

中学教育，一则竟普通教育之功，养成社会上应用之知能；一则植人材教育之基，指导进究专科学问之途径。由前言之，中学国文宜注重社会上普通之文，涵养通解应用文字，暨发表思想之能力；由后言之，中学国文宜兼重文学之文，培成研索文学之始基。……中学国文在授以写实主义理想主义之普通文、文学文……选文标准教授方针既定，乃得准是选教材。请先陈其文体与界说。由教授方针，可厘文体为四类：(一)写实主义之普通文(二)写实主义之文学文(三)理想主义之普通文(四)理想主义之文学文。其界说如左：叙述事物情态之文字，率真而无讳饰者，为写实之文。陈说事理物理之文字，畅达而非荒诞者，为理想之文。各类文字之词意平实者，为普通之文。各类文字之词意优美者，为文学之文。……合于下列八条件者不选：一、词旨晦涩文句矫揉造作者。……二、骈俪文堆砌典故者。……三、用意与现代思潮相违者。……四、思想消极足以窒青年进取之机者。……五、文意不适于中学生之境遇者。……六、干禄文及应酬文之一味恭维者。……七、评论古人得失无关大体者。……八、因物与感故作无病之呻吟者。[2]

梁启超对这种“纯文学”的教育观念，后来曾经提出不同的看法：

有人主张拿几部有名的小说当教材。我认为不妥。因为教授国文的目的，虽不必讲什么“因文见道”，也应该令学生连带着一点别的智识，和别的学科互相补助。像那纯文学的作品，《水浒》《红楼》之类，除了打

---

① 关于中学生的阅读，有人质疑阅读小说的片面性：“不可太偏于文艺性　据委员会复订的《初中国语课程纲要》末了读书目录举例，列有小说十三种，戏剧若干种，散文选本若干。我以为初中学生读书的目的，重要的是要增进国文常识，启发思想，训练文章技术而措诸实际的应用。现在关于培养这个最要目的的国文书籍并不曾举出，仅仅举几部小说和戏剧为代表，未免太偏了。从前学校禁止学生看小说，固然是不对，现在却主张纯粹看小说，而忘掉别种有益的书；不及与太过，其为犯偏颇的误谬，是一样的。记得胡适之先生在他《中学国文的教授》一文内说：‘现在中学毕业生能通中文的，都是自己看小说得来的。’这话亦只可认为一部分的事实，决不是普遍的。中学毕业生国文固有从看小说而通的，亦有不看小说而看别种书而通的。这话梁任公就反对他。”见林铁西：《初中国文科读书问题之研究》，《教育杂志》第16卷6号，1924年。

② 孙本文：《中学校之读文教授》，《教育杂志》第11卷第7号，1919年。

> 算当文学家的人，没有研究之必要。此其一。要领略他文章妙处，非全部通读不可。如此庞大的卷帙，实不适学堂教科之用。此其二。体裁单纯，不彀教授举例。此其三。①

把胡适的主张与梁启超的观点相互比照，很容易看出二人对于中学国文教学的不同思路，何况梁启超后来有进一步申述："学生须相当的有欣赏美文的能力，我是承认的；但中学目的在养成常识，不在养成专门文学家，所以他的国文教材，当以应用文为主而美文为附。"②梁启超从传播知识、培养人才出发重视各体文章的学习和训练，胡适则更多考虑刚刚站稳脚跟的白话文学如何在中学国文教学中进一步得到强化和巩固。作为新文学的积极倡导者，胡适希望白话文学在中学国文中"抢占领地""安营扎寨"让人容易理解，但应用文体的教学问题，胡适确实关注不够，这一个不知是有意还是无意的疏忽直接导致了白话文体不能迅速运用在应用文方面，也为此后文言复兴者攻击白话语言能力不足留下了口实。

其实，质疑胡适"纯文学"教育观念的不止梁启超，当时的教育专家陈启天明确提出中学国文应该重视应用文的教育思路：

> 国文，可大分为两种：注重美感的，是美术文，注重利用的，是应用文。应用文又可分为两种：叙述事实的是写实文；推论理性的是论文。中学是普通教育，应该注重应用文，略为补助以美术文。③

这一教育思路与陈启天对中学国文教育目的相关，他认为国文教授的重要目的是"要能做现代的应用文——白话文和浅近文，中学生见了什么事，有了什么意思，就能用现代应用文发表出来，这是国文教授重要的目的，是人人晓得的。"④他反复强调的"中学是普通教育，不是文学专科"的观念与梁启超"不打算当文学家的人，没有研究白话小说的必要"大体一致。

到了三十年代，质疑的声音更为强烈：

> 教初中学生，是要注意训练他们的思想形式的，换句话说，是应当使他们学会各种文章的体裁，不是专门来造成一般文学家或准文学家的。

---

① 梁启超：《中学以上作文教学法》，《改造》第4卷第9号，1922年5月15日。

② 引文见陈平原新发现的梁启超文稿《中学国文不宜采用小说》，见《中华读书报》2002年8月7日，又见陈平原：《触摸历史与进入五四》，北京大学出版社2005年版，第316页。

③④ 陈启天：《中国的国文问题》，《少年中国》，第1卷第12期，1920年7月15日。

> 现在正读本内既都是文学的或文学化的教材，则其他不能文学化的——如议论文、应用文等自不能不放到副读本里去！所以这里应特别声明：我之所以主张有正副读本，绝对不含有轻视副读本的意思。我要学生在正读本里背点一些模范的文章，以取得作文的技巧；有副读本里观摩以法，以学得各种文章的体裁；是并重的，无所轻重于其间的！①

这里提出教材编撰的正副本原则，正读本编撰文学类篇目，副读本编排应用类篇目，类似叶圣陶把文言白话分编的编排体例。

当然，新文学作家期望借国文教学传播自身的文学理念，推广白话文的战果，而国语教育家也看到了以富有文学趣味的教材推广国语统一的语言理念，同样重视文学教育：

> 国语教授上知识的教材，既不能使儿童得益，那么用什么东西来替代呢？不消说，自然是文学的教材了。现在的小学读本，受着知识万能时代的余波还是采用那些法制经济上的知识做材料，这种知识，在公民教育上看来，固然也是必要。不过既然认做必要，那就应该特设一公民科，专门教授；若单单采择若干教材，插入国语读本当中，就以为满足，未免是一种姑息的手段；而国语教育的本领，恐怕反要被他埋没。原来国语教育底目的，不能单以养成读解力及发表力为满足；他的重要条件，却在涵养文学的趣味，陶冶国民的情操。所以那些“国家”“社会”等公民知识的教材，若单用学术的断片的记述，就不能达到这个目的。然则怎样才好呢？我以为也不须别法，只要把那些教材变作文学的就行。②

这位国语教育的理念更为彻底，甚至要把其他学科门类也用文学的趣味取而代之。国语教育和新文学教育的双重合理加大了国语教材文学选文的比例，文学趣味的篇目大大超过了单调的应用文篇目。

我们可以翻阅一下当时的中小学语文教材，根据具体的文类选择探讨这一现象。考虑到题材的多样性，尽管民国时期小学国语课本的编撰也选入了应用文体如书信、启事等开始进入教材。但由于应用文的程式化传统的存在，与所选入的文学类篇目相比，应用文的文言气息较为浓厚，下面是任熔等编辑的《新教育教科书国文读本》（中华书局 1921 年至 1922 年出版）第一册

---

① 祝世德：《初中国文教学经验谈》，《中华教育界》第 21 卷第 1、2 期合刊，1934 年。

② 余尚同：《国语教育的新使命——养成文学趣味》，《教育研究》第 13 卷第 2 号，1921 年。

第九课《致某校足球会书》①,信的全文如下：

某校足球会诸君公鉴：

经启者,会自组织以来,只有两月,素乏练习,无从观感。久仰贵会热心体育,成绩卓著,原定于本星期六午后三时,拟约贵会诸君,在公共体育场比赛足球,俾得取法大雅,并以联络感情;想诸君亦必乐与赞同也。如荷俯允,请先示复为盼。

此上,即颂健安。

县立第一高等小学校足球会谨启

月　日

这封信运用的称呼"诸君公鉴"、格式语言"经启者""如荷俯允""示复为盼"等以及信的内容运用的词汇"素乏练习""取法大雅"都富文言色彩。

到了三十年代,文言气息逐渐减弱。但仍夹杂文言字眼,下面是朱麟等编辑的《国文读本(高小)》(中华书局 1931 年版)第一册第二课《写给母校的信》②：

振之夫子：

好久不领教了,想念得很。学生从母校毕业以后,投考县立高等小学校,侥幸得被录取,这是全在平日夫子和诸位先生教育的功效,学生非常的感激。到校后隔了一天,即行上课。同学有九十多人,共分三级,学生就在第一年级。目下校中正在组织学校市。市中自治事业,分做立法、行政、司法三部,就中行政部的事业最繁,学生可以略微报告。这部里有银行,有商店,有学校园,有卫生处;此外增进智识的,有讲演会,有图书馆;锻炼体格的,有童子军,有足球队;助长生产能力的,有工读团,有工艺社:这些事情,将来都要次第兴办,并且都要同学去分任服务,教师不过居于指导的地位。我想从此可以增长阅历,扩张学识,这真是前途的幸福。不过初到这里,地疏人生,同学教师,尚未熟识;有时想到从前在母校时候,和旧同学共聚一堂,受诸位夫子的教育,仿佛和春风一样,这种乐趣,真是永远不能忘记的了！学生学识浅薄,初次出门,还求

① 见闫苹、张雯编《民国时期小学语文课文选粹》,语文出版社 2009 年版,第 158 页。

② 《民国时期小学语文课文选粹》,第 150－151 页。

夫子随时见教，以免错误，那是万分感激的！

学生郑浩然

月　日

同样是书信，这封选入三十年的书信少了传统书信的一些文言老套程式，但心中不乏夹杂"领教""即行上课""事业最繁""次第兴办""分任服务""尚未熟识""随时见教"等都具有文言色彩，从句式的表达来看，也是四字一停顿，少有口语的气息，但较之20年代的书信则口语化程度明显提升。

应用文训练的欠缺在中学国文程度的讨论中得以彰显。新文学家朱自清承认中学生文艺性文体写作取得了一些成绩，也承认中学生认应用文写作的低下[①]。他对于那些一味沉迷于纯文学创作的中学生提出了设法提高应用文写作水平的建议：

> 现在的学生只知注重创作，将创作当作白话文唯一的正确的出路；就是一般写作的人，也很少着眼在白话应用文的发展上。这是错的。白话已经占领了文学，也快占领了论学论政的文字；但非得等到它占领了应用文，它的任务不算完成。因为现在学生只知注重纯文学的创作，将论学论政的杂文学列在第二等，将应用文不列等，所以大多数不能将白话应用在日常人事上，也无心努力于它的程式化。他们不长于也不乐于写作说明文和议论文，一半也是这个缘故，这样学习白话的写作，是不切实的。[②]

事实上，中学生专重纯文学创作、忽视应用文训练的不良偏好并不能只让中学生负责，这与新文化运动以来的国文教学直接相关，与胡适等纯文学教学的教育理念不无关联。郭绍虞也认识到："文言文之所以有其残余势力者即在社会上犹有应用的需要，而新文艺尚不足以应付这

---

① 朱自清认为中学国文"低落的只是文言的写作，白话尽管在这样情形之下，还是有长足的进展"，但"思路不清在学生写作的说明文和议论文里更为显见……不会写作说明文和议论文，怎样能写作许多应用的文件呢?"见《中学生的国文程度》，《国文月刊》第1期，1940年。

② 朱自清：《中学生的国文程度》，《国文月刊》第1期，1940年。

需要的缘故。"①郭绍虞又进一步指出文学发展史上的通例，他认为：

> 大抵文学史上每一种文学革新的运动，方其初，无不注意在应用方面，但是此种革新运动之成功却不在应用而在其艺术，在其文艺的价值；到最后，使此革新运动奠定其巩固的基础者，则又必适合应用的需要，才能说是此种运动的成熟。②

新文艺/白话文在文艺上的成功的确有目共睹，但要真正走向成熟必须走上应用的路径。事物的发展总会让人始料不及，当初提倡白话文学运动、废文言倡白话的一个重要目的就在于通俗教育的普遍推行，倘若新文艺不能尽快走上应用的路径必将影响这一目标的实现。到了四十年代，许多教育界及新文学人士清楚地看到了白话在应用方面的缺憾，叶圣陶认为国文的涵义比文学要宽广得多，所以教学国文并不等于教学文学，"文学之外，同样包在国文的大范围里头的还有非文学的文章，就是普通文。这包括书信、宣言、报告书、说明书等等应用文，以及平正地写状一件东西载录一件事情的记叙文，条畅地阐明一个原理发挥一个意见的论说文"。叶圣陶通过重新界定国文教学的内涵批评了五四以后偏重文学的国文教学思路，他认为这一教育思路与五四以前的传统国文教学如出一辙，"五四运动以前，国文教材是经史古文，显然因为经史古文是文学……'五四'以后，通行读白话了，教材是当时产生的一些白话的小说、戏剧、小品、诗歌之类，也就是所谓文学。……就偏重文学这一点来说，以上两派是一路的，都以为国文教学是文学教学"③。认识到这一缺憾对于白话的进一步发展和成熟至关重要。

在普遍反省文学篇目选入过多的质疑声中，李广田仍然坚持以文学教育推进国语教学，他从中学生的学习兴趣和自身需要出发，积极主张以文艺性的语体文进行教学，他认为"文艺可以启发青年的想象，丰富并平衡青年的感情，增强其生活意志……文艺不但可以使学生欣赏仿作，而且可以造成其高贵的人格，而这又是教条式的教训，或任何空论，以及实用教学所不能办到的"④。谈到文艺性作品的体裁问题，李广田特意指出剧本作为教材的重要

---

①② 郭绍虞：《新文艺运动应走的新途径》，《文学月报》第5期，1939年4月，又见《语文通论》，开明书店，1941年9月初版，第85页。

③ 叶圣陶：《对于国文教育的两个基本观念》(1940年8月18日作)，《中等教育季刊》创刊号，又见《叶圣陶教育文集》第3卷，人民教育出版社1994年版，第55页。

④ 李广田：《论中学国文应以文艺性的语体文为主要教材》，《李广田全集》第5卷，云南人民出版社2010年版，第338页。

意义，现代话剧之所以备受重视，因为话剧的艺术形式是直接以会话进行表演，更能是书面的“文”向口头的“语”靠近，也有利于现代国民语言习性的培养。

当然，教材编撰这种重视文学的理念也与近代以来形成的文体分类观念有关，人们看着文学文体，应用文体重视不够。近人高凤谦对于文字（当然，这里的文字含有文学之意，引者注）早有分类，“文字有二：曰应用之文字，曰美术之文字。应用之文字，所以代记忆、代语言，苟名为人者，无不当习知之，犹饥之需食，寒之需衣，不可一人不学，不能一日或缺也。美术之文字，则以典雅高古为贵，实为一科专门学，不特非人人所必学，即号为学者亦可以不学”①。高氏应用文字和美术文字之分，即是后来的应用文体和纯文学文体之别。这种文字或曰文体的分类承继着六朝以来的“文笔之辨”，这一文体划分成为以后许多文人学者普遍接受的文学分类观念。依照高氏的看法“世界万国，视文字之重者，无如我国，而识文字之少者，反无如我国。虽曰文字艰深，学之不易，亦以应用之文字与美术之文字混而为一故也。”他断言“欲文化之普及，必自分应用之文字与美术之文字始”。② 从这些论述中，明显看到高氏的文体分类主张美术文仍存高古、仍用文言，而应用文只求达意、可以俚俗——“吾谓应用之文字，但求能达其所见，可以喻之他人，斯亦足矣。虽或间以俚语，杂以讹字，苟与义可通，犹无害其为用，固不必深求也。”高氏对于应用文的降格以求自有其普及民众教育的文化情怀，但也透露出一般士人对于应用文体的相对漠视。这种观念也为五四时期的蔡元培所分享，对于国文的将来，他充满自信地宣称：“我敢断定白话派一定占优胜。但文言是否是绝对的被排斥，还是一个问题。照我的观察，将来应用文，一定全用白话，但美术文，或者有一部分仍用文言。”“应用文，不过记载与说明两种作用。前的是要把所见的自然现象或社会经历给别人看；后的是要把所见的真伪、善恶、美丑的道理与别人讨论。都止要明白与确实，不必加别的色彩，所以宜于白话。”③事实上，三十年代以后的新文学发展恰恰与蔡元培的有些看法迥异，新文学创作走上了白话语言的道路，大量充斥于报纸、公文中的应用文体语言却依然是浅近的文言，这是新文学提倡者所始料不及的。新文学刚刚发动之日，钱玄同的《论应用文亟宜改良》、刘半农的《论应用文之教授》二人的关注焦点首先是应用文体，这与胡适首先从诗歌创作实践打开一条生路显然有

① 高凤谦：《论偏重文字之害》，《东方杂志》第5卷第7期，1908年。又收入《辛亥革命前十年间时论选集》第3卷，北京三联书店1977年版，第11页。

② 同上书，第11—13页。

③ 蔡元培：《国文之将来》，《北京大学日刊》第490号，1919年11月19日。

别。刘半农关于应用文与文学文的比喻颇值得玩味："应用文与文学文，性质全然不同，有两个譬喻：(1)应用文是青菜黄米的家常便饭，文学文却是个肥鱼大肉；(2)应用文是'无事三十里'的随便走路，文学文乃是运动会场上大出风头的一英里跑。"①蔡元培后来另一篇文章中论及国文时说道："国文分二种：一种实用文，在没有开化的时候，因生活上的必要发生的；一种美术文，没有生活上的必要，可是文明时候不能不有的。"②把二人对于应用文和文学文的表述放在一起，你不能不感受到二人对应用文体的看法惊人一致，应用文和文学文之间仿佛有初级和高级的价值等级区隔。这种思想可能也多少影响了学生的选择，加之当初白话文的发展偏于文学一面，应用的白话文发展缓慢，教材编写对于应用文选材就相当困难，学生不喜欢应用文就在情理之中了。对于这种状况，做过多年中学国文教师的朱自清感同身受："课程标准里定的说明文和议论文的数量不算太少，但适当的教材不容易得着。……教材里所选的白话文说明文和议论文多半是凑数的。学生因为只注意创作，从教材里读到的说明文和议论文又很少合他们的脾胃或程度的，也就不愿意练习这两体的写作。"③正是白话应用文的训练不足，为文言留下了应用的空间。因此，作为新文学家又是语文教育家的叶圣陶急切地呼吁要扩大白话文的地盘：

> 白话文字要在现代中国立定坚实的根基，必须占领了所有文言的地盘才行。必须使大家眼睛看到的文字，凡是现代人写的，叙述现代的事物的，没有一篇不是白话，白话文字这才跟现代人的日常生活真的纠结在一块儿。这个说法假如不错，就觉得推行还得加紧。公文告，团体函启，各业广告，以及报纸上的电讯跟记事，现在还是用文言的多，用白话的少。白话文字应当赶紧占领这些个地盘。④

四、作文教学与中小学生的作文文体

教材的编撰为学生的习作提供了初步借鉴的范本，但具体的作文能力的

① 刘半农：《论应用文之教授》，《新青年》第4卷第1号，1918年1月15日。上引文字后来改为："应用文与文学文，性质全然不同，有两个譬喻：一，应用文是家常便饭，文学文却是精美筵席；二，应用文是'无事三十里'随便走路，文学文乃是运动场上出风头的赛跑。"表述的意思依旧。见《半农杂文》(第一册)，北平星云堂书店，1934年6月初版，第50页。

② 蔡元培：《论国文的趋势及国文与外国语及科学的关系》(写于1920年10月)，见《蔡元培语言及文学论著》，河北人民出版社，1985年出版，第189页。

③ 朱自清：《论教本与写作》，《朱自清全集》第2卷，江苏教育出版社1996年版，第49页。

④ 《扩大白话文字的地盘》(1944年8月16日作)，《叶圣陶集》第6卷，江苏教育出版社2004年版。

培养是教材、教师、阅读教学、学生自身的习作训练以及坊间出版的形形种种的作文教法之类、模范作文之类的指导书等等综合习得而成的。本节主要探讨语文教育家是如何指导学生的作文习作的，尤其是那些同时参与新文学进程的语文教育家如朱自清、叶圣陶、夏丏尊、陈望道等，他们关于作文教学的理念不但具体指导了中小学生的作文习作，也在一定层面探讨了国语的文学是如何具体实施和形成的话题，这也是一个有待深入探讨的饶有意味的学术课题。

对于小学作文教学，1929 年的课程纲要目标要求“运用平易的口语和语体文，以传达思想，表现感情，而使别人了解”，“笔述的随机设计，或临时命题，或自由发表，练习以语体文表情达意。”①1932 年小学课程标准国语对作文的要求是“利用环境随机设计，使儿童口述或笔述，练习叙事、说理、达意。使儿童对于普通文实用文的格式、结构、文法、修辞、标点等，能理解和运用。”②1936 年小学课程标准国语作文目标要求是“指导儿童体会字句的用法，篇章的结构，实用文的格式，习作普通文和实用文，养成其发表情意的能力”。在作文作业训练上的要求是“应用的普通文、实用文格式、结构、文法、修辞等的理解和运用。普通文、实用文等的习作。”③从以上小学国语教育的课程标准对于作文的目标要求和作文作业事项，可以看到对于小学生应用文的训练和培养在逐渐加强，1929 年的课程纲要只是对于学生白话语言的写作要求，还未涉及应用文问题，之后到了 1936 年连一般普通文也加上限制词语“应用的”，对应用的强调也是对于教材编写理念上过于看重文学编撰思路的纠偏。

关于中学的作文要求又是怎样呢？1929 年初级中学国文暂行课程标准在作文作业要求一项中有翻译的要求：“翻文言文为语体文，或翻古诗歌为语体散文或语体诗歌。”④1932 年初级中学国文课程标准在作文习作要求中有文章做法的训练，指出“应注重语体文法与文言文法之比较及各种体制之异同”，作文练习要求“翻文言文为语体文，或翻古诗歌为语体散文。”⑤1936 年初级中学国文课程标准特意规定“应用文件书札，契据，章程，广告及普通公文程式之习作”。⑥ 中学作文强调文言与白话的互译练习，1936 年以后的课

① 课程教材研究所编《20 世纪中国中小学课程标准教学大纲汇编·语文卷》，人民教育出版社 1999 年版，第 16—17 页。

② 同上书，第 22 页。

③ 同上书，第 30—31 页。

④ 课程教材研究所编《20 世纪中国中小学课程标准教学大纲汇编·语文卷》，第 285 页。

⑤ 同上书，第 292 页。

⑥ 同上书，第 299 页。

程纲要都把公文应用文的习作强调到作文训练中。

20年代的课程纲要和课程标准尽管对于学生的作文有较为明确的要求及规定，但教材中却很少有关于作文训练的内容讲解。

从30年代起，国文教材中体现的作文教学意识明显增强。多数国文教材都是将文选与习作混编，或取文话、文选、文法三位一体的体例。这一时期出版的比较重视作文教学且在当时较为流行的中学语文教材主要有：孙俍工编的初、高中《国文教科书》（上海神州国光社1932年版），含初、高中各六册，每学期一册。该套教材最大特点是以“文章作法”为线索进行单元组合，每个单元都有一个揭示训练中心的小标题；各单元的选文都服从本单元“文章作法”的要求，并为其提供相应的范例；每个单元还按照本单元“文章作法”要求，布置若干作文题目，供教师指导学生写作时选用。初中以语体文为主而辅以文言文，将每学期分成数个单元，每单元教学一种文体，或某种文体的一部分。大抵一年级以记叙文为主，二年级以说明为主，而辅以文艺抒情文，三年级以议论文为主，应用文为辅，兼及古诗词经史知识。高中以文言为主，大抵一年级以记叙各体为主，二年级以学术思想为主，故偏重议论说明两体，三年级以文艺各体为主，而贯以文学史学识。傅东华编的《复兴初级中学初级中学国文教科书》和《复兴高级中学国文教科书》各六册（商务印书馆1933—1935年版）。在初中《国文》“编辑大意”中说：该书供初中6个学期国文精读及习作教材之用，因而教科书的内容主要由选文和习作两大部分组成。其中每册选文40篇，习作20篇。全套6册教科书共收入选文240篇，习作120篇。选文内容“依新标准教材大纲之规定，力求思想不违背时代潮流及体裁风格堪为模范者，又在可能范围，尽量采用新颖之作品，期能增进教学双方之兴趣。”教材选取了符合儿童心理的文艺作品，如叶绍钧的童话《蚕和蚂蚁》、冰心的《寄小读者》等，还选取救国雪耻的题材，如《抗敌的序幕》《闽安壮士》等。选文的体裁第一年偏重记叙文、抒情文，第二年偏重说明文、抒情文，第三年偏重议论文、应用文。高中《国文》与初中《国文》衔接，供高级中学国文精读及习作教材之用。根据《课程标准》和《教材大纲》，第一学年以文体制为纲，要求选文以能代表或说明各种体制为标准；第二学年以文学源流为纲，注意文章的派别及其流变；第三学年以学术思想为纲，分别讲授代表作品。高中《国文》每册插入9课《文章作法》和9组作文习题。该套教材的最大特点是强调读写联络、语文知识与语文能力相互促进，在选文中间穿插编入了系统的“习作”教材，形成了“选文—注释—文章作法—作文练习”的框架，开创了读写教材混合编制、知识能力共同提高的新体制。夏丏尊、叶绍钧合编的《初中国文科教学自修用书国文百八课》，1935年到1938年先后由开明书店印出四册，全书预期出六册，每册18课，共108课，故名《国文百八课》。后因抗日战争爆发，仅出四册而中辍。这套教科书，是作者依据他们"往日教学的经验和个人的信念"编辑而成的，既重视选取富有情趣和适合儿童阅读的材料，更突出实用性文章，凡"零星的便笺，一条一条的章则，朴实干净的科学一记述"，皆适量选入此书，试图"想给与国文以科学性，一扫从来玄妙笼统观念"。《国文百八课》的内容安排，用书中"编辑大意"里的话来说就是"每课文一单元，有一定的目标，内含文话、文选、文法或修辞、习问四项，各项打成一片"。其中文话是编排的纲领，文选配合文法，文法修辞也取材于文选，习问则是前三项知识、技能的习得。这样就不但是让每一课成为一个单元，并且让全书成为一个有机的整体。《国文百八课》的显著特点之一，就是以文章学的理论统摄全书，以一般文章理法为题材的文话为中心编组单元，单元之间前后关联，左右照应，使全书形成了一个比较完整、比较科学的文章体系。

上述国文教材在编排上坚持读写结合、以读促写的原则。如孙俍工编的《国文教科书》(初级中学使用)第五册第一单元教学目的是"把作者主张严整地系统地建立在坚固的基础上的一种论文作法"，在学习了《建设的文学革命论》《我对于丧礼的改革》和其他三篇文章后，要求学生选作下列题目：《新诗之我见》《我对于结婚仪式的意见》《我们要组织怎样的学生自治会》。再如，傅东华编的《复兴高级中学国文教科书》第一册第二周(第二单元)的篇目是《诗经》中的《六月》《无衣》《民劳》，其后的作文练习是要求"试将《六月》篇演作一个故事"；第四周(第四单元)的篇目是曹植的《白马篇》、陆游的《书志篇》和文天祥的《正气歌》，其后的作文练习要求"任作一题(在课室内)：(一)述志(语体散文诗)，(二)说奋斗精神，(三)不朽论，(四)时事感言"。这些作文题目和文选内容结合非常紧密，且有较强的时代感。这种编写体式打破了传统文选型教材读、写分家的局面，以阅读带动写作，对作文教学有积极的促进作用。由此，显示出这一时期中学作文命题参照和范例的基本特点。①

新文学运动伊始，新文化趋新人士纷纷著文探讨白话文做法。相比之下，语文教育界的探讨显得更加热心。

陈望道二十年代初就著有《作文法讲义》，在谈到选词的时候，他指出"我们如要选词适当，第一步应该辨别词底可用与不可用。辨别底基本标准，就是明白。因为我们作文无非要人明白知道我们底意思，而别人能不能明白知道我们底意思，却大半因为我们用词明白不明白的缘故。所以我们辨别词

---

① 参见刘光成：《百年中学作文命题研究》，湖南师范大学博士学位论文2010年。

性，最初定该以明白为标准，辨别彼底可用与不可用。可用的用；不可用的避去。”①他认为要避去不精确的词和不纯粹的词，如何确定一个词是纯粹的词呢？所谓不纯粹的词，“就是一切违背国语标准的词。违背国语，势必至于连懂国语的人都看不懂。连懂国语的人都看不懂的词，当然没有在国语文中做文章成分的资格，所以通常都该避去”。② 他把死语（文言）、滥造语、外国语、方言都逐出了纯粹语之外。陈望道认为前两种都不是现代的语言，后两种都不是国语。这种纯粹的语言观念到了30年代却成了口语的乌托邦，国语到底该如何建设，过分追求纯粹有可能把国语的丰富性抽空。在谈到作文要学会积累词汇的时候，陈望道指出：“翻译外国文或古文，也是蓄积词汇的一法。因为翻译的时候，就是平时乱写的人也会去找寻些类似的词，从中选出一个比较适切的词来用。”③把翻译古文视为一种积累词汇、提升国语表达的不二法门和切实可行的手段，足见当时古文翻译对建构国语的重要性。

无独有偶，朱自清认为文言与白话的互译，既训练了学生的阅读古典能力，也培养了学生白话文的能力，他自然非常认可这样的训练：

> 翻译是很有用的练习，但似乎不必教学生译为文言，只教他们用自己的白话文重述出来就成。文言课文的练习，也可多用翻译，译文自然是用白话。但两者都得写下来，口述口译是不够的。④

朱自清看重文言翻译白话的练习，是希望借助文言以达到文言的“白话化”。学生白话文写作能力的提高需要合适的教材与教本，凭借这一思路，朱自清提出：

> 白话的私人书信，确是很少。将来倒是一定会普遍的。教材里似乎也只能暂时借用译文。译文有两种：一是译古为今，一是译外为中。书信是最亲切的文体，单是译外为中恐怕不足，所以加译古为今一项。当然要选那些可能译的译，而且得好译手。例如苏轼《黄州与秦太虚书》一类，就可以一试。《曾国藩家书》似乎也可选译一些。这些书信都近于白话，译起来自然些。这种翻译为的是建立白话书信的体裁，并不是因为

---

①② 陈望道：《作文法讲义》（作于1922年）《陈望道学术著作五种》，复旦大学出版社2005年版，第13页。

③ 同上书，第17页。

④ 朱自清：《再论中学生的国文程度》，《朱自清全集》第2卷，江苏教育出版社1996年版，第39页。

原文难懂。①

同样，李广田主张教授中学作文方法时，也可以“文语互译，或译诗歌为散文。”②事实上，一些学校的升学考试本身就有这样的作文试题。这种风气在四十年代仍然盛行。西南联大举行平津高中生甄别试验，国文试题中就有文言翻译白话的考试内容，选文是从《晏子春秋》卷六选出，当然，也有白话译文言的国文试题，老舍的作品《更大一些的想象》被作为白话的典范进行翻译文言。

这种古今互译的作文教学方法对于学生的作文影响是巨大的，直到四十年代的初中模范作文，用白话文写作的要求以文言意译出，言文对照，下面是初中入学的试题范文：

夏　夜

闪烁的星群不时地发出划破长空的亮光，皎洁的银河斜挂在天空中，四野儿是寂静地；树上的蝉，整天的高歌，疲劳得蛰伏在树枝上不动，桐叶在夜风中簌簌地交响，夜莺在海天里凄鸣，黑暗笼罩着大地，只有那星和月向着人们投下一片的银光。

的确，夏夜是可贵的。

你想，人们经过了一整天过度的劳动，受那残酷的太阳的压榨。这是仅有的夜啊；于是，一切的人们：男的，女的，老的，小的，都出来享受着这夏夜的乐趣。仰首望着天空，向着四面八方，上下古今的谈论着，把一天的疲劳，什么都忘记似的。听着池边水蛙阁阁地高声豪歌，看着在展开绿叶的蒲芦间底流萤，遥笑那天河中星月的伶仃孤独，是多么乐趣的事啊！

明月渐渐地由东方的地平线上升了出来，把黑暗的大地，寂静的黄昏，照耀得如同白昼一般；可爱的微风，轻轻地拂着，使人多么爽快。夏夜的景色是多么令人流连啊！

意译前文《夏夜》

星光闪烁，银河皎洁，斜悬于天空之中，四野寂然，蝉高居于树上，蛰伏不动，仿佛憩息者然！桐叶于夜风中簌簌作响，夜莺凄鸣于海角，黑暗笼罩于大地，惟有星月之光辉照耀大地而已！

---

① 朱自清：《论教本与写作》，《朱自清全集》第2卷，江苏教育出版社1996年版，第51—52页。

② 李广田：《中学国文教学的变通办法》，《李广田全集》第5卷，云南人民出版社2010年版，第367页。

> 嘻，诚令人可爱之夏夜也。
>
> 我人经整日之劳动，受阳光之肆虐，每当夜神降临，男女老幼，咸享受此夏夜之乐境。举首仰望，纵横谈论，听池上水蛙之阁阁，看蒲间流萤之点点；几忘日间之疲劳矣！
>
> 明月渐上升，黑暗之大地，寂静之黄昏，俨同白昼；微风轻拂，心神怡旷。美哉夏夜，令人流连不忍舍也！①

《夏夜》是一篇写景的白话文作文，开篇的句式明显受了五四后新文学欧化语体的表达方法的影响，“闪烁的星群不时地发出划破长空的亮光”，在文言意译中以“星光闪烁”四个字相对照。在白话文的写作语气和人称上——“你想”也受到欧化语风格的影响。夏丏尊在为学生教授作文时曾专门谈到《第二人称的立脚点》问题：“近来作者的故意在文章中用‘你’，实受着西洋文的影响。西洋文中常有这样的写法。文章原是以读者为对象的，不拘任何人，当他和文章接触的时候，就是作者的对手了。因此，作者对读者不妨称‘你’。这比较泛称‘人’来得亲切。”②叶圣陶在《徐志摩〈我所知道的康桥〉指导大概》（载叶圣陶与朱自清合著的《精读指导举隅》，商务印书馆一九四二年三月重庆初版）中也谈到作者叙述的人称和语调问题：“本篇里出现许多‘你’字，这也会立刻注意到。‘你’是谁？无论谁读到这篇文字，作为这篇文字的读者，这个‘你’就是他。再推广开来说，这个‘你’也就是作者自己，也就是‘我’。”③那么，为什么指称着读者，“你”呀“你”地叙述呢？为什么分身为二，把自己也称“你”呢？一般文章是以读者为对象的，执笔写文章，好比面对着读者说话，虽然不用“你”字，实在却随处有“你”的意思含在里头。现在明用“你”字，就见得格外亲切，仿佛作者与读者之间有着亲密的友谊，素来是“尔汝相称”的。

这种文言语译的写作方法，当初可能是通过翻译使文言语法和现代国语文法的相互对照以获取文言白话相通的门径，进而提升白话文的写作水平。前文所提到的课程纲要也有文言和白话的互译训练，但这种训练很可能会形成白话文写作的文言调子，摆脱不掉文言的语调和情调的影响，最终对建立国语的文学目标不利。曾经主张通过文言翻译积累词汇的陈望道也开始质疑言文互译：“所谓互翻，实际是拿自己以外的标准来分裂自己的一种工作。讲语体时拿文言做标准来分裂，讲文言时又拿语体做标准来分裂。与其说是

---

① 瞿世镇主编：《初中模范作文》，三民图书公司印行，1946 年 12 月版，第 8—9 页。

② 《大师的 72 堂作文课》，湖南教育出版社 2008 版，第 50 页。

③ 《精读指导举隅　略读指导举隅》，河南教育出版社 1989 年版，第 76 页。

讲语文'通同之共轨',倒不如说是讲语文的彼此的分裂。"①

叶圣陶对言文互译大为不满:"希望大家努力追求写出纯粹的白话,不要'文翻白',不要把文言腔当作骨干,换上些'的了吗呢',需要活生生的上口的语言,有这么些人在这么样说的语言。"他不但反对文言互译,也不主张言文混编教材,而是主张白话文言分开编写,以养成学生写作纯粹的白话文。事实上,当时的学生作文不但有文言腔,有相当部分完全是用文言的笔法写成。

从学生当时的作文习作来看,他们往往一涉及中国文化或文学传统中可资利用的文学资源,笔头不自觉流露出文言的笔法,请看下面两篇读书笔记,一篇是读从国外翻译的白话文后而写的读书笔记:

读了《最后的微笑》

傅朝域　小五

我在书中读到了一篇《最后的微笑》,脑里不觉发生了一些感想。

法国的一个小孩子,替国家去做侦探,为本国军人探听敌人的动静,他爬到树上去窥看。那时,敌人的枪弹,打来打去,他毫不畏缩,只是往树上再爬,把探得的消息,报告本国军人。那时候,枪弹仍旧继续不断的打来,不料他的腿中了一弹,后来,他的腹部也给枪弹射穿了;他才两手一松,像受伤的鸟儿一般直落下来!唉,好可怜!这个爱国的孩子,竟为国而牺牲了性命,令人多么可敬呀!

各位同胞们!像这样的孩子,真是忠勇兼备的模范儿童了。②

下面一篇是读中国文言小品《卖柑者言》之后感想:

孔子曰:"政者,正也。其身正,不令而行,其身不正,虽令不从。"则为政者,将以禁人之欺诈,而非以身行欺诈也。

呜呼!今世之为政者,其欺人亦甚矣。欺诈取财,剥民自利,上下交相欺诈,而民益困。横览天下,时艰而不知救,盗起而不知御,此为政者之欺人也。人皆怨入骨髓,为政者不恤也。复何所言哉?

吾尝读《卖柑者言》一篇,刘氏真有忿世嫉俗之心,故特借卖柑者之言,以议有位者之欺人也,故以柑涉寒暑不溃,玉质而金色,肉干若败絮,是政界之外君子,内小人以欺人也。

---

① 陈望道(署名南山):《语文之间"通同之共轨"》,《太白》第2卷第6期,1935年。

② 董坚志编:《初级模范作文》,上海春明书店1948年版,第55页。

夫为政者，当人民困苦则救之，盗起则御之，此为政界之事。今也不然，日日剥取民财而已矣！尔诈我虞，岂为政之道乎？①

以上所征引的两篇作文选自《初级模范作文》，该书作为小学补充读物，采用文言和白话混合编制体例，作为小学生学习写作的典范，该书的编纂旨趣云："时代不绝地进展，文章的做法，也要跟了时代的转变。所以我们要写清新前进的文章，不能拿落伍的格调作为我们写作的根据"，"本书的编纂，尽过长时间的考虑，采取最新的资料，处处合乎儿童实际的生活"，"这里所选的作品，其来源有二：一部分是向全国著名的小学校征集的；一部分是由各种优良的儿童杂志上选辑下来的。作品的选定，大致根据天真、畅达、立意新颖、富有兴趣等为标准。""本书编制，语体文和文言文混合采用，其中分配的比例，约以语七文三为标准。文体的大别是：论辩文、说明文、抒情文、叙事文、纪实文五种；其中以论辩文、叙事文、纪实文三种文字为多。"从编者的编纂旨趣可以得知，这部模范作文可以代表当时作为优秀的作文水平，编者自云格调上是清新前进的，材料上合乎儿童生活。范文的征集范围具有一定的代表性——"全国著名的学校征集"，选文的标准为天真、畅达、立意新颖、富有兴趣。如果考虑到编者为商家促销不可避免可能会带有的自我夸饰成分，也就是说通过分析该范文大致可以探查到当时全国小学校普遍的作文概貌。从文体上来看，应用文选文较少，仍然是文言白话混编，这种编纂体例说明了当时（1940 年代）小学的作文训练还仍然有文言写作的风气盛行，尽管比例减少。

《初级模范作文》选文中只要涉及中国文化传统中的节庆、意象或古典文学中常见的事项，学生往往以文言出之，可谓是摇笔即来。其中一篇《重阳登高》开篇道："田事毕，农夫息。草木黄落，百谷丰登。一日，农工商贾，父老童幼，以及学校军警各界，鲜不登高望远，以尽终日之娱乐者，此何日也？九九日也。此何节也？重阳节也。"②一篇《岁寒三友》开篇云："时维冬日，冷气侵人，朔风砭骨。闲步门前，举头一望，但见林寂寞兮鸟空，木零落兮山出，独幸松针密密，一色送青；竹叶猗猗，万竿发秀；更有梅花如雪，老干横枝，各能挺然自立，不忧寒，不畏寒，其节操同，气谊同，殆同道为朋者也。"③《清明踏青》中写道："散步郊外，举目一望，青草萋萋，风光荡漾；海棠带醉，杨柳迎春。陇亩周行间，踏青者络绎不绝。行里许，则有先农祠一，蓬蒿三尺，不堪注目。

① 董坚志编：《初级模范作文》，上海春明书店 1948 年版，第 53 页。

② 同上，第 28 页。

③ 同上，第 50 页。

再行数百武，遇一叟扶杖行，形容苍古，飘飘然有神仙之概。”[①]我们阅读这些文言笔调的作文，如果不是作者事先声明是从四十年代小学生作文中征集而来，很难读出出自哪个时代、哪位文人墨客之手。这种脱离时代气息和学生日常生活的作文也被作为模范作文选入，可以想见当时学生作文的普遍状况。

即使是用白话写的作文，也是白话、文言掺杂。一篇中学生的模范作文《都市与植树》写道：“市政当局于整个市容之美化，将举全力以赴之，所望市民对已植树木，一体爱护，慎勿任意毁伤，则年年植树，方成绩可观，甚望将来上海不徒以其繁华驰名，亦以美丽著称于世。”[②]

造成中小学生写作这种文言和白话杂糅的状况，其原因是多方面的。有的教材采取文言白话合编，学生受教材风格的影响。如抗战期间的国语乡土教材的选文：

二、庄北草舍记[③]

吾家庭的住址北面，有菜地可半亩许。民十五年，余父以每到暑期时，无避暑的地方，遂于菜地东北开振筑草舍数椽。春初鸠工，不越月而室成。

舍旁有杨树二株，每当夏时，绿荫可爱，小鸟格喋于树枝之上；对面山色，映入眼帘，耳目为之一清。

是年夏季，吾父即同余避暑于草舍，并课余读书其中，十七年，余父由县返里，虽非暑期，亦当嘱余到草舍读书。

余之学书，在国民学校时，课暇及暑期，不至荒废者。皆此草舍之赐，岂止避暑而已。故为之记。

三、适用年级：四年级生

这种文言色彩的课文选入四年级教材，儿童写作难免受之影响。

30年代，有人指出中学生作文的问题，不顾题目，文不对题，不知修辞，滥用名词，组织零落，语汇简质，内容空虚等诸多毛病[④]，这些问题几乎涵盖了作文写作的各个方面，尤其特别指出了一般中学生作文生吞活剥、喜用新

---

① 董坚志编：《初级模范作文》，上海春明书店1948年版，第70页。

② 瞿世镇编：《初中模范作文》，三民图书公司印行，1946年12月版，第16页。

③ 《陕西教育月刊》第2卷第4、5期合刊，1936年。

④ 隋数森：《中学生作文常犯的几种毛病》，《浙江省立杭州高级中学校刊》第139、140期合刊，1936年。

鲜词汇的弊病，常常把自己还不十分了解的名词，尽量的拿来使用，什么“消极、积极、广义、狭义、上层建筑，下层阶级”……似是而非的随便写。看文章的人，看了似懂非懂。到了四十年代，学生作文这方面的弊病并未改观，一位批阅中学生作文考卷的老师曾经总结了作文卷存在的三种毛病：

> 第一种毛病，是在文章中充满了许多月亮呀、微风呀、白云呀……的风景描写。不管文章是什么题目，也不问这描写与自己所要说的事情有无关系。……
>
> 第二种毛病是：有人受了文言的国文课本影响，在文章里装上些不通的之乎者也。……
>
> 我们并不是说中学课本中绝对不能选出一点浅近文言文。少读一点，使学生获得一些看懂文言的能力，是可以的。因为在应用文上，文言迄未能完全绝迹。但这目的应该只到看懂为止，而且选材也应着重通电新闻等眼前要碰到的东西，和较有历史价值的文字……
>
> 第三种毛病是，有些人常在完全不适当的条件下，模仿一些决议指示文件上的词句。①

这几种问题毛病都涉及学生作文语言上的问题，第一种毛病实质上是不看题目，以文学性的笔法写作文章，第二种是文言腔调，第三种毛病是滥用政治术语。

尽管教材的编选提供了白话文写作的文范，但学生的作文写作依然问题多多，那么，学生作文毛病产生的原因如何？又该如何补救和训练呢？有些教育专家认为学生的作文水平不高，是因为“阅读与写作没有取得联络”——“学生之阅览语体文读物颇觉愉快，正因其容易看，看过也就容易忘记。”②

叶圣陶 40 年代初也敏锐觉察到学生作文水平下降与阅读的关联。他认为人们往往过分关注学生的习作水平，其实与写作程度同等重要的阅读程度往往是忽视了的。“阅读是吸收，写作是倾吐，倾吐能否合于法度，显然与吸收有密切的关系”，“阅读程度不够的原因，阅读太少是一个，阅读不得其法尤其是重要的一个……那一定是阅读时候欠缺了揣摩体会的功夫”，“阅读方法不仅是机械地解释字义，记诵文句，研究文法修辞的法则，最紧要的还在多比

---

① 民克：《作文卷的三种毛病》，《中国青年》第 4 期，1949 年。

② 黄仲苏：《谈谈中学生的作文》，《学术界》第 1 卷第 2 期。

较，多归纳，多揣摩，多体会，一字一语都不轻轻放过，务必发现他的特性。唯有这样阅读，才能够发掘文章的蕴蓄，没有一点含胡。也唯有这样阅读，才能够养成用字造语的好习惯，下笔不至有误失。”①当然，学生的阅读是在老师的指导和引领下完成的，这比较、归纳、揣摩、体会的功夫均需在老师的讲解过程中进行培养。上文所谈及的叶圣陶与朱自清合著的《精读指导举隅》(商务印书馆 1942 年 3 月重庆初版)堪称这一时期指导学生赏析文章进行阅读教学的代表性论著。随后的《国文教学》对于阅读与写作进行了系统深入的探讨，叶圣陶与朱自清在《国文教学序》中谈到：

> 一般社会看得写比读重，青年们自己也如此。但在课程里和实际教育上，却是读比写重。课程里讲读的时数多于作文的时数，是因为讲读负担着三重的任务。讲读一方面训练了解的能力，一方面传播固有的和现代的文化，另一方面提供写作的范本。学生们似乎特别注重写作的范本。从前的教本原偏重示范作用，没有读和写的比重问题发生。“五四”后的教本兼顾三重任务，学生们感到模范文的缺少，好像讲读费了很多时间，并没有什么实用，因而就不看重它。不过这个问题很复杂，范文其实还只是一个因子。另一个因子是文言。“五四”后一般学生愿意写白话，写白话而读文言是矛盾。再一个因子是教学，教学应该读和写并重，可是讲读的时数既多，而向来教师也没有给予作文课足够的注意，便见得读重了。其实重读也只是个幻象，一般的讲读只是逐句讲解，甚至于说些不相干的话敷衍过去，学生们毫无参加和练习的机会，怎能够引起他们的趣味，领导他们努力呢？……
>
> 青年们不看重讲读，还有一个原故。他们觉得讲读总不免咬文嚼字费工夫，而实际的阅读只消了解大意就够；他们课外阅读，只求了解大意，快当得多。他们觉得只有这种广泛的阅读才能促进写作能力的发展；讲读在一年里只寥寥三四十篇，好像简直没有益处似的。但是没有受过相当的咬文嚼字的训练或是没有下过相当的咬文嚼字的工夫的人，是不能了解大意的，至少了解不够正确。学生们课外阅读，能以了解大意，还是靠多年的讲读教育——虽然这种讲读教育没有很大的效率——或是自修的工夫。不过阅读有时候不止于要了解大意，还要领会那话中的话，字里行间的话——也便是言外之意。这就不能太快，得仔细吟味；这就更需要咬文嚼字的工夫。再说课外阅读可以帮助增进写

① 叶圣陶：《国文教学的两个基本观念》，原载 1940 年 9 月 30 日《中等教育季刊》创刊号。

> 作的能力，固然是事实，但一目数行的囫囵吞枣的读下去，至多只能增进一些知识和经验，并不能领会写作的技术。要在写作上得益处，非慢慢咬嚼不可。一般人的阅读大概都是只观大意，并且往往随读随忘；虽然快得惊人，却是毫无用处。随读随忘，不但不能帮助写作，恐怕连增进知识和经验的效果也不会有。所以课外阅读决不能无条件的重视，而讲读还是基本。不过讲读不该逐句讲解，更不该信口开河，得切实计画，细心启发，让学生们多讨论，多练习，才能有合乎课程标准的效率。①

这段文字精细地分析了五四以后白话文讲读教学的忽视，造成学生对于白话文篇章句段文词等少沉玩涵咏的咀嚼工夫，文章的妙处难以体会，写作水平自然低下。

叶圣陶后来干脆把国文教学的内容简化为阅读和写作两项：

> 从国文科，咱们将得到什么知识，养成什么习惯呢？简括地说，只有两项，一项是阅读，又一项是写作。要从国文科得到阅读和写作的知识，养成阅读和写作的习惯。阅读是"吸收"的事情，从阅读，咱们可以领受人家的经验，接触人家的心情；写作是"发表"的事情，从写作，咱们可以显示自己的经验，吐露自己的心情。……每一个学习国文的人应该认清楚：得到阅读和写作的知识，从而养成阅读和写作的习惯，就是学习国文的目标。
>
> 知识不能凭空得到，习惯不能凭空养成，必须有所凭借。那凭借就是国文教本。国文教本中排列着一篇篇的文章，使学生试去理解它们，理解不了的，由教师给与帮助（教师不教学生先自设法理解，而只是一篇篇讲给学生听，这并非最妥当的帮助）；从这里，学生得到了阅读的知识。更使学生试去揣摩它们，意念要怎样地结构和表达，才正确而精密，揣摩不出的，由教师给与帮助；从这里，学生得到了写作的知识。②

叶圣陶指出阅读"求甚解"的方法，第一步，从逐词逐句的了解入手，弄清这一词这一句在某种场合才可以用；第二步，便可以从头到底，看通篇讲些什么了。要看通篇讲些什么，只做到逐句解释得清楚的地步还远远不够，还得辨明它的主旨是什么以及文章是怎样表现它的主旨。因为主旨是文字的灵

---

① 《朱自清全集》第2卷，江苏教育出版社1996年版，第3—5页。

② 叶圣陶：《略谈学习国文》，原载《国文杂志》第1期，1942年1月1日。

魂，不辨明主旨，读如未读。表现方法是主旨明显不明显或站不站得住的关键，不辨明表现方法，对于主旨就只有模糊影响①。

叶圣陶与夏丏尊曾合作出版《文心》论著，专门系统探讨作文习作问题，这部论著出版前以单篇文章刊发于《中学生》杂志。这些探讨写作的论文是以上课对话的活泼形式写成，内容涉及文章题目、语汇语感、语调、修辞等方方面面，其中谈到了学生习作分创作、习作、应用三种形式②，创作是带有文学意义上的文学创作，应用之作是应付当前的事物，而习作是创作和应用的基础。后来，朱自清也有这样的告诫：

> 我要告诉大家的，是关于写作方面，那你必须了解“创作”与“写作”的性质是不同的。自五四运动以后，许多人都希望成为一个作家，可是在今天，我们所能看见成功了的，出名的，确是廖寥无几。推究失败的原因，是到处滥用文学的感情和用语，时时借文字发泄感情，文学的成分太多了，不能恰到好处，反而失去文学真正的意义。
>
> 来纠正我们这些坏习惯，必须从报章文体学习，而我们更要写议论文，从小的范围着手，拣与实际生活有密切关系的问题练习写，像关于学校中的伙食问题，你抓住要点，清清楚楚的写出来，即是有条理的文章。③

这一写作训练的划分，对于中学生作文的文学化过浓的倾向是一种纠偏。

以上通过对国语教材编撰理念的简要梳理，可以看到过分重视文学教育的教材编撰理念导致了此后学生应用文训练的不足，由于应用文训练的不足不但导致了学生写作的泛文学化倾向，也呈现出白话文在应用领域还没有完全占据文言的市场，许多应用文还夹杂着文言色彩。学生讲读教学和阅读教学训练不足，也导致了学生白话文写作的种种弊端，即便到了四十年代，学生写作文言写作仍在持续，暂不论这种现象是否正确，是否是直接与文言白话混编教材的编撰体例相关，是否与学校文言翻译白话的训练有关，这些似乎并不重要，重要的是：我们通过历史史料的发掘，进一步探查到当时文言白话相互交错的多元局面。通过考察，我们得知并非是如通常一般教科书所言，似乎到了四十年代，白话文完全占领了文言的市场，成为一枝独秀的称雄局

① 《求甚解》，《中学生战时半月刊》第 41 期，1941 年 3 月。
② 《叶圣陶集》第 13 卷，江苏教育出版社 2004 年版，第 440 页。
③ 《怎样学习国文——在昆明中法中学讲演》，《国文杂志》第 3 卷第 3 期，1944 年。

面,从材料发掘中我们可以感受到历史的复杂性和多种可能性,同时也感受到国语的文学之建立的艰难性与复杂性!

我们的探讨也只能是国文教学中作文教学之冰山一角,我们相信:历史的丰富性仍有待于进一步开掘和呈现!

下　编

国语运动与现代文学的语言论争

第九章　普遍性，还是地方性？
——“方言”“国语”的紧张与互补

一、晚清士人的国语和方言观

晚清以降的中国汉字变革运动已经注意到了方言与方音问题，虽说变革汉字的急先锋最初的目的可能是感同身受地体验到了汉字的难写、难认、难读、难用，这诸多的繁难激起了文字变革者简化汉字的冲动。1892 年卢戆章在他的《中国第一快切音新字》原序中在慨叹“中国字或者是当今普天之下之字至难者”的同时，提出了切音新字的便捷性思路，其中就开始意识到以官音为主体对于土音的变革：“若以南京话为通行之正字，为各省之正音，则 19 省语言文字既从一律，文话皆通，中国虽大，犹如一家，非如向者之各守疆界，各操土音之对面无言也。”①卢戆章试图以普遍流行的官音去改造土音，以达到口语交流的顺畅与读音统一的目的。同样是变革中国汉字，王炳耀的思路却与之不同，他深感“方言无字，民昧如故”，便“妄拟新字，拼切方言。字母比之泰西，书法依乎本国，拙者习之，旬日卒业，简莫如也”②。王炳耀专造拼音字谱以拼各地方言，便于不同方言区域的普通民众能够读书识字。

在语言文字变革之初，关于方言方音问题就已经凸显。如何看待方言方音？如果把语言统一作为文字变革的第一要义，方言问题就必须服从统一的大局，努力使方言方音向统一的语言（当时称之为官话）靠拢。如果一味强调言文一致，把口说的语和书面的文逐渐趋同，势必以拼音拼切地方方音，强调方言的历史地位。事实上，中国近代以来的语言运动，语言统一和言文一致不可避免地纠缠在一起，一旦把国家统一以及民族共同体的宏大想象置于重要地位，方言问题或多或少受到限制，一旦把民众教育普及知识置于重要地位，方言土语就一再被征用，作为鼓动民众、教育民众、开启民智的重要资源。

非常吊诡的是，近代以来的中国，这两方面的问题几乎同时不可分割地

① 《清末文字改革文集》，文字改革出版社，1958 年，第 3 页。

② 同上书，第 13 页。

纠结在一起。于是乎,语言统一和方言土语问题存在着矛盾冲突又相互关联。这些问题可分疏多个侧面,每一侧面各有侧重,而每一侧面之间可能会相互冲突。这些不同问题一股脑呈示在中国士人及改革者的面前,而每一个问题又不得不解决,如何以一种整体化约的方式,选择一种所谓的灵丹妙药或曰放之四海而皆准的方式加以全盘的解决这一严峻又迫在眉睫的问题,这种挑战与压力无疑是巨大的。

语言变革者同样遇到了这一难题。"字话一律"(或曰言文一致)和语言统一存在着不可避免的矛盾紧张,问题的解决孰先孰后以及轻重缓急的确需要"仔细思量",再加上撼动文化根基的汉字变革的简易运动,这三者相互交织,几乎使语言变革者困难重重,腹背受敌。汉字书写的简化运动正因为冲击了根深蒂固的历史久远的汉字书写传统,它必然受到文化守旧者的强烈抵触;言文一致运动眼光向下、走向民间极大颠覆了囿于一隅、孤芳自赏的传统士大夫雅文学的悠远传统,也不可避免地受到文化保守者的嘲弄和鄙视;语言统一运动要建立一种全民族共同遵守的语言交流系统,以统一的语言压抑不统一的区域方言,地方语言的独特性必然与统一语言的普适性产生龃龉,而且,在如何建立的方式上,改革者自身之间也因有不同的变革思路会相互争执,这多重矛盾的纠缠给近代以降的语言变革运动和文学运动带来诸多困境,挑战者变革者的多重思考,也为这一运动增添了色彩斑斓的丰富性与复杂性。

晚清士人的确遇到了这样艰难的挑战。王照主张语言统一:"语言必归划一,宜取京话。因北至黑龙江,西逾太行、宛洛,南距扬子江,东傅于海,纵横数千里,百余兆人皆解京话外,此诸省之语则各不相通,是京话推广最便,故曰官语。'官'者公也,公用之话,自宜择其占幅员人数多者。"①卢戆章讲述了颁布施行切音字书的益处,也是在直陈语言统一的重要意义:

> 统一语言,以结团体也。中国之大,过于欧洲。欧洲分为数国,言语不一,各国其国,各子其民。其言语不通者,情也。我大清国统一天下,岂容各省言语互异,不相闻问,不相交接?故统一语言,以结团体,乃保全国粹之要件。由切音字书以统一语言,易如反掌。②

饶有意味的是,本来切音字书的颁布撼动了传统汉字书写的根基,卢戆

① 王照:《新增例言》,《官话合声字母》,文字改革出版社1957年版,第9页。

② 卢戆章:《颁行切音字书之益》,《清末文字改革文集》,第72页。

章则以保全国粹的名义行其主张,这种打着维护传统、保存国粹的旗帜所进行的改革主张似乎延续了传统中国以复古为革新的变革思路,这种"打着传统反传统"的理念也不失为一种弥合变革者与保守者文化冲突的一种行动策略。

民间的变革呼声会通过上书的方式抵达官方,通过朝野之间的互动以求得官方的支持,《上直隶总督袁世凯书》也秉持了"统一语言,以结团体"的变革理念:

> 统一语言,以结团体也。吾国南北各省,口音互异,甚有隔省之人不能通姓名之弊。夫国人所赖以相通相结者,语言也。言不类则心易疑,此涣散之本也。彼泰西各国,类皆文言合一,故团体最固。①

这一上书把语言统一的理由提升到凝结全体、加固国体的高度加以看待,显然会得到当政者的认同。

卢戆章语言统一的激情相当炽热,他不但积极主张,也提出了实践的主要路径:

> 颁定京音官话,以统一天下之语言也。凡乡谈与通都市镇言语可以相通者,饬该地方百姓,无论男女蒙小学堂,在地居民,务必全国男女老幼,均能习诵本土通都市镇之切音字书。(不得参杂穷乡僻壤土话之切音字书)。本土切音已成,次及京音切音字书。至于全国高等小学堂、中学堂、大学堂、师范学堂、译学堂、科学堂、商学堂、路矿学堂、警察学堂,自高等小学堂以上,各种学堂,以及文武官员、兵丁皂隶,凡国家所用之人,全国一律,学习京音官话之切音字书,全国公文、契据、文件、通信,均认京音官话为通行国语,以统一天下之语言也。②

卢戆章"京音官话"的语言统一思想启发了后来者定京音为标准音的变革思路。卢戆章的国语统一思想不是毕其功于一役的强令统一,而是从本土通都市镇之切音字书渐次过渡到京音切音字书,这种渐进的变革思路无疑减少了推行的阻力,具有相当的操作性。

卢戆章分作两步走的主张也为其他变革者所共享,劳乃宣在江宁简字半

---

① 《清末文字改革文集》,第36页。

② 卢戆章:《颁行切音字书十条办法》,《清末文字改革文集》,第73页。

日学堂师范班开学的演说中透露出这一讯息：

> 中国之用旧字数千年，用方言亦数千年。今欲数千年之方言一旦变为官音，闻者咸苦其难，望而却步。教育之道，莫妙于诱，莫不善于骇。开学校本欲诱之使来，何可骇之使退耶。今世学东西之语言者至众矣，然东西之语言，学成可以为名，高人岂有舍学东西语言之日力移而学此耶。故莫若即其本音而迁就之。俾人人知简字之易学，知简字之诚可代语言，然后人人皆有变迁语言之思想，有变迁语言之思想，然后率而导之于国语之途。则从之如流水，趋之如大道矣，此所以教育之道在于诱也。①

这种分作两步走的语言统一思路是以渐进改良的方式让语言变革的思想在不知不觉中转变世人的思想和观念，最后达到语言统一的通途大道。各地先用方音拼切本地方言，在此基础上方言之间互相比照、收到方言之间相辅相成的效果，劳乃宣认为南北方各自用方音拼切，“南方语言既可以简字拼之，由是而览北方之书报，不觉恍然大悟曰，此一字吾读某音，今北方则读某音，此一音吾所有，今北音则无之。仅须一转移之功，而北音全解，北音全解而国语全通矣，所谓相反而实相成也。”②劳乃宣的思路类似后来四十年代拉丁化新文字的变革思路，通过方言之间的融合求得国语的统一。

相比之下，以某一种地域方言为基础而建立起来的国语，在技术操作上要简便得多，在实践层面则可能会遇到较大的阻力和质疑。

究竟以何种方言为基础作为全国的统一语，是一个争议颇大的问题。晚清已有将北京语作为标准语的主张：

> 凡京师所在，人皆趋之，千百年会萃摩练，在成此一种京话，斯即中央非偏隅也。且原与京语大略相同者，已有直隶奉天吉林黑龙江山东河南甘肃云南贵州四川陕西十一省及安徽江苏之两半省矣。此外各语无两省相同者，为高因陵，为下因泽，岂有舍京语而别事矫揉之理哉？京语非北京人私有之语，乃全国人共有之语。③

以京话为标准也遭到南方人的质疑：

---

① 劳乃宣：《江宁简字半日学堂师范班开学演说文》，《清末文字改革文集》，第55—56页。

② 同上书，第56页。

③ 庆福：《陈请资政院颁行官话简字说帖》，《清末文字改革文集》，126页。

今用字母拼京话以助文字所不逮,则惟显宦及名士往往力为反对,非其心之不仁也,盖其见之不明有数端焉。其在北人,则因二百余年常隐然畏南人斥吾之陋,故务作高雅之论,不敢言推广京话以取南人讥笑。实则文野之分,自在知识行能,岂在咬文嚼字之皮毛哉。其在南人则狃于千数百年自居文明之故见,以为惟江南为正音。①

当然,此时的探讨主要集中在方言的语音方面,五四以后对于方言的探讨则关涉词汇乃至语法。

五四前夕,国语统一运动逐渐呈现着与新文学运动合流的趋势。黎锦熙认定,胡适的《建设的文学革命论》"这篇文章发表后,文学革命与国语统一遂呈双潮合一之观"。② 因为胡适在这篇文章中,第一次明确举起了文学与国语互动合作的大旗:

我的"建设新文学论"的唯一宗旨只有十个大字:"国语的文学,文学的国语。"我们所提倡的文学革命,只是要替中国创造一种国语的文学。有了国语的文学,方才可有文学的国语。有了文学的国语,我们的国语才可算得真正国语。国语没有文学,便没有生命,便没有价值,便不能成立,便不能发达。③

胡适建设新文学的十字宗旨:"国语的文学,文学的国语"成为与国语运动联合的旗帜。文学革命和国语运动在各自标榜的"言文一致"的口号中取得了共鸣和联合的媒介。除此之外,在各自运动的人的关系上,北京大学校长蔡元培既是国语统一筹备会的会长,其麾下北京大学的六位教授陈独秀、胡适、钱玄同、刘复、沈尹默、李大钊轮流编辑倡导文学革命的刊物《新青年》,这其间自然会发生声气相求的作用:于是两大潮流合而为一,轰腾澎湃之势愈不可遏。国语运动借文学革命扩大了声势,文学革命借国语运动获得体制内的合法性,之后,新文学作品开始进入国语教材,获取了较为丰厚的文化资本。

但是,双流合一的互赢合作并非"亲密无间",其中在对待统一标准及方言问题上各自呈现着不同的理路。

---

① 长白老民:《推广京话至为公义论》,《清末文字改革文集》,第 34 页。
② 黎锦熙:《国语运动史纲》,商务印书馆 1934 年版,第 70 页。
③ 《新青年》第 4 卷第 4 号,1918 年 4 月 15 日。

二、歌谣征集与方言的“发现”

1918年2月——也即胡适、陈独秀的新文学发难文章刊出一年之后，北京大学的文科教师刘半农、沈尹默、周启明（作人）等在蔡元培校长的积极支持下，于《北大日刊》发表《北京大学征集近世歌谣简章》①，开展征集歌谣活动。该简章对歌谣的征集做了以下规定：

一 有关一地方一社会或一时代之人情风俗政教沿革者

二 寓意深远有类格言者

三 征夫野老游女怨妇之辞不涉淫亵而自然成趣者

四 童谣谶语似解非解而有天然之神韵者

从“寓意深远”“自然成趣”“有天然之神韵”这些具有文艺功能的限制词，很容易看出当初歌谣征集对文艺性的独特关注，但是，由于歌谣天然地与“地方”相联，征集歌谣必然触及方言问题。其中关于寄稿人应该注意的事项有以下规定：

一 字迹贵清楚；如用洋纸，只写一面

二 方言成语当加以解释

三 歌辞文俗一仍其真，可加以润饰，俗字俗语不可改为官话

四 一地通行之俗字为字书所不载者，当附注字音，能用罗马字或phonetics之符号尤佳

五 有有其音无其字者，当在其原处地位画一空格如□，而以罗马字或phonetics附注其音，并详注字义，以便考证

六 歌谣通行于社会、某时代，当注明之

七 歌谣中有关于历史地理或地方风物之辞句，当注明其所以

……

这七条规定除第一和第六之外，都涉及歌谣采集中方音记录和俗语解释问题。到《歌谣周刊》创刊时，相关的规定仍在强调：“方言成语，当加以解释”“歌辞文俗，一仍其真，不可加以润饰；俗字俗语，亦不可改为官话”，“一地通

① 《北京大学日刊》第209期，1918年2月1日。

行之俗字，及有其音无其字者，均当以注音字母，或罗马字母，或国际音标注其音”①。初看起来，这些规定似乎只是为原汁原味地采歌集谣、保证记录歌谣的忠实性及准确性问题（当然，并不否认这一点），其实这种关于忠实记音的规定与当时正在展开的国语运动的方言调查以及文字改革运动有极大关联。歌谣运动的积极参加者容肇祖的一番话透露出这一雄心：“我以为此时我们应注意的问题，是要把数千年所遗传变衍的各地方底方言，下一个总算账——这个总算账是为由内部改革和扩充我们所使用底国语起见的。”②

如果说歌谣是“方言的诗”③，那么歌谣运动无疑促进了方言文学创作，由于歌谣采录对于拼音文字的运用和方言调查的实践，又促进了国语运动的深入和发展。方言调查会的成立就是歌谣运动的直接推动和催发。民俗学家董作宾在《歌谣周刊》第 32 号发表《歌谣与方音问题》（1923 年 11 月 11 日），周作人随后在《歌谣周刊》的第 34 号（11 月 25 日）“讨论”栏里致董作宾信道：“尊著讨论‘方音’问题，足以引起大家对于方音的趣味，促成‘方音调查会’之成立，至为有益。”周作人的这封短信有意透露出方言调查会成立的信号。两个月后，也即 1924 年 1 月 26 日，北京大学研究所国学门方言调查会果然成立，在“成立纪事”中，谈到由歌谣运动催发的方言调查和国语运动的关系：

> 五四以前本校原已设有国语研究所，旋以他故取消，甚为可惜。现在因歌谣研究会收集材料渐多，为整理歌谣计，大家都又感觉到方言有急需研究之必要。但研究方言并不是限于为整理歌谣之工具，他的自身本具有独立之精神……其他还有两点好处：一是国语统一方面。标准语的选择，应该拿所谓普通话（并不是北京方言）和各省区之方言来比较其异同而后可以决定。教育部的读音统一会和国语统一会种种一切的急就的规定，是教育行政机关不得不取的一种应急的手段，我们这个会却不妨不求速效，一本学理去缓缓的调查和研究。我相信对于方言倘是没有完备的调查，精密的比较，不会有较妥的标准语产出的。一是标准语教授方面。教授标准语想叫他普及，第一非从矫正方音入手不可，我们倘是不明悉各地方音差别之点，在国语教授上也实在是一个大缺点。④

---

① 《本会征集全国近世歌谣简章》，《歌谣》第 1 期，1922 年 12 月 17 日。

② 容肇祖：《征集方言的我见》，《歌谣》第 35 期，1923 年 12 月 2 日。

③ 周作人：《歌谣与方言调查》，《歌谣》第 31 期，1923 年 11 月 4 日。

④ 《北京大学研究所国学门方言调查会成立纪事》，《晨报附刊》1924 年 2 月 12 日。

从以上的叙述可以看到，方言调查会的成立首先为整理歌谣所必需，由此展开对全国方言全面调查和研究，这一举措实际上开启了此后国语运动的方言调查之先河。值得注意的是，正因方言调查为歌谣研究所孕育，方言研究暂时并未特设自己的刊物，仍以《歌谣周刊》为阵地，"成立纪事"最后指出"本会发表文字之报纸，议决，本会以歌谣周刊为发表机关。歌谣周刊暂不必因登载方言而改名；俟至相当时机，或会中自设出版物，或将歌谣周刊改名合作。"①

方言调查会成立两个月以后，及时地为自己的研究制订计划、圈定范围："一，制成方音地图——此为语言调查的根本事业。中国境内方音究有几种？其分界何如？其分布在各省居民的成分如何？各省中有否遗民语言……二，考定方言音声，及规定标音字母——方言的音声必先经详细的科学考定，然后一切谈论方音有可靠的凭藉，且使用以帮助教授国语或是考证古音都不至有臆测附会之弊。"②从方言调查会的成立纪事和宣言书，不难体察他们建立统一国语的雄心。建立统一的国语正是晚清以降许多知识者孜孜以求的现代性目标，这一目标在五四新文学的视野中被胡适概括为"国语的文学，文学的国语"十字宗旨。胡适似乎太倾心于通过文学实践以建立统一的国语，因而疏忽或并不看重国语运动家的努力——"国语不是单靠几位言语学的专门家就能造得成的；也不是几本国语教科书和几部国语字典，就能造成的。若要造国语，先须造国语的文学。有了国语的文学，自然有国语……没有一种国语是教育部的老爷们造成的。没有一种是言语学专门家造成的。没有一种不是文学家造成的。"③作为新文学运动的积极倡导者，胡适借文学以建立国语的单方面主张固然可以理解，但国语运动专门家的努力同样功莫大焉。歌谣运动所推动的方言调查其最终目的与胡适的国语目标并不矛盾，倒是异曲同工，互相促进。应该说，正是歌谣运动催生下的方言研究促进了国语运动的进一步开展。

1925 年 6 月 14 日，在方言调查会成立一年之后，国语研究会的刊物《国语周刊》作为《京报附设之第七种周刊》于北京发行。从《国语周刊》的最初编辑方针观之，编辑者也试图通过民众活的语言的收集以建立普遍的国语，"我们相信正则的国语应该以民众底活语言为基础，因为它是活泼的，美丽的，纯任自然的，所以我们对于现在那种由古文蜕化的国语，认为不能满足；我们要

---

① 《北京大学研究所国学门方言调查会成立纪事》(续)，《晨报附刊》，1924 年 2 月 13 日。

② 《北大研究所国学门方言调查会宣言书》，《晨报附刊》，1924 年 3 月 25 日。

③ 胡适：《建设的文学革命论》，《新青年》第 4 卷第 4 号，1918 年 4 月 15 日。

根据活语言来建立新国语”①。这活语言的获取通过“征求中国谚语和民间文艺”②,这是歌谣运动走向民间的征集实践给予国语运动家的启示。征求谚语的广告刊出不久即得到丰硕的收获,在四十多天内,得到三千五百多则谚语③。通过征集方言土语,目的在于丰富日渐形成的国语。“各地的土词方音,我们也极欢迎新文学家采用他,让他藉文学的势力而在国语中占得地盘,使国语一天一天地丰富起来。”④

即便是到了1925年,人们对于普遍的国语标准不甚了然,一切都处于摸索与实践中。机警的胡适都是绕开这一纠缠不清的话题,从来都未曾正面讨论或规定国语的标准。⑤ 在这一问题上,周作人似乎显得更为敏锐一些,在1923年写就的《歌谣与方言调查》一文中,周作人谈到了方言调查的深意所在:

> 即如近来的文学革命,轰动一时,反对者视若洪水猛兽,固然谬不可言,赞成者歌舞升平,以为大功告成,也是太乐观了;平心而论,国语文学之成立当然万无疑义,但国语的还未成熟也是无可讳言。要是只靠文学家独立做去,年深月久也可造成“文学的国语”,但总是太费力,也太迂缓了,在这时国语家便应助他一臂之力,使得这大事早点完功。我觉得现在中国语体文的缺点在于语汇之太贫弱,而文法之不密还在其次,这个救济的方法当然有采用古文及外来语这两件事,但采用方言也是同样重要的事情。⑥

周作人似乎更看重历史的合力,国语的造就需要文学家、国语家的通力合作,国语的成熟需要古文、外来语以及方言的引入与采纳。相比而言,胡适的“文学的国语”则显得过于狭隘了。

歌谣运动最后自觉地走向方言调查是歌谣研究和征集的性质及范围决

---

① 钱玄同:《发刊辞》,《国语周刊》第1期,1925年6月14日。

② 见《国语周刊》第2期的广告,1925年6月21日。

③ 杜同力:《关于谚语的报告和说明》,《国语周刊》第9期,1925年8月9日。

④ 狄舟:《驳瞿宣颖君“文体说”》,《国语周刊》第12期,1925年8月30日。

⑤ 胡适只着重文学的创作实践对于标准国语的建构功能,他从来都是回避这一问题,“有些人说:‘若要用国语做文学,总须先有国语。如今没有标准的国语,如何能有国语的文学呢?’我说这话似乎有理,其实不然。……我们提倡新文学的人,尽可不必问今日中国有无标准国语。我们尽可努力去做白话的文学”。见胡适:《建设的文学革命论》,《新青年》第4卷第4号,1918年4月15日。

⑥ 周作人:《歌谣与方言调查》,《歌谣》第31期,1923年11月4日。

定,也是当初倡导者预见性的举措,只是当时开始时人力有限,才延缓了方言调查的进程。周作人的自述值得引用:“歌谣与方言的密切的关系,这里可以不再多说,因为歌谣原是方言的诗。当初我们征集歌谣的时候,原想一面调查方言,但是人力不足,而且歌谣采集的运动正在起头,还未为社会所知,没有十分把握,恐怕一时提出许多题目,反要分心,得不到什么效果,所以暂且终止了。”[①]但随着歌谣运动的深入开展与较大规模的进行,方言调查的必要性日益迫切,因为歌谣里许多俗语都是有音无字,用汉字记录俗歌显得力不从心。周作人主张参照钱玄同的罗马字注音方法记录歌谣。方言调查是为丰富新文学的语汇着眼,他甚至萌生出编写一部方言词典“收罗着各种方言成语,可以供我们的选择”,“方言调查如能成功,这个希望便可达到,我相信于国语及新文学的发达上一定有不小的影响”。这种用罗马字拼音的记录方式,成为在三十年代方言拉丁化的先声。

周作人对歌谣的看重也与他重视文学的地方色彩这一文学观念有关。他指出:“我于别的事情都不喜欢讲地方主义,唯独在艺术上常感到这种区别”,“觉得风土的力在文艺上是极重大的”。[②] 在周作人的文学视野中,地方色彩的乡土文学与世界文学应该和谐统一,“我轻蔑那些传统的爱国的假文学,然而对于乡土艺术很是爱重:我相信强烈的地方趣味也正是‘世界的’文学的一个重大成分。”[③]谈到周作人对风土谚语的重视,不能不提及曾给周作人以深刻影响的故乡的一位清代学者范寅。范寅著有《越谚》一部,刻于清光绪壬午年间(1882),该书不仅是一部绍兴地方谚语集,也汇集了地方方言、歌谣和儿歌。事隔五十年后,1932 年周作人又收集、重刊了《越谚》,并对此书大加推介与赞赏:“全以俗语为主,随语记录,不避俚俗”,“纯是方言志的性质”,“这不但是歌谣研究的好资料,而且又是方言语法的好例”[④]。所谓风土谚语主要指带有明显的地方色彩、反映地方民俗风情的谚语。如方言歌谣一样,风土谚语一般在它赖以产生的特定地区内广为人知。风土谚语进入文学创作无疑会增强文学的地方色彩。周作人在《绍兴儿歌述略序》(写于 1936 年 4 月 3 日)文中谈及方言母语对于个人的影响:“想要摆脱也无从摆脱的,那就是言语。普通提起方言似乎多只注重那特殊的读音,我所觉得有兴趣的乃在其词与句,即名物云谓以及表现方式,我常猜想一个人的文章往往暗中受他方言的支配,假如他不去模拟而真实诚实的表现自己。”

歌谣运动中对于方言研究的重视,寄予了研究者丰富国语路径的思考。

---

① 周作人:《歌谣与方言调查》,《歌谣周刊》第 31 号,1923 年 11 月 4 日。

②③ 周作人:《〈旧梦〉诗序》,《晨报副刊》,1923 年 4 月 12 日。

④ 周作人:《越谚跋》,《苦雨斋序跋文》,河北教育出版社,2002 年,第 153—155 页。

容肇祖在《征集方言的我见》[①]一文中详尽探讨了方言研究与国语革命的深刻关联:"说到了歌谣,我们每每联想到一个方言的问题。或者以为我们现在是推行国语,力求言语上的统一,还说方言干什么呢?其实这话是一部分很对的,他以为国语神圣,我们只求推行,只求能得国语上的统一,便可以达到我们国语神圣的目的;但是我们要想一想国语是不是我们发表思想所利用的工具,改良工具是不是一个急切的问题?"他主张为改革和扩充我们所使用的国语,要对各地的方言下一个总账,"由历史上,地方上产出种种不同的方言,我们为统一国语,为推行国语,为扩充国语,为改良国语,自然不该避免这一个结束方言的总算账,这是极可利用的。我们不说改革国语则已,一说到改革,就很需要这个总算账;他有许多益处……(一)由方言和古语的比较,可以定我们采用的标准。(二)由方言的采用,可以补国语的不完备。(三)由方言的总算账之结果,可以得容易推行的词语,而使国语丰富适用。(四)由方言总算账所编出的词典,可以使只知有方言的人得用明确的国语表现其著作;而同时用方言表现底著作,可以由此而容易得一种的解释。(五)由这种的总算账,可算是结束以前繁杂底种种的方言,而开一个纯粹底统一的国语底途径。"他接着谈到调查方言的具体方法,其中谈到成立方言研究会一事。容肇祖所说的为中国方言算一个总账,即是不久成立的方言调查会试图勾画的中国方言地图。歌谣研究的收获不仅仅是文艺上的和民俗上的,还有附带的重要收获,这是时人早已意识到的:"搜集歌谣,有两个目的:一是为文艺的,从许多的歌谣上,可以看得出变迁的途径;又从其本身上,可以找到永久生命的艺术之所在,故前者可供研究诗史的参考,后者可为现代创作新诗者的根据;(虽然歌谣有韵,有的新诗无韵)";一是民俗的,"除正当的目的以外,还有附带的收获,其最有价值而又最关切的,如方言传说和儿童的游戏;搜集歌谣固然须知道方言,然同时亦可获到方言,若有心来做,有一箭双雕的好趣。"[②]

方言研究越来越朝着极为专业的方向发展,白启明关于《歌谣中"儿"音的问题》[③]的思考直接关涉到不同方言之间的注音问题。随后,1923 年 12 月 17 日出版的《歌谣纪念增刊》专号,刊载一组国语运动者语言文字研究的文章,如钱玄同的《歌谣音标私议》,该文认为注音字母主要为现代的标准国音而设,不便标记地方歌谣的方音,主张暂用罗马字母做歌谣的音标;林玉堂的《研究方言应有的几个语言学观察点》,对于歌谣研究与方音调查二者之关系做了进一步思考,他主张"方音研究应有独立的身份与宗旨,不应做附属于歌

---

① 《歌谣周刊》第 35 号,1923 年 12 月 2 日。

② 何植三:《搜集歌谣的附带收获》,《歌谣周刊》第 36 号,1923 年 12 月 9 日。

③ 《歌谣周刊》第 21 号,1923 年 6 月 3 日。

谣研究下之一物。这两个应当做同等并行相辅相成的分科事业。方音研究的事业做的好，当然可以补助歌谣的研究与整理，而歌谣中所表现出的俗语俗韵也正可做方音研究的一部分材料。”该文强调“应注重俗话”的原则，“最应当注意的是各处的‘白话’，愈白而愈好，愈俗而愈妙。因为什么？一来因为语言的实在生活是寄存于俗语中，二来因为古音古字的痕迹也是寄于俗语中”。魏建功的《搜录歌谣应全注音并标语调之提议》谈到“我们采录歌谣，能制定出标注语调的符号，既可保留歌谣音调的本真，研究中国语言学方面又多得一点辅助，岂不是一举两得吗？……”他认为中国古代的语言学书不曾注意语调，标音也是纸上的死字，“我愿今日我们的《歌谣》能够帮助中国语言学者开辟这个新纪元；所以我提议——搜录歌谣应全注音标语调”。黎锦熙的《歌谣调查根本谈》指出：“这五年以来：中国才真正地到了文艺复兴时代：对于古文艺，大家明白了神圣的《国风》也不过是一部歌谣选萃，这才算是真正地了解古文艺是什么；对于新文艺，大家更努力地在那儿从事建设，从事预备。即如这个歌谣研究会所调查的现代歌谣，不但将来研究的结果于民俗学，言语学上必有重大的发明，也就是对于新文艺底建设上一个极重要的预备。”“因为现在的国语文学实在还没有完成，所以我们的这种工作，只算是‘预备’，不敢说‘建设’。有了预备，自然好建设。”沈兼士的《今后研究方言之新趋势》认为“歌谣是一种方言的文学，换言之，就是歌谣里面所用的语词，多少都是带有地域性的，倘是研究方言而忽却方言，歌谣中的意思，情趣，音调至少会有一部分的损失。所以研究方言，可以说是研究歌谣的第一步基础工夫。”“在民国七年的时候我曾拟过一个调查方言的办法，提到本校的国语研究所，当时因为机会未至，多数人还不注意到这件事情，也就搁起来了。现在因为调查歌谣的经过，大家都渐渐感觉到方言有急需调查和研究的必要。”这篇文章显然是与周作人的看法相近。杨世清的《怎样研究歌谣》指出随着歌谣研究的进展，研究的多方面价值也日渐凸现，“现在研究歌谣的人，从他们的目的看来，大约可分为以下四派：(一)注重民俗方面，(二)注重音韵训诂方面，(三)注重教育方面，(四)注重文艺方面。在这四派目的里边，本难说那派重要，那派不重要；不过默察现在的情形，似乎注重文艺方面的人，较为多点。”

这一方言研究专号的出版，无疑向世人表明歌谣研究会队伍的壮大，一再暗示成立的方言调查会就要呼之欲出。的确，随着1924年1月方言调查会的成立，《歌谣周刊》第45号(1924年3月2日)，发表《本会常会并欢迎新会员纪事》，商议与国学门方言调查会通力合作。两周之后，《歌谣周刊》第47号刊载《北大研究所国学门方言调查会宣言书》，宣言对于调查会未来的工作蓝图和研究范围作了勾画诸如“制成方音地图”“规定标音字母”“考定异族语言”“研究方言语法”等。方言调查会的成立，国语运动借助歌谣运动的影响和刊物发表语言文字方面的文章日渐增多，这应该看作是有意自觉的活动。《歌谣周刊》第 53 号（1924 年 5 月 4 日）编辑部启事云：“方言调查会成立，复有借本刊发表文字机关之议。因此，本刊自四十九号起，扩充范围，兼载方言及民俗的论著。”自此，歌谣运动借助方言调查似乎又自觉承担起建设国语的重任。

歌谣运动实际上连接了国语运动和新文学运动，通过记录各地歌谣进行方言调查，通过歌谣本身的整理为新诗提供可资借鉴的语言资源。歌谣运动既是一场眼光向下的民俗学运动，也是近代以来语言运动的深入和发展。因为采录歌谣牵涉到“中国方言字写定”和“中国语词类调查”的工作，诚如语言学家魏建功所言：“我们要建设有活力的新的中国文学，活语言的词类不能不充实。我们要充实文学的活语言，方言词不能不尽量采用。我们要采用方言词类，文字上的写定就是个专门问题；至少先不谈字的写定，也得做到音的确注。我以为采录歌谣的人最低限度要会运用一套注音符号。运用注音符号的最低限度要能明白了他所记录的方音与国音的最大差异，然后可以知道哪一个字必须注音，哪一个音必须说明。”魏建功通过分析如皋山歌的词类运用及自然的节奏谱式，认为“这民间活脱歌诗的组织也许要更明显的影响到新诗的建设，跳出由歌谣写定的单字音节诗格来，再从歌谣里找词类音节，创定新格律；我想这是今后采集歌谣的记录方法要改进用方言词类连书的最小的目的。”①

方言研究加深了人们对于方言促进国语的理解，同时在观念上也促进了文学创作对于方言土语的吸纳，方言文学的观念也借歌谣征集得以表达。

三、《吴歌甲集》引发的方言文学讨论

顾颉刚辑录的苏州山歌集《吴歌甲集》于 1926 年 7 月由北京大学歌谣研究会出版，系“歌谣丛书”之一。该集收录苏州山歌 100 首，分上、下卷。其中上卷收儿歌 50 首，下卷收民歌 50 首。书首除顾颉刚自序外，还有胡适，沈兼士、俞平伯、疑古玄同、刘复等序文 5 篇。编后有附录多篇。其中有顾颉刚的《写歌杂记》、魏建功的《读歌札记》，顾颉刚三人的通讯《歌谣中标字的讨论》，

---

① 魏建功：《从如皋山歌与冯梦龙山歌见到采录歌谣应该注意的事》，《歌谣》第 2 卷 5 期，1936 年 5 月 2 日。

魏建功的《吴歌声韵类》，疑古玄同的《苏州注音字母草案》。顾颉刚的序言回顾了《吴歌甲集》的由来：

> 当民国六年时，北京大学开始征集歌谣，由刘半农先生主持其事。歌谣是一向为文人学士所不屑道的东西，忽然在学问界中辟出这一个新天地来，大家都有些诧异。那时我在大学读书，每天在《校中日刊》（引者注：应为《北京大学日刊》）上读到一二首，颇觉得耳目一新。但我自己是从小不会唱歌的，虽是听小孩子唱的还有几首能够记得，可是真不多，所以不曾投稿。
>
> 民国七年，先妻病逝。我感受了剧烈的悲哀的刺戟，就得了很厉害的神经衰弱的病症，没有一夜能够得到好好的睡眠，只得休了学在家养息。我是一个欢喜翻书弄笔的人，这个时候，书也不能读了，字也不能写了，说不尽的闷怅；而《北大日刊》一天一天的寄来，时常有新鲜的歌谣入目。我想，我既经不能做用心的事情，何妨试把这种怡情适性的东西来伴我的寂寞呢！想得高兴，就从我家的小孩子的口中搜集起，又渐渐推至邻家的孩子，以及教导孩子唱歌的老妈子。我的祖母幼年时也有唱熟的歌，在太平天国占了苏州之后又曾避至无锡一带的乡间，记得几首乡间的歌谣，我都抄了。我的朋友叶圣陶、潘介泉、蒋仲川、郭绍虞诸先生知道我正在集歌谣，也各把他们自己知道的写给我。所以我一时居然积到了一百五十首左右。①

北大歌谣会的征集歌谣运动启发了在苏州老家养病的顾颉刚，这一看似不经意之举却促成了《吴歌甲集》的辑录与出版，胡适、沈兼士、俞平伯、钱玄同、刘复等的序文则从不同侧面探讨了歌谣辑录的价值。这一歌谣集子的辑录工作虽说由顾颉刚负责完成，但该集的出版却凝聚了语言学家、国语运动家、新文学家等多方的参与和关注，引发了方言与国语的诸多思考。

胡适在《吴歌甲集》序言(1925 年 9 月 20)中阐述了国语文学与方言文学的关系：

> 老实说罢，国语不过是最优胜的一种方言；今日的国语文学在多少年前都不过是方言的文学。正因为当时的人肯用方言作文学，敢用方言作文学，所以一千多年之中积下了不少的活文学，其中那最有普遍性的

---

① 顾颉刚：《吴歌甲集》自序，《歌谣》周刊第 97 号，1925 年 6 月 28 日。

部分遂逐渐被公认为国语文学的基础。我们自然不应该仅仅抱着这一点历史上遗传下来的基础就自己满足了。国语的文学从方言的文学里出来,仍须要向方言的文学里去寻它的新材料,新血液,新生命。这是从"国语文学"的方面设想。①

胡适倡导新文学的宏大文化构想在于以国语的文学造就文学的国语,期望以文学造就现代民族国家的新的语言表达方式。在地方方言与统一的国语两者之间,胡适并未刻意划分出一道明显的鸿沟,他颇为自信地谈及方言文学与国语文学的关系:

将来国语文学兴起之后,尽可以有"方言的文学"。方言的文学越多,国语的文学越有取材的资料,越有浓富的内容和活泼的生命。如英国语言虽渐渐普及世界,但他那三岛之内至少有一百种方言,内中有几种重要的方言如苏格兰文,爱尔兰文,威尔斯文,都有高尚的文学。国语的文学造成之后,有了标准,不但不怕方言的文学与他争长,并且还要倚靠各地方言供给他的新材料,新血脉。②

方言的文学丰富国语的文学,国语的文学不但不压抑方言的文学,而且还仰仗方言的文学为其提供新养料和新血脉。在普遍高涨的国语统一的呼声中,胡适提倡方言文学的论述听起来非常大胆,但胡适在倡导方言的文学之前有一个颇有意味的限定词——"将来国语文学兴起之后",当时新文学还只是在草创阶段,国语文学还未奠定坚实的根基,胡适的这番论述就显得小心翼翼,切中肯綮。这也给当时国语运动的推进者在建立国语的路径上如何处理方言土语问题提供了有益的启发。

五四以后的整理国故运动在一定程度上是对新文学提倡之初所采取的激烈的反传统态度的纠偏,整理国故不但是学术的理性清理,也是对于传统文学的理性审视。在这期间,旧书重新标点和整理出版成一时之风。1925年,汪原放标点文康的《儿女英雄传》由上海亚东图书馆出版,胡适在序言里指出了小说中人物对话倘若处理不当会产生的弊端:"小说里最难的部分是书中人物的谈话口气。什么官僚乞丐都谈司马迁、班固的古文腔调,固是不可;什么小姐小孩子都打着'欧化'式的谈话,也是不可;就是像《儒林外史》那

① 《胡适全集》第3卷,安徽教育出版社2003年版,第755页。

② 同上书,第754页。

样人人都说着长江流域的普通话,也叫人起一种单调的感觉,有时还叫人感觉这种谈话的不自然,不能传神写实。"如何克服这样的弊病呢?胡适为创作者指出了一条切可行的路径——"作小说的人,要使他书中人物的谈话生动漂亮,没有别的法子,只有随时随地细心学习各种人的口气,学习各地人的方言,学习各地方言中的熟语和特别语。简单说来,只有活的方言可用作小说戏剧中人物的谈话,只有活的方言能传神写生。"①

《海上花列传》被周作人批判为非人道主义的文学作品,1926 年汪原放标点的《海上花列传》在上海亚东图书馆出版,胡适的《海上花列传》序中谈到:

> 方言的文学所以可贵,正因为方言最能表现人的神理。通俗的白话固然远胜于古文,但终不如方言的能表现说话的人的神情口气。古文里的人物是死人;通俗官话里的人物是做作不自然的活人;方言土话里的人物是自然流露的活人。……但是方言的文学有两个大困难。第一是有许多字向来不曾写定,单有口音,没有文字。第二是懂得的人太少。②

胡适在称道方言文学表现人的神理方面的优长与可贵的同时,也辩证地指出了方言文学的弊病和方言书写面临的"有音无字"的困难。在胡适看来不但方言会促进国语的建设,方言的文学也会供给中国新文学的新材料,"必须先有方言的文学作品,然后可以有文学的方言。有了文学的方言,方言有了多少写定的标准,然后可以继续产生更丰富、更有价值的方言文学。"③

胡适的这一论述与国语运动家的方言调查所进行的方言写定问题似乎不谋而合。事实上,方言调查正是在国语运动推行之初就已经展开,1917 年,国语研究会召开的第一次大会,确定了该会的任务中有调查各省方言一项,非常巧合的是,《吴歌甲集》出版不久,1927 年,清华学校组织了由当时任清华国学研究院导师赵元任负责的对吴语的调查,先后调查了江苏、浙江两省吴语区的 33 个方言点,访问了 200 多人,记录了 63 位发音人的语言材料。他们还顺便记录了南京、镇江、扬州等地属于官话区的方言。他们这次调查

---

① 胡适:《〈儿女英雄传〉序》(1925),《胡适全集》第 3 卷,安徽教育出版社 2003 年版,第 544 页。

② 胡适:《〈海上花列传〉序》(1926 年 6 月 30 日),《胡适全集》第 3 卷,第 523—524 页。

③ 同上书,第 528 页。

的结果就是1928年作为清华学校研究院丛书第四种发表的《现代吴语的研究》。① 我们暂时不能肯定语言学家赵元任所带领的方言调查团队对于吴语的田野调查是否受到了顾颉刚《吴歌甲集》的启发,至少可以肯定的是五四以后语言学家、文化学者、新文学作家等对于歌谣的发现也是对于方言的重新发现,这种重视方言的文化思潮使不同领域的研究者都各自从方言中汲取到不同的文化滋养。语言学家的方言调查不但开启了现代意义上的方言研究先河,也为建立统一的国语提供了有效的资源;新文学作家的重视歌谣文学和方言表达无疑为新文学的建立提供了民间的源头活水。

俞平伯也为顾颉刚的《吴歌甲集》写了序言,作为吴语区域的俞平伯显然对于吴语有更为深厚的情感,序言中按捺不住对于家乡吴语的好感——"吴声何等的柔曼,其唱词又何等的温厚,若听其散漫泯灭,真万分可惜。"由吴语进而推及方言土语的优长与便利:

> 作者于创作时,使用的工具原有是!可以随便的:用"雅洁""纯正"的文言(例如老虎,引者注,指以章士钊为代表的《甲寅》刊物),或用崭新的国语,或用土气的方言,或用英法德俄日文,或用"爱斯不难读"(引者注,指世界语)……都可以。但是,恕我又要说句讨厌的话。我觉得最便宜的工具毕竟是"母舌",这就是牙牙学语后和小兄弟朋友们抢夺泥人竹马的话。惟有它,和我最亲切稔熟;惟有它,于我无丝毫的隔膜;惟有它,可以流露我的性情于诸君之前。②

俞平伯从工具便利和艺术表达两个层面推许方言土语的文学价值,甚至把顾颉刚辑录《吴歌甲集》提升到孔子的增删《诗经》、辑录"国风"的文化高度加以称赞,"孔子若生于千年之后,安见十五国风之外,不另有一《吴风》呢?"

顾颉刚曾把俞平伯《吴歌甲集》序言的初稿交付给钱玄同参阅,钱玄同的《吴歌甲集》序言不时流露出与俞平伯对话的味道:

> 前几天,承您(指顾颉刚,引者注)把平伯先生的序寄给我读,我很高兴,我对于国语文学跟方言文学这个问题,本来要想胡说几句,现在读了平伯先生的序,更引动了我的兴趣,就来胡说一下吧。
>
> 平伯先生底意见,大体我都同意的,他说"真的文学应当采用真的

---

① 参见盛林、宫辰、李开著:《二十世纪中国的语言学》,党建读物出版社2005年版,第323页。

② 俞平伯:《吴歌甲集序》,《国语周刊》第13期,1925年。

活人的话语";"方言文学应当努力提倡它";"尽量采用方言入文"。这些话,我不仅是完全同意,我平日也就是这样主张的。可是我就是平伯先生说的有"国语热"的一个人,我因为有"国语热",所以连带着有"国语文学热"。我对于文学虽然完全是个门外汉,可是我极相信文学作品对于语言文章有莫大的功用,它是语言文字底血液。语言文字缺少了文学,便成了枯槁无味的语言文字。①

钱玄同反对文言进入国语,与俞平伯国语文学的开放态度——国语吸纳方言、采用文言②,显然有别。

钱玄同在谈及国语文学与方言文学时,把二者并列看待,不像胡适仅仅把方言文学作为国语文学的附庸:

我有"国语热"。我认国语文学是国语底血液,所以我有"国语文学热"。我相信国语文学应当用"真的活人的话语"来做,所以我认北京话跟各地方言是国语文学底原料,——也就是国语的原料。——因为我有以上的信念,所以我要这样说:"在我底意中,方言文学不但已有,当有,而且应当努力提倡它。它不但不跟国语文学背道而驰,而且它是组成国语文学的最重要的原料。方言文学日见发达,国语文学便日见完美。"

以上的话,都是站在国语方面说的。至于方言底本身,它是一种独立的语言;方言文学底本身,它是一种独立的文学。它们底价值,与国语跟国语文学同等。它们决不会因为有了国语文学而灭亡,它们也决不是因为国语需要它们做原料而保存。它们自己发达,它们永远存在。

所以我无论是站在建立国语方面或站在欣赏文学方面,总而言之,统而言之,我对于方言文学是极热烈的欢迎它的。③

胡适虽然也看重方言的价值,但他只是把方言或方言文学作为国语和国语文学的建立所必备的资源而已,只是为国语或国语文学提供新鲜材料和新

① 疑古玄同:《吴歌甲集序》,《国语周刊》第13期,1925年。

② 俞平伯在之前的民众文学的讨论中,明确指出"我不但主张方言的采用,我还主张文言的采用","无论哪一种工具,都以适用为贵;我们不该先存一种成见在胸中。什么时候什么地方要用国语,方言,或者文言;总看事实的需要为断"。参见俞平伯:《民众文学的讨论》,《时事新报·文学旬刊》第26期,1922年1月21日。

③ 疑古玄同:《吴歌甲集序》,《国语周刊》第13期,1925年。

鲜血脉而已。

《吴歌甲集》出版引发的不只是歌谣问题，由此牵连到方言与国语、方言文学与国语文学、国语标准的建立等一系列关乎国语运动和新文学的诸多命题。钱玄同是国语运动的积极推行者，新文学初年曾激越地主张“废除汉字”，编辑《新青年》期间堪为倡导新文学和新文化的急先锋。到了为《吴歌甲集》出版作序的1926年，钱玄同建立国语的路径呈现出宽容多元的气象：

> 用了北京话做主干，再把古语、方言、外国语等等自由加入。凡意义上有许多微细的辨别的，往往甲混乙析，或丙备丁缺。国语对于这些地方，应该冶古今中外于一炉，择善而从，例如甲混乙析则从乙，丙备丁缺则从丙是也。
>
> 这是我底国语答案。我认为国语应该具有三个美点：活泼，自由，丰富。采自活语，方能活泼；做主干的北京话，加入的方言跟外国语，这三种都是活语，惟有古语是死语。但它底本质虽是死的，只要善于使用，自能化腐臭为神奇，变成活泼泼地。总而言之我们尽可以把古语这死鬼捉来给今语做奴仆，听候驱遣；万不可自己撞进鬼门关，给鬼捉住，亲笔写下卖身字据，原为鬼伥。任意采之，斯乃自由；什么都采，然后丰富。①

这种以北京话为主干，杂糅古语、方言、外国语的国语建设主张较之新文学初期显得宽容周全，当然，其间各自的比重自然不同，被视为“死语”的“古语”只允许有节制地吸纳。

钱玄同毕竟是一个专心推广国语的语言学家，他介绍《吴歌甲集》、探讨方言文学与国语文学的重心仍不脱离语言学层面的探讨，歌谣辑录在语言上遇到的一个主要问题是如何原汁原味地记录当地的方音，尤其是那些有音无字的方言，这也是方言调查需要解决的语言上的记音问题。钱玄同看到了顾颉刚《吴歌甲集》的不足之处：

> 看了汉字，要想读出一个音，尚且做不到，何况讲到方言文学，各字都该照方音读出，一个汉字，可以有几十几百种读法，若不给它注上音，怎样能读呢？欣赏一种文学而不能读它出来，这是何等气闷的事！所以我认为以后凡汉字的书，都该记上音，而民间文学，因为是方音方言的缘故，尤其非记音不可，最好把全文用音拼写，与汉字并列，仿佛“中西《四

---

① 疑古玄同：《吴歌甲集序》，《国语周刊》第13期，1925年。

书》”那样，以资对照。

他建议顾颉刚的歌谣辑录应该“全体记音才好”，使不同区域的语言之间能够相互交流，以便达到国语统一的目的。

顾颉刚《吴歌甲集》的诞生本身是北京大学歌谣运动影响和促进的结果，之前的歌谣收集与研究已经在渐次推行和展开，只不过大都在《北京大学日刊》等刊物零星选载，《吴歌甲集》的出版再加之语言学家、国语推进者、新文学作家等多方文化趋新人士的大力推介，多重文化力量在此交汇言说，无疑深化了人们对于酝酿已久、逐步推进的歌谣运动的认识和理解，大大提升了歌谣运动的文化品格，进一步扩大了歌谣运动的影响，也必将加速歌谣运动的历史进程。中国历来就有“礼失求诸野”的文化传统，中国现代语言和新文学的建设也不可回避地吸纳和发掘蕴涵于民间的深厚的本土资源，这是保持民族文化源远流长、根深叶茂的源头活水。曾经是“国语统一筹备会”的会员，“增修国音字典委员会”委员，语言文字学家沈兼士在《吴歌甲集》序言中指出：

“国语的文学”和“文学的国语”，固然是我们大家热心要提倡的，但这个决不是单靠着少数新文学家做几首白话诗文可以奏凯；也不是国语统一会规定几句标准语就算成功的。我以为最需要的参考材料，就是有历史性和民族性而与文学和国语本身都有关系的歌谣，歌谣之中尤以江苏的为能以优美之文辞，表现丰富之情绪……现在颉刚搜集的吴歌，虽不能说尽是有精彩的技巧和思想，但是那种旖旎温柔情文兼至的风调，总不能不推它为南方歌谣中的巨擘。这一点就足以值得研究文学和国语的人的注意。①

沈兼士的观点似乎分享了胡适早期一再强调的“文学的国语，国语的文学”这一语言变革观念，胡适在 1918 年发表的《建设的文学革命论》中开篇倡导“国语的文学，文学的国语”宗旨，谈到国语标准的问题时指出：

有些人说：“若要用国语做文学，总须先有国语。如今没有标准的国语，如何能有国语的文学呢？”我说这话似乎有理，其实不然。国语不是单靠几位言语学的专门家就能造得成的；也不是单靠几本国语教科书和

① 沈兼士：《吴歌甲集序》，《北京大学研究所国学门周刊》第 1 卷第 11 期，1925 年。

几部国语字典就能造成的。若要造国语,先须造国语的文学。有了国语的文学,自然有国语。这话初听了似乎不通。但是列位仔细想想便可明白了。天下的人谁肯从国语教科书和国语字典里面学习国语?所以国语教科书和国语字典,虽是很要紧,决不是造国语的利器……试问我们今日居然能拿起笔来做几篇白话文章,居然能写得出好几百个白话的字,可是从什么白话教科书上学来的吗?①

沈兼士延续了胡适的思路,看到了歌谣与文学和国语的内在关联,新文学的建构与国语运动的推进都与歌谣运动密切相关。通过歌谣的收集和发掘,从文学的角度可以汲取来自民间淳朴自然的清新之风,从语言的角度通过征集歌谣呈现不同区域的方言地图,吸纳方言资源,借以建造新的民族国家的统一的国语。

刘半农虽然没有直接谈及《吴歌甲集》,但他本身收集歌谣以及创作方言诗歌的行动也在某种程度上实践了当时歌谣运动的主旨。

刘半农认为:"研究歌谣,本有种种不同的趣旨:如顾颉刚先生研究孟姜女,是一类;魏建功先生研究吴歌声韵,又是一类;此外,研究散语与韵语中的音节的异同,可以另归一类;研究各地俗曲音调及色彩之变递,又可以另归一类;……如此等等,举不胜举,只要研究的人自己去找题目就是。而我自己的注意点,可始终是偏重在歌谣的文艺方面的。"②也许正是看中了地方歌谣在文艺上的价值,刘半农对于吴语作品《海上花列传》赞赏有加,由此引出方言文学的话题:

这书中所用的语言有两种:一种记事,用的是普通的白话;一种记言,用的是苏白。在这上面,我们真不得不佩服作者的斟酌尽善。因为普通白话,在小说中及其他白话作品中,已经使用了好久;因其使用了好久,所以它所具的能力,在文句的构造上和在文字与词的运用上,总比较的发达;因其发达,我们拿来记事,自然很便利。但要说到记言,可又是一件事了。因为口白中所包有的,不但是意义,而且还有神味。这神味又可分作两种:一种是逻辑的,一种是地域的。③

① 胡适:《建设的文学革命论》,《新青年》第4卷第4号,1918年4月15日。

② 刘半农:《〈海外民歌〉序》,《语丝》第127期,1927年4月。又《刘半农文选》,人民文学出版社1986年版,第180—181页。

③ 刘半农:《读〈海上花列传〉》(写于1925年12月23日),《刘半农文选》,人民文学出版社1986年版,第130页。

刘半农指出了《海上花列传》在小说叙述语言和人物对话语言的各自特色，更为欣赏地方色彩浓厚的方言“口白”，在他看来，这种饱含地域神味的地方“口白”不但具有写实的“真确”，同时也具有逻辑的意义。可能担心有人会指责方言文学流播不远，读者阅读范围受限的流弊，刘半农进一步论列道：“我想我这一段简单的话，已能将方言文学的可以存立而且必须提倡的理由，说得明明白白的了，但方言文学作品不能博到多数人的了解与赏鉴，也是事实。这一层，我却以为无须疑虑，因为文学作品不比得香烟与滑头药，赏鉴的人多，固然很好，便是少些，也全不要紧。况且今后交通日趋便利，以一人而能懂得多种方言的人，必日见其多；而在语学上用工夫的人，也必能渐渐的做出许多方言文典与方言字典来，做一般读者的帮助。”①

刘半农不仅关心《海上花列传》在文学方面的所呈现的地域色彩及审美功能，作为一个国语运动家，他同时也从语言学层面上看到该小说具有的语料功能，他颇具慧眼地指出：“若就语学方面说，我们知道要研究某一种方言或语言，若单靠了几句机械式的简单例句，是不中用的；要研究得好，必须有一个很好的本文(Text)做依据，然后才可以看得出这一种语言的活动力，究竟能活动到什么一个地步。如今《海上花》既在文学方面有了代表著作的资格，当然在语学方面，也可算得个很好的本文。”②

通过以上的简要梳理，可以看到，无论是文学家还是语言文字学家围绕顾颉刚辑录《吴歌甲集》的讨论均涉及了歌谣调查和收集的语言学意义和文学意义。无论周作人等在发动歌谣征集时的目的是艺术的、民俗的、还是文学及语言学上的，但就顾颉刚《吴歌甲集》的创获而言，的确引发了国语与方言的诸多思考，就此来讲，人们没有把国语和方言对立看待，而是把方言作为建立国语的材料，提供国语建设的血脉，甚至把方言作为独立的文学语言加以珍视。顾颉刚的《吴歌甲集》不但深化了人们对于歌谣运动积极意义的理解，也强化了人们对于国语与方言二者关系的系统认识，避免了国语统一运动对于方言理解的偏颇。

走向民间、走进田野、走近民众的歌谣运动就不是单纯的民间文化的发掘与整理，它蕴含了知识者深远的文化期待和宏大的复兴民族文化的深广情怀。

四、方言的文学与候补的国语

以上关于国语建设和方言问题的梳理，可以看到国语建立过程中需要面

---

①② 刘半农：《读〈海上花列传〉》，《刘半农文选》，第131页。

对的诸多问题，新文学作家由于看重文学的审美功能，不免重视方言在神理气韵方面的修辞功能。国语运动家为了丰富国语，必须借助方言调查的途径作为扩充国语词汇的手段。即便从指定标准音的单一视角考量，也必须借助方音的调查和闰音字母的制定。无论是新文学作家，还是国语学家都必须面对方言问题。

从晚清到五四，国语统一的思想深入人心，但如何统一？以何种语言作为标准却成为一个争议纷纭的问题，我在第一章论“语音的政治”中已经涉及这一问题。在此，我重点要探讨的是：作为国语标准的方言应该具备哪些条件？方言在国语统一运动中的地位如何？方言提供了哪些资源？方言和国语的内部紧张如何？

国语运动的提倡者为了建立统一的国语，并未放弃对方言资源的利用。1913年，读音统一会成立并制定了注音字母。注音字母以国音为主，但也要随时随地添加闰音字母，“一来便利平民，使能就方言拼字；二来便利学者，可用以调查语音，采访方言文学”。[1] 当时国语统一运动很容易激起时人的误会，认为国语运动是一场纯而又纯的“统一运动”，却不知统一的国语标准必须建立在方言土语的基础之上。

黎锦熙的“两纲四目”说详细阐明了国语统一和不统一的关系。

1926年，全国国语运动大会在北京开幕，黎锦熙发表了一篇宣言，提出了国语运动的两纲四目十件事。两纲四目详细说明了“不统一”与“统一”二者之间的辩证关系。

> 何谓两纲？一曰国语统一；二曰国语普及——当然，要有言文一致的国语，这种国语才能普及，所以第二纲又可换言之为“言文一致”。
>
> 何谓四目？因为国语统一含有两种意义：一曰统一，二曰不统一。国语普及也含有两种意义：一曰普及；二曰不普及。
>
> 现在就这两纲四目，把我们应干的工作，具体地写出来，凡十件事：
>
> 第一纲：国语统一：
>
> 第一目：统一
>
> (1) 努力宣传并多方推行国音字母——国音字母现有两式：第一式就是注音符号，儿童和一般民众用之；第二式是国语罗马字，受高小教育以上的添用之。（这是渐进的方法。）
>
> (2) 提倡传习国语的标准语和国语文。（北平语就是标准语底代

---

[1] 黎锦熙：《国语运动史纲》，商务印书馆1934年版，第29页。

表；普通白话文就是国语文底基础。）

第二目：不统一

(3) 添制闰音字母——闰音字母即方音符号，是用来标国音所没有而各地特有之方音的。

(4) 调查方言——兼整理、试验，并寻讨源流。这是“语文学”上底任务。

(5) 征集并改进方言文学，这兼是“社会教育”上底任务。

第二纲：国语普及（言文一致）

第三目：普及

(6) 提倡汉字注音——国音和闰音兼注，叫现在的民众容易识字，人人略能读书阅报。

(7) 主张汉字外通行一种国语标音字——这当然是国语罗马字，用来增高并扩大将来教育底效能；使应用和文学底工具愈趋简便，则文化更易普及而提高。以上两事，具体的方法在努力编译读物（译西为中，译古为今）。

第四目：不普及

……

(9) 给汉字古文和国故以相当之地位——一方面精选慎择，不让它们再乱七八糟地增加中等教育上底困厄，一方面让专门学者尽量地作科学的整理和真实的探求。

(10) 编纂大规模的辞典——结算四千年来国语（文字和语言及其所包的一切新旧学术文化等）底总账。①

黎锦熙指出，“统一的国语，就是一种标准的方言；不统一的方言，就是许多游离的国语。各有用途，互相帮助，这就叫‘不统一’的国语统一”②。他主张在国语统一的同时，保持各地方言的独立。在调查各地方言语音和语法差异的基础上，促进民族统一语的形成。

黎锦熙表面上在谈论国语的统一与不统一，其背后蕴含着如何处理“国语”和“方言”的关系问题。没有统一，就失去了国语运动的根本和宗旨，没有方言，国语统一就失去了坚实的基础，因为国语也不过是一种取得资格的方言而已。胡适对此有较为通达的看法：“‘国语’这两个字很容易误解。严格

① 黎锦熙：《国语运动史纲》，商务印书馆 1934 年版，第 252 页—254 页。

② 《全国国语运动大会宣言》，《国语周刊》第 29 期，1925 年 12 月 27 日。

说来，现在所谓‘国语’，还只是一种尽先补用的候补国语，并不是现任的国语。这句话的意思是说，这一种方言已有了做中国国语的资格，但此时还不曾完全成为正式的国语。”①

那么，哪种语言有可能作为候补的国语呢？或者说，某种方言能够演变、上升到国语的条件是什么呢？

黎锦熙认为，一种方言要成为国语，必须具备下列四项条件：

(一) 是全国大多数通行的方言。方言并不是与标准语对待的。无论何处的方言，只要通行了，便是标准语。

(二) 和文学相接近。且不远引《水浒传》《西游记》《红楼梦》《儒林外史》等旧小说，只问这几年上海新出的几种著名白话小说，他那语体文，有谁看不懂？凡是大家看得懂而富有通俗文学价值的语体文，尽管其中有些“文不文”“白不白”，“南不南”“北不北”的话，都是标准语。

(三) 能随交通机关而吸收各地的方言。标准语以自身为中坚；到一处地方，他就把这一地方所有特别优良的方言吸收去了。北京话随着京汉路到汉口，自然而然的要吸收一些汉口土白。

(四) 有变更各地方言的势力。他能吸收各地方言的优点，所以就有一种同化力。各地方言中应淘汰的土话，往往跟着他慢慢的变更。这也是因为他有通俗文学为后盾的缘故。②

张士一认为用一种方言去做标准语，其资格分析起来，有以下几层：

1. 要向来研究这种方言的人最多，研究所得的结果最多。有这个资格的也是北京语。2. 要最容易靠自然的交通平均传播到各地方去。有这个资格的也是北京语。因为各地方的人到京都去和从京都出来的是最平均。3. 要教授方面的经验最丰富。有这个资格的也是北京语。4. 要向来为各地方的人所最信仰的。有这个资格的也是北京语。5. 要用在最讲究说话的地方的。有这个资格的也是北京语。因为北京是政治外交的中心点，也是教育的中心点，说话自然最为讲究。6. 要是最优美的。7. 要全国听得懂的人最多。8. 要说别种方言的人最容易学。9. 要

---

① 胡适：《国语文法概论》，《胡适学术文集·语言文字研究》，中华书局，1993 年版，第 1 页。

② 黎锦熙：《国语教育上应当解决的问题》，黎泽渝、马啸风、李乐毅编：《黎锦熙语文教育论著选》，人民教育出版社，1996 年版，第 18—19 页。

最近于将来因交通十分便利而自然成功的统一语言。①

通过以上几个方面的考察，张士一认为用北京语做标准语最为适当。作为一个教育家，他更多的是从易教授和易学习方面考虑的，没有胡适所谓的“文学的考量”。

胡适认为一种方言成为国语必须同时具备两种资格：“第一、这一种方言，在各种方言之中，通行最广。第二、这一种方言，在各种方言之中，产生的文学最多。”②国语正是在这种方言的基础上产生的，“凡是国语的发生，必是先有了一种方言比较的通行最远，比较的产生了最多的活文学，可以采用作国语的中坚分子；这个中坚分子的方言，逐渐推行出去，随时吸收各地方言的特别贡献，同时便逐渐变换各地的土话：这便是国语的成立。”③胡适比较看重方言文学，这与他以文学促进国语的一贯思路相关④，他认为只有产生最多方言文学的方言才可以作为将来的备用国语。统一标准语的基础应该是通行最广的方言，方言文学能够使本方言迅速流行并促成它转变为将来的国语。胡适认为，除了积极发展国语文学之外，还要重点发展两种方言文学，“一，是吴语文学（包括苏州，无锡，常熟，常州一带）；现在所有的苏白的文学作品，已有很好的了；将来发展起来，在我国文学上大有贡献的，并且能代表这一部分民族的精神的。二，是粤语文学；几百年来，广东话的诗，曲，散文，戏剧等，有文学价值的也很多；能够去发展他，又可以表现西南一部分民族的精神出来的。”⑤胡适主张，这两地的作家完全可以做他们自己的方言文学，如果偏要让他们做统一的国语文学，就会损失文学的精神、民族的精神。反之，如果任他们自由发展，反而会对国语文学大有帮助。鉴于这一点，胡适甚至真诚希望当时的知名作家能够在方言文学上有所成就——“所以我常常想，假如鲁迅先生的《阿Q正传》是用绍兴土话做的，那篇小说要增添多少生气呵！可惜近年来的作者都还不敢向这条大路上走，连苏州的文人如叶圣陶

① 张士一：《国语统一问题》，《教育潮》第1卷第9期，1920年。

② 胡适：《国语文法的研究法》，《新青年》第9卷第3号，1921年7月1日。

③ 胡适：《国语讲习所同学录》序，《胡适学术文集·语言文字研究》，中华书局，1993年版，第302—303页。

④ “我当时就很严肃地向这些老学者进言，我认为要有‘标准国语’，必须先有用这种语言所写的第一流文学。所谓字典标准是不可能存在的。没有人会先去查国语字典，然后才动笔去写作——去写故事、小说、催眠曲或情歌。标准原是一些不朽的小说所订立的；现在和将来也还要这些伟大作品来加以肯定。”见胡适：《从文学革命到文艺复兴》，唐德刚译注：《胡适口述自传》，华东师范大学出版社1993年版，第162页。

⑤ 胡适：《国语运动与文学》，《晨报副刊》，1922年1月9日。

先生也只肯学欧化的白话而不肯用他本乡的方言。”①

胡适认为先有文学，后才有标准语。20年代有人并不认同这样的观念，而是主张先定标准，再推行文学：

> 譬曰医生，南称郎中，北则大夫。南人之郎中与北人之大夫，其费解一也。标举一医生为名，则胥南北而尽解矣。语云何为，南谓做啥，北言干吗，其费解又一也。标举一何为之词，则并文俗而可通也。以故训为国语之标准，举时代迁移，道途阻隔之弊，而尽廓之，且易收言语统一之效……现行白话，既归统一，则可形纸笔而俱解。白话而可以行远垂久矣。斯国语标准立。国语标准立，而后有国语文学。②

一个非常巧合的历史细节是：1925年9月6日的《国语周刊》第13期，刊载了一组“关于国语与方言”的讨论文章，分别是周作人的《理想的国语》、俞平伯及钱玄同的《吴歌甲集序》，顾颉刚辑录的《吴歌甲集》在《歌谣周刊》刚连载完毕（从第64号到第84号），林玉堂此时正呼吁《征求关于方言的文章》③。两个刊物对于方言的同样热心并不偶然，周作人、钱玄同对于国语运动和歌谣运动都付出了个人的心力。周作人关于建立国语的观念仍是一以贯之，他及时纠正或批评了那种以狭义的民众语言来规定国语的方针，认为“假如以现在的民众知识为标准来规定国语的方针，用字造句以未受国民教育的人所能了解的程度为准，这不但是不可能，即使勉强做到，也只使国语更为贫弱，于文化前途了无好处。”周作人重申了自己理想的国语——“我们所要的是一种国语，以白话（即口语）为基本，加入古文（词及成语，并不是成段的文章）方言及外来语，组织适宜，具有论理之精密与艺术之美。”方言只是建立国语的一个维度而已，周作人这一宏阔博大的语言视野具有极强的前瞻性。作为一个来自吴语方言区的作家和诗人，俞平伯对《吴歌甲集》赞赏有加，萌生出力倡方言文学的主张：

> 我有一信念，凡是真的文学，不但要使用活的话语来表现它，并应当采用真的活人的话语。所以我不但主张国语的文学，而且希望方言文学的产生。我赞成统一国语，但我却不因此赞成以国语统一文学。文学的国语，国语的文学，如胶似漆的挽手而行，固不失为一个好理想；不过理

---

① 胡适：《吴歌甲集序》，《胡适学术文集·新文学运动》，中华书局1993年版，第498页。

② 王小隐：《国语标准与故训》，《新中国》第2卷第1期，1920年。

③ 《歌谣周刊》第84号，1925年3月29日。

> 想终究只是理想，不能因它的好而陡变为事实。方言文学的存在——无论过去，现在，将来——我们决不能闭眼否认的，即使有人真厌恶它。[①]

俞平伯言谈中明显流露出与胡适对话的姿态，也呈现出对国语文学的不信任，认为“活人们口中没有统一的话语，就不会有单纯用一种语言来创作文学的可能”，“国语没有统一以前，不会有纯粹的国语文学；如有，那无非冒牌罢了。”钱玄同是一位国语运动的积极鼓动者和实践者，他并不像俞平伯那样把国语文学和方言文学对立起来，而是较为通达地指出“方言是组成国语的分子，它是帮国语底忙的，不是拦国语底路的”，“方言与国语，乃不相反而相成者也”，“方言底本身，它是一种独立的语言；方言文学的本身，它是一种独立的文学；它们的价值，与国语跟国语文学同等”，最后钱玄同指出：“总而言之，统而言之，我对于方言文学是极热烈的欢迎它的。”[②]这组讨论方言与国语的文章，从不同侧面肯定了方言文学的价值，也是从不同的视角提醒着国语运动者对于方言土语的重视。

国语运动与新文学之间关于方言与国语的关系问题，在五四时期只是刚刚开始，到了三十年代大众语讨论中则越加明显地呈示出普遍的统一的国语与地方的区域的方言之间的矛盾与纠结，此是后话。

---

① 俞平伯：《吴歌甲集序》，《国语周刊》第13期，1925年9月6日。

② 疑古玄同：《吴歌甲集序》，《国语周刊》第13期，1925年9月6日。

第十章　何谓“大众”，如何大众“语”？

——大众语讨论中的文学语言问题

一、从平民到大众：“大众”话语的嬗变

近现代以来，“大众”话语作为一种占据主导意识形态的语汇逐渐进入思想政治史、文化史乃至文学史中。有学者曾经指出“大众”一直都活跃于文学及革命的变化之中，覆盖了现代中国文学史的不同历史场景和文学视域。“在这一历史视域中，‘大众’一词，始终联系着另外一些关键词：作为历史主体与‘创造历史动力’的‘人民’，和另一组相对中性的名词：‘群众’、‘民众’。从某种意义上说，‘大众’，作为一个关于‘多数人’的指称，在现代中国史上，始终在反封建与社会民主的层面上，具有某种道义的正义性。”①但“大众”的内涵并非指向所有的正当性与合理性，有时却意味着“多数人，乌合之众，农工阶级，平民，国民，没有文学品味的人，经济、文化教育的中下阶层——这一切都曾经成为‘大众’的所指”。② 那么，何谓大众，它的发展与流变可以作为知识考古学的话题。

在30年代，当“大众语”论争的正酣之时，国语学家黎锦熙敏锐地抓住这一概念内涵进行了分疏，他认为中国传统文化中早就有“大众”的说法，在上古时，“大众”是农民被征发而当兵做工的众人，到了中古，“大众”乃是聚在一块的和尚尼姑以及居士们，到了近代，则大众就是众人，不必聚在一起，就是散在的人也可叫做“大众”。③ 就中国现代文学的发生和发展而言，“大众”话语逐渐浮出文学历史的地表应该集中在30年代初。文学革命发生时，陈独秀的《文学革命论》张扬三大主义，其中所倡导的“推倒雕琢的阿谀的贵族文学，建设平易的抒情的国民文学”④的口号把“国民”与“贵族”并列，这“国民”是和占据特权地位的“贵族”相对的概念，指向的是大多数一般的“子民”。

---

① 陈晓明：《现代性与中国当代文学转型》，云南人民出版社2003年版，第261页。

② 南帆：《后革命的转移》，北京大学出版社2005年版，第11页。

③ 黎锦熙：《建设的大众语文学》，《师大月刊》第14期，1934年10月30日。

④ 陈独秀：《文学革命论》，《新青年》第2卷第6号，1917年2月1日。

1918年，周作人提出了“平民文学”口号，以“平民文学”替换了陈独秀的“国民文学”的概念，他倡导的“平民文学”突出强调的其实并不在文学，而在“平民”意识、“平民”精神，即“以普通的文体记普通的思想与事实”。“我们说贵族的平民的，并非说这种文学是专做给贵族或平民看，专讲贵族或平民的生活，或是贵族或平民自己做的。不过说文学的精神的区别，指他普遍与否，真挚与否的区别。中国现在成了民国，大家都是公民”，“平民文学应以真挚的文体，记真挚的思想与事实。既不坐在上面，自命为才子佳人，又不立在下风，颂扬英雄豪杰，只自认为是人类中的一个单体，混在人类中间，人类的事，便也是我的事。”“平民文学所说，是在研究全体的人的生活。”①很显然，周作人的“平民”是指国家的“公民”或“全体的人”，而非特指哪一个单一的社会文化阶层。1921年，朱自清提出了“民众文学”的概念，随后激起了民众文学的讨论，为了免除人们对于“民众”一语的误解和歧义，朱自清特意界定了民众的概念：“我们所谓民众，大约有这三类；一，乡间的农夫、农妇；……二，城市里的工人、店伙、佣仆、妇女以及兵士等；……三，高等小学高年级学生和中等学校学生、商店或公司的办事人、其他各机关低级办事人、半通的文人和妇女……在三类外，还有那达官、贵绅、通人、名士。”②朱自清的“民众”几乎涵盖了国民的全体以及社会的各个阶层。作者自身也是民众的一份子，朱自清“民众”一词，“并没有轻视民众底意味，更没有侮辱他们底意思”。“从严正的论理上说，我们也正是一种民众”，“但决不比他们尊贵些”。③ 非常有意思的是，在随后关于民众文学的讨论中，俞平伯提出了“民众化”的概念，他认为文艺不应该忽视多数人的需求，现在“大可不必争辩，文学究竟有无全部民众化的可能；总之，现在离部分的民众化也还遥远呢！”④俞平伯当时对于实现文学的民众化前景并不乐观，随后，俞平伯进一步界定了民众文学的三个维度：

> 第一，是民众底文学，就如现今流行的歌谣是，这是由民众自己创造的。第二，是民众化的文学……这是借作者底心灵，渗过民众底生活而写下来的。第三，是为民众的文学……是作者立于民众之外，而想借这

---

① 仲密(周作人)：《平民文学》，《每周评论》第5号，1919年1月19日。

② 朱自清：《民众文学的讨论》(1922年1月)，《朱自清全集》第4卷，江苏教育出版社1996年版，第37—38页

③ 同上书，第37页

④ 俞平伯：《民众文学的讨论》，《时事新报·文学旬刊》第26期，1922年1月21日。

个去引导他们的。[①]

俞平伯精细地辨析了民众文学的三种形式，从论述的分层上可以感受到俞平伯的“民众”概念主要指向那些文化水平低下、文学欣赏力有限、有待启蒙和提升的大多数国民。俞平伯希望知识者到民间去，使“民众化的文学，民众的文学，和为民众的作品，各有长足的进步，渐渐的合拢来，使民众化的文学，全部、至少是大部，为民众所能鉴赏了解，不要再有什么‘为民众’这个名词底存在。”[②]

1924 年，创造社的成员成仿吾延续了俞平伯的关于民众文学的解读思路，提出了“民众艺术”。不过，成仿吾则从创造社前期惯有的文学创作的天才论和精英意识出发，认为民众自身的艺术是原始低级的，反对艺术家屈身俯就进行艺术的“为民众”的普及工作：“我以为不仅艺术运动，凡一切民众运动当以使民众升到水平线以上来为目的；我以为要这样才合于进化的原理。若一切民众运动只在把一切阶级的建筑推翻，一同降到最低的阶级，这是很可悲观的事情，而艺术的降低尤不啻是艺术的自灭”，“艺术愈进化，便愈和民众无关。”[③]然而，事隔三年之后，1927 年，成仿吾和创造社的其他成员一样从文学观念到思想意识进行了几乎全方位的“方向的转换”，他在《从文学革命到革命文学》一文提出了“农工大众的用语”问题。他说：“我们远落在时代的后面，我们在以一个将被‘奥夫赫曼’的阶级为主体，以它的‘意德沃罗’为内容……我们要努力获得阶级意识，我们要使我们的媒质接近农工大众的用语，我们要以农工大众为我们的对象。”[④]成仿吾在“大众”前面加了“农工”的限定词，在这里大众从原来的表示数量的“民众”内涵逐渐获得了阶级的徽号。郁达夫 1928 年创办的《大众文艺》杂志，首次以“大众”作为一个刊物的名称相标榜，“大众”术语逐渐弥散于中国现代文学界。郁达夫酝酿创办此刊时，于 1928 年 7 月 31 日日记中写到：“将出的月刊，我想名为《大众文艺》。这四个字虽从日本文里来的，但我的解释是——文艺不应该由一社或几个人专卖的。周刊我仍想名它为《多数者》，我以为多数者的意见，或者可以代表舆论的。”[⑤]在《大众文艺》创刊号卷首，郁达夫进一步阐释了其取名由来和其办刊宗旨：

---

①② 俞平伯：《〈民众文学的讨论〉的更正》，《时事新报·文学旬刊》第 27 期，1922 年 2 月 1 日。

③ 成仿吾：《民众艺术》，《创造周报》第 47 号，1924 年 4 月。

④ 成仿吾：《从文学革命到革命文学》（写于 1927 年 11 月 16 日），《创造月刊》第 1 卷第 9 期，1928 年 2 月。

⑤ 郁达夫：《郁达夫日记集》，浙江文艺出版社 1986 年版，第 219 页。

> “大众文艺”这一个名字，取自日本目下正在流行的所谓“大众小说”。日本的所谓“大众小说”，是指那种低级的迎合一般社会心理的通俗恋爱或武侠小说等而言。现在我们所借用的这个名字，范围可没有把它限得那么狭。我们的意思，以为文艺应该是大众的东西，并不能如有些人之所说，应该将她局限隶属于一个阶级的。更不能创立出一个新名词来，向政府去登录，而将文艺作为一个团体或几个人专卖特许的商品的。因为近来资本主义发达到了极点，连有些文学团体，都在组织信托公司，打算垄断专卖文艺了，我们就觉得对此危机，有起来振作一下的必要，所以就和现代书局订立合同，来印发这一个月刊《大众文艺》。……我们只觉得文艺是大众的，文艺是为大众的，文艺也须是关于大众的。①

郁达夫倡导大众文艺的在于打破文艺专属于某一特定阶级的特权，使全体大众都应该享有文艺的权利。这里“大众”的意识形态色彩并不明显。到了《大众文艺》由陶晶孙编辑的后期，从第2卷第3期(1930年3月)开始刊载“新兴文学专号”并组织并策划了“文艺大众化的诸问题”的征文和讨论，《大众文艺》成为了左联的机关刊物，自此“大众”话语逐渐获得了政治和阶级的意识形态色彩。这种政治色彩和阶级意识可谓是呼应了当时日渐高涨的左翼文学的革命文学理念。从1930年3月2日“左联”成立后旋即通过的“文艺大众化研究会”的议案到1931年11月，“左联”执行委员会的决议《中国无产阶级革命文学的新任务》，都在强化着大众化的无产阶级内涵：“为完成当前迫切的任务，中国无产阶级革命文学必须确定新的路线。首先第一个重大的问题，就是文学的大众化”，“只有通过大众化的路线，即实现了运动与组织的大众化，作品、批评以及其它一切的大众化，才能完成我们当前的反帝反国民党的苏维埃革命的任务，才能创造出真正的中国无产阶级革命文学。”②

郭沫若说得更为干脆：“大众文艺的标语应该是无产文艺的通俗化。通俗到不成文艺都可以，你不要丢开大众，你不要丢开无产大众。始始终终要把‘大众’两个字刻在你的头上。”③在此，郭沫若把“大众”直接等同于“无产阶级”。冯乃超把大众视为被压迫阶级：“‘大众’或群众，究竟它的内涵有什

---

① 郁达夫：《大众文艺释名》，《大众文艺》1928年9月第1期。

② 《文学导报》第1卷第8期，1931年11月15日。

③ 郭沫若：《新兴大众文艺的认识》，《大众文艺》第2卷第3期，1930年3月。

么意义呢？即使把它规限于被压迫阶级，它仍然能够分开许多阶层。”①

从五四时期的国民、平民、民众到三十年代的“大众”“无产大众”“被压迫阶级”，作为数量的民众概念逐渐演化成作为阶级的政治意识形态术语。我通过这些历史的梳理，不仅仅为了考辨大众话语流变，还在于通过这种历史的梳理和资料的爬梳，呈现大众化讨论的文化历史语境，也只有在这样的语境中，我们才可进一步感受大众语讨论的复杂场域，探查关乎大众语讨论的历史根节。

二、白话文的危机与大众化的倡导

我们知道，文学大众化运动是在左翼文学思潮兴起之后日渐蓬勃的一项文化普及运动，既是出于新文学理应走向大众的应有之意，也是出于宣传群众、组织群众、争取群众的政治斗争的需求。左联文艺大众化问题的提出，有其深刻的历史根源和现实诉求。在左联人士看来，五四新文学运动还没有可能普及到工农群众中去，尽管它提出了平民文学口号，但是当时的所谓平民，实际上还只能限于城市小资产阶级和资产阶级的知识分子，即所谓市民阶级的知识分子。工农群众是没有被包括进去的。五四新文化革命虽然以最快捷的方式使文学革命获得了成功，但却没有同时使中国最广大的下层民众成为新文学的读者。社会上绝大多数人口仍然处于文盲状态，加重了新文学和普通大众彼此分离的现象。

大众化的讨论伴随着对于五四的反思和批判。瞿秋白率先举起了清理五四的大旗，他认为五四后的新文艺仍然具有阶级性和等级的鸿沟：

> 现在中国文艺生活的现象，是个神奇古怪的现象，因为封建余孽的统治，所以文艺界之中也是不但有阶级的对立，并且还有等级的对立。中国人的文艺生活显然划分着两个等级，中间隔着一堵万里长城，无论如何都不相混杂的。第一个等级是“五四式”的白话文学和诗古文词——学士大夫和欧化青年的文艺生活。第二个等级是章回体的白话文学——市侩小百姓的文艺生活。现在，请平心静气的回答一个问题：直到今天为止，普洛文艺的作品是属于那一个等级!?
>
> 普洛文艺应当是民众的。新式白话的文艺应当变成民众的。②

---

① 冯乃超：《大众化的问题》，《大众文艺》第2卷第3期，1930年3月。

② 瞿秋白(署名史铁儿)：《普洛大众文艺的现实问题》，《文学》，1932年。

在瞿秋白看来，五四是一场由资产阶级知识分子领导和发动的文化革命，在30年代这个领导权应该转移到无产阶级来掌握和发动。因而，他猛烈地批判五四的不彻底性以及资产阶级的动摇性，连带着清理五四遗留的语言后遗症："'五四'是中国的资产阶级的文化革命运动。但是，现在中国资产阶级早已投降了封建残余，做了帝国主义的新走狗，背叛了革命，实行着最残酷的反动政策。光荣的五四的革命精神，已经是中国资产阶级的仇敌。中国资产阶级在文化运动方面，也已经是绝对的反革命力量。它绝对没有能力完成民权主义革命的任务——反帝国主义的及封建的文化革命的任务。新的文化革命已经在无产阶级领导之下发动起来，这是几万万劳动民众自己的文化革命，它的前途是转变到社会主义革命的前途。资产阶级的智识分子，似乎也已经感觉到这种危险。"①作为一个无产阶级革命家，瞿秋白看待问题的眼光不可避免地带有阶级的区隔，他主张来一个"无产阶级的五四"以弥补所谓"资产阶级的五四"的不足：

> 普洛大众文艺的斗争任务，是要在思想上武装群众，意识上无产阶级化，要开始一个极广大的反对青天白日主义的斗争。五四时期的反对礼教斗争只限于智识分子，这是一个资产阶级的自由主义启蒙主义的文艺运动。我们要有一个"无产阶级的五四"，这应当是无产阶级的革命主义社会主义的文艺运动。②

与阶级意识相关的权利问题也是瞿秋白思考社会问题的出发点，他从文艺的领导权视角看待文艺的大众化问题，认为文艺大众化是无产阶级文艺的中心问题，同时"文艺革命上的领导权的争取，也就是无产阶级的严重的任务"。③ 在批判五四白话欧化的声音中，这种"语言阶级论"的声音值得关注。他们视白话文为"买办资产阶级的东西"，这就把欧化问题与阶级问题联系起来，语言的争论蕴含着阶级价值的分野。这声音颇类似五四时期刘大白倡导白话时批判文言的声音，何谓文腔革命呢？刘大白说，"所谓文腔革命，就是用活人底人腔——白话——来写文章，而不用死鬼底鬼腔——文言——来写文章的革命。"而瞿秋白的文腔革命针对五四以后的所谓"非驴非马"的骡子文而言(其中涵盖了他极为不满的欧化语法)，他认为五四以后"新文学的

---

① 瞿秋白(署名易嘉)：《"五四"和新的文化革命》，《北斗》第2卷第2期，1932年5月20日。

② 瞿秋白：《普洛大众文艺的现实问题》，《文学》第1卷1期，1932年4月25日。

③ 《欧化文艺》(1932年5月5日)，《瞿秋白文集》第2卷，人民文学出版社1953年版，第880页。

市场，几乎完全只限于新式智识阶级——欧化的智识阶级。这种情形，对于高等人的新文学，还有可说，而对于下等人的新文学，那真是不可思议的现象！”①刘大白则直指死去的文言，二者都是以现代人的口语作为文腔革命的利器。刘大白对文腔革命的地位评价颇高，认为“它的意义底重大，合国民革命不相上下，而且合国民革命很有关系。”把国民革命和语言革命相比附，并非故意耸人听闻，实乃根植于刘大白对于语言等级观念的警惕及反叛，文言白话的价值分野似乎与运用者的身份、地位有了某种意味深长的关联，文腔革命所要铲除的就是这种语言的等级区隔，“于是白话起来革文言的命，要推翻文言的宝座，就好像平民起来革贵族的命”②。文言/白话的对立，引申出贵族/平民的分野，同样，欧化/大众语的对立，也蕴含着不同阶级的对抗。在许多人看来仿佛只是语言工具的形式革命，却蕴含着天翻地覆的阶级革命和伦理价值的重新排序。

那么，从瞿秋白所秉持的“语言阶级论”看来，五四文学革命建立的白话语言到底是一种什么样的语言呢？

他认为胡适一代知识分子领导的新文学运动，尽管口口声声要建立文学的国语，国语的文学，实质上建立的却是一种“非驴非马的骡子文”：

> 文学革命的确建立了“新的文学”，然而在文腔改革问题上来讲，这是不是国语的文学呢？那却还不是。“五四”以来的新文学的确形成了一种新的言语，然而这种新的言语却并不是“国语”——现代的普通话。这种新文学的言语，可以叫做新式白话。新文学的任务本来应当顺便建立现代中国文——表现现代中国普通话的一种文字。然而他现在所形成的，却还并不是现代中国文，而是“非驴非马的”一种言语。③

也就是说，新文学运动没有完成既定的历史任务，只是建立了“个性解放和肉体解放主义的新文学”，因而要求必须再一次的文学革命，这一革命不但在内容和思想理念上扫除个人主义的尾巴和低级趣味的情调，在形式和语言上，“在文腔改革上，不但要更彻底的反对古文和文言，而且要反对旧式白话的威权，而建立真正白话的现代中国文”。

瞿秋白历数五四新文学的不足，诗歌文体——中国的新诗却大半不能够读，就是没有把一般人说话腔调之中的节奏组织起来，“新诗人”不去运用

---

①③　瞿秋白：《鬼门关以外的战争》，《瞿秋白文集》文学编第3卷，人民文学出版社1989年版，第147页。

②　刘大白《〈白屋文话〉自序》，《白屋文话》，上海世界书局1929年版。

现代人说的白话。而大半只去运用文言的词藻。新式小说却很多也是用"不像人话的"所谓白话写的，新文学的戏剧之中，至少有百分之七十以上也是用"不像人话的"所谓白话写的。戏剧的题材，便自然而然的只限于智识阶级的怪僻嗜好，这里所用的言语，即便是呱呱叫的真正白话，也只是智识阶级的白话。

瞿秋白几乎全面否定了五四以后的白话文学运动实绩，以政治斗争的思维贯穿语言变革活动，毫无疑问，语言的使用的确存在着文化等级和知识霸权，但语言本身毕竟是一种交流的工具，并不存在阶级和阶层的分别。

30 年代左右，五四白话语言的批判者并非全是文化守旧人士，批判和质疑的许多声音则是来自趋新的知识者。穆木天有感于自身语言感染力的匮乏，主张丢掉"智识阶级的言语皮囊"：

> 我现痛感的，就是现在我们所写的语言，与大众相去太远，我们的言语的写实的力量太少，不能把大众捉住，不能感动人，总嫌现在的作品或译品，因为语言的写实力量不够，只能注入读者一种概念，不能感动大众以一种力量。以后要用大众嘴说的言语，固然要把大家的言语一方面提高的，要丢掉智识阶级的言语这个皮囊。①

周扬（笔名周起应）也有类似的观念：

> 文学大众化首先就是要创造大众看得懂的作品，在这里，"文字"就成了先决问题。"之乎也者"的文言，"五四式"的白话，都不是劳苦大众所看得懂的，因为前者是封建的残骸，后者是民族资产阶级的专利。②

如果剔除文学大众化倡导者对于五四的偏激态度，就不能不进一步思考：五四白话在哪些地方出现了危机，以致人们到了 30 年代几乎众口一词对其进行了带有颠覆性的检讨？

读读胡适在谈及国语教材的编纂时问题时，对白话文的自我反省也许能真切感受白话文在 30 年代面临的危机：

> 白话的教材实在是太不够用了，实在是贫乏的可怜！中小学的教科

---

① 《我希望于大众文艺的》，文振庭编《文艺大众化问题讨论资料》，上海文艺出版社 1987 年版，第 33 页。

② 起应：《关于文学大众化》，《北斗》第 2 卷第 3、4 期合刊，1932 年 7 月。

书是两家大书店编的,里面的材料都是匆匆忙忙的搜集来的,白话作家太少了,选择的来源当然是缺乏,编撰教科书的人又大都是不大能做好白话文的。往往是南方作者勉强作白话;白话文学还没有标准,所以往往有不很妥帖的句子。……今日社会上还有一部分人对于白话文存着轻藐的态度,我们提倡白话文学的人不应该完全怪他们的顽固,我们应该责备我们自己提倡有心而创作不够,所以不能服反对者之心。①

五四文学语言本来是倡导"言文一致"或"言文合一",但实际的文学创作却偏离了这一目标,白话文学的语言并不合于人们的日常口语。由于当时白话语言还在发展探索期,欧化语法,文言句式常常混杂一起,这是造成人们诟病的主要原因。

新文学运动初期,傅斯年在《怎样做白话文》中大张旗鼓地宣称:"直用西洋文的款式文法,词法,句法,章法,词枝(Figure of Speech)……一切修词学上的方法,造成一种超于现在的国语,欧化的国语,因而成就一种欧化国语的文学。"②在五四新文学作家之间曾发生过一场声势颇大的"语体文欧化"的讨论。郑振铎认为:"中国的旧文体太陈旧而且成滥调了。有许多很好的思想与情绪都为旧文体的成式所拘,不能尽量的精微的达出。不惟文言文如此,就是语体文也是如此。所以为求文学艺术的精进起见,我极赞成语体的欧化。……不过语体文的欧化却有一个程度,就是:"他虽不像中国人向来所写的语体文,却也非中国人所看不懂的。"③沈雁冰认为:"现在努力创作语体文学的人,应当有两个责任:一是改正一般人对于文学的观念,一是改良中国几千年来习惯上沿用的文法。"④尽管当时倡导欧化者一再告诫欧化的限度是中国人"看得懂",但毕竟不是听得懂。这种欧化倡导的偏至,以致使倡导新文学的胡适不得不出来纠偏:"我是向来不反对白话文的欧化倾向的,但我认定'不得已而为之'为这个倾向的唯一限度。今之人乃有意学欧化的语调,读之满纸不自然,只见学韩学杜学山谷的奴隶根性,穿上西装,在字里行间流露出来:这是最可痛心的现象。我的意思以为,凡人作文,需用他最自然的言语;惟有代人传话,有非这种自然的言语所能达者,不得已始可用他种较不自然的语句。……文学研究的朋友们似乎也应该明白:新文学家若不能使用寻常日用的自然语者,决不能打倒上海滩上的无聊文人……新文学家能运用老

---

① 胡适:《所谓"中小学文言运动"》,《独立评论》第109号,1934年7月15日。

② 傅斯年《怎样做白话文》,《新潮》第1卷第2号。

③ 振铎:《语体文欧化之我观(二)》,《小说月报》第12卷第6期,1921年6月10日。

④ 沈雁冰:《语体文欧化之我观(一)》,《时事新报·文学旬刊》第7号,1921年7月10日。

百姓的话语时，他们自然不战而败了。”[1]胡适的语言主张一直是强调“明白如话”的，然而，新文学语言的发展却越来越远离口语的方向发展。

即便是激烈反对欧化的瞿秋白，其文学语言也同样充满了欧化的句式和文章的笔调：

1. 心呢？……真如香象渡河，毫无迹象可寻；他空空洞洞，也不是春鸟也不是夏雷也不是冬风，更何处来的声音？[2]

2. 远远的看着树杪上红映着可爱的太阳儿。[3]

3. 那如血的斜阳黯沉沉的映着他姜黄色的脸。[4]

4. 一朵朵云影展开，绉得似鱼鳞般的浪纹里映着五色锦似的。[5]

第一句“香象渡河”运用了典故，香象渡河，佛教用语。宋代释道原《景德传灯录》：“同在佛所闻说一味之法，然所证有浅深。譬如兔马象三兽渡河，兔渡则浮，马渡及半，象彻底截流。”其他句式都是典型的欧化句式，都不是日常的口语表达。

即如新文学主将的鲁迅，其白话作品显示了五四文学革命的实绩，但同样有欧化语言：比如鲁迅《风筝》的一段叙述：

北京的冬季，地上还有积雪，灰黑色的秃树丫叉于晴朗的天空中，而远出有一二风筝浮动，在我是一种惊异和悲哀。

通过添加“北京的”“灰黑色的”“晴朗的”等限制词或曰扩充句法的手段使句子表达更为明细准确，读起来显然有些拗口，并不和日常的口语完全一致。倘以“读得顺”为由批评欧化文，鲁迅的有些表达几乎亦可被瞿秋白称之为“非驴非马的骡子文”。

倘若五四以后的白话语言已经走到了它的囧途，那么，新的文学语言的提倡也呼之欲出了。

---

① 《胡适致顾颉刚信》，《小说月报》第 14 卷第 4 号，1923 年 4 月 10 日。

② 《瞿秋白文集》绪言（文学编第 2 卷），人民文学出版社 1986 年版，第 5 页。

③ 《错误》，《瞿秋白文集》文学编第 2 卷，第 8 页。

④ 《爱》，《瞿秋白文集》文学编第 2 卷，第 13 页。

⑤ 《劳动》，《瞿秋白文集》文学编第 2 卷，第 14 页。

三、从大众化到大众语

汪懋祖于1934年5月4在《时代公论》周刊第110号发表《禁习文言与强令读经》一文，主张学校恢复文言教育，提倡中小学生普遍学习文言，反对白话文；并对湖广军阀何健、陈济棠的尊孔读经大加赞扬。针对当时的“文言复兴运动”，陈子展、陈望道等一批知识分子展开了一场关于大众语文学问题的讨论，内容涉及何谓大众语、大众语的来源、大众语的实现以及大众语与文学的关系等等。这次讨论才开始明确提出“大众语”的口号，这次讨论参与人数之多和影响范围之广，远远超越了之前只囿于左翼内部的大众化讨论。

据陈望道后来的回忆，采用“大众语”这个新名词来反对“文言复兴运动”是他与陈子展、乐嗣炳等人磋商后的意见，《申报·自由谈》一开始出现的大众语讨论的文章也是经过他们两次聚会议定的结果，主要撰述人如胡愈之、叶圣陶、夏丏尊、傅东华、王任叔、陶行知等均为他们所约集。陈望道讲了一个历史细节值得玩味：“一天，乐嗣炳来看我，告诉我说：汪在那里反对白话文。我就对他说，我们要保白话文，如果从正面来保是保不住的，必须也来反对白话文，就是嫌白话文还不够白。他们从右的方面反，我们从左的方面反，这是一种策略。只有我们也去攻击白话文，这样他们自己就会来保白话文了。我们决定邀集一些人在一起商量商量。……大家一致决定采用‘大众语’这个比白话文还新的名称。”[①]这段回忆给我们透露出大众语运动的策略性，这个比“白话文”还要新鲜的名词足以吸引时人的眼球，难怪一经提出就引起了诸多文化人士积极参与讨论的热情。陈望道只是谈及围绕《申报自由谈》和《中华日报副刊动向》上的讨论文章，事实上，当时围绕《社会月报》的讨论也极为热烈。

汪懋祖的文章开头似乎摆出一副公允的面孔，大谈文言文的合理性：“小学读经，固非合理，禁绝文言，似亦近于感情作用。窃谓初级小学，自以全用白话教材为宜。而五六年级，应参教文言。不特为升学及社会应用所需，即对于不升学者，亦不当绝其研习文言之机会也。”但随着论题的深入，偏爱文言、批驳白话的倾向却愈加显明，“激昂之气尤有资于文言，若以白话表之，则易失之狂暴，无所裁节”，“文言为口语之符号，所谓一字传神，最能描写文言之便利”，“文言之省便，毋待饶饶，乃必舍轻便之利器，用粗笨之工具，吾不知

① 《陈望道谈大众语运动》(1973年)，文振庭：《文艺大众化问题讨论资料》，上海文艺出版社，1987年9月第1版，第404页。

其何说也”。他认为:“初级小学,自以全用白话教材为宜。而五六年级,应参教文言。”[①]汪懋祖接下来的关于新文学的论述则呈现出明显的价值取向——“青年因长久诵习语体,潜移默化,而耽好所谓时代作品;即平易之古文,涵正当之思想,每摒弃不观,独于现代文艺之诡谲,刻画,与新奇刺激,多孜孜不释手,虽检查禁阅不能绝也,其结果则习为浪漫,为机巧刻薄,驯至甘堕于流浪的生活。”汪懋祖对于新文学的批判隐涵其间,认为学生受了新文学的影响形成“机巧刻薄”“堕于流浪”的恶习。他把当时的读经风潮看做是禁习文言的反弹。而碰巧的是该文发表在当时影响颇大的《时代公论》上,正好是五四运动15周年。对于当时刚刚站稳脚跟的新文学给予如此的评价和攻击不能不让文化趋新人士愤怒担忧。

有不少追随者呼应了汪懋祖的观念,许梦因就著文《告白话派青年》:“谓白话必不可为治学工具。今用学术救国,急应恢复文言。”[②]需要提及的是:汪懋祖的文章刊发的时间1934年5月4日——五四运动15周年的纪念日,这是富有意味的时间节点。如果新文学阵营自身对于白话文的批判是出于自我的反思和清理,那么文化守旧势力对于白话文的攻击就不可小觑。更何况当时的社会思想文化界越来越强烈的文化复古运动——蒋介石倡议的所谓礼义廉耻、四维八德的新生活运动正在全国展开,文化名流、地方政府、军界人士对祭孔大典不遗余力的鼓吹和推动,在这种复古的文化氛围中,汪懋祖的文章可谓是一石激起千重浪。

论争一开始,论争者的视线主要指向了倡导文言的汪懋祖,因为汪懋祖谈论的是文言教学问题,教育界人士似乎更为敏感。吴研因认为“小学国语教科书,编辑不能尽善,取材不能尽当,无庸讳言”[③],但不能因此就反对白话文教学。徐懋庸认为学生的文章不通是教授文言文的恶果[④]。如果仅仅从一个教育工作者的眼光观之,汪懋祖该文的主要见解不过是主张小学全用白话教材、高年级参教文言、中学文言比重增多,这不值得大惊小怪。引起胡适反感的是汪懋祖文章的字里行间“总有几句痛骂白话,拥护文言的感情话”。作为积极倡导白话文学的胡适当然心怀隐忧,30年代攻击白话文的又何止是汪懋祖。瞿秋白早就视五四以后的白话文为“非驴非马”的骡子文,是一种假白话。为什么到了30年代,白话文学革命提倡了近20年,仍还有那么多质疑白话、轻蔑白话的声音呢?仅仅认为是复古思潮的裹挟所致么?一向善

---

① 《禁习文言与强令读经》,《时代公论》周刊第110号,1934年5月4日。

② 许梦因:《告白话派青年》,《时代公论》第117号,1934年6月22日。

③ 吴研因:《读汪文〈中小学文言运动〉后的声明》,《申报·教育消息》,1934年6月21日。

④ 徐懋庸:《关于文言文》,《申报·自由谈》,1934年6月15日。

于反思的胡适有清醒的认识:“今日社会上还有一部分人对于白话文存着轻藐的态度,我们提倡白话文学的人不应该怪他们的顽固,我们应该责备我们自己提倡有心,而创作不够,所以不能服反对者之心。”①当时的白话教科书的编撰确实不令人满意。如果说1922年新学制之下的国语教科书还经过了比较细心的编撰,谨慎的审查,但1927年之后,各家书店争相编撰时髦的教科书,既没有细心考究的时间,编撰审查也非常匆忙,以至于一些时政演说和笔记也作为教科书的材料。而演说之类的应用文体掺杂大量文言句式,使白话教科书的白话色彩有所减弱,也给予了攻击白话运动者以口实。所以,有人因而认定这是文言和白话的又一次论战,认为讨论“文言文”和“白话文”,是一个战局,讨论“白话文”和“大众语”,又是一个战局。②

究竟什么是大众语,在当时并非是不言自明,很多人给出了不同的标准。30年代风起云涌的大众语论争所倡导的大众语究竟是什么一种语言呢?它的标准是什么?

> 要想明白什么是大众语,先得明白什么是大众。……中国的人民百分之八十以上是农民……这些农民就是中国的大众……农民之外,还有工人,兵,也是大众。
>
> 大众语是什么?就是大众使用的语言。各地农民的语言,工人的语言,兵的语言,都是大众语……多数的农民……他们的语言是极纯粹的家乡话。家乡话也叫作方言。中国的方言极其复杂,所以单准农民的语言来说,中国现在的大众语就有很多的种类。工人和兵们的语言,有的也是家乡话,有的就近于所谓普通话。所以中国各地的方言和所谓普通话,都是大众语。只要你不否认这些人是大众,你就不能不承认这些种语言都是大众语。③

这里强调的大众语是“方言”和“普通话”,既然大众的方言纷杂,大众语的种类相应也纷繁多样,没有一个绝对的标准。

任白戈认为大众语“虽然是随着文言——白话之后产生的一种语言,但它必然是超过文言和白话一种较高级的语言……文言是贵族阶级底语言,白话是市民社会底语言……那末,现在的所谓‘大众语’,自然是市民社会以下的成千累万的大众底语言了。这种语言,必然是为大众所有,为大众所需,为

① 胡适:《所谓“中小学文言运动”》,《独立评论》第109号,1934年7月15日。

② 垢佛:《文言和白话论战宣言》,《申报》本埠增刊《读言》,1934年6月26日

③ 何容:《论大众语》,《人间世》第11期,1934年9月5日。

大众所用……‘大众语’就是一种拿来传达大众底思想与情感而且很适宜于传达大众底思想与情感的语言。更具体地说，就是一种使大众写得出，看的懂，读得出，听得懂的语言。”①任白戈延续了瞿秋白等所秉持的语言阶级性的观念，把大众语置于语言分层的顶端。

有论者把大众语论争视为又一次“文言和白话论战宣言”②，也主要针对当时的“五四式”的白话文还没有成为全部大众的白话，还只是在知识阶级的圈子里流行，不仅没有走进大众，反而离大众越来越远：

> 提倡大众语文学，这理由并不怎样高深繁重，就极浅薄极简单的说，十多年来的白话文虽然比较文言的东西是要和大众接近些儿，可是事实上告诉我们，这个显然还不够。目前的白话文学只是智识分子一个阶层的东西，还不是普通的大众所需要的。……
>
> 从前为了要补救文言的许多缺陷，不能不提倡白话，现在为了要纠正白话文学的许多缺点，不能不提倡大众语。
>
> 这里所谓大众语，包括大众说得出，听得懂，看得明白的语言文字。③

需要说明的是，倘若大众语的标准是“说得出，听得懂，看得明白”，但大众也有一个文化层次的问题，大众语也需要一个提高与建设的过程。正如当时的论者所言：“大众语文学，一方面要适合大众用的语言文字，一方面还得提高大众的文化水准。倘若语言文字上有欧化的必要不妨欧化，可是不要只为了个人摆出留学生或懂得洋文的架子。有采用文言字汇的必要不妨采用，可是不要单为了个人摆出国学家或懂得古文的架子。”④大众语并不完全拒绝文言字汇和适度的欧化。但不论如何，大众语提出者还是极为重视语言的可读性、可听性，把“听”放在一个至高无上的位置。

如果陈子展注重大众语的“说”“听”“看”三个层面，国语运动家和语言学家也同时注意到大众语的工具问题——“写”的层面，如何使文字写得简便。⑤

---

① 任白戈：《“大众语”底建设问题》，《新语林》创刊号，1934年7月5日

② 宣浩平编：《大众语文论战》，上海启智书局1935年，第1页。

③ 陈子展：《文言白话大众语》，载宣浩平编《大众语文论战》，上海启智书局1935年，第50—51页。

④ 宣浩平编《大众语文论战》，第52页。

⑤ 陈望道：《关于大众语文学的建设》，宣浩平编《大众语文论战》，上海启智书局1935年版，第60—61页。

中国语言最后成为大家用的最理想的工具，必须废弃象形字，而成为拼音字。因此在目前词的连写，笔箱字，国语音标，都值得提倡，因为这是促进中国语文拼音化大众化的一种步骤。[1]

这种讨论，就把大众语的论争引向了建设的层面。那么，如何进一步建设大众语？陈望道指出应该扩大大众的语汇，如外国语汇的输入，尽量用本国文字记音，让外国词汇成为大家口中说得出的，如“摩登”“摩托”“冰淇淋”等这种汉语写定的外来语汇也是大众所必须的，“不过总要不违背大家说得出，听得懂，写得顺手，看得明白的条件才能说是大众语”，陈望道还进一步指出了要建设大众语文学还“也须实际接近大众，向大众去学习语言的问题”[2]。

同样，任白戈也提出了建设大众语的路径，其中谈到向大众学习语言的观念：“目前的大众还没能力建设自己的语言”，“一般进步的肯为大众服务的知识分子，必须走入大众当中去体验他们底生活，通晓他们底语言，学得他们底视听，采取他们底有最大的同一性的语言来加以分析，扬弃，研究，组织，建设成为一种最低限度的‘大众语’，然后再对它加以充实，提高，使其发展到标准的‘大众语’的境地”[3]。此外还谈到提高大众文化水准、进行普遍的大众语宣传等措施建设大众语。

有讨论者建设大众语文学的路径设计的更为全面：

第一，要接近大众，深入大众，自己成为大众的一个细胞，去了解和体验大众的生活，明白大众的需要，学习大众的语言。

第二，提高大众的文化水准……使他们对于社会，经济，文化等有相当的认识，然后大众文学方能深入到大众中间去。

第三，因为中国的文字不是拼音字而是象形字，所以学习起来非常之难。因此文字成为与大众生活隔离的东西。所以我们现在应当提倡简字，俗字，规定最低限度的字汇，编辑大众语字典。

第四，相当地利用旧的形式，如各地的民谣民歌等等，加入大众的意识进去，成为大众的歌谣。[4]

---

① 胡愈之：《关于大众语文》，宣浩平编《大众语文论战》，第59页

② 陈望道：《关于大众语文学的建设》《申报·自由谈》，1934年6月19日。

③ 任白戈：《“大众语”底建设问题》，《新语林》创刊号，1934年7月5日。

④ 青田：《建设大众语文学》，《出版消息》第41期，1934年。

叶圣陶看到了任何一种语言运动都必须靠多种力量的合力推动，即便是建设大众语文学也是这样："自然，大众语文学须由大众的努力，才得建立起来，教育家，语言学家，文学家等等尤其要特别努力。"①

一向主张知行合一的陶行知指出大众语文运动是有两条大路可走：

> （一）知识分子参加大众生活，在大众语演进的基础上努力写作语文合一的大众文；
>
> （二）将生活符号普及于大众，使大众自己创造出语文合一的大众文。知识分子要想写大众文必须先学大众语，他必须拜大众做老师。不够！他必须钻进大众的生活里去与大众共生活共甘苦。他必须是大众队伍里的一位战士。等到自己的生活与大众的生活打成一片，然后他才领略大众生活之酸甜苦辣；然后他写大众便是写自己，写自己便是写大众。如果他不屑拜大众做老师，不屑在大众的队伍里做一个小兵，他决写不出好的大众文。②

"与大众打成一片""拜大众做老师"很容易让人联想到毛泽东多年后《在延安文艺座谈会上的讲话》中的观点。这种向大众学习语言的观念，在40年代的解放文学创作中尤其是毛泽东的《在延安文艺座谈会上的讲话》发表后成为一种普遍的思潮。大众语讨论所涉及的向大众学习语言的理念，成为此后语言观念的先导。

王任叔的文章也主张作家到民间去，与大众的实践相结合。大众语并不是要一味采用大众骂街式的言辞，大众语既需要普及也需要提高，对于作家而言，就是作家深入民间地方实践问题。只有在实践中，才能增加大众的语汇，只有在实践中，能削弱大众对于封建残余观念的拥护。③

这里有个矛盾一直困扰着大众语的倡导者和建设者，乃至此前大众化运动的倡导者：大众语文学是需要大众自身来完成，还是靠知识分子的自身改造促使其完成。倘若由大众自身去完成，鉴于普遍的大众知识文化水平较低，一时难以完成大众语建设的重任。倘若由别人进行"代言"，又如何能保证大众化的落实和大众语文学的实现，这种文化的焦虑像一个排遣不开的"幽灵"似乎一直萦绕在二十世纪政治思想文化变革者的心间。左联成立之

---

① 叶圣陶：《杂谈读书作文和大众语文学》，宣浩平编《大众语文论战》，第88页

② 陶行知：《大众语文运动之路》，《申报·自由谈》，1934年7月4日

③ 王任叔：《关于大众语文学的建设》，宣浩平编《大众语文论战》，第126页。

初,就注意到了培养属于自己的文化队伍问题,左联秘书处在通过的大众化问题决议中就设法进行“工农兵通信员运动”,在工农兵中间培养训练通信员、写信队等文化普及者①。文艺大众化,一是创造作品,二是培养作家队伍——从民众中培养自己的文化队伍。周起应认为:“文学大众化不仅是要创造为大众所理解所爱好的作品,而且,最要紧的,是要在大众中发展新的作家……我们要经过工农通信的路线从劳苦大众中提拔出新的作家——普罗文学的新干部。……这样,革命的小资产阶级的文学将要退到最后的地位,真正的工人阶级的作品将要登上文学的殿堂。”②培养自己的文化队伍不但事关文艺大众化问题,还关系到两个阶级谁登堂入室,谁走下历史舞台的问题,此事体大,不可忽视。

郑伯奇在倡导文学大众化的文章中,谈及作者问题,也显出这样的尴尬:“大众文学的作家,应该是由大众中间出身的,至少这是原则”,“不过大众在现在这样生活条件下,他们中间想出代表他们自己的作家,实在是不容易的事情”,而“智识阶级的作家才能成为大众的作家”,他们要获得“大众的意识,大众生活的感情”,“抛却自己的洁癖,学习大众的语言”。③

语言问题也关乎知识分子和大众的关系问题,知识分子在语言上如何处理与大众的关系始终伴随着复杂繁难的“文化焦虑”,这种焦虑也是知识者身份认同的焦虑,身份认同的焦虑始终笼罩着知识分子。知识分子和大众的关系问题始终没有解决,是心甘情愿地向民众学习呢,还是高高在上地作为大众的导师?《大众文艺》杂志最早征求关于文艺大众化问题的意见。当时的意见纷杂不一,郭沫若认为大众化就是通俗化,认为:“大众文艺的标语应该是无产文艺的通俗化。通俗到不成文艺都可以,你不要丢开大众,你不要丢开无产大众。”④郭沫若的主张尽管把大众放在首位,但在实行大众化的路径上仍然视知识者为大众的导师——“你是教导大众的文艺!你是先生,你是导师!”

大众语讨论也把“大众意识”作为评判大众语的标准,这一思路延续了之前大众化讨论的观念。

胡愈之强调大众语言与大众意识的关系,他认为:“(一)‘大众语’应该解释作‘代表大众意识的语言’。‘大众语文’和‘五四’时代所谓‘白话文’不同的地方,就是‘白话文’不一定是代表大众意识的,而大众语文决不容许没落

---

① 《秘书处消息》第1期,1932年3月15日。

② 起应:《关于文学大众化》,《北斗》第2卷第3、4期合刊,1932年7月。

③ 郑伯奇:《关于文学大众化问题》,《大众文艺》第2卷第3期,1930年3月。

④ 郭沫若:《新兴大众文艺的认识》,《大众文艺》第2卷第3期,1930年3月。

的社会意识，混进了城门。”①在此，胡愈之把语言的内容作为考察大众语的标准，以是否代表大众的意识来区分白话文和大众语。

陶行知认为：“大众语是代表大众前进意识的话语。大众文是代表大众前进意识的文字。大众语与大众语文必须合一：在程度上合一，在需要上合一，在意识上合一。”②他在“大众意识”前面加上“前进”一词加以限定，因为即便是大众意识也有落后的大众意识和进步的大众意识之分，有讨论者就指出大众意识的质疑，但是因为“大众”和“大众意识”这两个名词本身太富有弹性，所以关于实际建设的讨论上仍旧要发生困难，例如都市大众“说得出，听得懂”的语言，农村大众未必“说得出，听得懂”，又如一部分落后的农村大众对于“真命天子”出现的希望，能不能不算它“大众意识”？③

任白戈指出：“言语是不能和意识分开的，要获得新的意识首先就要获得新的语言。为了使大众能够获得新的意识，我们亦必须为大众建设一种能够获得新的意识的语言。所以，目前‘大众语’的建设是非常必要而且迫切。”④

大众语讨论中引入“大众意识”，与瞿秋白倡导文学大众化中所主张的语言的阶级性和意识形态性观念极为相似。的确，不同地域、不同阶层、不同文化层次在语言的运用上必然存在着这样或那样的差异。大众语的倡导者不但看到了这一差异，也敏锐地感觉到了语言的阶级属性和意识形态功能，语言倡导和语言较量的背后是阶级和意识形态的纷争。

大众语不仅是语言文字的工具使用问题，更是思想内容的呈现和意识形态的表达问题。胡适以为鼓励人们在旧的白话小说中寻求白话语言的资源，但旧的白话小说虽然提供了白话书写的工具，也不可避免地带来旧的思想理念，这是大众语论争中所意识到的问题：“白话文运动虽已十五年，而一般大众还是没有可资阅读的书物。但他们既然已认识文字，就要读书，不得已，只好到《水浒传》《红楼梦》等旧小说中去求满足，或者看些《啼笑姻缘》武侠小说之类，或者新一点，读新礼拜六的恋爱小说。”⑤

当初五四白话文运动开始之时，胡适就针对白话文的概念做了较为详细的界定——白话文的“白”是清白的“白”，是明白的“白”，是“念白”的白。五四时期的白话文运动针对的复古的文言，胡适的目的在打倒死去的文言，为文学的表达争得白话“活的语言”的合法地位。活的语言当然是人们口头上

① 胡愈之：《关于大众语文》《申报·自由谈》，1934 年 6 月 23 日。
② 陶行知：《大众语文运动之路》，《申报·自由谈》，1934 年 7 月 4 日。
③ 傅东华：《大众语问题讨论的现阶段及以后》，《申报·自由谈》，1934 年 6 月 28 日。
④ 任白戈：《“大众语”的建设问题》，《新语林》创刊号，1934 年 7 月 5 日。
⑤ 樊仲云：《关于大众语的建设》，《大众语文论战》，上海启智书局，1933 年，第 96 页。

说得出耳朵听得懂的口语，所谓“言文一致”也是要求文学的书面表达要合乎口语的表达，口语至上是近代以降国语运动的一个主要目标和语言理想。只不过五四时期的胡适在创造新的语言、创造新的文学所借鉴的语言资源主要是明清以来源远流长的古代白话小说的传统，对于当下的口语资源似乎重视不够：

> 真正有功效有势力的国语教科书，便是国语的文学；便是国语的小说，诗文，戏本。国语的小说，诗文，戏本通行之日，便是中国国语成立之时。试问我们今日居然能拿起笔来做几篇白话文章，居然能写得出好几百个白话的字，可不是从什么白话教科书上学来的吗？可不是从《水浒传》《西游记》《红楼梦》《儒林外史》……等书学来的吗？这些白话文学的势力，比什么字典教科书都还大几百倍。①

胡适要新文学的创造者乃至国语运动的推进者从《水浒传》《西游记》《儒林外史》《红楼梦》等古典白话小说中学习。这种从书中借鉴语言资源的思路为此后 30 年代人们对于五四以后新文学语言的批判也埋下了种子。既然可以从古代白话小说中汲取语言表达的资源，那么从当时译介的外国文学书中借鉴西方欧化的语言资源也是自然之理。人们后来一直诟病的“不成话”的白话文也是针对“不像话”而言的：“当时提倡白话文的人们有一句标语叫做‘明白如话’。真的，只是‘如话’而已，还不到‘就是话’的程度。换句话说，白话文竟是‘不成话’的劳什子。”②

在众说纷纭的大众语讨论中，有的强调工具，主张言文合一；有的强调意识，认为大众语是代表新的阶级意识的工具。大众语运动反对两个层面的语言，一，反对文言，二是反对五四以后的白话。当然，大众语并非是横空出世，它也渊源有自。倘若一味反对白话文，有可能冒着失去自我根基的危险，因而时人也认识到“大众语文并不是从天上掉下来，或地下生起来的，它是跟大众底实践同发展的……大众语文并不完全反对白话，它是跟白话相对的对立而又统一的。换句话说，大众语文是白话的高一级，是发展了白话的某一部分，而扬弃别一部分；它是白话之否定”③。同时也意识到大众语在反对古文

---

① 胡适：《建设的文学革命论》，《胡适全集》第 1 卷，安徽教育出版社 2003 年版，第 56—57 页。

② 夏丏尊：《先使白话文成话》，《申报·自由谈》，1934 年 6 月 27 日。

③ 若生：《建设大众语应有的认识》，宣浩平编《大众语文论战》，上海启智书局，1935 年，第 112 页。

和反对白话的立场上同时“反对”,意义却不同,“反白话底反,与反古文底反,有其不同的意义,反古文是从其对立形态上来说的,反白话则是一种自身底扬弃与调整。”[①]即使是扬弃,也是扬弃所谓“买办官僚”的白话,扬弃瞿秋白曾经批判过的“官僚的所谓国语”[②]

那么,大众语如何处理和国语的关系呢?这是在讨论中逐渐凸显出来的。

四、大众语与国语问题

当时对定北京音为国语标准音的质疑,在三十年代初的大众化讨论中以瞿秋白的声音最为激越。

瞿秋白并非反对新的国语的创制,但他的思路不同。胡适、周作人可能更是一种较为开放的语言观念,主张国语应该吸纳传统的文言、方言口语乃至外国的语汇语法。胡适视明清以来的白话小说为新的国语的范本,瞿秋白更看重正在形成中流行于新兴阶级口中的普通话——这是瞿秋白所说的建立真正白话文的基础。瞿秋白在论述大众化的论文中,很少运用当时颇为流行的“国语”一词,而代之于“普通话”。他所谓的“普通话”与现在我们所说的“普通话”有别,是指“在五方杂处的大都市里面,在现代化的工厂里面他的言语事实上已经在产生一种中国的普通话!”[③]这种普通话容纳许多地方的土话,消磨各种土话的偏僻性质,并且接受外国的字眼,创造着现代科学艺术以及政治的新的术语。但当时中国都市是否已经形成了这种初具国语统一资格的“普通话”却是一个见仁见智的问题。茅盾随后发表《问题中的大众文艺》指出,“事实上未有真正现代‘中国话’”,“宋阳(即瞿秋白)先生心目中的‘真正现代中国话’还不够文学描写上的使用”[④]。

瞿秋白对于国语这一概念持反对态度,常常表述为“官僚的所谓国语”。在瞿秋白看来,国语是一种定于一尊的压抑方言的语言,在他笔下经常表述为普通话。瞿秋白主张一个国家的国民应该懂得两种语言,一种是普通话,一种是各自的方言。他和茅盾的语言分歧在于中国当时是否已经存在共同的普通话。“现在这个时期已经开始了——就是说普通话已经开始存在了,已经开始了它的 becoming 的过程。这个普通话自然是城市的产物,是各大

① 王任叔:《关于大众语文学的建设》,宣浩平编《大众语文论战》,第 125 页。

② 宋阳(瞿秋白):《大众文艺的问题》,《文学月报》第 1 期,1932 年 6 月。又见《瞿秋白文集》文学编第 3 卷,人民文学出版社 1989 年版,第 17 页。

③ 瞿秋白:《大众文艺的问题》,《瞿秋白文集》文学编第 3 卷,第 16—17 页。

④ 《文学月报》第 2 卷第 2 期,1932 年 7 月。

城市的言语的混合,而且因为七八百年以来习惯上所写的白话用了北方话的文法和字眼作基础,所以这种混合的普通话里面北方话的成分要比较的占优势。"①

瞿秋白的国语统一观念是通过各地方言的逐渐融合,从口头语言上建立全国统一的普通话,他主张"要在口头上的言语方面形成一种全国公用的普通话,而在书面上的文字方面形成一种全国公用的真正白话文"②。胡适期望以文学促进国语统一,瞿秋白期望以方言口语的基础上逐步融合形成统一的语言即所谓的"普通话"。

瞿秋白否定了文言,也否定了五四以后的白话,更否定了极端欧化的语言,他更为关注大众口头上已经形成的可以交流的语言。他秉持着口语至上的语言乌托邦观念,极为看重口语的价值。即便是在文言语的采纳上,也是以是否上口为标准。在采用文言资源方面,瞿秋白与茅盾的一个重要区别仍然是以是否听得懂作为采用的标准:"我们和茅盾的不同,不在于他主张要采取文言的字眼,而我们主张不要。不是的。分别是在于他只主张简单的采用文言,而我们主张要采用口头上说得出来的文言,就是要把文言变成白话。而凡是本身不能够变成白话的文言,就不应该采用。"③比起瞿秋白对待五四以后白话语言的偏激态度,茅盾则较缓和通达:"现在通行的'白话',尚不至于像宋阳所说的那样罪孽深重无可救药,而且也不是完全读不出来听不懂。"④

瞿秋白是拉丁化新文字的积极推进者,拉丁化新文字的国语统一路径就是通过发展方言,最后在方言发展融合的基础上形成新的统一的民族语言。1932年底,瞿秋白已经制定出新中国文字母表,而这字母却是"采取世界语字母做大致的标准,而加以相当的变更","读音和写法都可以和世界语差不多完全相同"⑤。瞿秋白的设想既注意到全民族共同的"公用的文字",又兼顾到拼写各地方言的所谓"辅助文字"。他的实行拼音化新文字其背后是对文字的等级制和阶级性保持高度的警惕和敏感⑥,同时也是对五四以来的白

---

① 《致迪兄(二)》,《瞿秋白文集》第3卷文学编,人民文学出版社1989,第333页。

② 《致伯新兄》,《瞿秋白文集》第3卷文学编,第342页。

③ 《致新兄》,《瞿秋白文集》文学编第3卷,第338页。

④ 止敬(茅盾):《问题中的大众文艺》《文学月报》第2卷第2期,1932年7月。

⑤ 《瞿秋白文集》文学编第3卷,第426页。

⑥ 《大众文艺的问题》(《文学月报》第1期(1932年6月))文中指出:"以前绅士用文言,绅士有书面的文字;平民用白话,平民简直没有文字,只能够用绅士文字的渣滓。现在,绅士之中有一部分欧化了,他们创造了一种欧化的新文言;而平民,仍旧只能够用绅士文字当地渣滓。"他把古文言看作是中国儒士等级的专利,见《〈新中国文草案〉序言》,《瞿秋白文集》文学编(3),第423页。

话文的不满、对国语运动的注音符号改良不满。值得注意的是，瞿秋白已经开始使用“中国普通话”这样日后共和国建立通用的术语(但与以后所讲的普通话内涵显然有别)。

大众语的讨论自然也吸引了国语运动的注意。在《社会月报》第一卷第三期(1934 年 8 月 15 日)刊载“大众语问题特辑”并附上曹聚仁关于大众语《征求意见的原信》，同时也刊登了国语学家吴稚晖、赵元任、陆依言等针对征文的回信文章。曹聚仁的征求信中也的确呼唤国语家的参与：

> 关于大众语问题，仅是锣鼓闹台，不见袍笏登场，也不是事。其实这个问题，单靠热心是不够的，语言学上的专门知识，目前正是十分需要。我最近想到几个小问题，请先生指示一点明确的意见，恳切地等候着！

曹聚仁草拟了五个问题，其中一个就是大众语的建设与国语统一建设的关系问题——“大众语文的建设，还是先定了标准的一元国语，逐渐推广，使方言渐渐消灭？还是先就各大区的方言，建设多元的大众语文，逐渐集中以造成一元的国语？”

吴稚晖的回信指出：“四百兆大众一齐懂得的，是叫统一语，不是现在第一步急需的大众语。傢伲也有大众，阿拉也有大众。傢伲的大众，把傢伲的语文合一起来，阿拉的大众把阿拉的语文合一起来。傢伲的大众与阿拉的大众，有了合一的语文，又互相合一起来。一种的统一语，还让大众来造成，是第二步。这恐也不是乌托邦，傢伲与阿拉，现在就常常通话，傢伲亦不傢伲，阿拉亦不阿拉，自有其不正确的蓝青官话。蓝青官话必是将来的统一语。”①吴稚晖在嬉笑怒骂之中传达了其统一国语的主张：以混合的“大众语”即方言的基础上形成，这类似于瞿秋白的统一思路。

赵元任则极力提倡国语罗马字作为大众语的工具：“我是一个相信用拼音文字的人，我自己写笔记或是跟学过国语罗马字的人通信都是用罗马字写的。写这种拼音文字的时候，你不知不觉的天然就会多用声音响亮意思明白的真白话的字眼儿。”②

叶籁士则认为使白话文简易化只是个过渡时期的次要的手段，最要紧的还是通过废除汉字来建设大众语，主张建立“方言拉丁化的新文字”。③ 名为唐纳的也追随了叶籁士的观点，提出了大众语建设运动的任务，主张中国语

---

① 《社会月报》第 1 卷第 3 期，1934 年 8 月 15 日。

② 《社会月报》第 1 卷第 3 期，1934 年 8 月 15 日。

③ 《社会月报》第 1 卷第 4 期，1934 年 9 月 15 日。

写法的拉丁化：

> 将来中国的国语——民族语是在这里发展起来的，它是高度发展了的方言土话的溶化。那么，现在我们的大众语建设运动的任务，一定不是建立一种一元的“国语”式的“大众语”，而是提高方言土语的多元的发展，使它们在发展中溶化出一种统一的语言来。……
>
> 我们十分自信的说：拉丁化土话文字不是分裂中国的社会文化的，不是和大众语建立矛盾的，反之，它使各地大众的文化水准提高，促进方言土话的溶化，而造成一种崭新的统一中国的文化，造成一种全国统一的语言。

针对这些众说纷纭的大众语的观念，黎锦熙连续发表系列文章阐述了他对大众语的思考，当大众语的倡导者以语言阶级性的视角看待大众语时，黎锦熙则斩钉截铁、力排众议，极为自信地指出：“我们已为‘大众语’下了一个明显、正确、完全的定义，就是：一国全民族大多数的人同时彼此能听得懂说得出的语言，就叫‘大众语’了。这绝不是含有阶级性的。”[①]当许多声音质疑国语标准的制定会压抑区域的方言时，也意味着国语运动多年来孜孜不倦辛苦努力制定的标准受到了挑战，有人批判国语运动制定的标准语是一种不自然的人工语言。黎锦熙指出：

> 语言是自然的，决不是人造的，“大众语”尽管在建设的程途中，但必须认定一种自然的语言作“大众”的标准，作“大众语”建设的基础，有这个自然的标准和基础，然后吸吸杂凑，文学化，欧化，都是自然的，否则都是些“空中楼阁”，空中楼阁哪有不失败的？但所谓自然的语言又在那里？说起来更平淡无奇：“自然”的条件就是(一)现代，(二)一定的地方，(三)活动于这地方的一个“活”社会，(四)生长于这个社会里的许多“活”人(至少要在五十万以上)。这活人在这活社会里被此交谈毫无隔阂的地方话，就是自然的语言。……我们与其怕有地方标准的制限，致妨碍这种建设性的“大众语”之混合，吸收，和演进，不如就明明白白确确实实地规定一地方标准出来，就拿来统一这种建设性的“大众语”在混合，吸

---

① 黎锦熙：《大众语果有“阶级性”吗？——大众语文学短论之一》，《社会月报》第1卷第4期，1934年9月15日。

收，演进之程途中所有一切的冲突，的矛盾。①

通过标准的制定，选取一个地方的方言作为未来建立标准语或曰大众语的基础，国语运动家多年前选取北京音为标准音早已确定。黎锦熙在此的阐述捍卫了国语运动多年的实绩，批驳了那种借"语言的意识形态"质疑国语标准的言论。

这种国语如何统一的疑问，本身就是当时语言学界争议所在，即是如何看待国语统一会的"国语罗马字"和左翼文人力倡的"拉丁化新文字"的困惑。新文字运动和国语罗马字运动尽管都试图走出汉字的困扰、探求拼音化的路径，但二者最大不同点在于，新文字运动强调语言文字的阶级性或者说阶层性，在具体的文字和文化实践中，新文字主张用地方方音拼写地方口语，强调区域或个人的语言权利，而国语罗马字力主统一，统一可能会以某种语言为标准造成对其他方言区域的压抑。为建立民众的文化，推翻既有的建立在方块汉字基础之上的所谓"统治阶级的文化"霸权，语言的阶级性成为新文字运动的语言理论资源。

大众语论争既是新文学界反对文言复活的保卫战，也是新文学界回身反顾白话语言的自我反省和批判，同时也是对国语运动界如何建立未来中国统一语的不同道路的探索。大众语讨论是一面镜子，借此，我们可以看到不同政治思想文化理念如何通过一场语言的大讨论而呈现出来，通过剥离讨论者不同的声音，我们后来者可以聆听到历史的繁复和驳杂的音符，这种众声和鸣的景观正是历史的丰富性和魅力所在。

事实上，大众语的讨论只是局限在知识阶层的一次文化观念和语言观念之争，一般的民众并未也不可能介入这样的讨论。大众语讨论也可视为中国30年代文化思想界的一次"语言思想的狂欢"，大众语的倡导只是停留于纸上谈兵似的"理论的展演"，人们不禁要追问，如何创作大众语的作品，真正大众语的作品在哪里？这个问题，在全面抗战的大背景中，在接下来大众语文通俗化的讨论中将进一步展现。

① 黎锦熙：《大众语要不要标准语？——大众语文学短论之三》，《社会月报》第1卷第4期，1934年9月15日。

第十一章　文章，应怎样“通俗”？

——语文通俗化运动中的文体和语言问题

一、《语文》月刊的“通俗化运动”征文

1937年1月1日，一个“专门研究语言，文字的刊物”《语文》在上海创刊。该刊物的发刊词宣称：

> 《语文》是个专门的刊物，这意思并不是说，这里面的文章专门得一般人都看不懂，只配给专家传观，事实倒相反，《语文》要做到大家看得懂，要做到对于作家、翻译家、话剧家、国语教师、大学生、高中初中生，乃至一般会说话、会写字的人无不有益。①

发刊词明确表露了《语文》刊物尽管研究问题专业，但刊物内容却是适合各个文化层次的读者阅读。我们剔除掉“发刊词”为增加发行量、有意追求扩大宣传的广告效应，可以感受到《语文》以“通俗化”追求为其办刊的目标，满足了不同文化层次受众的需求。

此时，国语运动已经步入了黎锦熙所谓的缓慢行进的“龟走”时期②，北京的国语周刊社1931年创办的《国语周刊》作为国语运动的机关刊物，主要刊发国语家关于音韵、方言调查、字典编撰、国语罗马字的制作等专门性研究文章。该刊物1937年以后因北平沦陷曾在兰州以《国语周刊》(南郑版)继续从事国语建设工作。

应该说，《语文》月刊的创办对《国语周刊》是一个有力的互补。的确，该刊创刊号就刊发了北平国语周刊社转来的一篇《保卫中国语文》的文章：

---

① 《发刊词》，《语文》第1卷第1期，1937年1月1日。

② 黎锦熙认为国语运动从1931年后逐渐进入“龟走”时期，国语运动需要沉潜下来做踏踏实实的工作，国语运动家惟有学龟不学兔才能使国语运动走到光明之途。见黎锦熙《国语运动史纲》，商务印书馆1935年版，第250—251页。

> 我们的民族已经到了生死的关头，我们的语文也跟着日濒于绝灭的危机。"九一八"以来，东北四省三千万同胞被迫通用日语……反观我们民族本身的抵抗能力：识汉字的仅占全人口百分之二十……文字和语言又不大一致……危机是这样深刻，"保卫中国语文"乃成了我们的中心口号。为了拥护这个口号，我们是需要异常强大而普及全国的运动的！
>
> 但是，我们的各种语文运动却是可悲的分散和无力。我们感谢王劳以来的战士们替我们创造了国语运动，但如今却暂时"一落五百张"而入于"龟走"时期……危急存亡之秋，国语运动岂可再"龟走"下去？如肯原恕我们青年的愚直，我们愿指出近年的国语运动是在太忽略群众运动了……我们切盼能以联合运动为契机，重新"龙飞"起来。①

这篇文章是清华大学中国语文学会投递至《国语周刊》的文章，中国语文学会是当时一个致力于研究中国语文变革的学术团体，在民族危机日渐加深的关头，呼唤中国各种语文运动者的"大联合"以"保卫中国语文"！文章对国语运动1931年进入"龟走"期以后过于"忽略群众运动"的批评无疑是切中肯綮的。国语运动原本应该是一个国语普及的运动，黎锦熙非常辩证地看到了"国语普及"与"不普及"的辩证关系："'国语普及'者，为的是全民族文化的发展，而'不普及'者，为的是各专家创造之增进"，"不学术化，则其道不尊；不大众化，则其道不广。"②

国语运动早期（1925年创办《国语周刊》（京报附设刊物）时）还是比较重视国语的普及工作，所刊文章重视一般民众的阅读水平和欣赏趣味。只是后来的国语运动因成立中国大辞典编纂处，开始逐渐走入书斋，编撰国语辞典、国音字典等国语类辞书，普及工作受到影响。

《语文》月刊的创办可谓是弥补了国语运动在普及化方面的不足。在创刊词中明确规定了刊物要做的事项：

> 第一，打算把语言学的基础知识随时介绍一点。
>
> 第二，愿意拿我们的微薄的力量，来做点中国各地方言的语音、语汇、语法的调查和研究。
>
> 第三，讨论中国语文的改进和通俗化。为了普及教育，中国现存文字，必须设法加以改进，这自然已是目前朝野一致的主张了。教育部的

① 国立清华大学中国语文学会：《保卫中国语文》，《语文》第1卷第1期，1937年1月1日。

② 《黎锦熙文集》（下），黑龙江教育出版社2007年版，第245页。

推行简体字，注音符号和注音汉字，就是为了造福民众，使得普及教育可以得到更大的成效。罗马字等等拼音化的主张，为了增进中国语文的效能，也值得加以重视和考虑。我们觉得通俗化问题也应该加以更具体的讨论。对于这些问题，《语文》愿意提供它的篇幅，以供各方面的自由讨论。

第四，打算尽我们的力量来报道各国语文运动的情形。

第五，打算约定各科专家，各就他们的专业上来提供他们在语文运用上的经验和意见，比方像话剧中的语言运用问题，科学上的术语问题，翻译的技术问题，诗歌上的语言和韵律问题等等。

第六，打算讨论本国和外国语文教学的方法，写作的方法，提供语文教学的经验，写作经验，并刊登写作指导，文章病院等文章，以提高大众的语文学习的效能和写作的技能。

第七，打算不单要批评介绍语言学方面的著作，并且还要在语言的观点上批评各种通俗著作，各种翻译，乃至各种性质的书报。……①

这规定的七项任务中，第三点专门探讨“通俗化”问题，第七点评论通俗著作，从这些表述可以看到《语文》刊物准备自觉担当通俗化运动的推进，张扬语言通俗化的大旗，并准备联合语言学家、文学家、科学专家、语文教育家等各科专家共同探讨语言文字问题，可谓是文学、国语、教育的多方联合，这无疑扩大了语文运动的联合阵线。

果然如此，刊物创刊号登载了一组“通俗化讨论”的文章。分别是胡绳的《谈写作通俗文的几个具体原则》、以群的《文章通俗化》及亦文的《略论通俗化》。

胡绳的文章以当时读书生活出版社出版的三本“社会常识读本”（楚云的《妇女问题》、伯韩的《国际关系》、敬之的《世界地理》）为例，论述关于通俗文的写作原则问题。“社会常识读本”的发刊是出于民众教育的需要，编者往往是以 2 万字左右的篇幅，运用浅显通俗的语言，申述一个专门的社会问题或社会思潮，使原本需要几百页篇幅要详细交代的问题以简明扼要的方式加以阐明，这也是一种把精深的学术予以大众化和通俗化的普及工作。在胡绳看来，这三本社会常识读本之所以通俗，是因为在语言上“已经尽量避免了文言文和五四白话文的传统，已经尽量接近了口头语”。以此类推，胡绳认为写作通俗文应该坚守四个原则——“第一，在通俗文中应该尽量排斥有口语可以

① ·《发刊词》，《语文》创刊号 1937 年 1 月 1 日。

代替的文言的词句","第二,我们应该尽量采用口语中的复音节语","第三,要挑选最适当的词句表达出来每一个意思","第四,要注意句子中的文法结构的精密。"[①]这四个原则前三条均涉及通俗文写作的语汇问题,强调口语的写作原则。第四点谈到文法的精密问题,一谈到文法总不免使人联想到中国文法的不精密论调,当初倡导欧化者就是针对中国语言的不精密采取的方案。谈到文法也往往让人联想到文章的艰深难懂,胡绳指出文法的精密和文章的艰深全然是两件事。有些不注意文法结构的人写出文章来,句子既累赘,意义又含糊,反而弄得艰深得像是天书一样;只有注意了文法之后,每句句子才能条例清楚,意义也才能更清楚明白。胡绳强调要用一般的口语去传达高深的学理,用严密的文法结构文句,"要向大众的活生生的口语中去学习,要使我们所用的词句更准确地表达出我们所要说的意思,使我们的文句的结构更加精密,更加合理化。"

以群的文章通俗化原则不但注意到了语言问题,也兼顾写作的"文体"。他指出"第一,主题必须鲜明,文章不能铺张,不能牵涉得太多,太远。应该直截了当,明明白白地指出主题","第二,叙述必须具体化,不能专讲空洞的道理","第三,句法必须单纯,简短,尽量接近识字不多的人底话。距离口语很远的文法,不论是新白话文的成分,或旧文言文的成分,都一律排除。"书面语向口头语靠拢的趋向可见,无论是胡绳还是以群都重视文章语和口语的一致性,呈现出书面语向口头语靠拢的趋向,通俗文运动进一步凸显了口语至上的文章写作观念。以群更重视文章内容表达的文体形式问题,通俗写作"一方面,可以参考比较能够被多数识字不多的人们所接受的旧作品(像章回小说,弹词,唱本……之类),选取它们形式上的优点,融合在自己底文章里;另一方面,也可以多读一点真正的识字不多的人所写的文章(如通信,报告,记录之类),学习他们一些形式上的特点。"[②]

与以群的观点类似,亦文的《略论通俗化》也关注到了文章通俗化在内容与形式上的双重"通俗"问题,亦文认为通俗化文章的内容不应该过多谈论与大众没有密切关系和切身体验的世界大事,应该从民众的身边琐事谈起,一旦民众认清他们自身以及他们父母儿孙的利益与整个民族利益相互关联在一起的时候,他们便成为保卫民族的战斗英雄了。为此,亦文认为:"通俗化运动还是一块荒芜的园地,值得我们去努力耕耘。有许多为大众所爱好的旧形式(例如说书),还待我们去研究利用。通俗化运动正有着无限的前途,待

① 胡绳:《谈写作通俗文的几个具体原则》,《语文》创刊号1937年1月1日。

② 以群:《文章通俗化》,《语文》创刊号1937年1月1日。

我们去开辟。”①

《语文》第2期,刊发了茅盾讨论通俗化文章的《通俗化及其他》。茅盾认为通俗化并非像胡绳指出的那样单纯地避开文言的字汇,“通俗化的紧要条件倒是尽量改用口语的句法;单避去了文言字便会损失掉言语的自然美,弄成生硬死板。”针对亦文的通俗化文章应该“素朴”的要求,茅盾认为“我不赞成把浓妆艳抹的文字给大众看,但也不赞成朴素到毫无风趣,毫不活泼;干燥死板的文字,即使能通俗,大众也不见得喜欢。”②茅盾认为通俗化不但是文化普及的需要,更应肩负着文化的提高问题。叶圣陶也加入了通俗化的讨论,他认为“且不要说什么通俗化”,“要把文章写得纯粹,语体文也不该向文言文讨救兵”,叶圣陶认为通俗化运动中的语言上口与否才是最重要的。

> 区别语体和文言固然可以从逐个词句下手,但是扼要的办法还在把握住一个标准。那标准简单得很,就是“上口不上口”。凡是上口的,语言中间通行这么说的词句,都可以写进语体文,都不至于破坏语体文的纯粹。如果是不上口的,语言中间不通行这么说的词句,那大概是文言的传统,只能用在文言中间,或者是文言传统里的错误的新产品,连文言中间也不适用。③

不论是茅盾的“口语的文法”要求,还是叶圣陶“上口与否”的标准,通俗化运动倡导者都极力以“口语”作为文章通俗的目标。

事实上,从1930年代初的大众语讨论到1930年代后期的通俗化运动正是沿着知识者眼光向下的思路逐渐深入的。大众语讨论主要关涉用语问题,主要停留于理论探讨的层面;而通俗化运动则关系到语言和内容以及文体形式等诸多问题,更关注实践的层面。

在倡导通俗化运动者看来,通俗化运动是在汉字还没有完全转变为拼音文字的情况下,汉字自身寻求改革、走向通俗的一种努力。胡绳的观念透露出这一信息:“在拼音文字尚未普遍应用的现在,我们决不放弃汉字和白话文,而应该在汉字和白话文中做一切努力,来更加强它们转变成拼音文字的可能性。”④

近代以来尤其是五四以来的废除汉字思潮尽管喊得激越动人,汉字的弊

---

① 亦文:《略论通俗化》,《语文》创刊号1937年1月1日。

② 茅盾:《通俗化及其他》,《语文》第2期,1937年2月1日。

③ 圣陶:《语体文要写得纯粹》,《语文》第1卷第2期,1937年2月1日。

④ 胡绳:《谈写作通俗文的几个具体原则》,《语文》创刊号1937年1月1日。

端被革命者痛说有加，事实上汉字的地位并未根本的撼动。既然汉字一时难以废除，而国家民族一步步沦亡的残酷现实又必须迅速引导民众走出愚昧的深渊，挽救民族的危亡。这种大厦将倾的紧迫局面和文化人的焦虑心态不能不提醒知识者进一步思考：如何从实际出发，运用已有的传统的汉字使其进一步通俗和简易，继续担当起普及教育、唤醒民众的重任，这才是当务之急，至于在他们看来更迅捷更便利的新文字运动当然更有积极提倡的必要。尽管汉字繁难，还必须利用汉字鼓动民众，一位通俗化运动的积极推行者从自己的创作经验出发谈到了汉字的尴尬：

> 自从新文字出世以来，我虽然双手赞成，但晓得语文的改革不是短时期可以成功的，在改革过程中，四方块字还是代表我们发表思想，意见的工具，教育大众的工作。在这青黄不接的时期，谁也不能禁止街上不准包过的脚走路，不过，不准大家再包脚，受过包脚痛苦的人，要想尽法子来解放。那就是成了目前风气的通俗化运动。①

当然，民族危机的加深也进一步呼唤通俗运动的开展：

> 在现阶段的中国民族解放运动中，我们不否认唤起一切中间分子的重要性；但若说我们可以放弃民族解放运动的主力军的勤劳大众，则无疑地是一种不能容忍的错误见解……现在，日益加深的民族危机使我们更痛感到中山先生所指示我们的唤起民众的重要，而另一方面，普遍的社会的不安使一般大众迫切地要多了解一点社会国家的事情，因此提高了他们的文化要求。在这样的现实的要求之下，通俗化的提出，应该是一桩很迫切的事情。②

通俗化运动的推行困难很多，首先是要有专门的刊物。30年代，通俗化刊物有限，冠之于“新”字的刊物众多。就我所知，当时有意识的追求通俗化的刊物有北平出版的《民众周刊》，用上海话写的《小姊妹》《大家看》。所谓通俗，这些刊物采用的稿子在语言上要求不用与日常生活无关的术语，不用典故（中国的古典、外国的“洋典”），不用欧化语句，在内容上尽力不写与生活无关的题材。相反，文章努力采用鲜活的口头语言，文体上利用民众熟悉的文

① 柳湜：《我对于〈语文〉的要求》，《语文》创刊号1937年1月1日。

② 亦文：《略论通俗化》，《语文》创刊号1937年1月1日。

体形式如"说书""弹词"等民间旧形式。其实,就口头语来说,也有一个社会语言学的问题,到底是知识者的口头语言还是一般大众的口头语言? 这些通俗读物的创作大部分是知识者的创作。利用旧形式也有一个如何"推陈出新"的问题:

> 利用旧形式决不是死板的模拟,这里都要有人出来,研究各地的方言,蒐集在各地人口头上活用的词汇,分析章回小说,弹词等,这类形式中某些要素最能打动人,我们要保留它,某些多余的东西,我们要去掉它。①

在通俗化运动初期,讨论者已经注意到了旧形式的利用问题——这个在不久以后展开的"民族形式讨论"中热议的焦点问题。

在《语文》第4期,童振华一篇文章专门讨论了"弹词"语言的现代化问题。他认为"弹词中的用字,有许多既不合于文言,又不合于口语的,那是为了迁就韵脚和节奏的缘故",弹词作为付诸一般大众"耳听"的通俗化艺术形式,在现代通俗化运动中为了更好地利用这一传统的旧形式,在语言上"应当尽量淘汰文言的成分,输入现代的语言,并且利用民间的谚语和方言,才能够使它充分地现代化。"②

为了促使通俗化运动讨论的深入以引起文化界人士的足够重视,"为了更广泛地,更胜利地开展通俗化运动",《语文》月刊第4期发起了规模宏大的"通俗化问题讨论征文"活动,征文活动呼应了当时在社会科学,哲学,自然科学,文学等诸多部门中已经尝试进行中的通俗化写作,征文中设计的问题如下:

> 一、用汉字来写方言土话,是不是可能的? 是不是有利的? 假如是的,应该用怎样的方式来写? 二、五四白话文以至文言文,我们应该怎样地吸收,我们可以加以怎样的改革? 三、欧化,东洋化的句法是不是必要的? 如果是的,应该怎样地接受? 四、有人说:通俗文学要写得很简短,也有人说:应该反复申述,不厌其详,究竟应该怎样呢? 五、在通俗化的文章中,应该怎样运用各种专门的术语;——假如是不得不用的话? 六、旧形式的利用是不是有利的? 假如是的,我们应该怎样地利用歌谣,

---

① 柳湜:《我对于〈语文〉的要求》,《语文》创刊号1937年1月1日。

② 童振华:《弹词所用的语言》,《语文》第1卷第4期,1937年4月1日。

弹词，鼓词，说书体，以及章回小说……来注入新的内容呢？七、现在许多杂志上运用对话体来叙述时事，说明理论，这种方式，是不是有利于通俗化？应该怎样地应用？八、用小说或故事体来叙述理论是不是有时候会显得形式和内容不调和？怎样才能调和他们呢？九、抽象的理论具体化，这是大家公认的写作通俗文的原则；但是怎样地从具体的事情中间表现出抽象的理论来呢？十、为了使文章趣味化，活泼生动，许多人都在说明理论时引用许多比喻和穿插，这种比喻和穿插应该怎样地运用呢？(1937 年 4 月 1 日)

征文活动所涉及的问题有语言运用上的方言土语问题、白话及文言的继承问题、欧化句法问题、专门术语问题、旧形式的利用问题、文体形式和修辞问题等等等。这些问题的提出，无疑把通俗化运动从理论探讨的层面引入了实际创作的层面，正如征文倡议者所言："我们现在的讨论已经不是抽象的原则的讨论，而是和实践相配合着的切实的具体的讨论。"①语文通俗化运动既是在汉字的限制中有效利用汉字的努力，也是把文化输入给大众以提高大众的认识水准和文化水准的问题。如何在所谓"汉字的镣铐"中跳出"通俗的舞蹈"是之前的大众化运动、大众语运动乃至语文通俗化运动中力图解决的问题。

有人指出，所谓通俗化就是使大众有接受的可能性的意思。凡是能够被大众所接受的就是通俗的，否则就不是。②

欧阳山曾在广东从事过文艺大众化运动，对于文坛上悄然兴起的通俗化运动，他是非常警惕的：

通俗化运动——我在想，是一种过渡的狭义的教育手段，它底目的仅在给中国各地域一般读者以各科学各部门底普通知识。过渡和狭义是指它在整个文化进步中所占的地位，和它本身所能包容的文化成果，以及它底姿态，方法，功利性而说的，并不掺杂轻蔑的恶意。

它在文化进步过程的历史中占着重要和特殊的地位，但并不是文化发展的全部。它是迎合需要的意味带得浓厚，提高需要的意味带得薄弱，因此它是文化底准备而不是文化底规定。

……

① 《通俗化问题讨论征文》，《语文》第 1 卷第 4 期，1937 年 4 月 1 日。

② 亦文：《略论通俗化》，《语文》创刊号 1937 年 1 月 1 日。

> 抱着这样功利的通俗化的偏见去衡量一切文化知识，正是说过艺术品一定要为大众所爱好这句话的巨大的人物所痛恨的庸俗琐屑的人生哲学。①

欧阳山的通俗观念是把通俗作为过渡和手段，没有把通俗本身作为目的。这种观点在当时具有相当的代表性。有人指出如果把通俗狭隘地理解为向一般民众的认同和媚俗，就势必降低通俗的意义，因为这种观念：“把写作通俗化看成了对于大众的迁就，忽略了通俗化可以提高一般文化水准的效用；第二，他没有认清语汇缺乏是可以解决的问题，更根本没有想到‘充实语汇’这一个方法。”②如何充实？首先，应当“从现实生活当中去充实”，其次“对于过去白话文中的语汇也应该批判地接受”。③外来新语新词汇的融入也是一个渐进的过程，对于大众也许刚刚听到和接触这些新语诸如“帝国主义”“意识形态”“阶级”等是陌生的，久而久之，自然会有一个接受和理解的过程。这就牵涉到文化乃至语言普及与提高的关系，20 世纪许多引起争议的文化问题都牵及到是普及为先还是提高为先的问题。五四时期的白话文言之争，积极推广白话的趋新人士不过是急于进行文化和教育的普及，普及为先的思路导致了对于传统文化和文言文的决裂态度，30 年代初的大众语论争，大众语的积极推进者不过是想“还语言于大众”，要求无论是创作还是写一般文章，要让大众听得懂、读得上口而已。近代以来的文化运动一直是自上而下通过知识者眼光向下的努力一步步推进和完成的，这也符合启蒙运动以来人类文化演进的基本理路。

既然讨论通俗化，总不能还如大众语讨论中那样只是囿于知识者之间，值得注意的是，就在通俗化征文活动倡议之后，《语文》月刊第 5 期刊载了一篇《一个小店员对于通俗化的几点意见》，我们现在无法考证这篇文章是否真的出自一个小店员之手，但他的几点意见还是颇有值得引用的价值，比如文章认为通俗化应该“多举例子”“要多运用小标题”“照片图画少不得”等等。尤其是运用连环图画说明问题，最受一般民众的欢迎。鲁迅曾倡导这种通俗易懂的艺术形式：“现在社会上的流行连环图画，即因为它有流行的可能，且有流行的必要，着眼于此，因而加以导引，正是前进的艺术家的正确的任务；为了大众，力求易懂，也正是前进的艺术家正确的努力。”④艾思奇对于连环

---

① 欧阳山：《我底苦心》，《语文》第 1 卷第 5 期，1937 年 5 月 1 日。

②③ 罗戍：《关于通俗文的语汇》，《语文》第 1 卷第 4 期，1937 年 4 月 1 日。

④ 常庚（鲁迅）：《论旧形式的采用》，《中华日报·动向》，1934 年 5 月 4 日。

图画的普及作用也颇多赞同。①

通俗化征文发出两个月以后，在《语文》月刊第1卷第6期“语文编辑部”刊登了一个启事：“本刊发起‘通俗化问题讨论征文’以来，蒙各方赐稿，到现在已经收到三十多篇。我们原定在第六期中发表，但因字数过多，容纳不下，所以决定改印单行本于七月一日出版，奉赠订户。现将内容要目先行预告如下……”②

果然，1937年7月《通俗化问题讨论集》出版。在出版扉页有钱俊瑞题《通俗化问题讨论集》：“深入浅出真通俗，浅入浅出是庸俗；深入深出犹可原，浅入深出顶可恶！”

《语文》刊物征集通俗化问题讨论，这是语言学界和文学界一切携手探讨问题的举措，达到了运动的联合。《语文》月刊先是拟定题目，以引起思考和争论，参与讨论的人员也极为广泛。

为什么要进行通俗化运动？

首先是大众的发现，由于文化的落后和千百年来愚民的文化专制政策，一般民众失去了受教育的文化权利，通俗化运动就是要还教育于民众。其次是民族解放运动的迫切需要，最后是新的语文改革运动的需要和自然发展：

> 五四白话文学运动推翻文言的专制，把文学从“鬼话”里解救出来，使成为“人话”。通俗化运动也将要继续努力，将文学从“少数人的话”里解救出来使成为“大众的话”。大众的话如果在通俗化里争取了书面化的权利，那么将来进一步彻底的改革，新文字运动，大众文学运动就算扎下根了，它们的成功必将更近一步。③

通俗化写作面临用语问题，这里涉及是用国语呢还是大众语呢？

国语是以北京话为标准，虽有广大的流通区域，但一般大众在当时对于京腔官话还存在深厚的厌恶心理，用国语显然得不到大众的欢迎，但大众自己的话主要是方言土语，纯粹的方言土语在表达能力上也有其限度，仅仅靠汉字的记录能力更有限，如何汲取五四以后的新词新语以扩充语言的表达能力，这对于通俗语运动者是一个考验。

五四以后的白话语言，尤其是翻译语言欧化的弊病屡屡遭到后人的质疑，但有些专门的术语已经逐渐渗透到日常生活，必须借用。

---

① 艾思奇：《连环图画大有可为》，《中华日报·动向》，1934年5月6日。

② 《语文编辑部启事》，《语文》第1卷6期，1937年6月1日。

③ 语文社编《通俗化问题讨论集》(一)，上海新知书店，1937年，第10页。

到底是谁的通俗化？是知识分子的通俗化呢，还是大众的通俗化？如果是知识分子为大众的通俗化，大众仍不能自己书写自己，因而，真正的通俗化与大众语论争中所讨论的一样，还必须是大众自身的通俗化。在这样的思路引导下，有人提议发起“大众写作运动”：

> 知识分子和大众，无论在认识或习惯用语上总难免有些隔膜。要是大众能把自己身感实受的经验感想写出来，则给另一个大众看去也必觉得分外亲切。而知识分子也可以从此学得不少本事了。所以我们提议发动一个“大众写作运动”，竭力敦促大众自己动手。表现工具呢？一方面尽量利用已会用的汉字、注音符号、教会方音罗马字等来写作，一方面教授新文字，使能随心任手的表现自己，这样产生的文章才最有通俗化的意义，也最能将通俗化运动推动向实际工作里去。①

通俗化的要求是什么？有人指出：

> 口语化和现实化是通俗化的两个基本条件。口语化是要使写出来的文字尽量符合大众的口语，而现实化是要使文字的内容尽量切合大众所熟悉的所接触到的事物（或现象）。为要做到高度的口语化，写作者必须避免使用很涩的生僻的词句，采用流行于大众中间的语汇和语法，并且使文字的组织简单明了。为要做到高度的现实化，写作者必须尽可能避免抽象的臆想的表现方式，而把所要表现的思想或所要解说的问题，跟大众的日常生活以及为他们熟悉和他们有利害关系的事物（或现象）融会起来，因为现实生活和现实事物本身就是最“通俗”的。②

通俗要求在语言上口语化，在内容上熟悉化——写大众身边熟悉的生活，与他们切身利益相关的事物。

王任叔持综合的语言观念，形式上“所以语文的通俗化，我的意见只有一点：写得明白干净，并且合文法，方言土话不妨用；欧化，东洋化的句法也应该有，条件还是在于明白，干净，合文法”。③

---

① 语文社编《通俗化问题讨论集》（一），上海新知书店 1937 年版，第 15—16 页。

② 平心：《口语化和现实化肃清文言的余毒》，《通俗化问题讨论集》（一），上海新知书店 1937 年版，第 67—68 页。

③ 王任叔：《普遍・提高・深入》，《通俗化问题讨论集》（一），上海新知书店 1937 年版，第 70 页。

内容上：

> 通俗化，不仅限于形式，还看内容与社会生活的呼应如何。工人看得懂描写工人生活的作品，但对于伤感的小市民趣味，不大懂得。据说，巴金的小说的读者，大多数是中学生，这里就有作品内容与读者的社会生活相呼应的原因。文化的普遍是于推进社会生活有作用的。推进了的社会生活，却于文化的提高又有作用；普遍，提高，深入，这是在文化与社会生活相互呼应的推进中的三个阶段。①

时人在论述通俗化时，总是把它等同于大众化，认为“通俗的意义是比较的。大众的文化水准很低的时候，才显出少数知识分子所说的所写的太不通俗。通俗的目的是纯一的，便是叫大多数人看得懂、读得懂、听得懂。所以，通俗化便是大众化。”②“懂”其实是不容易达到的要求，因为有不同的接受层次，“我们的懂”和“他们的懂”并不一致，“我们将怎样把我们懂的也使他们懂呢？据我们的统计，用故事体写的(不论是童话、小说或是实有的事)最成功，次之是对话，最蹩脚是讲话一类。而尤其注意的，是在作品中力避腐烂了的新术语。”③

通俗化和大众化总是要追溯到文字问题，书写工具似乎是最后之解决的重要手段，谈论通俗化运动最根本的原因是“中国文化水准，受几千年的遗传，一时不能普遍地增高。如果再说显明些，增高文化水准的工具太不行了，那就是汉字在作怪……如果要通俗化很胜利的发挥效力，老是袭用迟钝的旧工具——汉字，即使可以改善一点，也不过沧海一粟。所以犀利的新工具——汉字拉丁化——应该同时加速推进，然后通俗化的问题才可能获得圆满的解决”。④

《语文》月刊发动的通俗化运动也展开了对于新文学各种文体的语言探讨。关于新诗的语言，有人主张“新诗的语言非口语化不可，又应当有一种毅力：竭力以口语入诗。如果欠缺这样的确信和毅力，即使他耗全生的精力写诗，也不会成功的”。⑤ 30年代，人们质疑新诗语言的呼声愈来愈多，尽管五

---

① 王任叔：《普遍·提高·深入》，《通俗化问题讨论集》(一)，上海新知书店1937年版，第71—72页。

② 袁学中：《通俗化和“懂”》，《通俗化问题讨论集》(一)，上海新知书店1937年版，第80页。

③ 同上书，第82页。

④ 柳乃夫：《通俗化和大众化》，《通俗化问题讨论集》(一)，第99—100页。

⑤ 梅雨：《略谈诗的语言》，《语文》月刊第1卷第3期，1937年3月。

四以后的新诗语言也强调“作诗如作文”“口语入诗”，但即便是口语入诗，究竟是谁的口语，知识者的口语还是一般识字不多的大众的口语？他们质疑：“新诗人们中有几个在诗的语言上是口语化的？是与口语接近的？由于诗人的社会身份的限制，他们所用的，至多是智识分子或上流社会的白话，还不是一般大众的日常用语。”①

《语文》杂志第2卷第2期专门讨论了“历史剧的语言问题”。随着抗战爆发后，历史剧创作题材的勃兴，历史剧的语言问题逐渐进入讨论者的视野。作为一个历史剧创作者，陈白尘谨守着严格的现实主义创作原则，他认为：“我们在现代非历史的题材里，既不能使一个农民有着智识分子的思想与行动，既不能使一个‘五四’时代的青年有着‘五卅’时代的意识与语言；则描写过去那一代的历史作品，有什么理由使语言等等不忠实于‘当时的现实’呢？”②

历史剧的语言问题，在大众化和通俗化的背景下讨论意味深长。大众化和通俗化要求以大众的日常口语，而历史题材的戏剧为了追求历史的真实和历史语境的氛围又必须符合历史的情景，古代人不可能说今语，文学的真与美乃至现实的效用之间产生了难以兼顾的紧张。周木斋看到了这种尴尬：

> 历史剧的语言，是一个值得注意的问题。假使纯粹是写实的，就应采用历史剧的时代的古语，但还可以引起两个问题。一是今人怎么会说古语，至多只能按照历史剧的时代，模仿旧戏曲或旧小说的语言并而没有发生旧戏曲或旧小说的时代，根本更无从模仿起。一是历史剧的意义多少是现实的，模仿古语，便不通俗，减损了现实的效果。为了文艺的真，美和现实的善，倒不妨折中的，以通俗为原则，酌量采用古语，使古语今化一些，度势改造今语，使今语古化一些。③

这次历史剧语言的讨论可以看做是语言学家与文学家关于语言问题的互动。历史剧的语言运用与一般文学体裁的语言不同，历史剧涉及历史人物的语言问题。在现实主义创作方法较为盛行的时代，若果严格遵循现实主义的创作原则，人物语言和作品的环境氛围的渲染必须借助语言的力量才能达到。作为一个历史剧创作者，陈白尘遇到了这个难题，他在创作《太平天国》剧时：在内容上，使《太平天国》尽量地忠实于历史精神，忠实于当时的现实，

---

① 梅雨：《略谈诗的语言》，《语文》月刊第1卷第3期，1937年3月。

②③ 《历史剧的语言问题》，《语文》月刊第2卷第2期，1937年8月1日。

则在动作，语言，风俗，习惯等等外形上，亦必得求其一致。那么，太平天国时代的语言是什么样的呢？陈白尘采用了在他看来似乎是消极的手法，农民的语言去掉现代语成分加上太平天国时代所特有的一些语汇。陈白尘的这种做法受到了王任叔的批判，他认为中国言文分离严重，古代人物所说的口语也并不一定多么雅化，人物语言的文言化不但让现代观众难以理解，也可能导致并不符合当时历史的弊病。胡风则明确指出历史剧创作应该用现代的语言，因为古人的口语究竟如何我们今人无从得知，再者，"语言是一种媒介。历史剧的目的是表现历史的真实，并不是要重视史实，那么，只要能够写出历史的真实而又使最大多数的观众听得懂，用不是古人说的现代语言做媒介是不成问题的"。

夏衍从自身创作历史剧的艺术实践出发，提出了历史剧创作语言运用的基本原则——"不使历史上的人物说现代话，因为现代语，现代动作，现代心理表现都可以使观众感到异样，这就破坏了历史剧的真实感。但是，用历史上的语法也得尽可能的使之平明易懂，暗晦艰涩，拗口拗耳，一切现代观众已经不能直觉地理会的古语一律割爱。"凡客指出作家应该主动创造历史剧的语言，"历史剧的历史的语言需要创造，就好像现代剧的现代语言需要创造一样"，那么作家如何创造呢？——"把现代语加一番蒸馏的工夫，去掉那些绝对现代性的语言的渣滓(古代绝对不能有的语言辞句，这些在舞台上一定要生出破坏真实性的反效果的)，再运用上作家研究古代语言的所得，这样就能产生出一种新的带着古代气氛的合用的历史剧用语。"《语文》杂志对于历史剧语言的讨论源于当时历史剧语言运用上的两种错误倾向：一是完全用非常精致的欧化语言，一种是完全传统的文言与成语而避免现代语的影响。这两种错误倾向都制约了抗战背景下一般观众对于历史剧的理解。尹子契认为，"更应该反对的是欧化语言的滥用。用欧化语言中许多活泼的语法，有力的表现法，吸引着历史剧作者们的笔端，但结果往往有许多近代才有的新语汇羼入，使观众感到刺耳的难堪(对于文化水准不高的观众，这些语汇也不容易理解的。)""历史剧的语言问题，应该分为语言的表现法(修辞格)，语法，语汇三个部分来看。在前二者可以尽量的适用现代语言中的，而且不妨吸收欧洲语等中的优秀成分使历史剧的语言更加纯粹起来。在语汇方面，却必须以历史剧的真实性为依据。而总的原则，还是要使观众能够理解与接受。"

田军发表了关于小说用语的讨论。他认为在语言上要处理好"对话"和"描写事物"的关系。即便是小说中的对话，方言也应该尽量少用："文字的目的是传达人的感情，而不是传达方言"，"方言太多就会阻碍了读者的感情。"小说中的描写"绝对不用方言，尽可能用一般文学上通用的语言，或是一般口头用语”①。

围绕《语文》月刊发起的“通俗化问题”,讨论的范围涵盖了语言问题、内容问题、文体形式等文章写作的多个侧面,这些问题有的是大众化和大众语讨论中曾经涉及的,有的是当时的通俗文写作中正在触及到的。与之前的大众化和大众语讨论一样,通俗化问题的讨论是语言文化界试图进行文化普及的又一次有效的理论探讨和有益的文化实践,事实上,这种文化实践在这场规模较大的讨论之前已经在实践和探索中。

二、《民众周报》的通俗化实践

早在1934年11月,上海读书生活社、通俗文化社、生活知识社、世界知识社、妇女生活社等联合组成的“通俗文座谈会”在各刊物发表了“展开讨论通俗文”的通告,自1936年以来,出版的通俗化刊物有《通俗讲座》《民众周报》《大众知识》《大众话》《大家看》《通俗文艺》《通俗讲坛》《通俗文学》等;出版通俗化的读本有“街头文谈”“读书常识”“读报常识”“街头讲话”“通俗社会科学二十讲”“大刀王五”等。北平的通俗读物编刊社在文化通俗化和文学通俗化方面用力最勤。最先是在《大公报·史地周刊》上发表作品,后来编《通俗讲座》《通俗图画》《连环图画》等刊物。顾颉刚创作了《天桥英雄》(即大刀王五)鼓词,身体力行进行了通俗化的创作实践②。

1936年10月2日,北平的通俗读物编刊社编辑出版了民众通俗读物《民众周报》。顾颉刚在该刊第一期发表了《通俗读物的时代使命与创作方法》一文,他指出“过去的新文化运动,不能深入下层民众的原因,不在内容不适当,而在于作品的形式和大众隔离得太远,更在于提倡者没有根据教育原理替乡村民众创作出特殊的作品来。”“通俗读物‘应该是’继续五四以来新文化运动的启蒙主义精神,用通俗的口调,把革命的科学思想,贯彻到下层民众的心中。……这样的读物外观上要尽量通俗使每个能看旧剧本旧小说的人都能看得懂看得惯,体裁与用语可以仿效章回小说,也可以仿效鼓儿词和弹词,甚至俚词土调歌谣谚语。但内容上则必须是革命的,科学的和旧读物不两立的。”③在此,顾颉刚实质上谈到了通俗读物在文体形式和思想内容方面的两个要求,思想内容的“新”与文体形式的“旧”。“新”与“旧”能否进行有效

---

① 田军:《小说用语》,《语文》第2卷第2期,1937年8月1日。

② 文炅:《民间口头语初掘》,《语文》第1卷6期,1937年6月1日。

③ 顾颉刚:《通俗读物的时代使命与创作方法》,《民众周报》(北平)第1期,1936年10月2日。

的结合，如何结合，如何将新的美酒装到旧的瓶子里？这些问题也成为日后民族形式问题讨论中争论激烈、争议颇多的“旧瓶新酒”问题。随后顾颉刚进一步阐释了“为什么要把新酒装在旧瓶里”，他通过调查北平当时的“旧书摊”和挑担售书的“行贩”，发现那些流行极广的旧读物在内容方面是极端有害的，但一般民众却又非常欢迎它，因为旧读物的“形式恰合一般民众的口胃，那传播知识的技巧正与一般民众的兴味相投。”鉴于此，顾颉刚认为“‘采用旧形式而充实以新内容’传达知识的方法，在目前总该是极需要的。”“只有这个办法，新的通俗读物才能使民众看得懂，听得懂；才能和民众接近，受民众欢迎，一切新的知识才能深入民间。”①

在顾颉刚“旧瓶装新酒”的创作方法指导下，《民众周报》刊载了利用传统形式创作的新通俗作品。

譬如，利用传统的说唱鼓词创作的作品《赛金花》。赛金花剧是抗战时期的热门话剧选材，作为一个爱国的妓女，赛金花的爱国热情激起了国人的敬意。赵之中的说唱鼓词《赛金花》也是从正面褒扬了赛金花在国家民族危亡关头挺身而出的英雄壮举。采用传统章回小说的回目形式，第一回“天生丽质彩云芳名传遐迩　感恩图报阿金拙计乱闺阁”写道：

> 列为明公，厌言落坐，且听在下慢慢的道来：
> 说得是苏杭二州天下闻，
> 苏州府的地面儿更超群；
> 这苏州不但是山清水秀风景好，
> 还出了许许多多的才子和佳人。
> 按下别人咱且不表，
> 单说那赛金花赛二爷又叫傅彩云。
>
> 说书的人说到这里，诸位也许有点蒙头转向，越听越糊涂啦！诸位也许要想：一个人干吗有这么许多啰里啰嗦的名字啊？俗语说得好：‘话不说不透，砂锅子不打不漏。’原来赛金花的本名是傅彩云，后来的花名是赛金花，赛二爷是别人送给她的外号。后话不提，言归正传：
>
> 傅彩云家住在苏州城内，大市桥巷有家门。她本是名门之女宦门后，家财大富有金银。谁想到彩云出世家业中落，破落户儿外富中贫。她父亲游手好闲毫无营干，全凭着典当变卖度秋春。都只为家门冷落无

① 顾颉刚：《为什么要把新酒装在旧瓶里》，《民众周报》第1卷第5期，1936年10月30日。

子嗣，把一个傅彩云当做了掌上珍。①

说唱鼓词的艺术形式有说有唱，说唱结合。这段引用的文字分“唱词”和“说词”，唱词押韵，朗朗上口。如“天下闻”“更超群”“和佳人”“傅彩云”押韵，“风景好”“且不表”押韵。即使是说词也追求上口对偶和押韵，造成一种掷地有声的语言效果，如“有家门”“有金银”“富中贫”“度秋春”“掌上珍”等。但说唱者有时为了一味追求押韵，有意调遣语汇的次序，如为了押韵“度秋春”“掌上珍”。这种利用旧形式“弹词”的“旧瓶”装上宣扬抗敌爱国的民族英雄的“新酒”，在抗战的背景中能够收到很好的宣传效果。这正是《民众周报》有意倡导的传统形式。一方面利用老百姓所喜闻乐见的旧形式，旧体裁，“我们敢勇于作‘旧瓶装新酒’的尝试，是因为我们深切的感到有此必要，并且认为是目前急切的工作之一。所以，对于旧体裁新内容的作品，不但不排斥，而且很欢迎。”②的确如此，由于中国传统的艺术形式和技巧在一般民众心中有根深蒂固的心理积淀，他们更乐意接受和欣赏，朱光潜在抗战初期以自己的亲身观察印证了这一事实③。

《民众周报》在征稿启事中，特征求下列文稿、书稿：“内容或写历史地理演述，或为政治、经济、自然科学、社会科学及时事之说明，但文字须力求浅显易懂，生动有趣，其能用小说故事及弹词叙述者，更所欢迎。”④征稿的文体种类大都是中国民间传统的旧形式，其中有通俗浅显长短篇论著、章回小说体、弹词、旧剧、故事、连环图画、彩色故事画、民间故事、俗曲、歌谣、谚语，谐语之采集与整理等。

贾蔚林的《复汉图》就是利用传统章回体形式叙写民族英雄岳飞抗金救国的历史壮举的。几乎完全采用章回体的格式，如第一回道：“痛时艰诉说兴亡事　览古史展开复汉图”运用对偶句式总括本回要义，开篇便引用岳飞的《满江红》，接着展开小说叙事：

上面的这曲《满江红》词，是宋朝的一位大英雄岳飞作的。提起这位

---

① 赵之中：《赛金花》，《民众周报》第1卷第2期，1936年10月9日。

② 《民众周报》编后记，1936年第1期，1936年10月2日。

③ “先就眼睛看到的事实说。我们试到成都市区各家书店去看看。这里的书店即以卖唱本者为最多生意也特别发达。区区成都一市，听说唱本多至五六千种。自商店学徒，茶馆清客以至于人力车夫凡能识字者，莫不以看唱本去消磨他们的时光，他们读着，讲着，揣摩着，其津津有味的样子远过于大中学生之读国文。这是一件可注意的事实。”见朱光潜：《文学与民众》，《新新新闻每旬增刊》创刊号，1938年7月。

④ 《通俗读物编刊社征稿启事》，《民众周报》第1卷第2期，1936年10月9日。

> 大英雄来，真是没一个人不晓得。他生在北宋末年，适逢天下大乱，金鞑子趁机兴兵南侵，要夺宋室的江山。当时的那些达官贵人们，平日受百姓的供养，锦衣玉食，穷奢极欲。一旦国家有事，异族侵凌，他们不但不能捍卫国土，保护人民，反倒一个个奴颜婢膝的投降了丑虏，替敌人作内应，当先锋，残杀自己的同胞。这些汉奸，只为了保全他们一己的荣华富贵。那里还管国家人民的存亡生死。①

完全采用传统说书人的口气叙述故事，尽管运用了一些大众口头语中并不流行的“兴兵南侵”“锦衣玉食”“奴颜婢膝”等文言词语，但这种说书人程式化的语言并不影响故事的接受，因为人们早已对岳飞的抗金故事耳熟能详，一般民众可以通过多种艺术形式如地方戏、民间故事、大鼓书等接受到这种历史题材。

《民众周报》所刊载的文章，从题目就可看到作者来自于底层的文化身份。如《一个洋车夫口中的二十五年通俗化运动》、《牧羊人》(生活写真)、《一个地毯工人的来信》等题目就表明了写作者的民众身份。

作者队伍的变化也在一定程度上表明了杂志的民间化立场，尽管是牧人、工人或车夫，既然能够写作也毕竟是有知识有文化的书写者。文章在通俗化的语言表达中不小心也流露出文言化色彩。《一个地毯工人的来信》开篇写道：

> 编辑先生鉴：
>
> 现在，无论走到哪里，都说提高工人待遇。本来，工人孳孳终日，为资本家做牛马。从情理上，人道上来讲，似乎应该归功于工人。但实际如何呢？全不是这样一回事。什么改善待遇，不过这样嚷嚷罢了，现在我来表表工人的苦处。我是一个地毯工人，所以，不谈别的，只就北平的地毯行，来谈一谈。②

这篇以地毯工人的口吻所写的来信，从接受心理上很容易受到一般民众的欢迎，文中口语色彩比较浓厚，但不时夹杂文言的字眼如“孳孳终日”，尤其信的结尾：“我所写的俱是真情实话。如贵报不信。不妨派记者，详细调查。至于我的写作，请代行改正。此稿贵报不弃，肯给发表，不仅我要感激，就是

---

① 贾蔚林：《复汉图》，《民众周报》，1936年创刊号。

② 《一个地毯工人的来信》，《民众周报》第1卷第9期，1936年。

诸位工友亦同加感激……再说:为民众的喉舌,是新闻纸的天职。我们在这痛苦里挣扎着,我想贵报,也愿意把我们的惨痛的呻吟传递给大众吧!即此专请撰安"这段文字从语言表达到书信格式均呈现了浓厚的文言色彩,文章也引入了现代新语如"待遇""人道"等。这种语言现象可能有多种原因造成,30年代的文学语言本身呈露出文言与现代白话多重的交织,现代语言的生成必然是在汲取文言语汇的基础上,采纳反映现代社会生活的新语融合而成,语言的杂糅也在所难免。事实上也可能存在另一种情况:这些以地毯工人、牧羊人、洋车夫口吻写作的文章,极有可能是知识分子所写,是知识者在调查了解一般民众生活的过程中借用模仿他们的语气"为他们的写作"。《一个洋车夫口中的廿五年通俗化运动》开篇介绍了文章写作的缘起:

> 周报要出新年号,让我写一篇二十五年的通俗文化运动检讨。我想了想真不好写,通俗化运动,不是一天了,不是一年了,但是真正为大众写的作品,又确切能够到大众手里的,有几篇东西呢!只是在上层喊运动运动,实在使我们自己汗颜。所以我便以一个洋车夫的口吻来写出这篇文章,看看究竟这个运动实际及于大众的成绩有多少。写完了后,我的脸上汗已成滴了。唉!我们什么时候写这样文章才能眉飞色舞,而不用手巾擦脸呢![①]

作为知识分子谋划和倡导的通俗化运动,一个普通的洋车夫不可能详尽地了解,该文章是由《民众周报》编辑的约稿,的确是借助洋车夫的口吻抒发知识分子对通俗化运动局限性的看法。

30年代由于民族危机的加重以及社会思潮和社会现实的剧烈转变,一般人也强烈地意识到了解社会现实的必要,如何更进一步地了解、解释变动不居的社会现实,能够正确地认识社会,借助社会科学的知识无疑是最有效的了。于是,出版和文化界便应运而生地推出了通俗化的社会科学理论书籍。如艾思奇的《大众哲学》与《思想方法论》、平心的《社会科学研究法》、沈志远的《现代哲学的基本问题》、陈唯实的《通俗唯物论辩证法》与《通俗唯物论》等,社会科学理论的通俗化取得了相当的实绩。

因而,通俗化运动不但关联到文学文本的通俗化和大众化,也关联到社会科学方面的论说文体。为了使深奥的社会科学方面的理论能够得到普通

---

① 王日蔚:《一个洋车夫口中的廿五年通俗化运动》,《民众周报》第2卷第1期,1936年1月1日

大众的理解，一些倡导通俗化的报刊通常从大众日常生活出发、从具体的日常生活实例中把深奥的道理简明化和简单化处理。比如，关于什么是社会？这是一个普通民众难以理解的抽象话题，如果按照通常的方式引经据典作连篇累牍的抽象论述，难以收到普及一般民众的通俗效果。请看通俗刊物上的一篇探讨什么是社会的文章：

> 鱼离不了水，人离不了人。（说什么是社会）
>
> 常言说得好，没有走不着的路，没有用不着的人。这是指人不要自傲，看不起人，还不知什么时候你一朝失了势落在旁人手里呢。实在说起来，人离了人就同鱼离了水一样，鱼离了水就得死，人离了人也不能活。这话初听起来，似乎没有道理，其实是千真万确的真理。假使你现在离开了一切人的帮助，你马上就得把衣服脱得净光，因为衣服是旁人做的。你即便自己会做衣服，但你用的针线布匹又是旁人制造出来的。你即便会织布，会制造钢针，但你织布所用的一切器具，如同织布机呀，梭呀，你打钢针所用的，如火炉呀，铁锤呀，煤炭呀，都能由你自己制造出来么？①

这篇文章用老百姓身边的实际生活例子阐明什么是社会，用“鱼离不了水”说明“人离不了人”的社会交往和互助原理，用人们日常的穿衣说明人与人之间相互支持相互合作的抽象道理。

即使是对于抽象名词的解释也尽量是摆事实、举例子来讲理论，说道理。《民众周报》特设“通俗词典”栏目，其中对于“社会”词条的解释实际上是一篇通俗阐释何谓“社会”的理论文章：

> 人要活着，就得有维持生活的办法，维持生活的办法，决不是一个人可以自了的。一根大木，不是一个人的力量能把他抬得动，需要大家一起来抬。种地的人，不见得就能打锄头，缝衣服的人不见得能制造他所用的针。商人所吃的粮食，是农夫土地里出产的。农夫所用的家具是商人给他贩运过来的。房子烧着了火，需要大家一起来灌救，遇着了老虎，亦不是一个人能够把它打死的。这样，一个人是不能独立地活着的，一家人亦不能把所用的一切东西都自己作出来的。因此，人和人便需要结

---

① 王次凡：《鱼离不了水，人离不了人（说什么是社会）》，《民众周报》创刊号，1936 年 10 月 2 日。

合在一起,人和人必须相互帮助才能活着。像这样人和人在一定的关系下结合起来,便成为社会。①

这个词条避免了高头讲章的深奥,用浅显易懂的方式,从民众日常生活的需求入手探讨人与人之间结成社会的必要性,从民众的切身生活实践和生活体验出发,通过生动的例子向一般民众解释了社会的含义,倘若只是知识分子用艰涩的语言阐述所谓社会就是"人和人社会关系的总和"之类的理论分析和抽象语言表述是很难抵达民众的头脑的。

可以说,《民众周报》所开创的语文通俗化实践不但引领了《语文》月刊的通俗问题的理论探讨,它的利用"旧形式"的通俗化创作也开创了抗战以后作家、艺术家的通俗化创作之先河。

三、老舍、老向的"抗战通俗文艺"制作

抗战的全面爆发,使之前坐在书斋写作的作家开始走进民间,走进乡野,走进抗日的前线。于是"文章下乡,文章入伍"成为作家们普遍认同的口号。为了动员全体民众抗战救亡的迫切需要,抗战通俗文艺的"制作"便应运而生。我在此谈"制作"而非"创作"丝毫没有贬低抗战通俗文艺的创造性所在,我主要论及那些延续了《民众周报》的通俗化思路,即在传统文体的体制内、承继了"旧瓶装新酒"的通俗文艺的实践思路,既然是在传统文体的形式中进行的通俗化实践,为了区别作家创制的其他新的文艺体式如墙头诗、街头剧等,而命名之"通俗文艺制作"。当然,这里所谓的通俗,也并非是那些以城市市民为主要阅读对象、以言情武侠为主题、以消遣娱乐为目的的市民通俗文学,尤其是鸳鸯蝴蝶派一脉相承的张恨水的通俗言情小说。

五四文学革命,不但是一场思想和文学观念的革命,也是文学语言和文体形式的大革命。在诗歌文体上,传统讲究平仄合辙的格律诗被新鲜自由的白话诗取代,传统的章回体小说也逐渐被"横断面"的短篇小说或鸿篇巨制的新体长篇小说体式替代,民间盛行的地方文艺形式如弹词、鼓词、快板、小调、莲花落等逐渐被新文学作家所忽略。从五四新文学家的新的文体眼光来看,这些本应该拘禁在"历史的古物陈列馆"的文体却在抗战的炮声中焕发出新的生机。新的现实与文学上的新的任务呼唤着这样的文体:

---

① 载《民众周报》创刊号,1936年。

> 关于文艺的通俗化，大众化问题的讨论，在抗战以后特别地热烈，而在创作实践上利用旧形式的尝试也日见增多，但是这一方面的努力比起客观的需要来，却还是非常不够。原因是：我们的作家大都习惯于欧化的知识分子的文字，一向以少数的所谓高级读者为满足，从没有把教育广大落后群众当作自己的责任，似乎也并不屑于和张恨水争夺读者，因此从没有认真地研究过中国文学旧有的东西，尤其是民间的东西，那在群众中间根深蒂固的东西。过去的这种修养就一直妨碍了作家向大众化的方向迈进。抗战虽使作家对大众化又接近了一步，但是文艺大众化的方针能不能在抗战期中贯彻到底，那就要看作家的诚意与努力的程度如何了。①

抗战文艺的通俗化问题事关重大，它不但被视为大众化问题的继续，也是作为考量作家是否愿意向大众化方向迈进、是否愿意付出诚意和努力的原则和标准。

在通俗化文艺的制作上，老舍用力颇多。他把通俗文艺按照文化层次不同分为两种，一种是诉诸阅读的作品，一种是诉诸“口头的文艺”——“那大字不识的应另有口头的文艺，用各处土语作成，为歌，为曲，为鼓书，为剧词，口传。习若无暇学习，也该唱给他们听，演给他们看。不妨由一处制造，而后各处译为土语，广为应用。”②在此，老舍把通俗文艺的创作命名为“制造”，可见老舍是有意运用了有别于新文学创作的“制造”字眼。说通俗文艺是“制造”，老舍并非认为通俗文艺易作，而是体验到了“制作的”困难：“通俗文艺并不怎么好写”，“最初它给我的痛苦，是工作上与心理上的双重别扭。”③老舍之所以认为心理上的别扭，在他看来一个习惯了新文艺创作的作家进行通俗的制作是艺术的后退——“从新文艺的进展上看，我当前进；从抗战宣传上看，我当后退。”④老舍的矛盾值得玩味，他明确表达了其制作通俗文艺的真实目的：

> 有些人以为提倡通俗文艺便是要全盘的以通俗文艺代替新文艺？这是神经过敏。在我的心理上，和工作上，我一定没有抛弃了新文艺的意思，也没有以鼓词旧剧阻止新文艺发展的恶念。写通俗文艺是尊重教

---

① 周扬：《新的现实与文学上的新的任务》，洛蚀文编：《抗战文艺论集》，文缘出版社 1939 年版，第 22 页。

② 《谈通俗文艺》，《自由中国》(汉口)第 2 期，1938 年 5 月 10 日。

③④⑤ 老舍：《制作通俗文艺的苦痛》，《抗战文艺》第 2 卷第 6 期，1938 年 10 月 15 日。

育程度稍低的读众，与表现文艺抗战的热烈，此外别无企图。……消极的这么解说明白了，就该积极的有写作的热诚；抱着宁肯牺牲了自己的趣味，暂时离开文艺的正轨的态度，而去自找苦吃；自己吃点苦，而民众得以读到一些可以懂得的新东西，便一定不是乖谬之举。⑤

通俗文艺的制作仍然是民众教育和抗日宣传的权宜之计，因而，许多通俗文艺的题材和主题也关乎抗战救亡的宏大主旨。

老舍根据中国传统文化的经典之作《三字经》制作了“新三字经”《女儿经》：

太平年　贵温贤　在乱世　重健全
身为女　心似男　知爱国　不苟安
多做事　不偷闲　不擦粉　省下钱
献政府　救国捐　织毛袜　送营盘
前线上　士兵寒　到医院　救伤残
到乡下　去宣传　手不懒　口会言
为国事　身当先　甘吃苦　不畏难
有胆量　把枪肩　女中杰　花木兰
……①

老舍利用传统的旧形式装入了鼓舞中华女儿抗战救国的新内容，唱本鼓励中华女儿为了抗日救亡要么省钱募捐，要么医院救残，要么下乡宣传，要么扛枪赴前线，利用了中国传统文化中家喻户晓的女豪杰“花木兰”激励中华女儿保家卫国、焕发出身强志坚的英杰之气。

为鼓励抗日民众的识字教育，老舍在1938年制作了《文盲自叹》鼓词，曾经由当时的说书艺人演唱过。鼓词开篇道：

未开书，先脱帽，忙把言开。请诸君，稳坐定，细听开怀。在山东历城县有一位王员外，所生一子名叫王老呆。家道小康，人口安泰，有房子有地有粮柴。都只为自幼失学没把圣人拜，只落得惹祸招灾苦难挨。②

① 《女儿经》，《抗战画刊》第4期，1938年2月20日。

② 《老舍全集》第13卷，人民文学出版社2008年版，第15页。

作为鼓书的开场唱正段之间，有两句凑趣的闲话以静场压言，引起听众的注意力。随即简明扼要交代了故事的主人公的家事、故事发生的地点，语言讲究音乐性，听起来悦耳，读起来顺口。

老向也制作了一系列通俗文艺作品。1938年元旦，在冯玉祥的倡议和赞助下，大型通俗文化刊物《抗到底》半月刊在武汉创刊，这是一个倡导和登载通俗文化的读物，是年第五期该刊在卷首发表了老向的《抗日三字经》：

人之初　性忠坚　爱国家　出自然
国不保　家不安　卫国家　务当先
昔岳母　训武穆　背刺字　精忠谱
岳家军　奋威武　打金兵　复故土
唐张巡　称忠良　禄山反　守睢阳
与城池　共存亡　美名姓　万世扬
不成功　便成仁　古圣训　记在心
日本鬼　欺中华　似恶兽　似毒蛇
占我地　杀我民　又抢掠　又奸淫
恨如海　仇如山　我同胞　请听言①

老舍为《抗日三字经》写了序言，极力推介这部言简意显的通俗化作品："老向先生有文章下乡，与文章入伍的主张，意在以通俗文艺扶导激励民众与军士，期人人尽力，齐心扫灭倭敌，争得最后胜利。《抗日三字经》即本此旨写成，言简意显，人人能懂。"②不久，《抗日三字经》单行本经在武汉的湖北三户图书社出版，此书在纷乱的战争环境中竟大受欢迎，据资料记载，该书"初版印刷15000册，三天内销售一空；再版又印了15000册，5天内又销售一空。"③仅此一端便可说明它受到民众欢迎的程度。老向曾自述其创作《抗日三字经》的缘由："为什么我想起写抗日三字经呢？因为《三字经》这本'小纲鉴'，是深入民间的一种读物。利用这个老牌的旧瓶，装上抗日的新酒，是写通俗文的方法之一。这样，民众也许容易接受。截至今日，已经证明这个方法有效，翻印这篇文章的，据我所知已经有十多处，我自己印的小册子在一月期间，销售了将近五万册。销得多少，并不是证明文章的好坏，不过却能说明

---

① 中国现代文学馆编：《老向文集》，华夏出版社2000年版，第288页。

② 老向：《抗日三字经》，三户图书印刷社，1938年版，第1页。

③ 武汉市文联理论室编：《武汉文学艺术史料》第二辑，见《武汉抗战文艺史稿》，长江文艺出版社版1988年版，第190页。

一般士兵与民众所欣赏的是什么。”①受欢迎的盛况可见一斑。

此后,老向又进行了多种通俗文体的创作实践。通俗故事《李小姐计杀倭寇》小说的叙述采用了传统小说中传统说书人的讲话口吻叙述故事,语言简洁,线索分明。小说开头讲到：

> 河北省曲阳县十里寨,有一个首富人家,姓王名乐山,为人急公好义,凡是修桥铺路,完粮纳税,都是他的首倡;一乡人都敬服他,称他为王善人。
>
> 王善人独生一子,名字叫王振国,年方二十三岁,在国立北京大学读书;生得五大三粗,腿长肩阔,在学生军中作班长,是个极肯用功的青年。
>
> 王振国的未婚妻姓李名文立,是曲阳县城出名的美貌女子,年方一十九岁,在保定女子师范学堂读书;性情活泼聪明,喜爱运动,打球赛跑,样样都能,与王振国可算是天配良缘,极美满的一对。②

该段文字如果从叙述形式上考察可以看到传统小说的叙述语调,小说一开始就把地点、人物、人物性格交代清楚,人物之间的关系也极为明了。当然,在语言上并非完全的口语,而是不自觉夹杂了一些能够上口的文语“首倡”“急公好义”“完粮纳税”“天配良缘”。此后的赵树理的文学叙事也是采用这样简洁的手法,条理分明地展开故事的:“刘家峧有两个神仙,邻近各村无人不晓:一个是前庄上的二诸葛,一个是后庄上的三仙姑。二诸葛原来叫刘修德,当年作过生意,抬脚动手都要论一论阴阳八卦,看一看黄道黑道。三仙姑是后庄于福的老婆,每月初一十五都要顶着红布摇摇摆摆装扮天神。”(《小二黑结婚》)这种通俗故事的叙述类似中国古代的“话本”,“话本”一般都是用当时的口头语写成。粗通文字的一般民众就能读懂或听懂。平话中即使用了一些历史掌故,也一般是早已在民众中广泛流传,耳熟能详的。即使运用了一些文言字汇或者成语,也已经在民众耳中早已听得顺耳,口中说得顺口的语汇,适合一般民众欣赏水平,通俗易懂的特性鲜明地体现中国作风和中国气派,对广大群众有着巨大的艺术感召力。古代话本小说尽管可以作为案头阅读,但主要还是通过话艺人向听众宣讲。话本小说总是凸显话本的“说”的特征。如话本小说《碾玉观音》的开头就是:“说话的,因甚说这春归词?”

① 老向:《关于抗日三字经》,中国现代文学馆编:《老向文集》,华夏出版社2000年版,第293页。

② 老向:《李小姐计杀倭寇》,《抗到底》第9期,1939年。

《白娘子永镇雷峰塔》开头就是："话说西湖景致，山水鲜明。"《乔太守乱点鸳鸯谱》开头是："今日听在下说一桩意外姻缘的故事"等等。通俗文艺的制作者主要是面向识字不多的民众，其文体自然要求从依赖于文字"读"到诉诸"听"的转变，即使是通俗故事，也力图能够以宣讲的形式直达民众的耳朵。

老向还运用了传统"数来宝"的形式创作了《抗日富贵词》。数来宝是当时流行于北方各地的一种曲艺形式，一人或两人说唱，用竹板或系以铜铃的牛髀骨打拍，常用句式为可以断开的"三、三"六字句和"四、三"七字句，两句、四句或六句即可换韵。最初艺人沿街说唱，都是见景生情，即兴编词。"数来宝，进街来，一街两巷好买卖。也有买，也有卖，俐俐拉拉挂招牌。金招牌，银招牌，大掌柜的发了财。你发财，我沾光，你吃糨的我喝汤。（接奉承话）一拜君，一拜臣，二拜掌柜的大量人。人量大，海量宽，刘备大量坐西川。西川坐下汉刘备，保驾全凭三千岁。人又高，马又大，脸膛黑胡子乍，大喝一声桥折下。夏侯杰，掉下马，曹操一见害了怕。"老向采用这种能够吸引民众的题目注入了抗日的新内容："掌柜的，满发财，三间门面开起来，顾客多，生意发，赚的洋钱汽车拉，赚钱多买救国债，日本小鬼准打败，日本打败中国胜，子子孙孙长寿命，子子孙孙寿命长，掌柜发财到外洋，到外洋，发洋财，无数金元运回来。"①虽然注入了抗日救亡的新内容，但基本观念仍是传统的发财致富的原始观念。

数来宝既然源于乞丐的沿街叫唱，为了求得别人的施舍必然是逢人夸好，见不同的人唱不同的词。抗战数来宝也延续了这样的写作范式：

> 老先生，福气好，慈眉善目寿星老！有房有地有银钱，身穿狐狸大皮袄。年头不好别发愁，刀兵四起也别跑，拿出钱来给国家，好买飞机共枪炮。买枪炮，打日本，打得小鬼满地滚；滚到东海喂王八，咱们国家才安稳！
>
> 老太太，造化高，吃斋念佛把香烧。子孝孙贤媳妇好，又爱狗来又爱猫。且莫烧香求神鬼，东洋日本动枪刀；省下香钱买物品，伤兵医院走一遭。好伤兵，有功劳，病好还把鬼子剿；这是救国活菩萨，求神拜佛好糟糕！②

老向的通俗文艺制作影响很大，曾被选入当时的国语教材。如根据地方

---

① 老向：《抗日富贵词》，《抗到底》第15期，1938年9月25日。

② 胡思平：《数来宝》，《抗到底》第5期，1938年3月1日。

民谣编制的《拉大锯》选入江西地方教育的低年级国语教材中：“拉大锯，扯大锯，县城里，唱大戏。爹不去，妈不去，小宝宝也不去。爹爹忙，栽树秧；妈妈忙，去采桑；宝宝忙着上学堂。树长大，做栋梁；蚕长大，吐丝长，宝宝长大打东洋。”①

多年以后，梁实秋先生回大陆观光，在其《北碚旧游》回忆录中，专门对老向有一段评述：“社会组是由原来的民众读物组与戏剧组合并成立的。这一组人才济济。在民众读物方面首先应推王向辰（即老向，笔者注）先生……向辰曾在定县平教会工作，对于劳苦民众的生活极为熟悉，他具有热忱，撰写民众读物总是全力以赴。编译馆出版民众读物，分门别类，或激发爱国情绪，或阐述一般常识，或叙说名人轶事，或介绍科学新知，达数百小册，向辰策画之功不可没。”②

在传统固定程式化文体模式中，通俗文制作者可以根据现实要求制作不同的通俗作品。如根据当时的《五更调》，老向制作了《灾童哭五更》③，有仿写者制作了《汉奸叹五更》④。这种利用旧形式的状况有可能会引起人们的非议，有人声明：“我们决不是唯旧瓶论者，只是我们确信，形式无论新旧，对于不识字的同胞只有便于唱念与讲述的作品，才可以发生效用。”⑤在抗战救亡高于一切的情况下，这种以宣传为目的的通俗制作应该受到历史的肯定。况且这种民间旧形式也可能进入其他新文学作家的创作中，曹禺在《日出》中也运用了“数来宝”的形式突出了三等妓院的混乱、贫穷和肮脏，乞丐唱到：“紧板打，慢板量，眼前来到美人堂。美人堂前一副对，能人提笔写的详。上写白天推杯来换盏，天天晚上换新郎。……一步两步连三步，多要卖茶少卖铺，黑脸的喝茶白脸的住；老板陪客也在行，又有瓜子又有糖，小白脸，小宝贝，投在怀里上洋劲儿。”

这种在传统文体内的制作也并非一挥而就，通俗文艺制作者体悟到了写作的艰难，老向认为自己写作的数来宝还没有趣味，还应该“拜乞丐为师”⑥。老舍也谈到了旧套子装新内容的艰难：

> 不管讲什么故事，必须把故事放在个老套子中间。……套子是可以

① 老向：《拉大锯》，《江西地方教育》第155、156期合刊，1939年。
② 《梁实秋文集》第4卷，鹭江出版社2002年版，第216页。
③ 老向：《灾童哭五更》，《抗到底》第7期4月1日，1938年。
④ 晶清：《汉奸叹五更》，《抗到底》第24期，1939年6月20日。
⑤ 何容：《从通俗文艺的效用说到它的形式与内容》，《抗到底》第25期，1939年8月1日。
⑥ 老向：《抗日富贵词》，《抗到底》第15期，1938年9月25日。

活用的，可是在能活用之前，你须有充分的准备。你能从旧套子里翻出新花样来，可是你不能无所凭藉而独去冒险。……你利用旧套子来装故事，也得利用旧思想把民心引到抗战上来……不要以为太迁就民众是侮辱民众，你当因尊重民众而不自居高明。写通俗文艺须先要去掉自私。成不成文艺事小，有效用没有事大。假若你不肯这么牺牲，写别的就是了，何必走向通俗的路上来呢。①

不仅文体上呈现制作的艰难，语言上也是如此。老舍曾经有一系列的文章论及通俗文艺的语言问题：

旧文人喜用典故，新文人喜用新词。二者都是没能注意百姓的教育程度，而专为表现自己的本事。这一定是个错误。写通俗文艺必须有热诚，认清了为谁写的，从而去选字遣词；若专为表现自己，便是不忠实，近于自私。自然这不是件容易事，因为有时候为说明一件事，就非用一定的词或字不可，而这词与字未必是老百姓所能懂的。要忠于听众，当然不宜用他们不懂得的话语；可是不去用非用不可的话又难以正确的表现出那件事；怎么办呢？……据我看，克服这个困难有两个办法。第一个是尽量的采取民间成语，宁可忠于听众，而使文字吃亏。“霸道的武将”实在不等于“军阀”，可是也只好将就着用。不妥当的字汇，总比听不懂的强一些。第二个是不要一下子把世界大势和政治问题等等全搬进来，因为述说这种东西非用许多经济的或政治的专门用语不可，使作者无法下笔。写通俗文艺不可太着急，记住，谁也没有用一篇作品把大众教导明白了的本事与能力。……由民间取得言语，而善为利用之，是最要紧的。②

通俗并不是一件容易的事，老舍曾谈到创作通俗文艺的痛苦，在语言上主张“顶好是用土语写作。”③

应该说二十世纪中国文化和文学的运动，最早也是遵循着返回民间沿着通俗的道路，“我手写我口”和“不避俗字俗语”本身即是追求言文一致的文学通俗化运动。传统文人文学的所谓典雅的语言和文体形式因远离大众，自身也越加走向陈腐和自闭而逐渐失去生命力，抗战期间出于抗日救亡宣传和民

① 老舍:《制作通俗文艺的苦痛》,《抗战文艺》第2卷第6期,1938年10月15日。

② 老舍:《论通俗文艺》,《中国社会》第5卷第1期,1938年10月15日。

③ 老舍:《制作通俗文艺的痛苦》,《抗战文艺》第3卷第6期,1938年10月15日。

众教育的需要而制作的通俗文艺曾经产生过新文学其他文体形式难以达到的宣传效力,这是值得称道的文学现象。

当然,抗战期间围绕着通俗文艺的制作问题尤其是“旧瓶装新酒”问题一度产生过激烈的争论,这是随后在四十年代民族形式的讨论中需要加以解决的。

第十二章　民间的，就是民族的？
——民族形式论争中的文体形式及语言问题

伴随着抗日战争的隆隆炮声，出于救亡宣传和鼓动民众的现实诉求，通俗化运动吸纳了民间传统的地方文艺体式，以当时人们普遍采用的所谓“旧瓶装新酒”的写作方法创作了大量的深受一般民众所喜爱的通俗作品，极大地鼓舞了抗日民众的战斗激情，也在一定程度上为识字不多、教育落后的广大民众提供了因地制宜的精神食粮。在这场前所未有的事关民族存亡的伟大战争中，抗日通俗文艺以从未有过的重视程度和声势浩大的发展规模担当起了艺术原本也不该回避的民族战争中的功利化责任。促进这项工作通俗化的，不但有以上所论及的许多知名的作家，而且还有不少初试身手的文学青年，不但有文艺工作者，而且还有教育工作者、民间艺人，不但有个人的努力，而且还有若干民间团体和政府有关机构的参加，而创作形式的多样，演出活动的活跃，作品流布范围的广泛，以及其理论上倡导的热度、论争的烈度和组织化程度，也都是通俗文艺历史上前所未有的①。

一、旧瓶，何以装新酒？

在前文所论及的通俗文运动中，我们已经谈到通俗读物编刊社及其他抗日通俗作家如老舍、老向等“以旧瓶装新酒”制作的通俗文艺作品。这些利用民间已有的小调、鼓词等早已固定的程式化的艺术形式制作的通俗作品，尽管发挥了抗日宣传的功利化作用，但这种“饥不择食”的“旧形式”的采撷和利用又是是以丧失民族文学的艺术的创新为代价的。尤其是小调式的填作，造成了“填词式”的“套作”，一部分新文学家对此深表担忧。1938 年 4 月 26 日《七月》杂志社召开“宣传・文学・旧形式的利用”座谈会，如鹿地亘就担心文学家对旧形式利用的热心会牵累了“最优秀的艺术文化”的创造。他认为：“在艺术上，‘旧形式底利用’差不多是毫无意义的。在艺术的创造上面，不应该把‘应时’的东西给大众。不是时间的问题。我希望，一个月拿十篇无聊的

---

① 参见杨中著：《大后方的通俗文艺》，四川教育出版社 1990 年，第 1—2 页。

东西给读者，倒不如写一篇力作。”①而艾青对不加选择采用旧形式的态度更为鲜明：

> 我要说我自己对于利用旧形式这一口号是取怀疑态度的。如其为了宣传不得不利用旧形式，我们也应该有利用的界限。宣传与文学是不能混在一起说的。我们的文学革命已这么多年了，一开始，它就否定了旧形式，现在如果又把旧形式肯定了，将来不是又要重新来一次否定么？②

而通俗读物编刊社的成员如顾颉刚、向林冰等对于旧形式的利用则持一种拥护的态度。通俗读物编刊社由于抗战前期就一直开展民众通俗文艺的文化实践活动，对民众的文化生活教育状况非常熟悉，他们也看到了新文艺与一般民众的隔膜，因而他们明确地主张把新的文化灌注到民众喜爱的旧的艺术形式当中，通过这种“旧瓶装新酒”的艺术表达，普及民众文化教育，进而逐步提升民众的文化素养。顾颉刚很早就阐述了“为什么要把新酒装在旧瓶里”：“我们用旧瓶子装新酒浆，是靠了具体的事实，不是单凭空洞的理想。只有这个办法，新的通俗读物才能使民众看得懂，听得懂；才能和民众接近，受民众欢迎，一切新的知识才能深入民间。民众的落伍意识，迷信观念，也只有这样才能扫除。”③在顾颉刚看来“旧瓶装新酒”是一种切合当时一般民众的接受方式。向林冰对于这种采用旧形式的主张进行了理论的阐释：

> 形式的发展——由旧形式到新形式——有其逻辑的关联性。所以，不但初期阶段的新内容，常常存在于旧形式之中，常常在旧形式的卵翼之下而生长壮大起来，即为了创造新内容的新形式，也不得不根据形式的发展法则，以运用旧形式为起点；如果不于旧日形式的运用中而于旧形式之外，企图孤立的创造一种新形式，这当然是空想主义的表观。④

向林冰从历史发展的相互继承和相互关联中阐述了新形式孕育于旧形式之中，旧形式的利用也是发展新形式所必备。这种新旧转换的理路极富辩证的思考，但过分看重了旧形式的惰性而没有看到如何创造一种“推陈出新”的艺术形式。

---

①② 《宣传·文学·旧形式的利用——座谈会纪录》，《七月》第3卷第1期，1938年5月1日。

③ 顾颉刚：《为什么要把新酒装在旧瓶里》，《民众周报》第1卷第5期，1936年10月30日。

④ 向林冰：《再论旧瓶装新酒怀疑论者》，《通俗读物论文集》，生活书店1938年版。

茅盾也看到了在新文学还没有真正走向大众、利用旧形式尤为必要：

> 二十年来旧形式只被新文学作者所否定，还没有被新文学所否定，更其没有被大众所否定。……新文学作者所当引以为惧的，倒是新文学的老停滞在狭小的圈子里。所以大众化是当前最大的任务。事实已经指明出来：要完成大众化，就不能把利用旧形式这一课题一脚踢开完全不理！一脚踢开是最便当不过的，然而大众也就不来理你。"文章下乡，文章入伍"，要是仍旧穿了洋服，舞着手杖，不免是自欺欺人而已。[①]

茅盾一方面看到了旧形式利用之必要，另一方面也告诫人们利用以及如何把"翻旧出新"与"牵新合旧"汇流的问题——"翻旧出新便是去掉旧的不合现代生活的部分(这是形式之形式)，只存留其表现方法之精髓而补充了新的进去。"他认为只有这样，"将是民族的新的文艺形式，这才是利用旧形式的最高的目标"。[②] 应该说，茅盾这种从旧形式创造新形式的观念，既避免了一味袭用旧形式的偏颇，也指明了通俗文艺创作进一步发展的方向。

事实上，利用旧形式并不是抗日战争中通俗文艺制作者的"独创"，早在晚清时期，有人就根据中国传统的民间歌谣《十八摸》——这种写男女情爱的猥亵小调填写了《地理十八摸》：

伸手摸到扬子大江边。
扬子江边真可怜
英国国旗悬
嗳嗳育，嗳嗳育
嗳育，嗳育，嗳嗳育。
它的势力圈
嗳嗳育。
(一摸)

伸手摸到山东黄河口
山东地方是咽喉
德国兵来守

① 茅盾：《大众化与利用旧形式》，《文艺阵地》第1卷第4期，1938年6月1日。
② 茅盾：《利用旧形式的两个意义》，《文艺阵地》第1卷第4期，1938年6月1日。

嗳嗳育，嗳嗳育。
嗳育，嗳育，嗳嗳育。
当领一把揪
嗳嗳育。
（二摸）

伸手摸到满洲东三省
俄国势力让日本
日本矮子狠
嗳嗳育，嗳嗳育。
嗳育，嗳育，嗳嗳育。
看他来打滚
嗳嗳育。
（三摸）①
……

该诗歌意图通过触摸中华民族这个老大帝国，展现山河破碎的地理现状，激发世人挽救民族危亡的救世豪情。在该诗的附言中，编辑写道："本社专以顶小顶小的小曲，装纳顶大顶大的意思。虽顶俗顶俗的俗人，皆能化成一个顶上顶上的豪杰，并能租出顶盛顶盛的事业，造就顶好顶好的社会，留一个顶久顶久的声名。"

《十八摸》本来是叙写男女情爱的猥亵小调，这种民间传统的形式即便灌进去救国救世的现实内容，一旦吟唱很容易让人联想到与这种小调紧密相关的猥亵内容。形式并非是毫无意义的躯壳，形式也蕴含了自身的意义，这种"有意味的形式"一旦形成，形式也就具备了自身程式化的文化内涵。旧形式的利用隐含着诸多危险。抗日通俗文艺的"旧瓶装新酒"制作的确遇到了这样的问题，抗战时期曾经有一个音乐工作者，把一支辽县的淫荡的小调儿：

高粱长的高，
小奴长的低。
一把手拉到你高粱地，
大娘啊！

① 斧：《地理十八摸》，《竞业旬报》第32期，1908年。

依原调改成：
高粱长的高，
鬼子长的低，
咱们一起去打游击，
张老三！

结果，老百姓不但不会听出你的“抗日的内容”，而他们所听到耳朵里去的却是原来的那个调调儿。①

一度热衷于“旧瓶装新酒”的老舍，在通俗文艺的创作实践中也遇到了“旧形式”与“新内容”之间的矛盾。他以自己的切身体会深有感触地说：“抗战的面貌并不像原先所理解的那样简单，要将这新的现实装进旧瓶里去，不是内容太多，就是根本装不进去，先前的诱惑变成了痛苦，等到抗战的实践愈长，一装进去瓶就炸了。”②反复考虑之后，最终放弃了这种费力不讨好的创作方式。

一位在抗战时期积极从事戏剧演出和戏剧宣传工作的人士曾回忆1938年春节，在山西临汾观看西战团演出的表现贺龙、萧克智取雁门关的京剧《三打雁门关》，从中也可窥见“旧瓶新酒”式京剧演出的具体情形：

当你看见贺、萧二将穿着灰色现代军装，在急急风的密锣紧鼓中起霸登场，自报家门：“俺贺龙是也！”“俺萧克是也！”谁也禁不住好笑。接着，两位将军分列两边，同声念白：“今日朱总司令开帐，你我两厢伺候。”于是在一片吆喝声中，“朱总司令”出场，但见一个抹成锅底灰，腮上挂着一块权作髯口的黑布的张飞式怪模怪样角色升帐了。大家更笑得合不拢嘴，连朱德本人在台下也乐开了。照例，元帅升帐必须有段引子。引子是：“塞北喋血宣国威，杀得倭寇望风靡。”这时“贺龙”“萧克”依照京剧身段，单跪一腿参见元戎。“朱德”照例一声：“罢了，二位将军免礼！”戏就如此这般演下去了。③

“旧瓶新酒”的矛盾是艺术的形式与艺术所承载的内容之间的矛盾，也是变化了的时代现实与墨守陈规的旧的文体形式的矛盾，苏联美学家莫·卡冈说过：“社会存在和社会意识的不断改变不仅引起了对艺术掌握世界的新方

① 刘备耕：《民族形式，现实生活》，《华北文艺》第1卷第3期，1941年7月1日。
② 老舍：《老舍的发言词》，《抗战文艺》1941年第1期。
③ 舒湮：《在舞台上的人生——我的剧作和演戏生活》(上)，《新文学史料》1996年第4期。

式的需求，而且使过去曾经很重要的某些艺术形式、品种、种类和体裁失去了社会价值。”①如果说一个时代有一个时代的文学，那么，一个时代也会有一个时代的“文体”和语言，传统可以继承，但是继承决不是毫无选择的照搬。试想想，当生活在现代的军人在表演方式和语言习惯上模仿着古代的将士的作态和口吻，艺术的宣传与鼓动的教育力量是要大打折扣的。

人们对于“旧瓶装新酒”的疑问是关于文体新旧形式如何继承和革新的探讨，也是新文学走了二十个年头之后对于文体形式的又一次深入思考，尤其是如何看待民间形式，如何看待本民族的文学传统，如何看待五四以来的新文学，这些问题正是 1939 年引起热烈讨论的“民族形式”问题所涉及的。

二、“民族形式”问题的提出

三十年代中后期，随着抗日战争的不断深入和民族解放运动的逐步展开，在中国思想文化界开展了一场延续到四十年代的一场声势浩大的关于民族形式的论争。论争的缘起开始主要在政治意识形态领域，1938 年 10 月毛泽东在党的六届六中全会上作了《中国共产党在民族战争中的地位》的报告，提出了马克思主义的民族形式问题。毛泽东号召党员都要认真地学习和研究马克思主义，他指出：“共产党员是国际主义的马克思主义者，但是马克思主义必须和我国的具体特点相结合并通过一定的民族形式才能实现。马克思列宁主义的伟大力量，就在于它是和各个国家具体的革命实践相联系的。对于中国共产党说来，就是要学会把马克思列宁主义的理论应用于中国的具体的环境。成为伟大中华民族的一部分而和这个民族血肉相连的共产党员，离开中国特点来谈马克思主义，只是抽象的空洞的马克思主义。因此，使马克思主义在中国具体化，使之在其每一表现中带着必须有的中国的特性，即是说，按照中国的特点去应用它，成为全党亟待了解并亟须解决的问题。洋八股必须废止，空洞抽象的调头必须少唱，教条主义必须休息，而代之以新鲜活泼的、为中国老百姓所喜闻乐见的中国作风和中国气派。”②毛泽东对于中国化马克思主义的强调和呼唤，是其长期的中国革命的具体实践的结果，之前的 1930 年他在提倡调查研究之风时就明确提出“反对本本主义”，提醒共产党人不要把马克思主义神秘化，“马克思主义的本本是要学习的，但是必须同我国的实际情况相结合。”③

---

① [苏]莫·卡冈：《艺术形态学》，凌继尧、金亚娜译，北京三联书店，1986 年，第 272 页。

② 《毛泽东选集》第 2 卷，人民出版社 1991 年版，第 534 页。

③ 《反对本本主义》，《毛泽东选集》第 1 卷，人民出版社 1991 年版，第 111—112 页。

毛泽东按照他一贯的走具有中国自己特色的革命道路的独特思考路径，在这段论述中首次提出“中国作风与中国气派”——这个日后被文化艺术界不断阐释而成为一个经典的表述。

应该说，关于“中国气派”是毛泽东长期思考的问题。他 1938 年 4 月在观看秦腔《升官图》《二进宫》《五典坡》等戏后曾指出，群众喜欢的形式，我们应该搞，就是内容太旧了。如果加进抗日内容，那就成了革命的戏了。他对当时陕甘宁边区文协负责人柯仲平说：“要搞这种群众喜闻乐见的中国气派的形式。”①之后，陈伯达在 1938 年 7 月 23 日发表的《论文化运动中的民族传统》里，也同样论及了民族形式问题：

> 有些文化工作者对于民族旧文化形式的利用，还没有给予最适当的注意。一些文化工作者还没有具体地注意到、理解到斯大林关于苏联文化发展所提出的社会主义内容和民族形式的名论，而去根据自己民族的革命运动，根据自己民族的特点，根据自己民族所需要的文化运动，把这名论在实际中最广泛地具体运用起来。②

陈伯达根据斯大林提出的“社会主义的内容”和“民族形式”，有感于抗战时期民族文化的建设现实，呼唤中国的“民族形式”。

民族形式的提出是在新的历史语境下，如何建立中国自身的独特的新型文化的问题。如果进一步追踪和回溯的话，建立新型民族文化的思想运动与中国现代思想史上的新启蒙运动密切相关。1936 年 9 月陈伯达撰写《新哲学者的自己批判和关于新启蒙运动的建议》一文（在《读书生活》第 4 卷第 9 期正式发表时，编者将标题改为《哲学的国防动员》）。在这篇文章中，陈伯达第一次正式把新启蒙运动提上了日程，呼吁发动“大规模的新启蒙运动”。10 月 1 日，陈伯达在《新世纪》第 1 卷第 2 期又发表《论新启蒙运动——第二次的新文化运动——文化上的救亡运动》。文章认为自从九一八事变以来，文化上的黑潮又卷土重来，我们的文化，我们的新文化，正在遭逢着被毁灭的危机。在这种严重的文化形势下，他呼吁结合成最广泛的联合阵线，发起新启蒙运动进行文化救亡，“反对异民族的奴役，反对旧礼教，反对复古，反对武断，反对盲从，反对迷信，反对一切的愚民政策”。

抗战爆发伊始，中国思想文化界悄然兴起的“新启蒙运动”正是这种寻求

---

① 艾克恩：《延安文艺运动纪盛》，北京文化艺术出版社 1987 年版，第 77 页。

② 《解放》第 46 期，1938 年。

建立一种有别于五四启蒙的中国新文化问题。作为倡导新启蒙运动的急先锋，张申府所谓的新启蒙是针对五四启蒙运动而言的，他认为五四时代的启蒙运动所提出的“打倒孔家店”“德赛二先生”这两个口号不但不够，亦且不妥，重新提出了“打倒孔家店”“救出孔夫子”“科学与民主”“第一要自主”[①]的口号。从口号声中，我们可以感受到对于中国传统文化的重视、对于民族自主和自觉的提倡。抗日战争激发了国人的保家卫国的民族意识，也激起了思想文化界对于民族自强与文化创制的新的反省：

> 新的文化运动。所要造的文化不应该只是毁弃中国传统文化，而接受外来西洋文化，当然更不应该是因守中国文化，而拒斥西洋文化；乃应该是各种现有文化的一种辩证的或有机的综合。一种真正新的文化的产生，照例是由两种不同文化的接合。一种异文化(或说文明)的移植，不合本地的土壤，是不会生长的。新思想新知识的普及固然是启蒙运动的一个要点，但为适应今日的需要，这个新启蒙运动的文化运动却应该不只是大众的，还应该带些民族性。处在今日的世界，一种一国的运动，似乎也只有如此，才能有力量。启蒙运动另一个主要特点本在自觉与自信。民族的自觉与自信固是今日中国所需要。要紧的是：不可因为国际而忽略民族，也不可因为民族而忽略国际。[②]

新启蒙运动在保留五四启蒙内蕴的基础上，对于五四的启蒙有所反思——对于五四一代启蒙者对传统文化的断裂态度以及文化运动未能普及到一般民众的批判与反思。如果说五四一代知识者试图把“科学”“民主”的理念渗透到中国文化的建设中，而新启蒙运动者要在此基础上进一步建立大众的、民族的新的文化。张申府断言：

> 现在新启蒙运动不但是民主，大众的，并且是带有民族性的。更会斩截地说；“今日是团结救亡，民族解放，争取自由，民主政治的时代。今日的新启蒙运动……就是社会发展到这个阶段的民族主义的自由民主的思想文化运动”。因此我更认定，一、思想的自由与自发，二、民族的自觉与自信，就是今日新启蒙运动者最应努力做到的事。而要达到这个必须发挥出民族的理与力。……凡是一度启蒙运动发生的时候，必然要求

① 张申府：《什么是新启蒙运动？》《实报　星期偶感》，1937 年 5 月。

② 《北平新报》，1937 年 5 月 2 日。

铲除各种各样各等各级的文盲，而谋新意统新学术的普遍化、大众化。①

这种对民族性和大众化的强调无疑是五四运动所欠缺的。抗日战争不但激发了中国人的民族意识，也让知识者更进一步意识到民众教育和文化普及的重要性，面临着亡国灭种的文化危机，中国思想文化界开始反观传统，扬弃了五四一代批判传统文化的文化虚无主义观念，逐步认识到中国传统文化是一个有待继承、加以发掘的文化宝库，对于民间形式、本民族传统的重视、继承和清理的工作提到了议事日程。

在此之前，1935 年 1 月 10 日，王新命、何炳松、陶希圣等十教授在《文化建设》第 1 卷第 4 期上发表《中国本位的文化建设宣言》，提出要使中国的政治、社会和思想都具有中国的特征，必须从事中国本位文化建设。"用批评的态度、科学的方法，检阅过去的中国，把握现在的中国，建设将来的中国"②。他们主张"不守旧，是淘汰旧文化，去其渣滓，存其精英，努力开拓出新的道路。不盲从，是取长舍短，择善而从，在从善如流之中，仍不昧其自我的认识。根据中国本位，采取批判态度，应用科学方法来检讨过去、把握现在，创造将来，是要清算从前的错误，供给目前的需要，确定将来的方针，用文化的手段产生有光有热的中国，使中国在文化的领域中能恢复过去的光荣，重新占着重要的位置，成为促进世界大同的一支最劲最强的生力军"③。围绕本位文化建设的问题，思想界对吸收外来文化与继承民族传统文化关系有了更为辩证的认识，民族性得以高扬，五四时期那种对待中西文化的绝对化的思想方法得到了纠偏和改造，本位文化建设的讨论实质上是关于如何重建中国文化问题的讨论。中国本位文化的讨论凝聚了知识者重新审视民族文化传统、采取批判的态度对待外来文化以建立中国新型民族文化的理性思考，无论是辩证理性的思考方法，还是其设定的重建民族文化的思想目标都和后来的新启蒙类似。新启蒙运动对五四的反思，以及创造中国民族现代新文化的目标设计，与本位文化讨论的启发不无关系，新启蒙运动者对于中国化的强调，呈现出了鲜明的中国民族本位意识。张申府在其《论中国化》一文中强调新启蒙运动"要求新知识新思想的普及，科学的通俗化，学问的大众化。要通俗化，大众化，当然必须先中国化，本国化，本土化。同时，反对奴化，不但反对作自己古人的奴隶，传统权威的奴隶。实在更反对作外来的东西的奴隶。此外，我所拟的新启蒙运动的纲领之一是'自觉与自信'，中国化岂不正是自觉与自

① 《时事类篇》特刊第 6 期，1937 年 12 月 10 日。

②③ 《中国本位的文化建设宣言》，《文化建设》第 1 卷第 4 期，1935 年 1 月 10 日。

信的一个表示？”①

应该说，中国本位文化思想潮流与新启蒙运动的展开，都是知识者在民族文化危亡的关头，试图恢复民族文化的辉煌、重建民族新型文化的理性思考。毛泽东提出“民族形式”这一口号时，原本不是针对文学艺术，而是针对中国革命或党内政治与学习问题的，意在强调把马克思主义普遍原理与中国革命实际相结合，事实上也是马克思主义的中国化问题。毛泽东的“民族形式”问题提出之后，自 1939 年 1 月开始，延安文化文艺界人士就这个问题陆续举行了有计划的讨论，1940 年，在陕甘宁边区文化协会第一次代表大会上，毛泽东在《新民主主义的政治和新民主主义的文化》的演讲中，把“民族形式”明确引进文化领域，他说：“中国文化应有自己的形式，这就是民族形式”，“民族的形式，新民主主义的内容——这就是我们今天的新文化。”无疑，毛泽东关于建立具有中国作风和中国气派的“民族形式”的论述，促进了延安文艺工作者对形式问题的思考。

三、民间语言的“再发现”

毛泽东的“民族形式”尽管所关心的是马克思主义中国化的问题，所关涉的是如何对待外来的思想文化理论，但如何对待中国内部的文化资源和文化遗产，其实仍然是一个中国化和本土性的问题。在毛泽东看来，学习马克思主义不是只学习马克思主义的简单词句，而是学习他们观察问题和解决问题的立场和方法。毛泽东主张就是运用马克思主义的方法对中国的历史文化遗产进行批判和总结：

> 我们这个民族有数千年的历史，有它的特点，有它的许多珍贵品。对于这些，我们还是小学生。今天的中国是历史的中国的一个发展；我们是马克思主义的历史主义者，我们不应当割断历史。从孔夫子到孙中山，我们应当给以总结，承继这一份珍贵的遗产。②

这种在历史的关联中思考问题的方法，与五四时期激烈的反对传统文化的态度迥然有别，继承文化遗产是建立中国新型文化所必需的工作。

在文学的民族形式讨论中，关注较多的也是如何看待文学遗产问题。民

---

① 《战时文化》第 2 卷第 2 期，1939 年 2 月 10 日。

② 《毛泽东选集》第 2 卷，人民出版社 1991 年版，第 533－534 页。

间文学是关注的一个焦点,可以说民族形式问题的讨论是对民间语言的再度发现。民间语言的发现是与二十世纪初民间的发现相连的,深受十月革命的感召,中国知识界的先驱者们同时也受到俄国民粹派的影响,开始倡导“到民间去”,民间不独是一个乡村的物理空间,蕴含了知识者对于民间的浪漫想象和政治激情,也隐含着知识者和革命家的启蒙期待,可以说“到民间去”成为上世纪之初中国知识界的一个响亮的口号。

之所以说四十年代民族形式问题的讨论是对于民间的再发现,是因为五四初期的文化先驱者如胡适、刘半农诸位非常重视民间的价值,从五四歌谣运动对于民间歌谣的收集和发掘整理,到许多新诗创作者自觉对于民歌创作手法的借鉴,无不呈示者他们对于民间文化和文学传统的重视。

胡适认为新文学的来路有两条:“一、就是民间文学,如现今大规模的搜集民间歌谣故事等;帮助新文学的开拓,实非浅鲜”。二、“即为欧洲文学,我们新的文学,受欧洲影响极大,欧洲文学,最近两三百年如诗歌、小说等皆自民间而来”。最后充满希望地指出“现在当教授的也提倡民间文学,以新的眼光和新的方法去看待它,也许从二千五百年以来要开辟一条新的道路”①。经胡适的解说,中国新文学的来路不管是来自中国还是欧洲,其根却都是来自民间,只不过一是中国的民间,一是欧洲的民间而已。胡适对民间文学的重视可谓是一以贯之,三十年代初,他仍然援引传统论及民间文学乃一切文学之根本:“《三百篇》大都民间匹夫匹妇、旷男怨女的哀怨之声,也就是民间半宗教半记事的哀怨之歌。后来五言诗七言诗,以至公家的乐府,他们的来源也都是由此而起的……又如诗词、小说、戏曲,皆民间故事之重演,像《诗经》《楚辞》、五言诗、七言诗,这都是由民间文学而来。”②

但到了五四落潮以后,新文学越来越偏向于向外国的文艺去学习和借鉴,这种学习和借鉴在文学语言上呈现对于欧化的偏爱。事实上,伴随着“九·一八”事变后中国步步危亡的沉痛现实,思想文化界在民族救亡的时代大潮中,不断兴起一波又一波有关中国文化走向和文学语言走向的思考和论争,大众语、通俗化等等的研究和实践无不是对于中国文化和语言文学向欧化道路上过分沉迷的纠偏。尤其到了抗日战争全面爆发之后,抗战的严峻现实使处在都市象牙塔里的文化人走向十字街头,走向洋溢着朴野之气的广袤乡村,于是对于民间的重视和再度发现也就非常自然了。

徐懋庸对于丁玲所领导的西北战地服务团给予高度评价,他认为这是一

---

①② 胡适:《中国文学过去与来路》(本文为1931年12月30日在北京大学文学系的讲演记录),天津《大公报》,1932年1月5日。

种特别的文化旅行,他们所到之处,采集当地的谣曲和舞蹈形式,配合新的内容,加以改编演出,受到民众的欢迎。由此徐懋庸呼吁延安鲁艺的艺术工作者们也努力从事这一工作“往民间去,采集民间的艺术形式,而配之于新内容,加以应用。”①

周扬主张民族形式的建立必须仰仗于作家对于民间语言的吸纳:

> 作家储蓄语言以愈多愈好,但他要储蓄的不是死的语言,而是活生生的语言。这他直接地必须从民间去获得,间接地就必须从民间文艺获得。旧形式正是以那文字的简单明白而能深入了广大读者的心的,过去虽有人对民间文艺作过一些整理、搜集与研究的工作,但这工作还没有得到普遍的重视,民间艺术的宝藏还没有深入地去发掘。对这工作也还没有完全正确的态度,还没有把吸收民间文艺养料看作新文艺生存的问题。②

当然,民间不只是丰富的语言宝藏,也是藏污纳垢之所在。老舍就看到了民间语言运用的两难境地:

> 抗战以来,我们感到文艺的最大的缺点是未能深入民间,抗战前很少有人到民间去。抗战后写家们深入到军民中,才知道民间根本不知道新作家的作品。这使写家知道必须研究如何才可使民众知道,于是他们发现这不知道的原因主要的是文法,叙述的方法,西洋的结构与中国的平铺直叙不相合,此外还有语言问题。文人遇到了这些事,便提起了如何大众化的问题,如何通俗化的问题,以习惯的五四以来的白话去接受民间文化,仍有大隔阂,因为民间仍有他们的通俗读物,我们若是全盘用民间固有的东西,那就投降了他们,文艺本来是领导他们的,决不应当投降他们。他们当中有活语言但也有已死的,所以有时我们利用它时就感到困难。③

民间并非是铁板一块,民间语言也需要去芜存菁的清理和甄别。

在民族形式的讨论中,争议最大的莫过于建立民族形式的源泉问题,向林冰认为民族形式的中心源泉在民间,而葛一虹则质疑这一观念。这就牵涉

---

① 徐懋庸:《民间艺术形式的采用》,《新中华报》1938 年 4 月 20 日。

② 周扬:《对旧形式利用在文学上的一个看法》,《中国文化》创刊号,1940 年 2 月 15 日。

③ 老舍:《抗战以来文艺发展的情形》,《国文月刊》第 14 期,1942 年 7 月。

到如何看待民间形式，如何看待旧形式的问题，而一切文学文体形式都和语言相联。按照斯大林对于民族的经典定义“民族是人们在历史上形成的一个有共同语言、共同地域、共同经济生活以及表现于共同文化上的共同心理素质的稳定的共同体。”①如果说语言是一个民族区别于另一个民族的重要标志，那么照此说来，民族形式也必定会通过语言呈现出来。就文学的民族形式而论，当然应该包括题材、形式、文体等诸多内涵。在民族形式讨论的声浪中，各位参加讨论者是如何界定民族形式的内涵呢？沙汀指出，所谓民族形式，“在一方面它是指作家应该站在人民大众的立场，民族的立场，用民间活的语言来描写他们的实际生活，他们的苦乐和希望，这是第一；其次，在另一方面，它是指对于长久地、广泛地存在于民间的，曾反映了民族生活的某一方面的旧作品形式的利用。”②沙汀所讲的民族形式牵连出民间语言和旧形式的问题。

民间语言似乎没有特别的异议，主要指广大民众口中所说的口头语言，但旧形式却是一个有待考究的概念，什么样的形式才是旧形式，旧的标准如何？事实上，即便是五四以来的新的文艺形式也不同程度受到广大民众的喜爱，沙汀在这一方面显示了游移和矛盾，因为他亲身经历过这种事实：“话剧这个道地的新形式是相当受群众欢迎的，特别是在文化水准较高的冀中。”③

如果把民族形式混同于一般的旧形式，那么很可能会颠覆掉民族形式倡导的合理性内核。周扬对于旧形式进行了别有意味的区分：“所谓旧形式一般地是指旧形式的民间形式，如旧白话小说、唱本、民歌、民谣以至地方戏、连环画等等，而不是指旧形式的统治阶级的形式，即早已僵化了的死文学，虽然民间形式有时到后来转化为统治阶级的形式，而且常常脱不出统治阶级的羁绊。”④这种小心翼翼地区分一方面捍卫了五四时期文学革命批判僵死的旧文学的内在合理性，另一方面也避免了沙汀对于民族形式等同于旧形式的褊狭理解。从一定程度上，给予五四以后的新文学一个客观合理的评价。因为五四的否定传统，主要是否定了传统中占据统治地位的旧形式，而非民间形式，即便是新文学的反对派也不得不承认文学革命自当从民间着手。

民间总是和特定的地域相连，没有抽象的民间，只有和某一特定区域相联的民间，民间总是与地方性相连，民间语言自然和某一区域的方言相连，以

---

① 《马克思恩格斯·列宁斯大林民族问题著作选》，中央民族学院民族研究所发行 1985 年版，第 481 页。

②③ 沙汀：《民族形式问题》，《文艺战线》第 1 卷第 5 号，1939 年 11 月 16 日。

④ 周扬：《对旧形式利用在文学上的一个看法》，《中国文化》第 1 卷第 1 期，1940 年 2 月 15 日。

此类推，民间形式也必然表现为某一特定地域的地方形式。那么，在统一抗战的宏大背景下，如何协调作为民间形式的地方形式和民族形式的关系呢？

民族形式是一个有待完成的理想目标，毕竟还在发展中，显得过于抽象。倒是地方形式更能给创作者一个具体的形式。民族形式如何与地方形式相互结合，这是在民族形式论争中逐渐凸显的一个问题：

> 民族形式应注意地方形式：应该好好研究各地方的歌、剧、舞及一切文学作品的地方形式之特性。特别是各地方的文艺工作者应注意在自己的地方形式上发挥起来。但这不是说，除了地方形式，就没有别的。可注意的：中国各地方的语言极不一致，而许多地方风俗习惯也有极大的差别，在国内不同的民族中更其是这样。但是曾经有人说到，在中国占最大多数的汉民族中，却有一种统一的汉文字，这点是对的。不但文言，就是白话，一样的东西在各地方的汉民族中，大体上都是可以看得懂的。《三国演义》《红楼梦》《水浒》《儒林外史》，这些伟大的民族作品，在各地方的汉人中，只要是稍受过教育的，都是可以看懂的东西，这是事实。这就是全国性的民族形式。又如"京戏"，在全国也相当普遍。这些全国性的东西，不但不应抹煞，而且要更大的注意，更大地加以发挥。①

出于创造民族形式的考量，文学越是具有全国性的民族形式越具有普遍性，但每一个具体从事创作的文艺工作者，他（她）毕竟是遵循着某一地域的文学语言和审美需求而创作，地方的特殊性和民族的普遍性构成了或多或少的冲突。如何通过某一地方的文学形式抵达全民族的文学形式，这才是问题的关键所在。纯粹局限于某一地域的地方形式如果不能从中发掘出全国共通性的元素，如果不能转化为全民族的文学形式，那么这种地方性价值就颇为隐忧。柯仲平认为：

> 地方性，是被提到首要的地位上来了，不过，一般地方性也是可以转化为全国性（尤其在今天，人口流动性极大的时候）。因中国地方原是中国的一部分，除比较特殊某些部分外，都有可以使全国通过了解的现实生活，有相距不很远的共通言语。某种创作，在强调地方性时，而又能发挥地方性中所存在着全国共通性，那末，这创作就能是地方性的艺术，而

---

① 陈伯达：《关于文艺的民族形式问题杂记》，《文艺战线》第1卷第3期，1939年4月16日。

又是全国性的艺术了。①

柯仲平如何从地方性中发掘全国性的元素，这里未能谈及，他试图在地方和全国、地方形式和民族形式之间、特殊和普遍之间寻求相互融通的思考路径，显示了民族形式讨论中的困境。

如何寻求地方性与共同性的融通，参与讨论的杜埃指出："地方性的形式是必须注意的问题，但我们要在这些各各不同的地方形式中，找出它们之间的共通性，全国性，这才是一个完整的民族形式。""民族形式的创造，是找寻各地方特色的东西，在这些各个特色之间抽出其最足以代表的特征，有着全民族共通性的东西，加以艺术的概括和综合，提炼和净化。"②

地方性和民族性的二元关系，隐涵着民族性与世界性的关联。随着近代以来中国被动地拖进世界文化之林，一个封闭自守的传统中国疆域开始向世界交往开放，过去的闭关自守状态被世界性的交往活动打破。民族文学如何能够成为世界文学，列宁曾经断言"越是民族的就越是世界的"，民族形式的探讨不可避免地触及世界性问题。冯雪峰预言了各民族文学形式最终走向世界性的艰难而必然的过程"各民族文化既具有世界性的内容，这世界性的内容既必然而且必须具形为有民族特质的民族形式而存在，则民族文化之形式上的民族的特质，也是具有它在文化上的民族的价值。而且也将和内容不可分离地取得世界的价值。——但这种民族的特质之向着世界的本质的发展过程，是一种矛盾斗争的过程，也便是形式之依存于内容的斗争的过程。而在这过程上，民族形式必然而且必须在世界化着，国际化着了"③。

套用列宁的论断，我们是否可以说"越是地方的就越是民族的"？地方性走向民族性的关键在哪里？如果从语言形式而论，各民族文学走向世界文学需要语言的跨语际翻译问题，那么，地方性文学进入民族文学是否也需要打破语言的障碍呢？方言和国语的矛盾再次凸显。冯雪峰的确意识到了："在文学上，民族形式的问题主要的是语言的问题。那么，从国语的建立和我们新文学的语言的出路上看来，民族形式也正是非向大众文学的出路不可了。我们的国语，正如许多大众语运动者们所证明，是只有以现在各地各行的大众的口语为创造的初步的准则和基本的源泉，同时吸取文言白话及外国语

---

① 柯仲平：《介绍〈查路条〉并论创造新的民族歌剧》，《文艺突击》新1卷第2期，1939年6月25日。

② 杜埃：《民族形式创造诸问题》，香港《大公报》《文艺》副刊，1939年12月11—12日。

③ 冯雪峰：《民族性与民族形式》，徐廼翔编《文学的"民族形式"讨论资料》，知识产权出版社2010年版，119—120页。

言,才能创造出健全丰富的独立的国语的……在文学上,从文学的语言的创造出发,则除了大众语的出路,此外实在并没有'民族的'的独创的路了。"①

如果我们从文学自身的产生和发展着眼,任何一个作家的创作不可避免地打上作家自身所带来的地域性特征,即便是这个作家出入于各种区域之间,穿梭于不同文化空间之中,他自觉不自觉总会呈现出某一地方性的文艺特征,哪怕是词汇、句法还是文化心理的地域特色来。在民族形式讨论中,所论者为何总是强调通过地方性发掘全国性呢?对于这一问题,我们必须置于全民抗战救亡、民族主义情绪日益高涨的文化语境中加以考察。为了使文学最大限度发挥鼓舞民众、激励民众、抗日宣传的需求,文学必须超越地方一隅走向更广阔的区域,所有地方性文学必须使全民族能够共享才会获得更大的宣传效果和持久的影响力,因而对于全国共通性的诉求也就不难理解。循着这样的思路,我们发现:一些参与民族形式讨论的文化工作者即便是强调典型性地方性生活和典型性人物塑造,也同样是通过地方性语言形式的表象去抵达全国性的新艺术形式的融通:"在运用地方性的艺术形式的时候,必须注意到全国共通性的发挥。尤其应该注意这一点,就是所谓地方性的特点之表现,并不是形式上或公式上的,必须是本质上的。比如写一个典型的香港人或香港生活,决不是以'丢那妈'来代替了'他妈的'就了事,必须得写出他的特征。如果能够把他底具体的形象、典型刻画出来,不论用哪一种语言、文字去写,都仍然是一个典型的地方性的生活和人物。同时,许多地方性的形式的之融通及运用,是把它转为全国性的新艺术形式底一个具体的方法。"②

许多论者不断关注并谈论地方性和民族性问题,其实,真正关乎地方性特征的文学形式除了文学体裁而外,主要还是语言问题。地方性特征在很大程度上呈现为各个不同地方的语言。当然,不同的语言正体现了不同地域的人物特征和文学风貌。许多论者也正是从语言层面阐释如何创造出民族形式的文学,杜埃主张"关于民族的语言,也是文艺的民族形式创造的一个很主要的条件。我们必须从人民大众生活中,去吸取大量的能适合表现生活内容的方言、口语,应该集合和创造丰富的语汇。""活的大众口语,各地方言的运用,是创造文艺的民族形式不可忽略的条件。"③

文学是语言的艺术,无论它反映生活的深度和广度、反映是地方的还是

① 冯雪峰:《过渡性与独创性》,徐迺翔编《文学的"民族形式"讨论资料》,知识产权出版社2010年版,123—124页。

② 宗珏:《文艺之民族形式问题的展开》,香港《大公报》《文艺》副刊,1939年12月12—13日。

③ 杜埃:《民族形式创造诸问题》,香港《大公报》《文艺》副刊,1939年12月11—12日。

全国的，无论是诗歌、小说、戏剧、歌谣、快板等何种文学体裁和艺术形式，最终总是通过语言加以表达和呈现。地方性和全国性的纠结与兼顾在语言层面上蕴含着地域性方言与普适性国语（普通话）的冲突与紧张，牵涉到五四以后新文学的语言评价问题。

四、“五四”的语言遗产

民族形式的讨论延续了大众语讨论所论及的话题：如何评价五四以后的新文学？在语言上的争议是如何看待欧化问题？

关于五四文学的评价，瞿秋白在三十年代初文艺大众化及其大众语讨论中已经进行了猛烈批判与彻底清理。在他看来，五四是一场由资产阶级知识分子领导和发动的文化革命，在三十年代这个领导权应该转移到无产阶级来掌握和发动。因而，他不但批判五四的不彻底性以及资产阶级的动摇性，连带着清理五四遗留的语言后遗症。“‘五四’是中国的资产阶级的文化革命运动。但是，现在中国资产阶级早已投降了封建残余，做了帝国主义的新走狗，背叛了革命，实行着最残酷的反动政策。光荣的五四的革命精神，已经是中国资产阶级的仇敌。中国资产阶级在文化运动方面，也已经是绝对的反革命力量。它绝对没有能力完成民权主义革命的任务——反帝国主义的及封建的文化革命的任务。新的文化革命已经在无产阶级领导之下发动起来，这是几万万劳动民众自己的文化革命，它的前途是转变到社会主义革命的前途。资产阶级的智识分子，似乎也已经感觉到这种危险。”①

曾经留学俄国、深受俄国十月革命影响的瞿秋白从阶级论视角认定五四是一场资产阶级知识分子领导和发动的文化革命，无产阶级必须从资产阶级手中夺取文化领导权，建构自身的权利话语和语言支配权。他对五四白话运动的基本判断是：五四尽管是一场反封建的运动，这场运动只是宣布了旧文言的死刑，但却创造了一种新文言，这种非驴非马的骡子言与大众是隔离的，还必须来一次彻底的新的文化革命和文学革命。

作为一个引领大众的革命家，瞿秋白对于五四的批判与语言的清理在于建构以大众活的语言为根基的现代普通话的中国文。但他带有民粹色彩的语言思路过分否定了五四后的新文学传统。

从历史的渊源来看，民族形式讨论是三十年代初大众语讨论的延续和深入。只不过讨论的文化语境稍微发生了变化，三十年初许多作家和文艺工作

---

① 瞿秋白（署名易嘉）：《“五四”和新的文化革命》，《北斗》第2卷第2期，1932年5月20日。

者还未能接触到广大的民众，讨论的展开只是文人之间的理论展演。而四十年代左右的民族形式讨论是在全民抗战的背景下，在“文章下乡，文章入伍”的感召中，许多作家和理论工作者真正开始走向民众，走进底层，知识文化精英直接面对着鼓动大众启蒙大众的困境，这种被称之为“新启蒙”的文化语境逼使广大作家和文艺理论家进一步思考民族文学未来发展道路的宏大问题。

新型的未来理想形式的民族文学的建立，不是凭空而来的，如何对待中国已有的文化文学传统，如何对待外来的文化文学资源，这是建立民族文学形式不可回避的话题。

那么，如何看待五四以后的文学和文学语言？

周扬对于五四以后所开创的新传统较为认同，他认为“五四”的否定传统旧形式，正是肯定了民间旧形式；当时正是以民间旧形式作为白话文学之先行的资料和基础。“‘五四’以来旧文艺阵营中，虽也有过名流教授，‘正人君子’的一派，有过用外国文写作品，以专供外人和高等华人欣赏的外国化的中国作家，有过写连知识分子读者都摇头的‘象征派’‘印象派’的诗的诗人，但成为新文学的主流的不是他们，而正是他们的敌人鲁迅所代表的站在大众一边的文学。这种文学虽仍不免于‘不大众化’的缺点，但近十年来，除开文艺大众化之不断的理论上的倡导不说，表现在创作上的文字的日趋口语化，地方色彩的加浓，方言土语的大胆采用，都显示了新文艺与大众一步步接近的趋向。”①周扬从一个马克思历史唯物主义者的辩证眼光，剔除掉五四后新文学远离民众的缺陷，剥离出以鲁迅为代表的文艺大众化的优长，还五四后的文学应有的历史地位和文学贡献，在这一点上显然超越了瞿秋白的偏至观念。

既然肯定了五四，周扬对于欧化语言与民族化的关系也做了辩证的阐释：

> 新文艺是接受了欧化的影响的，但欧化与民族化并不是两个绝不相容的概念。当时的所谓“欧化”，在基本精神上就是接受西欧资产阶级民主革命时的思想，即“人的自觉”，这个“人的自觉”是正符合于当时中国的“人民的自觉”与民族自觉的要求的。外国的东西只有在被中国社会实际需要的时候才能吸收过来。新的字汇与语法，新的技巧与体裁之输入，并不是“欧化主义”的多事，而正是中国实际生活中的需要。由于实

---

① 周扬：《对旧形式利用在文学上的一个看法》，《中国文化》第1卷第1期，1940年2月15日。

> 际需要而从外国输入的东西，在中国特殊环境中具体地运用了之后，也就不复是外国的原样，而成为中国民族自己的血和肉之一个有机构成部分了。不适于中国的土壤与气候的异域花卉，不论是怎样美丽的吧，决不能在本国繁茂生长。①

周扬从欧化的思想内涵与欧化的语言形式两方面阐发了欧化与民族化的有机关联和并行不悖，以开放的视野和容纳的眼光肯定了五四后文学语言之于中国文化的必要性。

力扬在探讨关于诗歌写作的民族形式时，也十分重视五四以后新文学逐渐建立的新的传统，他认为“我们的‘民族形式’是：继承中国文学里优良的传统——尤其是五四以后各阶段新文学运动的正确路向，同时吸取民间文学的适合于现代的因素，但决不是因袭，更需要接受世界文学的进步成分当然不是模拟，而向前发展着的更进步的更高的形式。”他非常审慎地对待欧化，反对一味照搬的欧化，学习西方大家诗歌有利于建立本民族诗歌艺术形式的表现手法，“我们所反对的欧化，是指着徐志摩、戴望舒、李金发等所搬运过来的资本主义腐败的废物(其实，废物中也有可利用的)，决不是我们不需要接受欧美文学进步的成分和向先进国家学习的意思。欧美的语言与文字是统一的，并不像我们的文字与语言相隔得那么辽远，正当我们现在要求着运用大众语言，以培养我们民族的诗歌向更高阶段发展的时候，那么向那些大匠们学习语言的运用，尤其是向他们学习对于题材的处理和形象的刻画等等是非常重要的”②。

同样是探讨中国诗歌，在寻求民族形式的艺术源泉时，铁夫只谈到了中国古典诗歌遗产和民间山歌小调，他认为“民族形式的诗歌，应该根据这两个源泉发展：第一是我们几千年来的文化领域里珍贵的遗产：如离骚，元曲，赋，比，兴，唐诗，国风……第二是广大民间所流行的山歌，民谣，小调，弹词，大鼓词，戏曲……”③这就忽略了五四后新诗歌所开创的新诗传统。

胡风则是五四传统的积极维护者。1940 年 10 月，他曾发表《民族形式问题——问题的提出·争点·和实践意义》副题是“对于若干反现实主义的倾向的批判提要，并以纪念鲁迅先生的逝世四周年”，这篇长达五万字共有九个部分带有论辩性的长文从现实主义的角度肯定了五四后新文学所建立起

---

① 周扬：《对旧形式利用在文学上的一个看法》，《中国文化》第 1 卷第 1 期，1940 年 2 月 15 日。

② 力扬：《关于诗的民族形式》，《文学月报》第 1 卷第 3 期，1940 年 3 月 15 日。

③ 铁夫：《谈谈诗歌的民族形式》，《黄河》第 1 卷第 2 期，1940 年 3 月 25 日。

来的五四革命文艺传统——"'五四'新文艺的语言，我们不应也不能把它抛弃。因为，它不但创造了和二十多年来的民族斗争过程相应的'民族形式'的作品，建立了一个伟大的传统，不但是千万的多少有文化生活的人民所共同享用的文字，而且，它的基本的语汇和语法也是大众口头语言的基础的部分。"①胡风通过现实主义的理论构架，对五四以来的大众化运动进行了历史的梳理，重评五四，重新确立五四新文艺的现实主义传统，在胡风看来，三十年代初的大众语运动通过反对方块字拜物教的斗争也留下了一些遗憾和争端，那种断定五四以后新文学的白话书写是"欧化的新文言"的论调把大众语运动弄到落空的地步，胡风认为"文艺大众化或大众文艺的内容的这一个发展，汇合着五四以来的新的现实主义理论的发展和进步的创作活动所累积起来的艺术的认识方法的发展，这三方面的内的关联就形成了五四新文艺的传统，现实主义的传统"，"大众化不能脱离五四传统"②。沿着现实主义的理论线索及维护五四新文学传统的思路，胡风进一步断言，"民族形式本质上是五四的现实主义的传统在新的情势下面主动地争取发展的道路"③。

胡风一改许多论者批判五四欧化的路径，在这篇《民族形式问题》的长文中专节探讨了"通过语言问题——文字改造和大众的人民文艺的发展"这一问题。从现实主义创作方法的视角去看待语言问题，这是胡风语言观念的独到之处。他把语言上升到本体论的高度给予充分的重视，胡风看来，要实现文学上"中国作风"与"中国气派"，必须通过活的民族的语言文字，也即是语言上的中国作风和中国气派才能实现，那么，什么是活的民族的语言呢？胡风指出：

> 要能够反映人民（大众）生活的内容、的色泽、的韵律，也就是能够在人民（大众）的表现感情的方式、表现思维的方式、认识生活的方式上，或者说在具体的活的形象上反映民族的现实。现在的普通话（白话），虽然是基础的部分，但并不能单靠它完成这一任务；民间文艺以至传统文艺里面可能采取的语汇和语法，虽然可以是一个补助的来源，但不能单靠它来完成这一任务。它本质上非得是人民（大众）的口头语言的记录、选炼、和提高不可。这就是大众语运动所提出而且在原则上解决了的问题。④

---

① 胡风：《民族形式问题》，《胡风全集》第2卷，湖北人民出版社1999年，第782—783页。

② 胡风：《民族形式问题》，《胡风全集》第2卷，第722页。

③ 同上书，第770页。

④ 同上书，第777页。

胡风视五四以来的白话文学语言为基础，把民间文艺和传统文艺作为辅助，对人民大众的口头语言加以提炼，这三者通过现实主义创作手法的有力整合而成为活的民族的语言。透过百年历史的风云，我们回头看看胡风的这一观念，确实体现了一种从周作人、鲁迅以降对于中国未来文学语言发展的新综合倾向。周作人在20年代谈到他的国语建设观念时，就明确提出口语、外来语、文言的合理利用的综合性建设思路。重视传统旧文艺和民间文艺的语言形式，但必须提出其封建性的糟粕和乡野的粗俗，采撷大众的口头语言，但必须加以锤炼和提升，学习外来语言和语法，但不是生吞活剥地照搬。对于五四以后产生的文学语言的欧化现象，胡风的态度非常支持："由于迷恋旧的文艺用语，也由于迎合口头语言，于是就不能不产生了所谓反对欧化的理解。欧化，如果是不顾客观可能性的、纯主观的强迫输入，自然应该反对，但如果是为了反映现实生活里已经存在的或正在萌芽的东西，能够被容纳到语言的有机统一里面，那就不但不能反对，反而是应该加强推进的了。"①胡风在这里的论断对于反对欧化者显然有不满情绪，他似乎不主张过于主观的欧化倾向，但他接着又重申："虽然我们应该提出新文艺里面有一些主观性的欧化现象，必须克服，但在伟大的民族战争一般地使民族现实急激地发展，因而人民（大众）的文化意识也飞跃地发展的今天，我们所要求的'欧化'正是新生的'民族的'语言的成分。能够而且应该成为创造民族形式的活的语言底性格之一。"②胡风在此把欧化语言作为民族新生的语言成分，正是他捍卫五四传统文学的体现。

与胡风的建立民族形式的语言观念相仿，黄绳把每一次文艺革命与语言革命并置看待，他认为文艺的第一个要素是语言，文艺的改革运动，必然伴随着语言的改革。不但外国如此，中国也是如此。他认为民族形式的创造，标志着文艺发展的一个新的阶段，意味着文艺上的又一个改革运动，这改革的实践便会遇到语言的难关，民族形式的运动必然伴随着文艺语言的改革运动。

在民族形式创造的要求下，怎样处置五四以来的文艺语言呢？黄绳认为："民族形式是五四以来文艺形式的否定，在文艺语言上也不能不是五四以来文艺语言的扬弃。要注意的是所谓扬弃，不是完全的荒置，而是一面废弃，一面保存和发展。对于五四以来文艺语言，我们不能不保存和发展它的积极

---

① 胡风：《民族形式问题》，《胡风全集》第2卷，第780页。

② 同上书，第781页。

的进步的部分,十分害怕‘大众不懂’,而要完全回避新文艺中的语汇和语式,是愚笨的。”[①]他批判了那种把欧化的白话,看作资产阶级和知识分子的专有物,和大众没有一点关系的不恰当看法,指出五四以来的文艺语言,无疑比以前更加进步。在民族形式中,必要承受其中的一部分。之所以采取外来的语汇和语式,是为了丰富我们民族语言的贫乏和组织不严密的先天缺憾,积极呼吁在民族形式中,对于欧洲的日本的语汇和语式,要加以有机的溶化。他主张文化工作者一面要接近大众,另一面也要吸取先进国家复杂的语言构造来教育大众。

如果说胡风、周扬等继承五四遗产,视五四以后新文学的欧化语言为创造民族语言的一个必备途径,体现出新综合的语言观念。那么在追问民族形式的语言源泉在哪里这一问题时,参与民族形式的论争者各有侧重发出了不同的声音。

通过以上的考察,我们可以看到:民族形式问题的讨论是中国新文学发展到一定历史时期对于自身的反省与清理,在讨论中对于中国的民间文学、传统文学(文人传统的旧文学)、外国文学乃至五四以后的新文学秉持一种海纳百川的包容态度,就语言层面而论体现出了语言观念的新综合倾向:

> 中国语言还未成熟,就是到目下,仍然还是一个急需解决的问题。
>
> 这个问题的解决,一方面要求有丰富的语汇,另一方面更要求有完整的语法。这两种工作,都是要作家们来努力的。语汇问题似乎比较单纯,只要不怕辛勤,广为搜集。语法问题,就先要有充分的准备工作,就是说,先要有充分的普通语或可以普通化起来的方言土语,提供出做好材料,才能从足够的材料中研究出一个中国式的语法来。要求文艺作家创作出一部中国语法来,恐怕是不合理的。但要求他们提供作为语法根据的材料,那就是责无旁贷的事情了。
>
> ……
>
> 语法完整的语言,其来源,一般讲起来,不外两个,一是从古典作品中接受遗产,一是从活的语言吸收新的要素。但在这里,都不是十分单纯的问题。
>
> ……
>
> 民族语言,或者说“国语”的来源是否只有这两个呢?外国语言,是否也有可以“取材”的地方呢?个人的意见,不但是可以,而且还是应当

① 黄绳:《民族形式和语言问题》,香港《大公报》《文艺》副刊,1939年12月15日。

的。不但在语汇上应当从外面尽可能的吸收一些新的东西，就是在语法上，这种吸收也不是完全不可能的事。当然，这始终只能是“外援”，根本上仍须“自力更生”，主要要把上述两个来源作为我们的“兵源”，而且，从外国语言中吸收新的成分，更不能是“拿来就用”，更须经过洗练的工夫。①

这种语言的综合倾向正是呼应了五四时期建立国语的讨论声中周作人的声音——“采纳古语”“采纳方言”“采纳新名词”以建立“古今中外的分子融和而成的一种”“现代国语”②。

① 潘梓年：《论文艺的民族形式》，《文学月报》第1卷第2期，1944年2月15日。
② 周作人：《国语改造的意见》，《国语月刊》第1卷第10期，1922年10月20日。

参考文献

一、民国报刊

《国语周刊》(南郑版)　《国语周刊》(京报附设之第七种)　《改造》
《国语周刊》　《国语旬刊》　《国语月刊》
《国语通讯》　《民众文艺周刊》　《北京大学日刊》
《中华教育界》　《教育公报》　《晨报副刊》
《新教育》　《教育潮》　《河南教育》
《上海教育》　《全国国语运动大会会刊》　《新教育评论》
《国语报》　《北京高等师范学校周刊》　《清华学报》
《最小》　《太白》　《时代公论》
《小学教育》　《北京师大周刊》　《抗到底》
《校声》　《同义月刊》　《妇女月报》
《协大周刊》　《粤中校刊》　《七月》
《进修》　《安徽教育月刊》　《民众周报》
《湖北省政府公报》　《大众文艺》　《社会月报》
《抗战文艺》　《新语林》　《华北文艺》
《少年中国》　《国文杂志》　《人间世》
《解放日报》　《小说月报》　《语文》周刊
《新青年》　《文学月报》　《民国日报·觉悟》
《江苏第二师范区小学教育研究会年刊》　《学生杂志》
《中学生》　《学生文艺丛刊》　《中学生文艺》
《歌谣》

二、论著

[德]海德格尔著、孙周兴译.在通向语言的途中.北京:商务印书馆,1997.

[德]汉斯·约阿西姆·施杜里希著,吕叔君、官青译.世界语言简史.济南:山东画报出版社,2009.

[德]威廉·冯·洪堡特著,姚小平译.论人类语言结构的差异及其对人类精神发展的影响.北京:商务印书馆,1999.

[法]皮埃尔·布迪厄著,刘晖译.艺术的法则.北京:中央编译出版社,2001.

[法国]勒庞著,佟德志、刘训练译.革命心理学.长春:吉林人民出版社,2004.

[美]爱德华·萨丕尔.语言论.北京:商务印书馆,1985.
[美]本尼迪克特·安德森著,吴叡人译.想象的共同体——民族主义的起源与散布.上海:上海人民出版社,2003.
[日]小森阳一著,陈多友译.日本近代国语批判.长春:吉林人民出版社,2003.
[苏]莫·卡冈著,凌纪尧、金亚娜译.艺术形态学.北京三联书店,1986.
[英]彼得·伯克著,李霄翔等译.语言的文化史—近代早期欧洲的语言和共同体.北京:北京大学出版社,2007.
北京师范学院中文系汉语教研组编著.五四以来汉语书面语言的变迁和发展.北京:商务印书馆,1959.
蔡元培全集.杭州:浙江教育出版社,1997.
曹尔云.白话文体与现代性——以胡适的白话文理论为个案.上海:三联书店,2006.
陈方竞.多重对话:中国新文学的发生.北京:人民文学出版社,2003.
陈鹤琴全集.南京:江苏教育出版社,2008.
陈望道编著.中国文法革新论丛.北京:商务印书馆,1987.
陈望道等.中国文法革新论丛.北京:商务印书馆,1987.
陈望道学术著作五种.上海:复旦大学出版社,2005.
陈原.社会语言学.北京:商务印书馆,2000.
邓晓成.现代性视阈中的大台化诗潮(1917—1949).北京:中国社会科学出版社,2009.
董坚志编.初级模范作文.上海:春明书店,1948.
傅斯年.傅斯年全集.长沙:湖南教育出版社,2003.
高玉.现代汉语与中国现代文学.北京:中国社会科学出版社,2003.
郜元宝.汉语别史——现代中国的语言体验.济南:山东教育出版社,2010.
郭绍虞.语文通论.上海:开明书店,1941.
韩立群.中国语文革命——现代语文观及其实践.北京:中央编译出版社,2003.
胡风全集.武汉:湖北人民出版社 1999.
胡适.胡适全集.合肥:安徽教育出版社,2003.
胡适编选.中国新文学大系·建设理论集.上海:良友图书公司,1935.
胡适著,唐德刚译注.胡适口述自传.南宁:广西师范大学出版社,2005.
胡以鲁.国语学草创.上海:商务出版社,1923.
黄洁如编.文法与作文.上海:开明书店,1930.
瞿秋白文集.北京:人民文学出版社,1989.
瞿世镇主编.初中模范作文.三民图书公司印行,1946.
老舍.老舍全集.北京:人民文学出版社,2008.
黎锦熙.汉语发展过程和汉语规范化.南京:江苏人民出版社,1957.
黎锦熙文集.哈尔滨:黑龙江教育出版社,2007.
黎锦熙语文教育论著选.北京:人民教育出版社,1996.
黎锦熙语言文字学论著选集.北京:北京师范大学出版社,2002.

李广田全集.昆明:云南人民出版社,2010.
李可亭.钱玄同传.开封:河南大学出版社,2002.
李荣启.文学语言学.北京:人民出版社,2005.
李杏保、顾黄初.中国现代语文教育史.成都:四川教育出版社,2000.
李杏保、顾黄初编.二十世纪前期中国语文教育论集.成都:四川教育出版社,1990.
李直著.语体文法.上海:中华书局,1920.
廖立勋.实用国音学.上海:商务印书馆,1921.
刘百川.一个小学校长的日记.北京:华文出版社,2012.
刘半农.半农杂文.石家庄:河北教育出版社,1995.
刘半农.瓦釜集.上海:北新书局,1926.
刘半农诗选.北京:人民文学出版社,1958.
刘半农文选.北京:人民文学出版社,1986.
刘复著.中国文法讲话.北京:北新书局,1935.
刘光成.百年中学作文命题研究.湖南师范大学 2010 博士学位论文.
刘琴.现代汉语与现代文学的关联性研究.北京:中国社会科学出版社,2010.
刘泉.文学语言论争史论.北京:中国社会科学出版社,2013.
鲁迅.鲁迅全集.北京:人民文学出版社,2005.
马国英.国语会话.上海:世界书局 1930.
毛泽东选集.北京:人民出版社 1991.
孟繁华.传媒与文化领导权——当代中国的文化生产与文化认同.济南:山东教育出版社,2003.
民族问题著作选.北京:中央民族学院民族研究所发行,1985.
倪海曙.清末汉语拼音运动编年史.上海:上海人民出版社,1959.
倪海曙编著.拉丁化新文字运动的始末和编年纪事.北京:知识出版社,1986.
潘新和著.中国现代写作教育史.福州:福建人民出版社,1997.
钱玄同.钱玄同文集.北京:中国人民大学出版社,2000.
荣蓉.现代汉语审音工作的回顾及思考.南开大学 2010 硕士论文.
商金林.朱光潜与中国现代文学.合肥:安徽教育出版社,1995.
邵敬敏.汉语语法学史稿.北京:商务印书馆,2006.
沈百英.小学国语教学讨论集.上海:商务印书馆,1948.
沈从文.沈从文全集.太原:北岳文艺出版社,2002.
沈公布著.语体文法向寻读本.合群商业,1930.
盛林、宫辰、李开著.二十世纪中国的语言学.北京:党建读物出版社,2005.
石凤珍.文艺民族形式论争研究.北京:中华书局,2007.
舒济.老舍讲演集.北京:三联书店,1999.
谭学纯.文学和语言——广义修辞学的学术空间.上海:上海三联书店,2008.
汪怡编纂.国语辞典.上海:商务印书馆,1936.

汪震.国语修辞学.北京:北平文化学社发行,1935.
汪震编.国语文法.北京:文化学社,1930.
王建军.中国近代教科书发展探究.广州:广东教育出版社,1996.
王理嘉.汉语拼音运动与汉民族标准语.北京:语文出版社,2003.
王力.汉语史稿.北京:中华书局,1980.
王力.中国现代语法.上海:商务印书馆,1943.
王一川.汉语形象与现代性情结.北京:首都师范大学出版社,2001.
王应伟.实用国语文法.上海:商务印书馆,1920.
魏建功.魏建功文集(第5卷).南京:江苏教育出版社,2001.
文贵良.话语与生存—解读战争年代文学(1937—1948).上海:上海世纪出版集团,2007.
文振庭编.大众化问题讨论资料.上海:上海文艺出版社,1987.
文字改革出版社编.清末文字改革文集.北京:文字改革出版社,1958.
吴晓峰.国语运动与文学革命的发生.中央编译出版社 2008.
吴研因.小学国语教学法概要.上海:商务印书馆,1925.
吴稚晖学术论著.上海:启智书局,1931.
夏晓虹、王风等著.文学语言与文章体式——从晚清到"五四".合肥:安徽教育出版社,2006.
徐迺翔编选.文学的"民族形式"讨论资料.南宁:广西人民出版社,1986.
许慎著、段玉裁注.说文解字注.上海书店,1992.
宣浩平编.大众语文论战.上海:启智书局,1933.
宣浩平编.大众语文论战.上海:启智书局,1935.
闫苹、张雯主编.民国时期小学语文课文选粹.北京:语文出版社,2009.
杨中.大后方的通俗文艺.成都:四川教育出版社,1990.
叶绍钧、朱自清.国文教学.上海:开明书店,1945.
叶圣陶.叶圣陶教育文集.北京:人民教育出版社,1994.
叶圣陶集.南京:江苏教育出版社,2004.
尹德华编著.演讲术例话.北京:文化供应社,1948.
于锦恩.民国注音字母政策史论.北京:中华书局,2007.
于龙.现代语文课程话语考论——以"性质之争"和"文白之争"为例.上海:上海世纪出版集团,2011.
俞平伯.俞平伯全集(2).石家庄:花山文艺出版社,1997.
语文社编.通俗化问题讨论集(一).上海:新知书店,1937.
詹玮.吴稚晖与国语运动.台北:文史哲出版社,1992.
张宝明.文言与白话——一个世纪的纠结.上海:华东师范大学出版社,2014.
张伟忠.现代中国文学话语变迁与中学语文教育.北京:人民教育出版社,2008.
张向东.语言变革与现代文学的发生.北京:人民文学出版社,2010.
张新颖、坂井洋史.现代困境中的文学语言和文化形式.济南:山东教育出版社,2010.

张艳华.新文学发生期的语言选择与文体流度.济南:山东大学出版社,2009.
张意.文化与符号权力——布尔迪厄的文化社会学导论.北京:中国社会科学出版社,2005.
张昭兵.辕与轮:语言论争与作家的现代汉语体验.北京:学苑出版社,2010.
张哲英.清末民国时期语文教育观念考察.福州:福建教育出版社,2011.
赵景深.中国文法讲话.上海:北新书局,1946.
赵树理.赵树理全集.太原:北岳文艺出版社,2000.
赵元任.赵元任语言学论文集.北京:商务印书馆,2002.
郑伯奇.郑伯奇文集.西安:陕西人民出版社,1988.
郑国民.从文言文教学到白话文教学.北京:北京师范大学出版社 2001.
郑振铎.郑振铎全集.石家庄:石家庄:花山文艺出版社,1998.
中国社科院民族研究所等编.国家、民族与语言——语言政策国别研究.北京:语文出版社,2003.
中国现代文学馆编.老向文集.北京:华夏出版社,2000.
中国新文学大系·建设理论集.上海:良友图书公司,1936.
钟敬文编.歌谣论集.上海:北新书局,1928.
周光庆.汉语与中国早期现代化思潮.哈尔滨:黑龙江教育出版社,2001.
周纪焕.现代作家语文教育思想论.北京:语文出版社,2008.
周铭三编纂.国语辞典(平音国音对照).上海:商务印书馆,1922.
周作人.周作人文类编.长沙:湖南文艺出版社,2002.
朱国华.权力的文化逻辑.上海:三联书店,2004.
朱麟公编辑.国语问题讨论集.上海:中国书局,1921.
朱有瓛.中国近代学制史料(1—4).上海:华东师范大学出版社,1983—1992.
朱自清全集.南京:江苏教育出版社,1996.

后　记

应该说，这部论著的出版是项目催生的产物，有人把当前学人的研究状态称之为“项目化生存”。项目限制了研究者，但同时也成就了研究者。倘若没有当初的项目立项，我真不知这部著作将会拖到何时才能完成。从一定意义上来说，项目是对立项者的一道无声的命令。

该课题立项的题目是《国语运动与中国现代文学》，当初立项的课题设计深受我在中国社科院的出站报告《语言运动与中国现代文学》体例的影响，是我对语言运动与中国现代文学的一种再探索。结项出版的时候，责任编辑杜若明先生建议修改书名，我征询解志熙老师的意见，最终把书名定为现在的《语言文学的现代建构——语言运动与中国现代文学的再探索》。我的《语言运动与中国现代文学》分上中下三编探讨了中国现代语言运动的发生、语言运动与国文教学以及现代汉语书面语言的建立等问题，上编最开始的研究意图是想从语言学内部考察中国现代汉语标准如何建立的问题，事实上，该书中我则主要考察了晚清以降废除汉字的语言变革思潮；中编“语言运动与国文教学”主要想考察国文教学如何推进了现代语言的变革和普及，该书也只是涉及到语言运动与20年代儿童文学兴起，以及中学生国文程度讨论所牵涉的文言与白话问题；下编“现代汉语书面语言的建立”是想从文学内部考察新文学如何推进了国语的形成，然而该书只探讨了欧化语言的合理性及其限度，以及方言在40年代与50年代的不同命运的问题。也即是说，还有许多应该探讨的学术问题并未在《语言运动与中国现代文学》进一步展开。比如，国语运动家在语音标准、辞典编撰、语法革新诸方面对于中国现代语言变革的革命性贡献及其价值究竟如何？国语标准音的建立作为一个“现代语言事件”，其间蕴含了怎样的“声音的政治”？国语教学如何训练学生的“口语的国语”？学生的作文训练与“文学的国语”之间有怎样的关联？民国时期由学校和社会组织的国语演讲比赛如何推进了国语运动的开展和普及？国语运动与现代文学语言论争之间到底有哪些关联？方言与国语有哪些紧张和互补？大众语讨论中凸显了哪些语言问题？语文通俗化运动与抗战通俗化写作涉及到哪些文体形式及语言问题？通俗化运动与民族形式问题讨论有何联系？民族形式论争中又进一步涉及到哪些文学语言问题？

以上所提的这些问题,在我进站两年的研究过程中已做了较为充足的资料储备,并进行了相关研究专题的准备。因而,在《语言运动与中国现代文学》的“后记”中我曾不无遗憾地谈到:“书,尽管出版了,但还有许多问题还有待进一步研究……也曾密切关注国语运动家的词典编纂与现代汉语书面语规范的形成这一问题,并大量翻阅了1910年以来出版的各种词典,也积累了一些史料,但因该问题牵涉到辞书编纂等许多理论问题,再加之时间有限,最终未能完成。”的确,不只是辞典编纂,还有我在翻阅史料过程中所引发的诸如前面提到的这些问题,正是带着这许多应该深究的学术问题,我把多年的学术积累而未能在有限的出站报告中全部体现的学术思考重新整理,申报了国家社科基金后期资助项目,把研究的时间段限定在晚清至共和国成立之前,仍然进一步延续了之前的研究思路,把国语运动、国语教学以及中国现代文学史上的语言论争纳入一个互动共生的文化思想系统中加以观照。项目审批下来之后,评审专家反馈的审阅意见指出“已成的成果,资料丰富,内容扎实,凡与国语运动有关的时间,如讨论、论争、杂志、刊物、学校教育、语文教学……等均已收集了相当的材料,为进一步深化研究打下了较坚实的基础。”但同时也指出了项目研究与设计的不足,认为项目应该着力探讨中国现代文学与国语运动的内在关联,二者在促进中国现代语言的转型中究竟有哪些互动和相互影响,国语运动怎样实现了“国语的文学,文学的国语”。为此,本书“从无声的文字到有声的国语”及“国语演讲竞赛与国语运动的普及”两章重点探讨语文教学如何通过国语的口语教学达到“国语统一”的目标,“国语统一”既是口语的统一,也是书面语言的统一,口语统一比书面语言的统一更为艰难。论著专章探讨了“作文教学与国语的文学”之间的关系。这样,国语运动从口语的国语和书写的国语两个层面推进国语教学,也促进了“国语的文学,文学的国语”的形成。

项目终于完成了,论著也得以出版。我首先要感谢国家社科规划办,课题立项不但解决了后期研究所需的一些必要费用,而且立项本身就是对研究者学术研究的信任和殷切鼓励。

我还要感谢河南大学,感谢河南大学文学院,感谢多年以来一如既往关心和支持我的老师和同事!我1993年进入河南大学文学院(当时叫中文系)攻读中国现当代文学专业研究生,距今已经20余年了。这20年来,我读硕士、留校任教、外出读博士、进博士后流动站……每一点滴的进步都离不开河南大学文学院、离不开中国现当代文学学科搭建的学术平台,每一步都是师长和同事们不断帮扶、提醒、敲打及相互砥砺的结果,他们是我学术成长和不断进步的“源头活水”。

记得1993年4月底，我来中文系当时的办公地点8号楼参加研究生面试，也许是过于迫切求学的心理所致，加之自己的学习基础并不太好，而当时研究生招生指标又非常有限，我复试时颇感紧张。面试的具体内容现在早已忘却，只记得面试过后，我忐忑不安地走出靠近二楼楼梯口的一间办公室大门，一步一步踩着咚咚作响的木质楼梯，心情颇为沉重地走出了这座古朴典雅而又略嫌神秘的办公楼。我当时觉得，读研可能无望了。然而，非常幸运的是，不久，在我当时工作的一个小学校里，却喜出望外地接到了来自河南大学研究生院(当时叫研究生处)寄来的录取通知书，终于圆了在我心中萦绕已久的大学之梦。许多年以后，从一位亲临复试现场的老师口中得知，我研究生入学得来确实不易，面试组的各位老师正是看重了我求知若渴这一点招录我的。在当时招生指标极为紧张的情况下，学科点的一位负责老师积极到研究生处为我争取指标。现在看来，正是"小子不敏，诚蒙不弃"，诸位老师的宽容和不弃接纳了我，培养了我！每每念及此，心中充满无尽的感恩！

我还要感谢在论著中提到的以及未提到的与本书研究内容相关的学界同仁，他们的研究成果为我的"接着说"提供了可资借鉴的丰厚资源，使我能够沿着诸位前贤所开辟的研究路径继续前行，我深深地感谢他们！

我更应该感谢北京大学出版社的责任编辑杜若明先生，杜先生温文尔雅，工作严谨，刘洋女士也为本书的出版做了大量工作，非常感谢他们所付出的辛劳，在此，我报之以最真挚的谢意！

书的出版并不意味着对这一论题研究的结束，在我看来，这仅仅是一段研究工作的小结，许多富有价值的学术问题仍需进一步开掘。比如：学界普遍关注外国文学的翻译对中国现代文学语言的影响，但是这具体的影响怎么通过文学文本反映出来，翻译文学又怎么具体影响了哪些现代作家的文学语言？倘若通过具体文本个案或典型作家个案加以仔细研究，中国现代文学的语言问题就会落到实处。此外，现代以降的文言翻译白话的风气还没有引起学界足够的关注，我在该论著中只是稍加提及，需要进一步研究的是，这种文翻白之风对于中国现代语言有哪些影响？更为重要的是，既然中国现代文学和现代语言典范的已经建立，那么能否选择一些典型的语言和文学个案进行具体的分析，让人们真切感受到中国现代的典范语言是如何在继承文言、吸纳外来语、采用活的口语的新综合基础上形成的。这些问题都应该进行具体而微的切实研究。但，一个课题的容量有限，一本书的篇幅也非常有限，项目的研究时间更有限。这些问题也只好留待以后做进一步的研究了。

回顾20年来本人的学术研究，我发现自己是沿着从文本到文献的研究路子，前十年主要研读了一些诸如叙事学、诗学等文学理论借以寻找进入文本的路径，试图通过文本细读、从文学文本中提升出一些诗学范畴；近十年则是触摸大量的历史文献和原始史料，试图从文献的海洋中打捞为我所用的文学史料，有意识地积累、储备属于自身的史料库，并在研读史料、进入历史的复杂语境中逐步形成属于自身的问题意识。我之所以在思想、文化、文学、语言、教育等多个领域中不停穿越，并非出于学术研究的贪多求全心理，在我看来，这些不同领域却有着极为密切的内在关联，对于解决某一具体的学术问题意义可能更为重大。不同领域的互相参证，可以大大拓展自身的学术视野，不至于使自己的眼界永远停留局限在"见树木不见森林"上。我一直认为，做具体的学术研究理应"窄而深"，读书的视野却不妨"博而杂"。这些年来，为了研究语言问题，我翻阅了许多与该问题看似无关的文献史料，宏富驳杂的史料不但引领我走进历史深处，去鲜活地感受历史的丰富细节，弥补了我先前或缺的大量知识，同时也激发了我对研究对象的深入思考，很自然形成了学术研究中必不可少的问题意识。语言问题从来就不是单一的语言学内部的问题，它牵动社会政治、思想文化、学校教育等多方面的敏感神经，因而，这些年来研究该课题，逼迫我养成了在历史的长时段和大视野中去观照、深究一个个专精的具体问题的研究理路和思维习惯，同时，研究一个个具体而微的学术问题时，总试图把它置于历史的宏阔视野中加以考量。总之，我期望以"小问题"呈现"大视野"，以"大视野"透视"小问题"，力图做到"问题与视野"的有机融合。但，自己毕竟学养有限，在实际的研究工作中很难坚实地贯穿这一研究理念。

20 年来，我大体上遵循着从文本分析到文献史料、从理论探究到历史实证的研究路子。清理自身的学术之路，我隐隐感觉个人研究路子的转变与时代的学术风气似乎有某种必然的关联。记得 2003 年底，清华大学召开了中国现代文学的文献问题学术研讨会，会议的规模并不大，主要是北京大学、北京师范大学、河南大学、山东师大、现代文学馆等单位，会议上我聆听了许多学界前辈的精彩发言，他们重视现代文学文献问题的热切呼吁，对我而言是一次学术上的"震惊体验"。尽管我 2002 博士毕业后就已经开始关注中国现代文学的语言问题，但这次会议却促使了我学术研究的文献自觉和强烈的史料意识。此后，河南大学、现代文学馆、重庆师范大学等许多高校主办及科研机构的史料会议接续了清华会议的学术主旨，把中国现当代文学研究的文献史料问题在学界引向进一步普遍和深入。

的确，我的学术研究深深地打上了时代学术风气给予我的明显烙印。史料和文献是学术研究的基础，中国现当代文学研究界之所以大力提倡和有意强调，是针对当时学界游谈无根的空疏学风所下的一剂猛药。但我在自己的学术研究中，总想以史料取胜，以史料为尚，即便没有达到如傅斯年所谓的“史学就是史料学”的程度，却在具体问题的展开和论述中不同程度地存在堆砌史料的弊端。我自己潜意识总觉得史料得来不易，不愿忍痛割爱，缺乏剪裁和归纳，对史料的深入分析和具体阐释就显得有些薄弱，以致往往会造成自己的学术观点隐现乃至淹没于史料的汪洋大海中。这些问题，也只好留在我以后的学术研究中加以自觉地克服了。虽然我不敢奢求“苟日新”、“日日新”、“以今日之我挑战昨日之我”的学术气象，但先贤所讲的“不以人蔽己，不以己自蔽”，却时时警醒着我！

过去的已经过去，未来尚且遥远，我知道，我的学术研究之路还很漫长，需要探究的问题还很多。我不敢自诩“止于至善”，但“虽不能至，然心向往之”，我依然准备着……

2015年2月23日于河南大学